电子商务概论

主　编　訾豪杰
副主编　郭莉娜　宋　辉
参　编　郭苗苗　周官志　高倩辉
　　　　冀昱格　张静雯　裴志杰
　　　　张宇伟　张　璐　杨　涛

北京理工大学出版社
BEIJING INSTITUTE OF TECHNOLOGY PRESS

内 容 简 介

电子商务是通过互联网等信息网络销售商品或提供服务的经营活动,电子商务的功能包括广告宣传、咨询洽谈、网上订购、网上支付、电子账户管理、服务传递、客户意见征询以及交易管理等,具有虚拟性、低成本、个性化、敏捷性以及全球性等特点。本书系统介绍了电子商务概述、电子商务模式、电子商务安全、电子商务支付、电子商务物流、跨境电子商务、移动电子商务与物联网、社交电商、网络营销、大学生电子商务创业以及电子商务法律基础的相关理论与实践应用,内容翔实、案例丰富、紧跟时代,具有科学性、先进性、系统性、实用性等特点。

本书适合作为高等院校电子商务专业基础课教材,也可作为电子商务从业人员的参考用书。

版权专有　侵权必究

图书在版编目(CIP)数据

电子商务概论/訾豪杰主编. —北京:北京理工大学出版社,2020.11
ISBN 978-7-5682-9238-2

Ⅰ. ①电… Ⅱ. ①訾… Ⅲ. ①电子商务-高等学校-教材 Ⅳ. ①F713.36

中国版本图书馆 CIP 数据核字(2020)第 222934 号

出版发行 / 北京理工大学出版社有限责任公司

社　　址 / 北京市海淀区中关村南大街 5 号
邮　　编 / 100081
电　　话 / (010)68914775(总编室)
　　　　　 (010)82562903(教材售后服务热线)
　　　　　 (010)68948351(其他图书服务热线)
网　　址 / http://www.bitpress.com.cn
经　　销 / 全国各地新华书店
印　　刷 / 涿州市新华印刷有限公司
开　　本 / 787 毫米×1092 毫米　1/16
印　　张 / 21.25　　　　　　　　　　　　　　责任编辑 / 李　薇
字　　数 / 499 千字　　　　　　　　　　　　　文案编辑 / 赵　轩
版　　次 / 2020 年 11 月第 1 版　2020 年 11 月第 1 次印刷　责任校对 / 刘亚男
定　　价 / 56.00 元　　　　　　　　　　　　　责任印制 / 李志强

图书出现印装质量问题,请拨打售后服务热线,本社负责调换

前 言

互联网的发展深刻地影响着世界，影响着每一个行业、每一个人。互联网凭借其巨大的优势和潜力，正在并将继续改变着人们的通信、工作、生活、娱乐及其他各个方面。互联网的商业应用价值与日俱增，电子商务是互联网时代的产物，随着互联网的不断发展，电子商务对经济发展造成了空前巨大的影响，带动了我国传统经济领域的再次高速发展。

作为一门形式多样、内容综合和快速发展的课程，"电子商务概论"是电子商务专业的一门核心课程，同时电子商务专业是融计算机科学、市场营销学、管理学、经济学、法学和现代物流于一体的新型、交叉学科。本书针对应用型高等院校的特点，引入了大量的案例，使读者在接受理论知识的同时，也能学习一些实用的技能，从而可使读者更深入地理解所学的理论和原理。

本书共 11 章，主要包括电子商务概述、电子商务模式、电子商务安全、电子商务支付、电子商务物流、跨境电子商务、移动电子商务与物联网、社交电子商务、网络营销、大学生电子商务创业以及电子商务法律基础。本书选材注重时效性，案例突出操作性和实用性。本书的主要特点有如下几点。

1. 框架设计合理。本书不但介绍了传统的电子商务基础知识，还讲解了当前电子商务领域的新发展。

2. 内容科学实用。本书每章都包含了学习目标、案例导入，并且利用图、表、案例等形式尽可能做到形象化，力求深入浅出。内容上做到既有必要的理论基础，又有实践应用，尤其注重一些实用性细节和技巧，使读者真正看得懂、用得上。

本书由訾豪杰任主编，郭莉娜、宋辉任副主编，郭苗苗、周官志、高倩辉、冀昱格、张静雯、裴志杰、张宇伟、张璐、杨涛参与了本书的编写。

本书在编写过程中，引用和参考了大量的文献材料和研究成果，限于篇幅，书后只列出了主要参考文献,如有遗漏,谨向作者致歉。由于编者水平有限,加之时间紧迫,不足之处在所难免,恳请各位专家、读者批评、指正。

编 者

目 录

第一章 电子商务概述 ……………………………………………………………… (1)
- 第一节 传统商务与电子商务 …………………………………………………… (2)
- 第二节 电子商务的分类 ………………………………………………………… (9)
- 第三节 电子商务的产生与发展 ………………………………………………… (14)
- 第四节 电子商务的影响 ………………………………………………………… (22)
- 第五节 电子商务的学科特点及其学习方法 …………………………………… (26)
- 复习思考题 ……………………………………………………………………… (27)
- 案例分析题 ……………………………………………………………………… (28)

第二章 电子商务模式 …………………………………………………………… (30)
- 第一节 电子商务模式概述 ……………………………………………………… (31)
- 第二节 B2B 电子商务模式 ……………………………………………………… (33)
- 第三节 B2C 电子商务模式 ……………………………………………………… (38)
- 第四节 C2C 电子商务模式 ……………………………………………………… (43)
- 第五节 O2O 电子商务模式 ……………………………………………………… (46)
- 第六节 C2B 电子商务模式 ……………………………………………………… (50)
- 第七节 其他电子商务模式 ……………………………………………………… (57)
- 复习思考题 ……………………………………………………………………… (60)
- 案例分析题 ……………………………………………………………………… (60)

第三章 电子商务安全 …………………………………………………………… (63)
- 第一节 电子商务安全概述 ……………………………………………………… (64)
- 第二节 电子商务安全技术 ……………………………………………………… (71)
- 第三节 电子商务安全管理 ……………………………………………………… (86)
- 复习思考题 ……………………………………………………………………… (90)
- 案例分析题 ……………………………………………………………………… (91)

第四章 电子商务支付 (92)
- 第一节 电子支付概述 (93)
- 第二节 网络支付工具 (99)
- 第三节 网上银行 (105)
- 第四节 第三方支付 (110)
- 第五节 移动支付 (115)
- 复习思考题 (121)
- 案例分析题 (121)

第五章 电子商务物流 (124)
- 第一节 电子商务物流概述 (125)
- 第二节 电子商务物流配送模式 (136)
- 第三节 跨境电子商务物流 (140)
- 第四节 电子商务物流技术的应用 (145)
- 第五节 我国电子商务物流的现状及发展目标 (148)
- 复习思考题 (150)
- 案例分析题 (151)

第六章 跨境电子商务 (153)
- 第一节 跨境电子商务概述 (154)
- 第二节 跨境电子商务模式 (158)
- 第三节 跨境电子商务支付 (167)
- 第四节 跨境电子商务中的知识产权与交易风险 (181)
- 复习思考题 (188)
- 案例分析题 (188)

第七章 移动电子商务与物联网 (190)
- 第一节 移动电子商务概述 (191)
- 第二节 移动电子商务的技术基础 (195)
- 第三节 移动电子商务的典型应用 (198)
- 第四节 移动电子商务的发展过程及发展趋势 (201)
- 第五节 物联网 (206)
- 复习思考题 (213)
- 案例分析题 (214)

第八章 社交电子商务 (216)
- 第一节 社交电子商务概述 (217)
- 第二节 社交电子商务模式 (224)
- 第三节 中国社交电子商务的发展趋势 (236)

复习思考题 ……………………………………………………………… (239)
　　案例分析题 ……………………………………………………………… (239)

第九章　网络营销 …………………………………………………………… (241)
　　第一节　网络营销概述 ………………………………………………… (243)
　　第二节　网络市场调研 ………………………………………………… (253)
　　第三节　网络营销的常用方法 ………………………………………… (265)
　　复习思考题 ……………………………………………………………… (277)
　　案例分析题 ……………………………………………………………… (277)

第十章　大学生电子商务创业 ……………………………………………… (281)
　　第一节　创业基础与电子商务创业 …………………………………… (282)
　　第二节　电子商务创业计划书 ………………………………………… (286)
　　第三节　大学生电子商务创业的商务模式 …………………………… (292)
　　复习思考题 ……………………………………………………………… (298)
　　案例分析题 ……………………………………………………………… (299)

第十一章　电子商务法律基础 ……………………………………………… (300)
　　第一节　电子商务法律概述 …………………………………………… (301)
　　第二节　电子商务参与各方间的法律关系 …………………………… (307)
　　第三节　电子商务中的权益保护 ……………………………………… (310)
　　第四节　中国主要电子商务法律制度 ………………………………… (319)
　　第五节　绿色电子商务 ………………………………………………… (325)
　　复习思考题 ……………………………………………………………… (328)
　　案例分析题 ……………………………………………………………… (328)

参考文献 ……………………………………………………………………… (330)

第一章

电子商务概述

学习目标

1. 掌握电子商务的概念和功能。
2. 了解传统商务与电子商务的区别与联系。
3. 掌握电子商务的分类。
4. 了解电子商务的意义。
5. 了解电子商务对经济、社会的影响。

案例导入

电子商务改变的是一种生活方式

人与人之间的信息传播经历了五个时代的变迁：农耕时代、蒸汽时代、电气时代、互联网时代、移动互联时代。进入移动互联时代后，社会化营销与移动电子商务结合诞生了现在的社会化电子商务。电子商务发展的这几十年，从实体商场到人们足不出户就能轻松买到心仪的物品，网购的方式已然潜入大众生活。

大家耳熟能详的阿里巴巴、京东、拼多多等电子商务平台，所构成的生态圈在满足人们多样化需求的同时，也在悄悄改变着人们的生活理念和态度。由此"双十一"被赋予了新的含义，发展成为网民最值得期待的全民狂欢日。

电子商务的优势在于能够随时随地满足用户的购物需求，高效的一站式体验极大地提升了消费者的购物频次，最大程度减少了时间成本。除此之外，电子商务还帮助了一部分人低成本创业，创造了额外的社会效益和新的社会生活。

线上交易更加便捷，选择性更多

网络拉近了人与人之间的距离，与此同时也拉近了消费者与商品的距离。在网上，消费者可以足不出户，挑选琳琅满目的商品，任何实体店能够买到的商品，网络上也可以买到。

在越来越完善的线上交易系统下,电子商务更加顺应了潮流。

电子商务运营成本低于实体店

一方面,相对于实体店而言,租金成本便可省去或者降到很低;另一方面,实体店交易的税费,电子商务完全可以省去。这样一来,电子商务的运营成本就相对低了很多,这也为线上商品的折扣与活动优惠提供了基础。

这就是当下的电子商务,随着"互联网+"时代的到来,电子商务将迎来新一轮的发展机遇,电子商务给未来中国的经济和生活方式带来的影响不言而喻。

(案例来源:深圳众聚成官网)

第一节 传统商务与电子商务

21世纪,电子商务正以前所未有的力量冲击着人们千百年来形成的商务观念与模式,直接作用于商务活动,间接作用于社会经济的方方面面。电子商务是推动人类社会继农业革命、工业革命之后的第三次革命,电子商务已经成为商业创新的主要动力,在促进消费与结构调整方面展现出强大的动力,成为驱动国民经济和社会发展的新要素,也为技术进步与创新创业提供了平台。随着国家"互联网+"行动计划的实施,"互联网+"电子商务迎来了新一轮的重要发展机遇,呈现出一系列新内涵、新特征和新趋势,并且在大宗商品交易、个人消费服务、跨境电子商务、农村电子商务、移动电子商务等领域迎来新发展。

一、传统商务

自从有了商品和商品交换,就有了商务活动。商务作为人类最基本的实践活动,是指一切与商品买卖服务相关的商贸活动,是人们为了生产优良的商品、扩大市场、获得更好的利益回报而进行的社会交际活动。商务的概念有广义和狭义之分,广义的商务通常指一切与商品买卖服务相关的商业事务;狭义的商务即指商业或贸易。

传统商务就是用户利用电话、传真、信函和传统媒体来实现商务交易和管理的过程。用户能够通过传统手段进行市场营销、广告宣传、获得营销信息、接收订货信息、进行购买决策、支付款项、客户服务支持等。这种传统手段具有环节多、成本高、效率低等特点。

传统商务的交易流程是企业在具体进行一个商务交易过程时的实际操作步骤和处理过程,由交易前的准备、贸易磋商、合同与执行、支付等环节组成。

(一)交易前的准备

对于商务交易过程来说,交易前的准备就是供需双方如何宣传或者获取有效的商品信息的过程。商品供应方的营销策略是通过报纸、电视、户外媒体等各种广告形式宣传自己的商品信息。对商品的需求企业或消费者来说,要尽可能得到自己所需要的商品信息,来拓宽自己的进货渠道。因此,交易前的准备实际上就是一个商品信息的发布、查询和匹配的过程。

（二）贸易磋商

在商品的供需双方都了解了有关商品的供需信息后，就开始进入具体的贸易磋商过程。贸易磋商实际上是贸易双方进行口头磋商或纸面贸易单证的传递过程，这一过程包括询价、价格磋商、合同谈判、发货、运输、收货等，各种纸面贸易单证反映了商品交易双方的价格意向、营销策略管理要求及详细的商品供需信息。

（三）合同与执行

在传统商务活动中，贸易磋商过程一般通过口头协议来完成。但在磋商过程完成后，交易双方必须要以书面形式签订具有法律效应的商务合同来确定磋商的结果和监督执行，并在产生纠纷时通过合同条款由相应机构进行仲裁。

（四）支付过程

传统商务中的支付一般有支票和现金两种方式：支票方式多用于企业间的商务过程，会涉及双方的单位及其开户银行信息；现金方式常用于企业对个体消费者的商品销售过程。

二、电子商务

（一）电子商务的内涵

电子商务已经进入了传统商务活动的各个环节和各个领域，在互联网开放的网络环境下，以现代信息技术和通信技术为支撑，买卖双方可以在不谋面的情况下进行各种商务活动，实现消费者的网上购物、商户之间的网上交易和在线电子支付等各种商务活动、交易活动、金融活动以及相关的综合服务活动。

IBM公司于1996年提出了Electronic Commerce（E-Commerce）的概念，1997年，该公司又提出了Electronic Business（E-Business）的概念；1997年7月，美国政府发表了《全球电子商务政策框架》白皮书，从此"电子商务"一词被正式使用，并受到全世界的瞩目。

事实上，电子商务至今还没有一个较为全面、权威、能够为大多数人所接受的定义。国内外不同的著作、机构等对电子商务的定义都有差异；各国政府、学者、企业界人士根据自己的理解和对电子商务的参与程度，给出了许多不同的定义。本书采用《中华人民共和国电子商务法》第二条的定义：电子商务是指通过互联网等信息网络销售商品或者提供服务的经营活动。

电子商务有广义和狭义之分。狭义的电子商务（E-Commerce）是指人们在互联网上开展的交易或与交易有关的活动。广义的电子商务（E-Business）是指利用不同形式的网络技术和手段以及其他信息技术所进行的企业的所有业务活动。可以认为，E-Business包含了E-Commerce的内容，它不仅包括了企业商务活动中面向外部的业务流程，如网络营销、电子支付、物流配送等，还包括面向企业内容的业务流程，如企业资源计划、管理信息系统、客户关系管理、供应链管理、人力资源管理、战略管理、市场管理、生产管理、研发管理以及财务管理等内容。

（二）电子商务的概念模型

电子商务的概念模型是对现实世界中电子商务活动的抽象描述，由电子商务实体、交易事务、电子市场和信息流、资金流、商流、物流等基本要素构成。电子商务实体是指能够从事电子商务活动的客观对象，它可以是企业、银行、商店、政府机构或个人。交易事务是指电子商务实体之间所从事的具体的商务活动的内容，如询价、报价、转账支付、广告宣传和商品运输等。电子市场是指电子商务实体从事商品和服务交易的场所，它是由各种商务活动参与者，利用各种接入设备，通过网络连接成的一个统一的经济整体。

任何一个商务活动都离不开四种基本的"流"，即信息流、资金流、商流和物流。电子商务作为电子化手段的商务活动，也同样如此，电子商务的任何一笔交易都包含信息流、资金流、商流和物流这四个基本要素。

（1）信息流，既包括商品信息提供、促销行销、技术支持和售后服务等内容，也包括询价单、报价单、付款通知单和转账通知单等商业贸易单证，还包括交易方的支付能力、支付信誉和中介信誉等。

（2）资金流，主要指资金的转移过程，包括付款、转账、结算、兑换等过程，它始于消费者，终于商家，中间可能经过银行等金融机构。

（3）商流，指商品在购销之间进行交易和商品所有权转移的运动过程，具体指商品交易的一系列活动。

（4）物流，主要指物质实体的流动过程，即运输、存储、流通加工、装卸、保管、物流信息管理等各种活动。

在电子商务环境下，信息流、资金流和商流的处理都可以通过计算机和网络通信设备实现。物流则是电子商务"四流"中最为特殊的一种，对于少数商品和服务来说，可以直接通过网络传输的方式进行配送，如各种电子出版物、信息咨询服务、软件等。

"四流"的关系可以表述为：以信息流为依据，通过资金流实现商品的价值，通过物流实现商品的使用价值；物流应是资金流的前提与条件，资金流应是物流依托的价值担保，并为适应物流的变化而不断进行调整；信息流对资金流和物流活动起着指导和控制作用，并为资金流和物流活动提供决策的依据；商流是交易的核心，也是交易的最终目的。

（三）电子商务的功能

（1）广告宣传：电子商务使企业可以通过自己的网站服务器、网络主页和电子邮件在全球范围内做广告宣传，在互联网上宣传企业形象和发布各种商品信息。

（2）咨询洽谈：电子商务使企业可借助非实时的电子邮件、新闻组和实时的讨论组来了解市场和商品信息、洽谈交易事务。

（3）网上订购：企业的网上订购系统通常都是在商品介绍的页面上提供十分友好的订购提示信息和订购交互表格，当客户填完订购单后，系统回复确认信息单，表示订购信息已收悉。

（4）网上支付：网上支付是电子商务交易过程中的重要环节，客户和商家之间可采用信用卡、电子钱包、电子支票和电子现金等多种电子支付方式进行网上支付。采用网上支付方式节省了交易的成本。

（5）电子账户：客户的信用卡号或银行账号是电子账户的标志，它是客户所拥有金融资产的标识代码。电子账户通过客户认证、数字签名、数据加密等技术的应用保证了电子账户操作的安全性。

（6）服务传递：电子商务通过服务传递系统将客户所订购的商品尽快地传递到已订货并付款的客户手中。对于有形的商品，服务传递系统可以通过网络对在本地或异地的仓库或配送中心进行物流的调配，并通过物流服务部门完成商品的传送；而无形的信息产品如软件、电子读物、信息服务等，则从电子仓库中将商品通过网上直接传递到客户端。

（7）意见征询：企业的电子商务系统可以采用网上问卷等形式及时收集客户对商品和销售服务的反馈意见，这些反馈意见能提高网上、网下交易的售后服务水平，使企业获得改进产品、发现新市场的商业机会，使企业的市场运作形成一个良性的封闭回路。

（8）交易管理：电子商务的交易管理系统可以借助网络快速、准确地搜集大量的数据信息，利用计算机系统强大的处理能力，针对与网上交易活动相关的人、财、物、客户及本企业内部事务等各方面进行及时、科学、合理的协调和管理。

（四）电子商务的特性

电子商务是将传统商务活动中的物流、资金流和信息流利用网络技术进行整合的商业运作方式，能直接与分布在各地的客户、员工、供应商和经销商进行连接，创造更具竞争力的经营优势。电子商务使企业具备灵活的交易手段和快速的交货方式，可以帮助企业优化其内部管理流程，以更快捷的方式将产品和服务推向市场，大幅促进社会生产力的提高。与传统商务相比，电子商务具有以下特性。

1. 业务全球化

网络可以使交易各方通过互动方式直接在网上完成交易或与交易有关的全部活动，它使商品和信息的交换过程不再受时间和空间的限制。任何人可以在任何时间、任何地点利用电子商务服务功能进行电子商务活动，如企业可以利用互联网将商务活动的范围扩展到全球，相应地，消费者的购物选择也是全球性的。

2. 服务个性化

在电子商务环境中，客户不再受地域的限制，也不再仅仅将目光集中在最低价格上，因此，服务质量在某种意义上成为商务活动的关键。同时，技术创新带来新的成果，网络应用使企业能自动处理商务过程，不再像以往那样强调公司内部的分工。

企业通过将客户服务过程移至互联网，使客户能以一种比过去更便捷的方式获得服务，如将资金从存款户头移至支票户头、查看信用卡的收支、记录发货乃至搜寻并购买稀有产品等，这些都可以使客户足不出户而实时完成。

显而易见，电子商务提供的客户服务具有一个非常明显的特点：方便性。不仅让普通客户受益，企业同样也能受益。例如，中国工商银行通过电子商务服务，使客户能全天候地操作资金账户，存取资金，快速地查阅诸如押金利率、贷款过程等信息，使服务质量大大提高。

3. 业务集成性

电子商务的集成性首先表现为企业事务处理的整体性和统一性，它能重新规范事务处理的工作流程，将人工操作和电子信息处理集成为一个不可分割的整体。这样不仅能更好地利用人力和物力，也增强了系统运行的严密性。其次表现为与客户的直接互动性，在网络中企业可以依据网页向用户提供各类信息，展示产品的视觉形象，介绍产品的性能、用途，可以根据用户的要求组织生产，然后直接出售给客户，并提供各类服务，甚至还可以让消费者直接参与产品的设计与定制，使消费者能够了解产品的真实质量，公开询价，并能直接购买到自己称心如意的商品。最后表现为企业与销售方和供货方以及商务伙伴间更加密切的合作关系。为提高效率，许多组织都建立了基于网络的交互式协议，电子商务活动可以在这些协议的基础上进行，如利用互联网将本企业内部的信息系统与供货方连接，再连接到订单处理系统，并通过一个供货渠道加以处理。这样，企业不但节省了时间，消除了纸质文件带来的麻烦，提高了决策质量；同时还和上、下游商家建立了长期稳定的合作关系。企业内外部信息的直接传递和沟通能使企业从市场上快速地获取信息，并对市场的变化做出迅速的反应，通过电子单证交换、动态货物跟踪、电子资金转账等手段来完成整个交易过程，从而使企业进一步提高效率、降低成本。

4. 电子商务的均等性

电子商务的应用，对大、中、小企业都带来机遇与挑战，而这些机遇都是均等的。电子商务的均等性对于中小型企业来说尤其有利。互联网代表了一个开放性的大市场，它使小型企业无须庞大的商业体系，无须昂贵的广告费用，无须众多的营销人员，而只需要通过互联网上的网页，就可以打开市场，而且是国际市场。在这个市场上，可以接触到世界范围内的广大客户，使中小型企业可以从原来主要由大企业占有或几乎垄断的市场中获得更多的利润。在互联网上，任何一家新成立的公司都可能与IBM这样的"蓝色巨人"有同样多的机会。因为在互联网上，用户的贸易地位从主动变为被动，而且在交易过程中，用户比较的不是企业的规模和办公环境，而是企业产品的价格与性能以及企业服务质量。

三、传统商务与电子商务的比较

传统商务活动起源于远古时代，当人们对日常活动进行分工时，商务活动就开始了。分工产生后，每个家庭不再像以前那样既要种植粮食又要打猎和制造工具，而是专心于某一项活动，然后用相应的产品去换取所需之物。例如，制造工具的家庭可以和种植粮食或打猎的家庭互换产品。那时，物品信息靠听说、观察来获取，有些消息灵通人士善于利用这些信息进行货物交换，后来被称为商人。在这些原始的商务活动中，无形的服务也开始了买卖，例如，通过为商人带路换取商品等。

但是，电子商务并非新兴之物。早在1839年，当电报刚出现的时候，人们就开始运用电子手段进行商务活动。随着电话、传真、电视、移动通信设备等电子工具的出现,商务活动中可应用的电子工具进一步扩大。电子商务真正起始于20世纪70年代的电子数据交换(Electronic Data Interchange,EDI)。在此之后,伴随着计算机技术和网络通信技术的发展,借助互联网技术实现企业内部、企业之间、企业与客户之间的商业活动成为越来越多企业生存和发展的必然要求,并逐渐发展成为一个相对独立的、全新的商务领域。

传统商务与电子商务的不同主要体现在交易对象、交易时间、交易地点、流通渠道、销售方式、销售推动、信息服务、顾客方便度、顾客需求把握等方面,如表1-1所示。

表1-1 传统商务与电子商务的整体对比

比较项目	传统商务	电子商务
交易对象	部分地区	全球
交易时间	规定的营业时间内	24h×7d
交易地点	可销售的空间(实体店铺、仓库等)	虚拟空间(网络店铺、商品列表、图片等)
流通渠道	企业→批发商→零售商→消费者	企业→消费者
销售方式	通过各种关系在线下交易	线上自由交易
销售推动	销售商努力(单方)	交易双方一对一沟通(双方)
信息提供	根据销售商的不同而不同	透明、准确、及时
顾客方便度	受时间和地点的限制	不受时空限制
顾客需求把握	需要用很长时间掌握顾客的需求	能够迅速捕捉顾客的需求,及时应对

传统商务和电子商务的运作过程都是由交易前的准备、贸易磋商、合同与执行、支付等环节组成的,但是两者交易的具体运作过程有很大的区别。表1-2为传统商务和电子商务运作过程的比较。

表1-2 传统商务和电子商务运作过程的比较

运作过程	传统商务	电子商务
交易前的准备	以纸质材料为主,进行商品信息的发布、查询和匹配	以网络为主,进行商品信息的发布、查询和匹配
贸易磋商	交易双方进行口头磋商或纸质贸易单证的传递	交易双方通过网络进行磋商或者传递贸易单证
合同与执行	交易双方签订纸质商贸合同	交易双方通过第三方认证机构签订电子合同
支付	一般有支票和现金两种方式	网上支付

通过比较可以看出,电子商务在交易各个环节都采用了与传统商务不同的运作方法,在许多方面,电子商务都优于传统商务,具有以下几个优点。

1. 交易虚拟化

通过互联网进行的贸易,贸易双方从贸易协商、签订合同到支付等,无须当面进行,均可通过互联网完成,整个交易完全虚拟化。对卖方来说,可以到网络管理机构申请域名,制作自己的主页,组织产品信息上网。而虚拟现实、网上聊天等新技术的发展使买方能够根据自己的需求选择广告,并将信息反馈给卖方。通过信息互动,签订电子合同,完成交易并进行电子支付,整个交易都在网络这个虚拟的环境中进行。

2. 交易成本低

电子商务使买卖双方的交易成本大大降低,具体表现在以下几个方面。

(1)距离越远,网络上进行信息传递的成本相对于信件、电话、传真而言就越低。此外,缩短时间及减少重复的数据录入,也降低了信息成本。

(2)买卖双方通过网络进行商务活动,无须中间者参与,减少了交易的有关环节。

(3)卖方可通过互联网进行产品介绍、宣传,避免了在传统方式下做广告、发印刷产品等成本。

(4)电子商务实行"无纸贸易",可减少90%的文件处理费用。

(5)互联网使买卖双方及时沟通供需信息,使无库存生产和无库存销售成为可能,从而使库存成本降为零。

(6)企业利用内部网(Intranet)可实现"无纸办公(OA)",提高了内部信息传递的效率,节省了时间,并降低了管理成本。通过互联网把其公司总部、代理商以及分布在其他国家的子公司、分公司联系在一起,及时对各地市场情况做出反应,即时生产、即时销售,降低存货费用,采用高效、快捷的配送公司提供交货服务,从而降低产品成本。

3. 交易效率高

由于互联网将贸易中的商业报文标准化,使商业报文能在世界各地瞬间完成传递与计算机自动处理,使原料采购、产品生产、需求与销售、银行汇兑、保险、货物托运及申报等过程无须人员干预,可在最短的时间内完成。传统贸易方式中,用信件、电话和传真传递信息,必须有人的参与,且每个环节都要花不少时间。有时由于人员合作和工作时间的问题,会延误传输时间,失去最佳商机。电子商务克服了传统贸易方式费用高、易出错、处理速度慢等缺点,极大地缩短了交易时间,使整个交易非常快捷与方便。

4. 交易透明化

买卖双方从交易的洽谈、签约以及货款的支付、交货通知等整个交易过程都在网络上进行。通畅、快捷的信息传输可以保证各种信息之间互相核对,可以防止伪造信息的流通。例如,在典型的许可证EDI系统中,由于加强了发证单位和验证单位的核对,假的许可证就不易漏网。海关EDI也帮助杜绝边境的假出口、兜圈子、骗退税等行径。

★课堂思考

电子商务对传统商务带来的改变有哪些?

★课堂案例

现在实体经济越来越不景气,是电子商务的错吗?

众所周知,互联网的发展催生了以电子商务为代表的互联网经济。许多人通过经营网店赚了很多钱。然而，随着电子商务的快速发展，实体经济遭受了沉重的打击。由于管理不善和业务下滑，许多线下商店已经关闭。的确，网店的运营成本和门槛远低于实体店，不需要雇佣太多的员工，也不受天气、节假日等因素的影响，所以很多企业都纷纷转向线上。而那些生意越来越不好的实体店老板们纷纷感慨：生意真的越来越难做了，都是电子商务惹的祸。

那么，真的是电子商务导致实体店生意越来越不景气的吗？当然不全是。电子商务只是其中一个因素，实体经济的持续衰退是由多种原因造成的。

首先，越来越多的人盲目创业。在现实生活中，有些人看到别人通过创业赚钱后，自己也走上了创业的道路。然而，由于缺乏经验和人脉，他们的生意失败了。事实上，创业的风险是比较大的，不仅要有一个好的项目，还要有一定的商业头脑。创业者越来越多，竞争压力越来越大，一些创业者的失败是不可避免的。

其次，房地产的发展导致了实体店租金的持续增长。据相关数据显示，国内商铺的租金非常高，几乎是10年前的10倍。在许多二、三线城市，商业街的门店租金每年可达100万元，而许多商店的营业收入都可能达不到100万元，加上店铺的运营成本，他们可能全年亏损，所以他们选择将业务转移到网上。当线上业务发展良好时，他们会逐渐放弃实体店，关闭线下店铺，这也是线下实体店关闭的原因之一。

再次，劳动力成本正在上升。据有关报道，近年来，我国主要生产要素的成本一直在上升，每年以10%的速度增长。随着所有成本的上升和消费水平的提高，劳动力成本也在增长。在这种情况下，实体店的经营压力也越来越大，这也是实体店关闭的原因之一。

最后，劳动力短缺也是实体经济萧条的原因之一。事实上，尽管国内制造业发展迅速，已达到世界领先水平，但与房地产业相比，普通制造业很难提供给工人太高的薪酬，所以企业的竞争力也不断减少，无法留住人才，劳动力流失也很严重。

以上四点是国内实体店铺持续关闭的主要原因。此外，互联网行业的快速发展也对实体经济产生了一定的影响。

（案例来源：百度个人账号"大话企业"）

思考题：

如何看待电子商务与实体经济的关系？

第二节　电子商务的分类

电子商务应用范围很广，从不同角度可以将其分为不同的类型。

一、按交易主体进行分类

电子商务通常在三类交易主体之间进行，即企业（Business）、政府部门（Government）和个人消费者（Costomer）。按信息在这三类交易主体之间的流动，电子商务可以分为以下八种类型。

（一）企业与企业之间的电子商务

企业与企业之间的电子商务（Business to Business，B2B）是指企业与企业之间通过专用网络或互联网，进行数据信息的交换、传递，开展交易活动的商业模式。它将企业内部网和企业的产品及服务，通过 B2B 网站或移动客户端与客户紧密结合起来，通过网络的快速反应，为客户提供更好的服务，从而促进企业的业务发展。

B2B 是目前应用最广泛的一种电子商务，它可以分为两种：一种是非特定企业间的电子商务，是在开放的网络中对每笔交易寻找最佳伙伴，并与伙伴进行从订购到结算的全部交易行为；另一种是特定企业间的电子商务，是指在过去与企业一直有交易关系并且今后要继续进行交易的企业间的各种商务互动。目前最具有代表性的 B2B 电子商务网站有阿里巴巴、敦煌网等。

（二）企业与个人消费者之间的电子商务

企业与个人消费者之间的电子商务（Business to Costomer，B2C）指企业与个人消费者之间进行的商品或服务的交易，即网络零售。这类电子商务基本上表现为在线零售，企业通过建立自己的网站，推销自己的产品（如食品、汽车等消费品）、服务（远程教育、在线医疗等网络服务），消费者可以通过访问网上商店浏览商品，进行网上购物或接受服务。随着近年来互联网的快速发展与全球网民的增多，B2C 得到了快速发展。目前最典型的 B2C 电子商务网站有京东商城、天猫和当当网等。

（三）个人消费者与企业之间的电子商务

个人消费者与企业之间的电子商务（Costomer to Business，C2B）指先由消费者提出需求，然后商贸企业按消费者需求组织生产。该方式是由消费者根据自身需求来定制产品和价格，或主动参与产品设计、生产和定价，彰显消费者的个性化需要。

综上，可以把 C2B 看成是 B2C 的反向过程，也可以看成是 B2C 的补充。阿里巴巴创始人马云在 2015 年德国汉诺威 IT 展上表示：未来的世界，我们将不再由石油驱动，而是由数据驱动；生意将是 C2B 而不是 B2C，用户改变企业，而不是企业向用户出售——因为我们将有大量的数据；制造商必须个性化，否则他们将非常困难。

（四）个人消费者与个人消费者之间的电子商务

个人消费者与个人消费者之间的电子商务（Costomer to Costomer，C2C）是个人消费者之间通过网络商务平台实现交易的一种电子商务模式。该方式能够让消费者出售所持有的物品，如在淘宝网中开店并发布物品信息，物品需求者也可以在此平台上购买所需要的物品。

从理论上来说，C2C 模式是最能够体现互联网的精神和优势的，数量巨大、地域不同、时间不一的买方和同样规模的卖方通过一个平台找到合适的对家进行交易，在传统领域要实现这样的交易几乎是不可想象的。同传统的消费者对消费者市场相比，C2C 不再受到时间和空间的限制，节约了大量的市场沟通成本，其价值是显而易见的。

（五）企业与政府之间的电子商务

企业与政府之间的电子商务（Business to Government，B2G）涵盖了政府与企业间的各项事务，包括政府采购、税收、商检、管理条例发布，以及法规和政策颁布等。B2G 可以使企业与政府之间通过互联网方便、快捷地进行信息交换。一方面，政府作为消费者可以通过互联网发布自己的采购清单，公开、透明、高效地完成所需物品的采购；另一方面，政府对企业实施的宏观调控、监督管理等，以数字化方式更能充分、及时地发挥作用。例如，中央政府采购网和各地税务局的网上报税服务厅等就属于该模式。

（六）个人消费者与政府之间的电子商务

个人消费者与政府之间的电子商务（Costomer to Government，C2G）涵盖个人与政府之间的若干事务，如个人公积金缴纳、养老金的领取及个人向政府纳税等。C2G 方式具有透明的特点，在该方式下公民可以快速了解政府发布的各项信息。如全国大学生就业公共服务立体化平台等就属于 C2G 模式。

（七）线上到线下模式

线上到线下 O2O（Online to Offline）是指将线下的商务机会与互联网结合，让互联网成为线下交易的前台，这个概念最早来源于美国。O2O 的概念非常广泛，只要产业链中既可涉及线上，又可涉及线下，就可通称为 O2O。

O2O 的优势在于把线上和线下的优势完美结合。通过网购导购机，把互联网与地面店完美对接，实现互联网落地。让消费者在享受线上优惠价格的同时，又可享受线下贴身的服务。同时，O2O 模式还可实现不同商家的联盟。

（八）协同商务

协同商务（Collaborative Commerce，CC）是将具有共同商业利益的合作伙伴整合起来，它主要是通过对整个商业周期中的信息进行共享，实现和满足不断增长的客户需求，同时也满足企业本身的活力。通过对各个合作伙伴的竞争优势的整合，共同创造和获取最大的商业价值，以及提供获利能力。

就协同商务概念而言，企业信息化建设的目的不仅是管理企业内部资源，还需要建立一个统一的平台，将客户、供应商、代理分销商和其他合作伙伴也纳入企业信息化管理系统中，实行信息的高效共享和业务的一系列链接。协同有两层含义：一层含义是企业内部资源的协同，有各部门之间的业务协同、不同的业务指标和目标之间的协同及各种资源约束的协同，如库存、生产、销售、财务间的协同，这些都需要一些工具来进行协调和统一；另一层含义是指企业内外资源的协同，也即整个供应链的协同，如客户的需求、供应、生产、采购、交易间的协同。

二、按商务活动的内容分类

按商务活动的内容,电子商务可以分为完全电子商务和不完全电子商务。

完全电子商务是指交易过程中的信息流、资金流、商流和物流都能够在网上完成,商品或者服务的整个商务过程都可以在网络上实现的电子商务。该方式适用于数字化的无线产品或服务,如计算机软件、电子书籍、远程教育和网上订票等,供需双方可以直接在网络上完成订货或申请服务、货款的电子支付与结算、实施服务或产品交付等全过程,无须借助其他手段。

不完全电子商务即无法完全依靠电子商务方式实现和完成整个交易过程的交易,它需要依靠一些外部要素(如运输系统)来完成交易。这类电子商务主要针对有形商品如书籍、计算机和日用品等,需要利用传统的渠道如快递公司等送货或实地交割货物。

三、按开展交易的地域范围分类

按开展交易的地域范围,电子商务可分为本地电子商务、国(境)内电子商务和全球电子商务。

本地电子商务是指在本地区范围内开展的电子商务,交易双方都在本地范围之内,利用本地的电子商务系统开展商务活动。

国(境)内电子商务是指在本国(或某一关境)范围内开展的电子交易活动,其交易的地域范围比本地电子商务更大,参与商务活动的各方可能分布在国内不同的省市或地区,对软硬件和技术的要求更高。

全球电子商务是指在全世界范围内进行的电子交易活动,参加电子交易各方通过网络进行贸易,涉及有关交易各方的相关系统,如买方国家进出口公司系统、海关系统、银行金融系统、税务系统、运输系统、保险系统等。全球电子商务业务内容繁杂,数据来往频繁,要求电子商务系统严格、准确、安全、可靠,应制定世界统一的电子商务标准和电子商务(贸易)协议。

四、按适用网络类型分类

按适用网络类型的不同,电子商务可分为以下三种类型。

(一)基于电子数据交换的电子商务

电子数据交换商务也称 EDI(Electronic Data Interchange)商务。按照国际标准组织的定义,EDI 商务是"将商务或行政事务按照一个公认的标准,形成结构化的事务处理或文档数据格式,从计算机到计算机的电子传输方法"。简单地说,EDI 商务就是按照商定的协议,将商业文件标准化和格式化,并通过计算机网络,在贸易伙伴的计算机网络系统之间进行数据交换和自动处理。

EDI商务主要应用于企业与企业、企业与批发商、批发商与零售商之间的批发业务。相对于传统的订货和付款方式，EDI商务大大节约了时间和费用，并且较好地解决了安全保障问题。这是因为，使用者均有较可靠的信用保证，并有严格的登记手续和准入制度，加之多级权限的安全防范措施，从而实现了包括付款在内的全部交易工作网络化。

（二）基于互联网的电子商务

随着互联网的发展及全球化普及，基于计算机和软件的经济活动逐渐发展起来。它以电子通信为手段，让人们通过计算机网络宣传自己的产品和服务，并进行交易和结算。这种基于互联网的电子商务形式，将商务活动中的所有业务流程汇集在一起，可以降低经营成本、加速资金周转的速度。

1. 基于内部网的电子商务

内部网（Intranet）也称企业内部网，是应用Internet中的Web浏览器、Web服务器、超文本标记语言（HTML）、超文本传输协议（HTTP）、TCP/IP网络协议和防火墙等先进技术建立的供单位内部进行信息访问的独立网络。

2. 基于外部网的电子商务

外部网（Extranet）是内部网的外部扩展和延伸，通过将一些企业的内部网通过访问控制和路由器予以连接，构成一个虚拟网络。一般在外部网中，允许网内访问外部的互联网信息，但不允许非法和身份不明的访问者进入网络，因此这种模式是一种半封闭的企业间电子商务模式。

（三）移动电子商务

移动电子商务是在移动通信网络和互联网技术的基础上发展起来的，主要通过手机、平板电脑和其他移动智能终端来进行商务活动。与其他电子商务类型相比，移动电子商务拥有更加便捷的操作方法和更广泛的用户基础，是目前较为流行的一种电子商务方式。

五、按照交易过程分类

按照电子商务交易过程的不同，电子商务可以划分为交易前、交易中、交易后三类。

（一）交易前电子商务

交易前电子商务主要是指买卖双方和参加交易各方在签订贸易合同前的准备活动，具体包括以下内容。

（1）买方根据自己要买的商品准备购货款，制订购货计划，进行市场调查、分析及查询，了解卖方的贸易政策，反复修改购货计划和进货计划，确定和审批购货计划。然后按计划确定购买商品的种类、数量、规格、价格和交易方式等，尤其要利用互联网来寻找自己满意的商品和商家。

（2）卖方根据自己所销售的商品召开新闻发布会，进行广告宣传及市场调查和分析，确定销售策略和方式，了解买方的贸易政策，利用互联网发布广告，寻找贸易伙伴和交易机会。其他参加交易的各方如中介方、金融机构、海关系统、商检系统、保险公司、税务系统、运输公司等也都为进行电子商务做好相应准备。

（3）买卖双方对所有交易细节进行谈判，将双方磋商的结果以书面文件和电子文件形式确认并签订贸易合同。电子商务的特点是可以签订电子商务贸易合同，交易双方可以利用现代电子通信设备和通信方法，经过谈判和磋商，将双方在交易中的权利和义务、对所购买商品的种类、数量、价格、交货地点、交易方式、违约和索赔等合同条款，全部以电子交易合同做出全面、详细的规定，合同双方可以利用 EDI 进行签约，可以通过数字签名等方式签名。

（二）交易中电子商务

交易中电子商务主要是指买卖双方签订合同后到合同开始履行之前办理各种手续的过程，交易中有关各方包括中介方、金融机构、海关系统、运输公司等。买卖双方要利用 EDI 与有关各方进行各种电子票据和电子单证的交换，直到办理完将所购商品从卖方开始向买方发货的一切手续为止。

（三）交易后电子商务

从买卖双方办完所有手续之后开始，卖方要备货、组货，同时进行保险、取证、发信用证等，将所售商品交付给运输公司包装、起运、发货，买卖双方可以通过电子商务服务器跟踪发出的货物，金融机构也按照合同处理双方收付款并进行结算，出具相应的银行单据等，直到买方收到自己所购商品才完成整个交易过程。

第三节　电子商务的产生与发展

一、电子商务的产生

（一）技术环境

1. 计算机的广泛应用

从 20 世纪 70 年代中期以来，计算机的处理速度越来越快，处理能力越来越强，价格越来越低，应用越来越简单也越来越广泛，这为电子商务的应用提供了基础条件。

2. 网络的普及和成熟

由于互联网技术日益成熟，接入互联网的计算机网络越来越多，全球上网用户增长迅猛，互联网成为连接全球用户的一个虚拟社区，为电子商务的发展提供了一个快捷、安全、低成本的信息交流平台，并为电子商务的发展吸引了大量的潜在客户。

3. 信息系统的形成与发展

信息系统的形成和发展是由于计算机的产生而逐步形成和发展起来的。1946 年人类发明了第一台计算机，由于条件所限只能做数值积分处理，应用仅局限在军事和科学领域的运算。但随着技术的不断进步，计算机可以进行数据处理，计算机开始进入管理领域，建立信息系统。到了 20 世纪 90 年代，人类社会利用互联网进入了一个网络时代，网络时代的发展对于信息系统的建设和应用产生了极大的促进作用。其中，最有代表性的就是电子商务系统的建立。电子商务的出现极大地扩展了传统的信息技术和信息系统应用的范围，把信息系统的应用范围从传统的只能处理管理问题扩展到能够处理经营问题。

4. 信用卡及其他电子支付手段的普及

信用卡以其方便、快捷、安全等优点成为人们消费支付的重要手段，并由此形成了完善的信用卡计算机网络支付与结算系统；同时，电子资金转账（Electronic Funds Transfer，EFT）已逐渐成为企业间资金往来的主要手段，从而为电子商务中的网上支付提供了重要保证。

5. 安全交易标准和技术的应用

近年来，针对电子商务安全的要求，IT 业和金融行业一起推出不少有效的安全交易标准和技术来解决这些问题。目前，常用的技术有三种：电子商务认证技术、协议标准和安全技术。

（二）社会环境

1. 市场环境的建立

经济全球化使企业面临的市场越来越大，竞争对手越来越多，客户变得越来越强势，同时，面临的资源如劳动力、技术等也越来越不平衡。因此，企业一方面要在全球范围内调整产业布局，优化资源配置，降低经营成本；另一方面还要通过改变经营手段获得竞争优势。因此，企业必须快速响应市场环境的变化，以推动电子商务的发展。

2. 政府大力支持

自 1997 年欧盟发布《欧洲电子商务倡议》，美国随后发布《全球电子商务框架》以后，电子商务受到了世界各国政府的重视，许多国家的政府开始尝试"网上采购"，这为电子商务的发展提供了有力的支持。

3. 配套的法律环境

市场经济本质上是契约经济，为了保障交易双方甚至多方的权利和义务，只有具备完善的、配套的法律环境，市场经济才可以顺利地运行。电子商务也是市场经济的一个组成部分，一套完整的、可操作的、有针对性的电子商务法律，是保障电子商务发展的重要前提。

4. 电子商务信用体系的建设

信用体系的不完善是制约电子商务发展的一个重要环节。在网络当中进行交流，增加了交流的自由度,但是却无法确定对方的真实身份,这是电子商务发展的一个巨大障碍。一套完善的网上信用保证体制,会保证交易完成,促进电子商务的发展。

5. 完善的物流配送体系的建立

电子商务是一项社会化的系统工程,其受到信息化发展、安全制度、信用体系、配送环节和法律环境等诸多因素的影响。物流配送体系的高效、完善,对于电子商务发展的重要性不言而喻。

二、电子商务的发展阶段

电子商务的发展根据其使用的网络不同,可分为四个阶段:基于电子数据交换的电子商务,基于互联网的电子商务,基于3G(Third Generation,第三代移动通信技术)、4G、5G的移动电子商务,基于新兴技术的智慧电子商务。

(一)基于电子数据交换的电子商务

从技术的角度来看,人们利用电子通信的方式进行贸易活动已有几十年的历史。早在20世纪60年代,人们就开始利用电报报文发送商务文件。20世纪70年代,人们又普遍采用更方便、快捷的传真来代替电报,由于传真是将信息经各类信道传送至目的地,在接收端获得与发送原稿相似记录副本的通信方式,还不能将信息直接转入信息系统。所以,利用电报、传真等技术进行的商务活动还不是严格意义上的电子商务。后来,人们开发了电子数据交换(EDI)技术,在互联网普及之前,它是最主要的电子商务应用技术。

EDI可以说是电子商务的前身,它是指有业务往来的公司机构通过计算机网络系统,以电子方式传输商业交易资料。EDI诞生于20世纪70年代末,主要推动力是国际贸易的激增对贸易资料传输"无纸化"的需求及当时网络技术的初步发展。

EDI取代了传统贸易票证、单据的手工处理,使贸易资料处理的效率大大提高,极大地推动了发达国家国内贸易和相关国际贸易的发展。但在1991年互联网正式对商业活动开放以前,EDI一直是通过租用专门线路在专用网络上实现,这种专用增值网(VAN)使用费用很高,一般只有跨国公司和大型企业才会使用,这就限制了EDI应用范围的扩大。

(二)基于互联网的电子商务

20世纪90年代中期,互联网迅速从大学、科研机构走向企业和家庭。1991年,商业贸易活动正式进入互联网世界,电子商务成为互联网应用的最大热点。

互联网的出现恰恰克服了EDI的不足,它费用低廉、覆盖面更广、服务功能更好,能够满足中小企业对电子数据交换的需求,因此基于互联网的EDI发展迅速,传统的EDI业务逐渐萎缩。不仅如此,基于互联网的EDI还把电子交换的范围从票证、单据扩大到了全方位的商务信息,便产生了现代意义上的电子商务。

电子商务的先驱是一些互联网零售公司,如亚马逊(Amazon)。2010年之后,像沃尔玛(Walmart)这样的传统跨国零售商也建立了自己的网上商店。2014年之后,电子商务出现了许多新的发展趋势，如与政府的管理和采购行为相结合的电子政务服务、与个人手机终结相结合的移动电子商务均得到了很好的发展，跨境电子商务也成了电子商务发展的一个新的突破口。

（三）基于3G、4G、5G的移动电子商务

随着移动通信技术的发展，手机上网已经成为一种重要的上网方式。在3G和4G时代，智能手机、平板电脑的普及使移动电子商务的发展极为迅速，改变了很多基于互联网的电子商务的规则。

2018年，我国的三大电信运营商开始投入5G网络建设，2019年投入商用。在5G时代，电子商务可能会有更深层次的变化。

（四）基于新兴技术的智慧电子商务

随着智能硬件和人工智能技术的发展，传统电子商务和零售业都受到了不同程度的冲击，在以新技术应用为核心的商业模式下，出现了越来越多的新兴电子商务平台及零售企业。

智慧电子商务利用网络技术、信息安全等先进手段，打造电子商务云环境，将电子商务实体、消费市场、交易实务、信息流、资金流、物流等基本要素进行整合，实现金融、保险、物流等商业应用的实时感知、动态信息发布、智能商务管理等功能，提升商务管理水平。

智慧电子商务是面向产业提供的公共电子商务云环境，为不同的企业、实体快速打造一个电子商务环境，协助其快速实现商务能力，同时通过该平台可以有效助力相关产业的发展，创新产业模式，提高政府产业服务能力，打造智慧的电子商务云。

三、我国电子商务发展概况

我国的电子商务发展始于20世纪90年代初期，以国家公共通信基础网络为基础，以国家"金关""金桥""金税"和"金卡"四个信息化工程为代表。目前，我国电子商务在经历了探索和理性调整后，步入务实发展的轨道，已在外贸、海关、银行、税务等许多领域和层次上得到应用，并取得了很大成绩，为中国电子商务的发展打下良好基础，也积累了宝贵经验。

近年来，随着互联网技术的迅猛发展，互联网经济已成为一个热门话题，以蓬勃发展的电子商务为代表的互联网经济已成为经济发展的重要引擎。我国政府高度重视发展互联网经济，以推动互联网与医疗、交通、教育、金融、公共服务等领域的结合。这将为互联网的经济发展提供极大的发展潜力和更广阔的发展空间。随着"互联网+"战略的深入实施，互联网必将与更多传统行业进一步融合，助力打造升级版中国经济。

（一）企业、行业信息化快速发展，为加快电子商务应用提供坚实基础

近年来，在国家大力推进信息化和工业化融合的环境下，我国服务行业、企业加快信息化建设步伐，电子商务应用需求变得日益强劲。不少传统行业在开展电子商务应用方面取得了较好的成绩，农村信息化也取得了可喜的成绩。在创新电子商务应用模式下，涌现出一批网店，一些村庄围绕自身的资源、市场优势，开展特色电子商务应用。传统零售企业纷纷进军电子商务。其他行业如邮政、旅游、保险等也都在已有的信息化建设基础之上，着力发展电子商务业务。

（二）我国电子商务仍然保持快速增长态势，潜力巨大

近年来我国电子商务交易额一直保持快速增长势头，特别是网络零售市场发展迅速，更是让人们看到我国网络零售市场发展的巨大潜力。毫无疑问，电子商务正在成为拉动国民经济保持快速可持续增长的重要动力和引擎。

（三）跨境电子交易获得快速发展

在国际经济形势持续不振的环境下，我国中小外贸企业跨境电子商务逆势而为，近年来保持了30%的年均增速。有关部门正加紧完善促进跨境网上交易对平台、物流、支付结算等方面的配套政策措施，促进跨境电子商务模式不断创新，出现了一站式推广、平台化运营、网络购物业务与会展相结合等模式，使更多中国制造产品得以通过在线外贸平台走向国外市场，有力推动了跨境电子商务纵深发展。

（四）电子商务服务业迅猛发展，初步形成功能完善的业态体系

从电子商务交易情况来看，近年来出现了一些新的发展趋势：一是发展模式不断演变，B2B与B2C加速整合，并由信息平台向交易平台转变；二是零售电子商务平台化趋势日益明显，具体包括追求全品类覆盖的综合性平台、专注细分市场的垂直型平台、大型企业自营网站逐渐向第三方平台转变；三是平台之间竞争激烈，市场日益集中，以阿里巴巴、京东商城为代表的第一梯队拉开了与其他中小型电子商务企业的差距。

从支撑性电子商务服务业来看，近年来出现了不少重大的变化。例如，各方面的功能日益独立显现，呈现高度分工的局面；新一代信息技术在电子商务服务中得到快速应用，除了物联网技术外，大数据正逐渐让数据挖掘发挥其精准营销功能；电子商务平台的功能日益全能化。

从辅助性电子商务服务来看，围绕网络交易派生出一些新的服务行业，如网络议价、网络模特、网店（站）运营服务与外包等。

此外，电子商务发展环境不断改善。全社会电子商务应用意识不断增强，应用技能得到有效提高。相关部门协同推进电子商务发展的工作机制初步建立，围绕电子认证、网络购物等主题，出台了一系列政策、规章和标准规范，为构建良好的电子商务发展环境进行了积极探索。

四、我国电子商务发展趋势

（一）朝着更加个性化及专业化的方向发展

互联网的深入发展改变了传统的经济发展方式，强调了更加个性化的发展方向，提供给消费者更多的主权意识，因此未来的电子商务发展，会更加倾向于创造个性化的定制信息及商品。也就是说，在设计及制造商品期间，可以融入更多消费者的爱好，为其提供轻松及和谐的优质服务，进而使商务发展满足大众的更多需求，朝着更加良性的方向发展。另外，电子商务发展的重要媒介就是网站，其不仅将消费者作为服务对象，而且更应该努力地发展为更先进的专业型网站、垂直型网站。电子商务发展必须要朝着更加专业化的目标前进，未来的网购人员主要是中高收入者，其不仅具有较强的购买能力，同时具有较高的文化水平及个性化消费的观念。所以，要使电子商务得到不断的进步和提升，就必须给消费对象创造垂直型的网站购物的各种平台，形成更多专业化的服务项目。

（二）朝着更加国际化及纵深化的方向发展

纵观电子商务发展态势，其中国际化市场属于重要的趋势之一，而且也属于关键性的发展方向及实现目标。当前，电子商务已经迈入世界市场行列中，但是也相应产生各种激烈的竞争压力。因此，在这种环境下，电子商务企业应该引起高度的重视，对于互联网加以合理的应用，突破时间及空间限制等，进行合理的把控，突破国家之间或者地区之间的各种障碍问题，实现地区之间能够顺畅地对接经济、技术及信息等。而且从对外贸易的角度上分析，电子商务也可以形成相应的刺激功效，因此电子商务企业需要将目标设定为国际化，对自身的竞争环境进行不断地规范并健全、完善，基于迈入世界大环境的基础点，努力开拓国际市场。另外，当前国内的电子商务相应基础设备还没有完全地达到标准要求，也就是相对缺少完善性，一些部门和机构对此问题已经开始重视，一方面会让支撑环境更加规范，另一方面有助于推动电子商务整体深度、广度的扩展，使更多个体积极地进入电子商务领域中。在多媒体信息网、图像通信网形成以后，基于大量的实践工作，会让电子商务向"三网合一"方向发展，进而使互联网发挥更加全面的功效，有效地缓解并且处理好网络瓶颈等限制问题。在此前提下，国内电子商务发展运行环境会更加健康，网络平台更加广阔，应用程序从以往的单一式发展转变为多点型智能模式。

（三）朝着更加区域化及融合化的方向发展

电子商务发展将区域化作为重要的目标是受到我国国情的影响决定的。我国具有广阔的土地面积及众多的人口，这种情况下，人们的文化、思想、收入也是多种多样的。鉴于我国处在发展中国家的现状，所以不能忽略的问题就是地区间发展是否平衡、收入差距是否过大。受经济因素的影响，我国电子商务的发展应该将区域化作为重要的目标，科学地掌控资源规划程序、配送机制优化程序，严密地掌握住市场推广程序等内容，展开合理的区域化发展战略，使电子商务经济效益不断提升，并且有效地壮大电子商务发展规模。另外，电子商务的发展还需要把融合化作为重要的目标之一，也就是使同类型的网站进行科学的合并，可以采取互补性兼购的模式，从而有效地提升电子商务公司的影响力。同时为了最大化地满足客户需求，以及更好地优化、利用好网站资源等，可以增强不同类型网站的密切联系及协作，采取战略性联盟模式，使发展成效更大化。

拓展阅读

不断演进发展，电子商务正在创造新的流通方式

70年的光阴，70年的沉淀与升华，随着历史车轮的转动，人们的生活处处都在发生变化。在全球新一轮科技变革中，互联网与各领域的融合发展具有广阔前景和无限潜力，成为不可阻挡的力量。借此机会，我国电子商务领域也迎来了快速发展的最佳时机。

电子商务是以信息网络技术为手段，以商品交换为中心的商务活动。对企业而言，电子商务是将业务与商品交易搬到了线上；对消费者而言就是网购。从真正开始发展到现在，电子商务在我国经历了20个年头，如今我国电子商务交易规模已经稳居全球网络零售市场首位。据国家统计局数据显示，在2008—2018年这10年期间，我国电子商务交易总额增长了10倍，并且电子商务还不断推动着社会流通方式的创新，O2O、新零售、C2M等新的商业模式，都是在电子商务的基础上发展而来的。如今，电子商务的形态依然在不断变化。

奠定先进流通方式地位

商务部发布的首部电子商务发展报告《中国电子商务白皮书（2003年）》提到：20世纪90年代中后期，在互联网用户规模持续扩大的基础上，风险资本进入互联网产业，各类电子商务网站纷纷出现，网上交易进入实际应用阶段。2000年网络泡沫破灭，对一些网络电子商务公司造成打击，公司规模呈现一定程度的萎缩。2001年以后，网络电子商务公司开始务实地探索盈利模式，并逐渐走出低谷。到2002年，许多电子商务网站经营状况逐步好转，一些门户网站电子商务也开始盈利。

2000年以后，我国电子商务真正进入实际应用阶段。从2000年到现在，20年时间我国电子商务能够快速地长成"参天大树"，这其中离不开丰富的滋养与肥料。

商务部中国国际电子商务中心研究院院长李鸣涛介绍，我国电子商务的发展首先得益于互联网的快速普及，网民数量的快速增长形成了庞大的网上消费市场，网络购物等电子商务应用也迅速成为网民最主要的网络应用。同时，网络消费的逐渐普及又带动了快递物流体系及仓储物流基础设施的快速完善，在支付方面以支付宝为代表的第三方支付工具创新出"货到付款"的中间担保模式，保证了网上消费的资金安全。这些都是我国电子商务得以快速发展的基础保障；加之我国是世界工厂，有庞大的消费品制造能力，是网货供应的重要保障。基于以上因素，以网络零售为代表的电子商务在我国得以快速发展。

有了良好的生长土壤，电子商务的规模就不断得以扩大，运营模式与形态也越来越丰富，企业也越来越多。

李鸣涛介绍，2000年以后，我国电子商务迎来了市场快速成熟发展的时期。一方面，

得益于进出口经营权的放开，大量的中小外贸企业进行贸易推广的需求继续驱动阿里巴巴国际站、环球资源网、中国制造网等外贸B2B平台的发展；另一方面，以淘宝为代表的C2C平台在继eBay后迅速发展，市场规模不断扩大，以京东、天猫、亚马逊等为代表的B2C模式也逐步扩大市场份额，满足网络消费者对于高品质商品和服务的网络消费需求，并引领网络零售发展方向。

"尤其是2008年以后，伴随智能手机的快速普及，基于移动互联网的移动电子商务快速成为最主要的网络消费入口，同时利用智能设备可以实时定位的技术优势也进一步拓展了电子商务的服务范围，团购、网络订餐、旅游电子商务等服务领域开始蓬勃发展。"李鸣涛认为，2008年以后我国电子商务迎来了黄金时期。

据国家统计局数据显示，2008年我国电子商务交易总额仅为3.4万亿元，2018年电子商务交易额就已达31.63万亿元。我国的网上零售规模也从2008年的0.13万亿元猛增到2018年的9万亿元。

电子商务的快速发展也对消费与经济形成了强大的拉动作用。李鸣涛介绍，据有关机构测算，在网络零售额中有近四成是电子商务带来的新增消费。一方面，电子商务带来的购物便捷性、商品多样性、消费公平性等特点都有力拉动了消费增长。另一方面，电子商务是带动性很强的先导性产业，电子商务促进了中小微企业的发展，带来大量的就业机会，成为创业创新的主要领域；同时电子商务也拉动了仓储、数据中心、宽带网络、快递物流业、电子商务教育培训等相关产业的快速发展，发挥了经济发展新动力的作用。

在融合中不断创新

电子商务在不断地前进，它也带来了流通方式的创新。众所周知，电子商务领域的变化很大，它从最初单纯的线上交易，拓展到后来的线上与线下结合的O2O，再到如今的新零售业态。电子商务企业的业态也在不断丰富，除了电子商务交易平台、垂直电子商务，如今社交电子商务也逐渐成为电子商务主流模式之一。

李鸣涛也深切地感受到了电子商务的变化之快。近年来，伴随以移动互联网、大数据、云计算、人工智能、物联网、区块链、虚拟现实等新一代信息技术的成熟，电子商务回到线下与实体经济深度融合成为必然。

另外，在数字经济时代，电子商务也扮演着重要的角色。《2016年电子商务发展报告》中提到，电子商务推动第一产业供给侧改革，帮助传统生产制造企业数字化升级，实现去产能、去库存、去杠杆、降成本、补短板。

"电子商务已经成为数字经济的先导和主要组成部分，这种先导性作用体现在电子商务依托对未来最终消费需求的精准把握，发挥对上游生产的引导作用，促进生产环节广泛应用数字技术提升改造生产能力和组织协作化水平，向着定制化、智能化、协同化方向发展，以满足未来消费的个性化、品格化、绿色化等消费需求。未来随着人工智能、区块链、5G等技术在生产环节的广泛应用，电子商务也一定会在生产服务领域衍生出更多的服务场景，助力供给侧的能力提升和效率化、集约化发展。"李鸣涛介绍。

《2016年电子商务发展报告》还提到，网络零售新业态、新模式不断出现。2016年以微商、网红电子商务等为代表的社交电子商务迅速成为重要的电子商务新形势。在移动直播全民化、网红经济快速暴发的背景下，形成了图文、音频、视频直播全方位的场景化营销，网络零售与社交化平台进一步交叉融合。

李鸣涛认为，目前社交电子商务表现出强大的生命力，但是当前阶段仍处于社交电子商务发展的初级阶段，各种模式不断演变，也出现了打着电子商务模式创新的幌子做传销等不规范行为，社交电子商务的商品的规范性也不如传统的电子商务平台，支撑社交电子商务的供应链能力还有待加强。

伴随着电子商务模式的创新，网络零售也在不断"提质升级"。商务部多次在相关报告中提到，消费者更加注重产品的安全、品质、个性及购物所带来的体验感，消费需求的变化直接带来了电子商务市场结构的转变。2015年，我国网络零售进入"提质升级"新阶段，交易模式所占比重发生了根本性变化，以天猫为代表的B2C模式首次超过以淘宝为代表的C2C模式，占据51.9%的市场份额，成为市场主体。移动端交易额也首次超过PC端交易额。

无论是新零售、社交电子商务，还是B2C、C2C，这些或许都不是电子商务的最终表现形态，它的演变与创新将会继续。李鸣涛表示，党的十九大报告提出，要推动互联网、大数据、人工智能和实体经济深度融合，这既是我国重要的政策引导方向，也体现了技术发展趋势的必然走向。未来在新一代信息技术的驱动下，电子商务也会在与实体经济的深度融合中不断创新模式、提升体验、扩展空间，朝着基于多载体支撑、泛在化交易、持续创新方向不断演变。

（案例来源：中国商报）

第四节 电子商务的影响

电子商务作为一种新型的交易方式，将生产企业、流通企业、消费者和政府带入了一个网络经济增长迅猛的新世界。在电子商务环境中，人们不受地理位置的限制，客户能以非常简捷的方式完成以往比较复杂的商业活动，同时企业对客户的服务质量大大提高。电子商务的发展对社会、经济和生活的影响是多方面的。

一、电子商务对人们生活的影响

（一）信息获取方式的改变

在电子商务方式下，人们除了从电视、广播、书籍和报刊等传统媒体中获取信息以外，还可以从不受时间和地域限制的互联网上随时随地地获取海量的信息。

互联网通过大量的网站实现了真正的大众传媒的作用，它可以比任何一种方式更快、更直观、更有效地把一种信息或思想传播开来。而且网络传播信息有着双向性的特点，任何人都可以在任何时间、任何地点获取自己感兴趣的信息。股票信息站点之所以火爆，是因为可以进行股票交易和股票查询；体育站点吸引众多体育爱好者，是因为它不仅有实时的体育报道，而且允许体育爱好者发表自己的评论。通过网络还可以得到其他双向的信息服务，如通过黄页可以找到商业机会，通过招聘站点可以寻找工作，在校大学生访问学校购买的知网数据库下载科技文章和优秀论文等。

（二）购物方式的改变

电子商务使消费者可以在足不出户的情况下，打开电脑、敲一敲键盘就能进入网上商店，查看成千上万的商品目录，挑选自己想要的商品，选定商品、填写订单并付款。订单确认后发出，商家可以立即收到订单，随即就会送出或寄出顾客购买的商品。

另外，支付方式也将得到很大的转变。网络消费者只需要拥有一个网络账号，就可以在任何地点、任何时间享受银行服务，包括储蓄、转账、查询、信用卡、证券、交易、保险和财务管理等。

（三）教育方式的改变

随着电子商务的推广，网络学校应运而生，它采用远程实时多点、双向交互式的多媒体现代化教学手段，可以实时传送声音、图像、电子课件和教师板书，身处两地的师生能像现场教学一样进行双向视听问答。与传统的学校比较，网络学校的优势在于以下几个方面：首先，可以节省人力和物力资源。其次，可以排除地域差别，缩小先进地区与落后地区教学质量的差距，实时性、交互性远程教育还可使多种观念得以沟通和交流。最后，可以发挥好教师、好教材的优势，传统学校和局部授课只能影响着一个教室、一个学校至多一个地区。而网络学校覆盖面可以达到整个网络。网络学校与其他远程教育方式如广播大学、电视大学等比较，具有更好的交互性、实时性的优点。

（四）娱乐休闲方式的改变

电子商务使人们可以在网络上购买、观看各个国家制作的电影和电视节目，可以购买、欣赏喜欢的音乐家、歌唱家演奏和演唱的曲目，可以在网络上得到种类繁多的游戏，而且可以通过网络与地球上任何一个有网络的地方的人同时在一个游戏中决一胜负。通过网络，还可以找到志趣相投的朋友，对感兴趣的问题推心置腹，甚至找到终身伴侣。在网络上，还可以做现实生活中无法做的事情，如喂养喜欢的宠物、种花、植树、播种、耕耘等，当然这一切是虚拟的，是网络给人们提供的新的休闲方式。当前，网络娱乐节目如网络游戏、网络聊天、视频点播、影视欣赏、音乐下载等已经成为互联网应用的热点，这种新的娱乐、休闲方式是电子商务新兴的行业，已经成为经济增长的一大支撑点，成为经济腾飞的"第四产业"。

二、电子商务对政府政策和社会经济的影响

随着电子商务的推广，电子商务对政府政策和社会经济的影响将越来越广泛和深入。对政府政策的影响主要体现在对税收管理、货币政策和劳动力政策三个方面，对社会经济的影响主要体现在电子商务对经济的推动作用。

(一) 对政府决策的影响

1. 对税收管理的冲击

税务当局对纳税人的身份确认变得困难,税收审计、稽查也失去了最直接的纸质凭证,企业通过网络提供的信息服务、信息咨询等活动收取的费用或者网上知识产权的销售活动都让税务机关很难稽核。同时,纳税人可以使用超级密码和用户双重保护来隐藏有关信息,这极大地增加了税务机关获取信息的难度。在国际互联网上,由于厂商和消费者可以在世界范围内直接交易,这也使商业中介作用被削弱或取消,也正是由于互联网是没有国界的,企业可能利用在低税国或免税国轻松避税。

2. 货币政策方面的影响

电子商务支付的过程与手段使货币逐渐电子化。使用电子货币,原则上可以减少社会对现金的需求,这将导致商业银行对库存现金的减少,从而使其创造信贷或货币的能力提高。至于银行将在多大程度上利用增加了的信贷能力,则是一个未解决的问题。这就要求国家在制定货币政策时必须考虑到这种扩大信贷的可能性。另外,电子货币作为新的支付手段,在提高货币流通速度的同时,也将严重影响控制货币量的运作形式。

3. 对劳动力政策的影响

交易费用降低导致生产分散化、生产过程和管理过程分离,工作岗位向国外转移,出现"虚拟"劳务流动。

(二) 对社会经济的影响

1. 电子商务从根本上改变了市场

电子商务将改变商务活动的方式,如 B2B 模式的出现,让供货企业和采购企业之间将建立起远比过去密切的新型关系。同时,电子商务也将改变工作的组织方式,知识扩散及人们在工作场所中互相合作的新渠道将产生,工作中将需要更强的灵活性和适应性,工作人员的职责和技能将重新定义。

2. 电子商务具有催化作用

电子商务将加快经济的变化速度,已经出现的许多局部性的趋势在电子商务的作用下都将加速发展。

3. 电子商务大幅度降低经济活动成本

电子商务可以降低企业间的交易成本、减少企业的信息成本。互联网上的信息具有互动性、公开、免费的特点,这样,企业可以大幅度减少用于信息发布、收集和处理等方面的费用,减少企业在信息处理方面的重复投资,最终可以减少企业内部的经营成本,减少企业内部的决策环节。

4. 电子商务改变了时间的相对重要性

电子商务通过公司之间的紧密合作,提高了工作效率,缩短了交易的时间,改变了时间的相对重要性。由于时间的作用变化了，商业活动和社会活动的结构也变化了，这可能产生巨大的影响。

三、电子商务对企业经营管理的影响

（一）电子商务将给传统行业带来一场革命

电子商务在商务活动的全过程中，通过人与电子通信方式的结合，极大地提高了商务活动的效率，减少了不必要的中间环节，这使"零库存"成为可能。

（二）电子商务将改变企业的生产方式

电子商务讲究消费者的个性化需求，这种个性消费的发展将促使企业以消费者的个性需求为产品及服务的出发点，也使企业将具备以较低成本进行多品种、小批量生产的能力，这为个性营销奠定了基础。

（三）电子商务推进企业组织结构变革

以互联网为基础的电子商务正在改变企业内部的组织结构。如成立信息中心，而业务人员、直销人员将会减少，管理层次趋向扁平化。

（四）电子商务带来了企业营销管理及供应链管理的变革

电子商务为企业提供了新的流通渠道，网络直销成为流通业发展的新领域，传统的营销管理面临变革。企业与企业之间的电子商务能够真正面向整个供应链管理，并带来供应链的变革，增加商业机会和开拓新的市场，改变过程质量、信息管理和决策水平，最终提高企业的竞争力。

（五）电子商务改变了企业之间合作与竞争关系

在电子商务条件下，企业不再受到地域和时间限制，直接面对全球各地的用户，直接面对全球的竞争对手，每个企业都处在全方位的竞争环境之中。企业在这个环境中需要与其他企业共同发展，既有竞争，又有合作。

（六）电子商务带给了企业经营管理上的风险

当今企业已经意识到信息在各组织机构和职能之中发挥着越来越重要的作用。信息技术的作用不仅带来企业经营管理质量、效率的变化，同时也将带来工作流程、业务运作方式、组织机构、权力布局、人际关系及思想观念等多方面的变化，其风险是极大的。

（七）电子商务使企业与消费者直接沟通

网络为企业提供了一种低成本的交流方式与消费者直接沟通，无须通过中间人，企业可以直接、实时了解消费者需求，消费者也能不通过中间人与企业直接交流，这给传统的中间商带来巨大的压力，同时又为企业开展一对一营销提供了可能。

第五节　电子商务的学科特点及其学习方法

电子商务是自然科学与社会科学相互交叉、科学与技术相互渗透而形成的一门新兴学科，是一门涉及计算机、信息学、经济学、管理学、社会学等多门学科的交叉学科。电子商务知识内容的综合性、交叉性决定了电子商务学习的复杂性和艰难性。

一、电子商务学科的特点

电子商务学科是利用现代计算机技术和通信技术进行商务活动的综合性学科，是一门汇集经济、管理、计算机网络技术、电子与信息技术、法律等相关学科内容的交叉性和综合性很强的学科，是研究在互联网时代的商务信息处理与电子贸易，电子商务开发与设计的原理、原则和方法，是解决电子商务实现过程中的信息安全、电子支付、身份认证（CA）、电子商务的物流与供应链管理、ERP（企业资源计划）、CRM（客户关系管理）等一系列重要问题的边缘学科。

电子商务不是"电子"与"商务"的简单叠加，而是技术渗透商务、商务活动利用技术的自然结果。在市场经济条件下，对企业来说，电子商务中的"电子"是手段，"商务"是目的，偏重一方而忽视另一方，都有可能使这一专业退化为计算机专业或工商管理类专业，从而失去电子商务的自身特色。电子商务学科与其他学科的不同之处在于以下两个方面：第一，电子商务学科涵盖了计算机科学、市场营销学、消费者行为学和心理学、金融学、管理信息系统、经济学、会计学、管理学、商业法律和道德规范等多学科；第二，电子商务所用的技术涵盖了计算机技术、通信技术与网络技术、网络编程语言、数据库与数据仓库技术、安全加密技术、电子支付技术、智能信息处理技术，以及计算机综合应用技术如ERP、CRM等。

电子商务的发展速度远远超出了人们的想象，普及速度令人难以置信。它不仅带给人们商业机会、利润空间，更改变了人们的生活及工作方式。没有了时间、空间和人为条件上的限制，人们的生活和工作将变得更加方便、灵活和自如，信息渠道更宽，信息传输更快。因此，只有把握电子商务学科的特点，学习电子商务，才能在该学科的学习过程中如鱼得水，以适应电子商务时代的需要。

二、电子商务的学习方法

（一）学习兴趣是第一要素

兴趣是最好的老师，学习电子商务首先要对互联网感兴趣。电子商务与网络紧密相连，没有互联网，电子商务就无从谈起。只有对互联网感兴趣，才会通过互联网去深入地理解电子商务，才会去不断研究和探索网络在电子商务中的应用。其次，从入学开始，就应该针对自己的兴趣爱好，有一个明确的定位，以自主学习该方向知识为主，以学习其他领域知识为辅,进行系统的学习。如爱好计算机网络技术的学生,可以定位为技术型,把学习重点放在程序设计、网站建设、网页设计、数据库建设和管理、站点管理与技术维护等学科上,而以学习经济、财政、金融等学科为辅。对管理或营销感兴趣的学生,可以定位为商务型,把学习重点放在企业管理、市场营销、网络营销、国际贸易等学科上,而以计算机、网络应用、信息管理等学科为辅。另外,要知道,营销没有离开行业的营销,学习课程要与具体产业密切相关。光凭掌握营销理论、技术,对行业、产品知识一窍不通,也是不行的。因此,应该根据自己的兴趣爱好选择一个主攻学科作为自己电子商务专业学习的定位,再在这个基础上学习其他领域知识。电子商务需要的是复合型人才,而所谓复合型人才,应该是强调在博学的基础上,根据自身兴趣爱好有一个重点的学习方向和研究领域。

(二) 加强课外阅读,把握最新动态

学习电子商务,必须通过大量的课外阅读掌握电子商务的最新动态。电子商务的发展日新月异,这就要求学生在学好书本知识的同时,通过上网及阅读相关的报刊,时刻了解全球电子商务的发展动态,不断提升自己。另外,还要经常上网浏览相关网站,获得第一手资料。从学习的角度讲,这样做的好处是在有限的时间里深入互联网的某一类网站,会获得更深刻的学习体验,获得一种学习、研究的方法。从职业发展的角度讲,专注于某一类网站进行研究,毕业后能获得更强的就业竞争力。如阿里巴巴、京东等众多电子商务网站,是中国电子商务方面的龙头企业,观察它们的最新动态,了解它们的发展行情,洞察最新的电子商务发展,有助于提升对电子商务的认识,对以后的发展会有极大的帮助。总之,只有加强课外阅读、把握电子商务的最新动态、不断提升自己,才能在激烈的人才竞争中立于不败之地。

(三) 实践是学习电子商务的重要环节

学习电子商务最重要的是要培养综合运用各种知识、合理调配各种资源的能力,而这种能力的培养关键在于实践,实践是学习电子商务的重要环节。学生在学习理论知识的同时应该加强计算机应用技术、商务实战等的应用。只有通过实际演练才能发现学习中的问题,才会沿着问题去寻找解决的方法。

学习电子商务,重要的不是知道了什么,而是不知道什么,以便将来在需要的时候,进一步学习。学习电子商务,远比其他学科有挑战性,因为每天都有新东西,每天都有变化。养成求新的思维方式和习惯,比学习电子商务理论本身重要得多。

复习思考题

1. 电子商务的含义是什么?
2. 阐述传统商务与电子商务的区别。
3. 电子商务的分类有哪些?
4. 电子商务对经济、生活的影响有哪些?

案例分析题

2020年中国电子商务积极参与战"疫"

新型冠状病毒感染的肺炎疫情发生以来，疫情防控工作全面展开，各电子商务平台及商家努力应对货源紧张、人手缺乏等困难，积极开展应急保供工作。近日，阿里、京东等多家电子商务发出关于《坚决履行责任 全力保障应急物资供应联合倡议书》，倡导开展价格监测，打击发"疫情财"；杜绝囤积居奇，实现敞开供给；物资优保医院，畅通生命通道等。

对于河北省武安市某高中英语老师阿欣来说，今年春节让她格外难忘。全国各地积极抗击新型冠状病毒感染的肺炎疫情，小区物业工作人员每天都拿着高音喇叭循环播报、叮嘱减少外出，阿欣也被父母、同事和学生们无数次嘱咐不聚会、少出门。

但到了大年初三，阿欣有点"宅"不住了，她想去超市买菜，又担心等待时间过长被传染，索性拿起手机打开京东App，选好了日常生活所需用品，一键下单。当天下午4点多，大米、食用油和一些新鲜蔬菜就送到了阿欣家门口。

春节期间，许多电子商务平台、快递公司照常运行，保证米、面、粮油及消毒液等物资的正常供应，让人们足不出户就能满足生活所需。

京东大数据研究院发布的数据显示，2020年春节期间，粮油、方便速食等民生商品需求增长明显。京东零售消费品事业部粮油品类采销经理张思宇表示，从腊月二十八上午开始，他就频繁拿起电话和各大品牌商负责人沟通货源供应、自营产品入仓、春节期间如何保证价格稳定等工作，手机和电脑同时开着，各种群里不停地跳动着几百条消息等待他处理，为的就是能让全国各地消费者在抗击疫情的特殊时期，不为米、面、粮油的缺乏而担忧。

"放心，物资都送到了"。2月2日晚，社交平台上，许多人接力转发一张背景为蓝色、写满文字的海报。原来阿里巴巴旗下物流平台菜鸟网络开辟出绿色通道，免费运输全球救援物资。公布出来的电话号码24小时有人接听，还有专人跟进，菜鸟承诺提货、存储、转运、清关、配送等环节全部免费，为的就是将抗疫所需物资直接送到收件人手中。

此前，1月25日，阿里巴巴宣布设立10亿元医疗物资供给专项基金，阿里国际站携手天猫国际、菜鸟网络、考拉、天猫海外等，展开"全球寻源"的活动，从数十个国家实地采购口罩、防护服、护目镜等重点物资，定点送往武汉等地。

1月30日上午11时许，阿里巴巴全球采购的首批N95口罩等医疗物资，由东方航空旗下东航物流承运，从印度尼西亚运抵上海浦东国际机场。同日，从韩国首尔起飞的东航MU5042航班，载运着阿里巴巴采购的11 180千克、70余万件医疗物资，也落地上海浦东，这些物资都用来支援相关医院。

2月1日，一批防护医疗物资，在经历铁路、公路联合运输，并经由武汉中转后，顺利抵达湖北省黄冈市英山县人民医院，这是京东物流武汉城配车队主动请缨完成的一次爱心配送。

1月21日，京东物流即开始为湖北当地药企提供紧急药品运输；22日宣布开始优先配送医疗机构指定订单；25日正式开通全国各地驰援武汉救援物资的义务运输通道。在此过程中，京东物流充分发挥供应链物流能力和技术优势，在保障防疫救援物资的同时，全速运转保障民生物资的及时送达。截至2月4日，京东物流已将来自全国的近1 300吨防疫物资和民生应急物资送往武汉及周边地区。

（案例来源：人民网）

思考：

高速发展中的中国电子商务对民生的影响到底有多大？

第二章

电子商务模式

学习目标

1. 掌握B2B、B2C、C2C、O2O电子商务的概念，了解这四种电子商务模式的发展历程及现状。

2. 掌握B2B电子商务模式的经典类型、B2C电子商务模式的经营模式及未来发展方向、C2C电子商务的盈利模式及O2O电子商务模式的经营模式。

3. 熟悉其他各电子商务模式的参与主体。

案例导入

1997—2019年中国电子商务风云变幻的20年

1997年，从国内首家垂直B2B商业网站"中国化工网"诞生开始，包括8848、阿里巴巴、易趣网、卓越网、当当网等电子商务平台先后涌现，拉开电子商务发展序幕。22年间中国电子商务蓬勃发展，现如今已在促进消费与结构调整方面展现出强大的动力，成为驱动国民经济与社会发展的新要素。

截至2019年6月30日，国内共有电子商务上市公司57家，总市值达49 474.852亿元，电子商务上市公司分布在B2B电商、B2C电商、跨境电商、生活服务电商领域。其中B2B电商上市公司总市值459.417亿元，占比0.93%；B2C电商上市公司总市值40 170.697亿元，占比81.19%；跨境电商上市公司总市值377.317亿元，占比0.76%；生活服务电商上市公司总市值867.421亿元，占比1.75%。

另外，B2B电商类（8家）：上海钢联、卓尔智联、ST冠福、生意宝、焦点科技、ST欧浦、慧聪集团、科通芯城；B2C电商类（24家）：苏宁易购、寺库、聚美优品、南极电商、中国有赞、拼多多、宝宝树集团、团车网、趣店、如涵、国美零售、御家汇、云集、阿里巴巴、京东、唯品会、优信、小米集团、1药网、蘑菇街、乐信、宝尊电商、微盟集团、歌力思；跨境电商类（7家）：广博股份、华鼎股份、跨境通、天泽信息、联络互动、新维国际、兰亭集势；生活服务类（18家）：携程网、途牛、58同城、前程无忧、搜房网、乐居、平安好医生、跟谁学、阿里影业、阿里健康、齐屹科技、美团点评、同城艺龙、新氧、瑞幸咖啡、无忧英语、猫眼娱乐、新东方在线。

由此可知，22年来中国电子商务已深入扩展至生活服务、医疗、娱乐、社交、金融等诸多领域，已成为21世纪商业创新的主要动力，为社会进步与创新、创造提供了平台。

（案例来源：网经社电子商务研究中心）

思考题：

上海书店网上商城属于哪种电子商务模式？

第一节　电子商务模式概述

电子商务作为一种新的流通方式，不受时间和空间的限制，可以在降低企业交易成本、提高商品流通效率、增强客户满意度、提高企业竞争力等方面发挥重要作用。目前随着我国电子商务技术和应用的飞速发展，电子商务应用遍布政府、企业、服务、生活等各个方面，延伸出多种电子商务模式。

一、电子商务模式的概念

电子商务模式指在网络环境和大数据环境中利用一定的互联网技术开展的商务运作方式和盈利模式。研究和分析电子商务模式，不仅有助于挖掘新的电子商务模式，为电子商务模式创新提供途径，还有助于企业制定特定的电子商务策略。

二、电子商务模式的分类

（一）按照电子商务功能划分

按照电子商务功能划分，电子商务模式可分为电子商店、电子采购、电子拍卖、虚拟社区、协作平台、第三方市场、价值链整合商、价值链服务供应商、信息中介、信用服务和其他服务等。

（二）按照电子商务经营业务种类划分

按照电子商务经营业务种类划分，电子商务模式可分为经纪商、广告商、信息中介商、销售商、制造商、合作附属商务模式、社区服务提供商、内容订阅服务提供商、效用服务提供商九大类。

（三）按照电子商务方式划分

按照电子商务方式的不同，电子商务模式可以分为内容提供者、直接与顾客交易、全面服务提供者、中间商、共享基础设施、虚拟社区、企业/政府一体化等。

（四）基于新旧模式差异的划分

基于新旧模式的差异，电子商务模式可以分为移植模式和禀赋模式。移植模式是指那些在真实世界当中存在的，并被移植到网络环境中的商务模式；禀赋模式则是在网络环境中特有的商务模式。

（五）按照控制主体划分

按照控制主体的不同，电子商务模式可以分为卖方控制模式、买方控制模式和第三方控制模式。这种分类在一定程度上反映了卖方、买方及第三方中介在市场交易过程中的地位，体现了各方对交易的控制程度。

（六）基于互联网商务功用的划分

基于互联网商务功用的不同，电子商务模式可划分为基于产品销售的商务模式、基于服务销售的商务模式和基于信息交付的商务模式。

（七）按照交易对象划分

按照交易对象不同，电子商务模式可以分为 B2B（企业对企业）、B2C（企业对消费者）、C2C（消费者对消费者）、O2O（线上到线下）、B2G（商家对政府）、G2C（政府对公民）等。其中 B2B、B2C 两种模式在中国电子商务市场中处于核心地位。

★课堂案例

上海书城网上商城

上海书城是一家大型综合书城，其每年图书的销售额在全国名列前茅，然而上海书城并不仅仅满足于此，而是充分利用互联网资源，为图书销售开辟了一片新天地。

上海书城的网上书店是国内比较大的网上书店之一，其提供 20 万册图书及音像制品的全天候查询、订购和在线安全支付服务。网上书店提供的商品共分为 26 个大类，涵盖了上海书城内所有的书籍、音像制品和电子出版物。通过易操作的图书分类方式，上网购书者能方便地浏览、找寻所需的资料。

上海书城网上书店对所有消费者开放，是一个真正的全天无休息的网上书城，消费者只需在自己的计算机上安装浏览器，就可逛上海书城网上书店，享受诸多便利。与亚马逊网上书店相同，上海书城网上书店在每个页面左上角显眼的位置放置了搜索引擎，提供图书的快速查询。除此之外，网上书店还提供了高级图书检索服务，消费者根据所需条件如书名、作者、关键词、价格、出版社和书号进行图书的组合查询。

当然网上购书也留下了遗憾，在网上挑书通常只能看到书名或概要，不可能像在书店里那样翻看、精选。但是，繁忙的工作使越来越多的消费者难以花费大量的时间在书店中寻觅目标书籍。而网上书店可以每天 24 小时运作，随时恭候客户的光临，有效的搜索机制使客户可以从上万种图书中搜寻到自己感兴趣的书。

上海书城网上书店现已升级成综合购物网站：一城网。目前，一城网以图书类业务为主要业务，提供 60 余万种图书、音像制品的在线销售，同时还为客户提供了数千种以数码、家电、百货为主的百货产品购物服务。

第二节 B2B 电子商务模式

在电子商务交易中，B2B 电子商务是历史最久、发展最完善的电子商务模式，由于其能迅速带来利润和回报，一直居于电子商务的主导地位。1997 年，我国杭州诞生了第一家 B2B 电商平台"中国化工网"，随后经过长时间的探索与发展，我国 B2B 电子商务市场正逐渐向传统细分行业电子商务化、电子商务 B2B 在线交易及互联网金融等方向发展。

一、B2B 电子商务模式的概念

B2B（Business to Business）电子商务模式，也称企业对企业的电子商务模式，是指企业与企业之间通过互联网或者大数据等现代化信息技术手段进行数据信息的交换、传递，开展交易活动的商业模式。这种形式的电子商务活动是将企业内部网与企业的产品和服务，通过 B2B 网站或移动客户端与客户紧密结合在一起，通过互联网的快速反应，为客户提供更优质的服务，从而促进企业的业务发展。

二、B2B 电子商务模式的发展历程

从发展阶段来看，我国 B2B 电子商务发展过程可以划分为三个阶段：信息服务阶段、交易服务阶段、供应链整合阶段。

（一）信息服务阶段（1999—2003 年）

信息服务阶段的 B2B 电商平台充分利用互联网的媒体属性，做企业介绍和产品信息展示，主要提供信息、广告和推广服务，撮合双方交易，收取会员费和广告费。但这种模式无法深入产业链环节，客户平台黏性差，未切入交易环节，停留在信息交换浅关系层面上。这一时期以综合平台为主，典型公司有阿里巴巴。

（二）交易服务阶段（2004—2014 年）

2004 年，支付宝的横空出世直接推动了 B2C 电子商务的发展，培养了 C 端（用户）直接在网上进行交易的习惯，这个习惯向上延伸至 B 端（商人）。十年间，互联网支付集成、线下物流仓储集成及互联网搜索技术的飞速发展使 B2B 在线交易兴起，B2B 平台基本能完成在线看货、下单、支付、安排物流和签收等交易闭环。此时，B2B 平台最重要的价值是为入驻商家及其产品提供认证服务，建立信用体系，主要的盈利模式是会员费、佣金、广告费和服务费等。这一阶段出现了专门为某些行业服务的垂直 B2B 电子商务平台，如找钢网。

（三）供应链整合阶段（2015 年至今）

互联网技术如大数据、云计算、人工智能及物联网、区块链等技术进一步应用，使 B2B 电子商务平台能够构建超强的信用体系，能够为产业链上下游企业提供更深度、更高效的服务，这些上下游企业对平台的依赖更强。这个时期，B2B 电商平台在企业品牌推广和塑造、企业产品和服务形态的改造、商品的价格制定、电子商务中的"四流"（信息流、物流、资

金流和商流）等具有很大的话语权。此时 B2B 电商平台以提供增值服务为主要营收来源，突破了以会员费、广告费、佣金为主要盈利模式的瓶颈。

据网经社-电子商务研究中心发布的《2018 年度中国 B2B 电商市场数据监测报告》显示：2018 年，我国 B2B 电子商务市场交易额达 22.5 万亿元，同比增长 9.75%；市场营收规模达 600 亿元，同比增长 71.4%。其中 7 家核心 B2B 平台占比为 69.9%，主流 B2B 平台市场份额虽有不同程度的波动，但整体较为稳定。阿里 B2B 依旧占据头把交椅，慧聪集团紧随其后。2013—2018 年中国 B2B 行业交易规模如表 2-1 所示；2018 年中国 B2B 电商平台市场份额占比情况如图 2-2 所示。

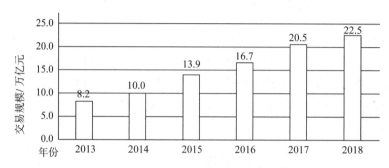

表 2-1　2013—2018 年中国 B2B 行业交易规模

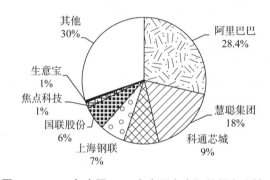

图 2-2　2018 年中国 B2B 电商平台市场份额占比情况

三、B2B 电子商务模式的特点

（一）交易对象相对固定

B2B 电子商务模式下的商品买卖双方一般为企业，他们不像普通消费者发生的交易行为那样随意、无序。买方在交易前会根据自己想买的商品准备购货款，制订购货计划，进行货源市场的调查和市场分析，寻找自己满意的商家；卖方则会根据自己的产品制作广告宣传和进行全面的市场调查、分析，确定各种销售策略和方式，寻找合作伙伴和交易机会。因此，企业间的商品交易一般较为固定，这种固定既体现了企业的专一性，也体现了企业间交易要求内在的稳定性。

（二）交易金额较大，企业成本较低

B2B 电子商务模式中企业与企业之间的交易一般是大额交易，如企业与供货商、企业与批发商之间的采购等。通过 B2B 电子商务网站，买卖双方能够在网上完成整个业务流程，从货比三家到讨价还价、签单、交货，B2B 网站使企业间的交易减少了许多事务性工作流程和管理费用，降低了企业经营成本，扩大了企业的利润空间。

（三）交易过程复杂但规范

企业间的电子商务一般涉及多个部门和不同层次的人员，如市场部、财务部及法律部等，因此买卖双方间的信息交换和沟通比较多，且对交易过程的控制、对合同格式要求比较规范和严谨，注重法律有效性。

（四）交易内容广泛

B2B 电子商务网站不只是一个交易平台，企业间电子商务活动的交易内容既可以是原材料，也可以是半成品或成品，甚至可以是行业资讯、项目外包、招商加盟及技术社区等，交易商品种类繁多，且不受网络交易的限制。

（五）增值服务

B2B 平台会为会员企业提供移动金融和企业增值服务，如平台企业认证、独立域名、行业数据分析报告、搜索引擎优化等，为其消除信息不对称，提供或增加营销渠道。这样可增加企业收益、降低运营成本。

四、B2B 电子商务的商业模式

（一）以贸易为主的综合 B2B 模式

以贸易为主的综合类 B2B 模式的电子商务网站是目前国内比较主流的一类，其服务领域基本涵盖了整个行业，在广泛的行业范围和众多的网站用户基础上都有自身强大的优势。国内主流的综合类 B2B 网站有以提供外贸线上服务为主的阿里巴巴、中国制造网，以提供内贸线下服务为主的慧聪网、环球资源，以小宗外贸服务为主的敦煌网。此类模式的企业所包含的行业覆盖面广、内容综合、服务泛而不精。

（二）以"行业+联盟"为主的综合 B2B 模式

中国电商联盟是中国专业化、系统化的诚信网络商务平台，是企业与企业、企业与消费者、消费者与消费者之间的商务诚信系统。以"行业+联盟"为主的综合 B2B 模式是以广大电子商务企业为主体，整合政府、企业和社会资源，利用电子商务最新信息技术、硬件设备、移动应用和营销模式对各行业 B2B 网站进行的资源整合，能为行业提供"既综合又专业"的 B2B 服务，典型代表有中国网库。

（三）以供求商机信息服务为主的行业 B2B 模式

生产环节的企业都需要大量采购原料和设备，网络只是充当快速获取产品信息、快速找到合适产品的作用,如五金、电子、化工、建材、纺织等。此类模式的企业所涉及的行业比较大,涉及企业数量较多,产品的品种繁多且标准化,能形成很大的市场,因此必须做好电话营销,典型代表有中国化工网。

(四) 以招商加盟服务为主的行业 B2B 模式

产品直接面对消费者的企业,一般会找加盟商、代理商来销售商品,扩大产品销售渠道,如服装、家居、百货、食品、医药等品牌企业生产的产品,典型代表有中国服务网、中国医药网。此类模式的企业一般是以收取品牌的广告费、会员费来维持其运转,会员可在一级或二级栏目上为自己的品牌做广告,同时也可以在上面查看大量经销商的联系电话。此种模式在经营时一定要将网站的流量做大,尤其要关注网站的排名、访问量等可以量化的数据。

(五) 以在线交易服务为主的行业 B2B 模式

以在线交易服务为主的 B2B 行业网站可以根据交易额的大小划分为两类:以小额在线批发交易服务为主和以提供大宗商品在线交易服务为主的网站。前者网站中的交易主体大多是零售商、贸易商和中小型企业,交易量和交易额均较小,如小商品、食品、家居用品等,典型代表有衣联网、全球速卖通等;后者网站中的交易产品价格变化较大,如石油、钢材、塑料、农产品等,产品较标准化,价格风险较大,典型代表有金银岛网交所、浙江塑料城网上交易市场等。此类模式的企业运营时必须建好诚信机制,如支付的安全、买卖双方诚信审核等,可采用第三方合作伙伴来解决物流、资金流及诚信度审核的问题。

此外,还有以行业资讯服务为主的行业 B2B 门户模式,如联讯纸业;以项目外包服务为主的行业 B2B 模式,如软件项目外包网;以技术社区服务为主的行业 B2B 模式等。

五、B2B 电子商务的盈利模式

目前中国 B2B 电子商务平台的盈利模式较多,概括起来有以下五种。

(一) 会员费

企业注册为平台类电子商务企业的会员,每年交一定的会员费,可以享受建立商铺、发布企业资料、展示产品、了解商品信息及各类线下增值服务,其交易不需缴纳佣金。相对于免费会员,收费会员的服务具有许多优势,如付费用户发布信息的数量、生动性及搜索排名优于免费用户;享受付费服务的用户能够无限制的查阅买家信息等。

(二) 佣金

企业通过电子商务平台参与电子商务交易,必须注册为平台类电子商务企业的会员,每年不需要缴纳会员费,就可以享受网站提供的服务,但在买卖双方交易成功后,电子商务平台会收取一定佣金。

(三) 广告费

网络广告是门户网站的盈利来源之一,同时也是 B2B 电子商务平台的收入来源。比较典型的广告类型有弹出广告、漂浮广告等。B2B平台将网站上有价值的位置用于放置各类型广告，根据网站流量和网站人群精度标定广告位价格，然后再通过各种形式向商家出售。

（四）竞价排名

竞价排名是指搜索关键词排名服务，与公众搜索引擎的服务类似，卖家在一定的时间内对产品关键词进行竞价，价格越高，用户搜索该关键词的卖家产品信息越靠前。排名处于搜索结果前列的卖家往往具有更多的点击，并可能带来更多成交的机会。

（五）交易费

平台类电子商务企业通过在线交易，将人工与互联网技术有机结合，将信息流、订单流、物流、资金流通过B2B平台整合实现。平台企业可以通过撮合交易收取服务费、通过自营交易业务获取折扣和差价、通过供应链管理收取相关服务费等。

六、B2B电子商务模式的发展趋势

从B2B电子商务发展来看，B2B电子商务的发展呈现出以下趋势。

（一）B2B向交付闭环转变

B2B电子商务逐步实现从"交易闭环"向"交付闭环"转变，B2B平台的供应链服务价值存在于电子商务"四流"之中，增值服务成为公司主要收入来源，突破了先前以会员费、广告费、佣金为主要盈利模式的瓶颈。

（二）B2B供应链金融成为撬动B2B交易创新支点

当前，B2B供应链金融逐渐成为撬动B2B交易创新的支点。供应链金融以电商平台为中心，以真实存在的贸易为依托，通过资金流撬动交易，借交易集成各类仓储加工服务，由综合服务形成数据；再由数据打造低成本风控系统，继而返回支撑降低资金成本，形成交易规模滚动式增长的产业链闭环。

（三）B2B线上线下融合发展趋势明显

由于企业采购和消费者的决策方式不同，以至于影响到B2B企业的营销模式不能完全复制B2C电子商务企业，但从影响主体看，二者影响的都是"人"，所以在营销模式上二者又有相同的地方。围绕线上线下，移动端和PC端展开的跨渠道、多触点、随时随地无缝衔接的营销模式将成为B2B企业宣传的新趋势。

★课堂案例

百度宣布架构调整　BAT齐聚"to B"赛道

2018年12月，百度宣布启动新一轮战略升级，进行组织架构调整。在"夯实移动基础，决胜AI时代"的战略下，百度进一步提升技术平台核心优势，同时加速推动AI时代产业智能化的升级。

一是智能云事业部（ACU）升级为智能云事业群组（ACG），同时承载"AI to B"和云业务的发展。ACG 由尹世明负责，向百度总裁张亚勤汇报，张亚勤同时继续负责新兴业务事业群组（EBG）和智能驾驶事业群组（IDG）。

二是将搜索公司及各事业群（BG）的运营、基础架构和集团级共享平台整合到基础技术体系（TG），整合后的 TG 由百度高级副总裁王海峰统筹管理，王海峰同时继续负责 AI 技术平台体系（AIG）。

至此，在 2018 年年末，BAT 三家企业全部完成了面向"to B"的组织结构调整及云战略的升级。从 BAT 战略调整指向看：一是持续加码打造技术平台；二是瞄准云计算这一黄金赛道；三是为"产业智能化"浪潮的到来厉兵秣马。

早在 2018 年的 9 月底，腾讯就进行了令业界广泛关注的战略升级和架构调整，宣布向产业互联网转型。腾讯组织架构调整有两大重点：一是新成立的云与智慧产业事业群（CSIG），将"to B"业务提升到前所未有的重要位置，腾讯云的战略地位进一步强化；二是成立技术委员会，加强基础研发，打造技术中台。

11 月 26 日，继腾讯机构调整后，阿里宣布继 2015 年之后最大一次组织机构调整，阿里云事业群升级为阿里云智能事业群，由集团 CTO 张建锋兼任事业群总裁。阿里巴巴官方称，"阿里云智能平台是阿里巴巴集团中台战略的延伸和发展，目标是构建数字经济时代面向全社会基于云计算的智能化技术基础设施。"

BAT 齐步转向"to B"领域，云计算是第一个激烈竞争的战场。工信部 2017 年 4 月发布的《云计算发展三年行动计划（2017-2019 年）》提出：到 2019 年，我国云计算产业规模达到 4 300 亿元的发展目标；2018 年 8 月发布的《推动企业上云实施指南（2018—2020 年）》提出：到 2020 年行业企业上云比例和应用深度显著提升，新增上云企业 100 万家，形成典型标杆应用案例 100 个以上。

（案例来源：网易科技报道）

思考题：

1. 什么是云计算？其优势有哪些？
2. 分析百度调整 BAT 齐聚"to B"的原因。
3. 此次组织结构调整能为百度带来哪些积极的影响？

第三节　B2C 电子商务模式

一、B2C 电子商务的概念

B2C（Business to Customer）电子商务模式，指的是企业与消费者之间进行的商务活动。这种形式的电子商务直接以网络零售业为主，即直接面向消费者销售产品和服务。B2C 模式是我国最早产生的电子商务模式，以 8848 网上商城正式运营为标志。近年来，随着互联网的发展，B2C 电子商务模式的发展十分迅速，是未来电子商务发展的方向，也是电子商务发展的一个重点和难点。

据网经社-电子商务研究中心发布的《2018年度中国网络零售市场数据监测报告》显示：2018年，我国B2C网络零售市场（包括开放平台式与自营销售式）占社会销售品总额的比例为22.5%，不含品牌电商，较2017年同比增长14.8%，较2013年同比增长181.3%，B2C零售市场发展迅速。其中天猫依然稳居首位，市场份额占比过半，达到53.50%；紧随其后的是京东，占27.80%；而作为"电商黑马"的拼多多迅速抢占了7.80%的市场份额，位居第三，我国电商行业渐渐从"两强争霸"演变成"三足鼎立"的局面。2013—2018年B2C网络零售市场占社会销售品零售总额比例如表2-3所示；2018年中国网络零售B2C市场份额占比情况如图2-4所示。

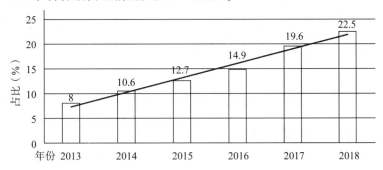

表2-3　2013—2018年B2C网络零售市场占社会销售品零售总额比例

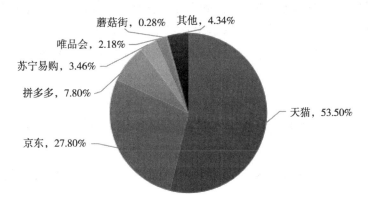

图2-4　2018年中国网络零售B2C市场份额占比情况

二、B2C电子商务的特点

（一）用户群数量巨大

B2C电子商务网站购物没有任何时间、地点的限制，只要用户在需要的时间进入网站，就可以挑选自己需要的商品。因此，世界各地的每一位消费者都可以成为B2C网站商家的客户。

（二）交易成本低

传统购物由于信息的不通畅，消费者很难知道其他商店的商品状况和价格。而在B2C

网站中，消费者足不出户就能进行购物，节约了时间，并且可以轻而易举地查询到多家网上商店的相同商品的状况和价格，充分实现了信息对称性，通过货比三家，买到性价比高的商品。此外，卖家通过网上开店，可减少在租赁商铺、装修卖场及配置货架等方面的费用，大大降低了开店成本，同时也降低了商品的成本。

（三）交易频繁

B2C 网站的 C 端用户消费较感性、冲动，其购买欲望都是由自己的喜好来决定，消费需求变动性较大，对优惠券、折扣等优惠敏感，购买商品没有特定种类，小额重复消费较多。商家可以通过多做节日促销活动和广告等来刺激用户消费，实现客户黏性。

（四）个性化服务

传统线下企业提供的是面向广大消费者的大众化服务，任何客户的特殊需求都必须服从于企业所能提供的有限商品与服务，难以满足消费者的个性需求。而 B2C 电子商务网站可以利用互联网的实时通信，24 小时对每一位顾客的需求做出积极响应，同时将订单传输至生产厂商，不仅缩短了供货时间，还满足了顾客的各种特殊需求，实现个性化服务。

三、B2C 电子商务经营模式

（一）平台模式

平台模式是指企业提供交易平台，品牌商家进驻平台，用户在平台上通过搜索商品或进入目标品牌店铺选择商品进行消费，这是最典型的 B2C 电商运营模式，典型代表如天猫。2018 年天猫明确以新零售战略为核心，以品牌数字化转型和消费升级为驱动，实现组织架构进一步升级。

（二）社交模式

社交模式是指借助微信社交红利快速传播，B2C 电商平台涉足社交模式主要在微信端上线小程序或推出拼团频道，通过微信端裂变式传播。此模式产品发展优势在于利用用户社交关系能实现裂变传播，降低了获客成本；同时在社交工具上培养用户电商使用习惯；也能有效刺激用户消费需求。

（三）特卖模式

特卖模式是指平台在供给端为品牌商提供连贯的库存解决方案，在需求端用低价好物提供特卖商品，以唯品会为典型代表。2018 年唯品会继续聚焦特卖战略，发力特卖升级，从聚焦商业模式向聚焦价值赋能发展，从供给和需求两端更好地满足了品牌商家和消费者。此种模式主要针对商品质量及价格关注度较高的目标用户，而该部分人群恰恰是目前消费的主流人群。

（四）优选模式

优选模式是指消费升级风潮下出现的新的电商运营模式，直接对接品牌制造商供应商品，以优质、高性价比产品吸引用户，典型代表有网易严选，其开创了独立的电商运营模式，主打品质商品和生活的理念迎合消费潮流，主要针对目标是高净值用户人群。优选模式是 B2C 电商发展的重要方向。

四、B2C 电子商务盈利模式

（一）会员费

大多数电子商务平台都会采取会员制，收取会员费是 B2C 电子商务网站一种主要的盈利模式。B2C 网站会根据不同的方式及服务的范围收取会员费用，会员数量也在一定程度上决定了网站通过会员最终获得的收益。

（二）广告费

网络广告盈利不仅是互联网经济的常规收益模式，也几乎是所有电子商务企业的主要盈利来源。B2C 电子商务网站通过提供弹出广告、漂浮广告、文字广告等多种表现形式吸引顾客的注意力，使消费者进入企业销售平台进行浏览采购。

相对于传统媒体来说，在 B2C 电子商务网站上投放广告具有独特的优势。一方面，广告投放效率较高，投放成本与实际点击效果直接勾连；另一方面，B2C 电子商务网站可以充分利用网站自身提供的产品或服务的不同来划分消费群体，对广告主的吸引力也很大。

（三）服务年费

除了按商品价格付费外，B2C 电子商务平台一般还会向入驻的商家收取技术服务年费，如天猫，商家经营网上商店必须交纳年费。但为鼓励商家提高服务质量和壮大经营规模，B2C 电子商务平台对技术服务费会有条件地向商家实施返还，商家服务越好，能拿到的平台优惠就越多。

（四）特许加盟费

特许经营是指根据契约，特许人向受许人提供一种独特的商业经营特许权，并给予人员训练、组织结构、经营管理、商品采购等方面的指导和帮助，受许人向特许人支付相应的费用。B2C 电子商务网站向入驻商家收取加盟费，一方面可以迅速扩大平台规模；另一方面可以扩大自身收益，典型代表如当当网。

（五）薄利多销

企业 B2C 网站的商品与服务交易收入是大多数企业 B2C 业务的主要盈利来源，是现阶段最主要的 B2C 电子商务盈利模式之一。网站通过低价格吸引消费者注意，可大大刺激消费者的购买欲望，增加销售收入，如拼多多、淘宝聚划算。

五、B2C 电子商务的发展趋势

（一）B2C 仍是电商行业主流，品牌背书重要性将更突出

目前电商行业发展进入成熟期，电商平台综合服务能力愈加突出，B2C 电商能从平台品控、物流配送等方面更好地服务用户，未来其作为电商行业主流的趋势仍将持续。而消费者

对品质的追求越发明显，B2C 电商平台自身及平台商品的品牌背书能力更受用户重视，品牌背书能力的提升也成为平台重要的发展方向。

（二）B2C 电商运营模式多样化发展，紧抓消费主流特卖模式发展空间大

随着线上获客成本不断提高，B2C 电商平台纷纷创新运营模式，多种玩法及针对不同类型人群的运营模式相继出现。而针对主流消费者消费需求的变化，能满足用户对优质、高性价比商品消费需求的运营模式，未来也有较大发展市场。能否针对主流消费者进一步提升服务及商品质量也成为平台竞争的重点。

（三）平台发展渗透垂直领域，产品细分化趋势愈加明显

物流配送服务的提升使 B2C 电商平台有能力渗透到更多细分领域，而对不同垂直领域商品的覆盖也使用户的个性化需求可以得到更好的满足。未来 B2C 电商行业产品细分化的趋势会更加明显，更多垂直电商平台会出现，而综合 B2C 电商平台也会利用自身资源优势渗透至各领域。

（四）线下场景成争夺重点，各平台继续加强布局新零售

无论是阿里对饿了么的收购，还是各 B2C 电商平台纷纷推出线下门店和提高配送效率，都显示出新零售业务的竞争趋向激烈，线下场景也成为竞争重点。新零售业务的发展是电商平台拓展线下流量，降低获客成本的关键，同时也是提升消费者体验的关键一环，未来各平台围绕新零售的布局将不断加强。

（五）结合本地化仓储提升物流效率，B2C 电商发展将更进一步

各平台为解决最后三公里的配送问题，对于仓储物流布局继续加强，未来结合本地化仓储的模式将会更加明显。通过本地化配送服务支撑，远程物流的效率也将很大程度得到提升，随着物流配送效率的提高，未来 B2C 电商行业仍会有巨大的发展空间。

（六）提高高净值用户体验，平台会员服务打造升级

现阶段 B2C 电商平台纷纷推出会员服务，通过会员制度平台能有效筛选高净值用户，针对该部分人群的各项会员权益能有效提升其体验感，进一步增强平台高净值用户的黏性。同时随着人们付费观念普及，未来平台可以针对不同人群推出分级会员服务，以进一步提升用户体验。

★课堂案例

信良记的逆势增长

成立于 2016 年的信良记是一家餐饮供应链品牌，主要产品是冷冻小龙虾、巴沙鱼、鱼头、蜗牛等水产品。受 2019 年疫情影响后，信良记从危机中找到了转机，然后迅速调整业务，找到新的增长点。其焦灼与困境、坚持与调整，可能也是很多创业企业在疫情下的样子。

疫情暴发之前，信良记主要服务于 B 端餐饮企业。在餐饮受疫情冲击的情况下，B 端餐饮企业的生意大打折扣，信良记也面临着较大的经营风险，库存压力很大。用创始人李剑的话说："如果2月底疫情能够控制就还好，如果持续到5月份就不太敢生产了。"但看到"预制菜"冒头的趋势之后，信良记及时转变策略，开始直接面向C端用户，在各大平台上线了经过清洗及调味处理的小龙虾。用户只需要通过炒锅加热或者微波炉加热几分钟，就能够享用一盘美味的小龙虾。从2020年2月7日至17日，信良记在C端的日销量增长超过10倍，从8万涨到近百万。

信良记能够逆势增长的关键在于他们所掌握的食品工业技术及对产品的打磨。信良记通过秒冻锁鲜技术将食品在-196℃的低温中，进行极速冷冻，锁住食品中原有水分，使加工后的小龙虾的口感与品质接近活虾。在风味方面，信良记成立了亚洲美食联合研究中心，由著名的徐氏盐帮菜第三代传承人，中国烹饪大师徐伯春先生坐镇。当然从底层设施来看，信良记的小龙虾能够在保证品质的前提下快速送达全国，与冷链技术的进步与成本下降密不可分。

信良记转型后，实现了由一个主体完成从生产、加工到品牌，既有to B又有to C业务的闭环，成为为数不多掌握全链条的食品企业。

（案例来源：峰瑞资本）

思考题：

1. 相比较B2B电子商务模式，B2C有哪些优势和特点？
2. 信良记的成功转型说明了什么问题？

第四节　C2C电子商务模式

随着互联网在人们的日常生活中扮演的角色越来越重要，越来越多人利用互联网展开各种活动，其中就包括在网上进行商品交易。在此背景下，C2C电子商务模式应运而生。世界上最早的C2C网站是由皮埃尔·奥米迪亚于1995年创办的eBay网站。而中国在1999年正式开通的易趣网，成为国内最早的C2C网络交易平台。之后的2003年，阿里巴巴成立淘宝网，淘宝网的出现和成长对早期用户网上购物习惯的培养起到至关重要的作用。

一、C2C电子商务模式概念

C2C（Customer to Customer），即消费者与消费者之间的交易模式，主要是借助第三方电子商务平台来完成的"个人对个人的"交易活动。因此，可以说，在C2C电子商务模式中，电子平台供应商是至关重要的一个角色，它直接影响这个商务模式存在的前提和基础。

二、C2C电子商务模式的特点

（一）参与者多且身份复杂

由于C2C电子商务平台是对所有消费者开放的，几乎任何人都可以免费注册成为网站的用户，因此 C2C 电商平台可以将大量的买家与卖家联系起来。有不少用户的身份是双重的，不仅是卖家也是买家，身份较为复杂。此外，在 C2C 电商平台上开店的用户有些并不以赚钱为目的，而只是为了出售一些自己已经不需要的东西，甚至有些将其作为一个交友平台，因此不具有规范性。

（二）产品质量参差不齐

由于 C2C 电商平台参与者众多，自然就存在较多的待出售商品，例如衣服、鞋帽、化妆品、家电、玩具等，人们虽可以通过交易平台享受来自各地的特色产品，但也面临产品质量参差不齐的问题。因为这些产品既可能是全新的，也可能是二手的；既可能是正品，也可能是仿冒，需要消费者仔细去比对、确认，可能会承担一部分消费风险。

（三）交易频繁

由于 C2C 电子商务中参加交易的双方往往是个人，其购买的物品往往又都是单件或者是少量的，因此其每次交易的成交额较小，相应的交易次数就会较多。

三、C2C 电子商务运营模式

（一）拍卖模式

拍卖模式主要是指 C2C 电子商务企业为买卖双方提供一个网络拍卖平台，按比例收取交易费用的模式。电子拍卖是传统拍卖形式的在线形式，卖方可以借助网上拍卖平台运用多媒体技术来展示自己的商品，这样就可以免除传统拍卖中实物的移动；竞拍方也可以借助网络，足不出户进行网上拍卖。

（二）店铺模式

店铺模式主要是指电子商务企业为个人提供开设网上商店的平台，以会员制、广告或其他服务项目来收取费用的模式。个人在网上商城开设网上商店不仅依托网上商城的基本功能和服务，而且顾客也主要是该商城的访问者，因此，平台的选择非常重要。不同网上商城的功能、服务、操作方式和管理水平相差较大。

四、C2C 电子商务盈利模式

（一）会员费

会员费是指 C2C 网站为会员提供网上店铺出租、公司认证、产品信息推荐等多种服务组合而收取的费用。由于提供的是多种服务的有效组合，比较能适应会员的需求，因此这种模式的收费比较稳定，一年一交费，不续费的会员将恢复为普通会员，不再享受多种服务。

（二）交易提成

交易提成是 C2C 网站的主要利润来源，因为 C2C 网站类似于现实中的"跳蚤市场"，它为交易双方提供机会，从交易中收取提成是其市场本性的体现。

（三）广告费

企业将网站上有价值的位置用于放置各类型的广告，根据网站流量和网站人群精度标定广告位价格，然后再通过各种形式向客户出售。但是此种模式对C2C网站平台的要求较高，因为平台需要具有充足的访问量和用户黏度才能保证较大获利。

（四）搜索排名竞价

C2C网站商品的丰富性决定了购买者搜索行为的频繁性，搜索的大量应用就决定了商品信息在搜索结果中排名的重要性，由此便引出了根据搜索关键字竞价的业务。用户可以为某关键字提出自己认为合适的价格，最终由出价最高者竞得，在有效时间内该用户的商品可获得竞得的排位。

（五）支付环节收费

支付宝的应用在一定程度上促进了网上在线支付业务的开展，买家可以先把预付款打到支付公司的专用账户，待收到卖家发出的货物后，再通知支付公司把货款打入到卖家账户，这样买家不用担心收不到货还要付款，卖家也不用担心发了货而收不到款，而支付公司就按成交额的一定比例收取手续费。

五、C2C电子商务的发展趋势

C2C电子商务模式使参与交易活动的消费者人数、空间范围扩大，带来了最实际的"一手交钱，一手交货"的交易，但其存在的交易市场混乱、产品质量无法把控等问题同样无法忽视。

（一）B2C替代C2C是行业的必然趋势

网络购物发展早期，由于市场的信任机制和管理机制尚不完善，线下实体厂商触网动力不强，网络购物的销售方主要以小型代理商或者个人店铺为主。随着网络购物市场的日益成熟，产品品质和服务水平逐渐成为影响用户消费决策的重要原因。相较于C2C电子商务模式，B2C在商品质量、服务保障等方面的优势越加凸显，未来势必将逐渐占据电子商务零售市场的主导地位。根据智研咨询发布的《2019—2025年中国电子商务行业市场前景分析及发展趋势预测报告》，2018年国内网络购物市场结构中B2C占比过半，达56.2%，较2013年增长39.1%；C2C占43.8%，较2013年下降26.5%。

★课堂案例

苏宁确定进军二手房中介市场 采用C2C业务模式

正当链家推出的贝壳找房与58系中介同盟之间的战争厮杀时，零售巨头苏宁杀入二手房中介市场。

2018年7月27日，苏宁易购总裁侯恩龙在苏宁"818"发烧购物节媒体发布会上宣布：苏宁的确要推出新品牌"苏宁有房"并率先落地南京，苏宁有房定位为没有中介的二手房交易平台，每套房交易服务费一口价9 999元，这一收费模式打破了链家、我爱我家等中介公司按照比例收取佣金的传统。

官方资料显示，苏宁有房采用C2C（个人对个人）的创新业务模式，整合了苏宁平台、数据、服务、金融、小店、银行等优势，能帮助购房人避开"隐形坑"和"潜规则"。

据介绍，基于大数据，苏宁有房实现了房源信息的公开透明，以及购买流程的可视化。在线上，买卖双方可自由沟通；在线下，苏宁小店能为用户提供咨询接待、房源发布和查看等服务，线下签约中心还配有专业团队提供全流程签约、贷款、过户、交房等服务。

侯恩龙表示，依托苏宁小店庞大的线下渠道，苏宁有房不仅能节约开店成本，还能有效利用小店的高频客流冲击传统中介门店的低频客流。

按照苏宁此前的规划，作为打通社区流量入口的关键一环，2018年，苏宁小店将在全国开设1 500家门店，其中北京上半年开店100家，全年开店200家，未来3年将进入246个城市，开设5 000家店，成为中国第一的O2O社区小店。

低佣金模式并非苏宁首创。此前，爱屋吉屋、搜房网等多个互联网中介以0.5%～1%的低佣金切入中介行业，最后也并未打破传统中介公司垄断地位。

"凡是以低价策略进入二手房中介市场的企业，最终都会以烧钱作为结束。"我爱我家集团研究院院长胡景晖公开表示，"如果苏宁这么干的话，一年之内将以彻底失败告终。最后就是血本无归，对我们反而没什么影响。"

（案例来源：中国传感器交易网）

第五节 O2O电子商务模式

一、O2O电子商务模式概念

O2O模式（Online to Offline），即线上到线下，指将线下实体经济和互联网全面融合的商业模式。从广义上讲，O2O模式是通过线上营销推广的方式，将消费者从线上平台引入线下实体店，或通过线下营销推广的方式，将消费者从线下转移到线上，在整个过程中并不严格要求买卖双方要完成支付。从狭义上讲，O2O模式是消费者通过线上平台在线购买并支付或预定某类商品和服务，并到线下实体店体验或消费的过程，或消费者在线下体验后通过扫描二维码等方式在线上平台购买并支付或预定商品和服务的过程，强调的是在线支付或预定。

因此，整个O2O模式的服务链都是围绕消费者的需求而展开的，在这一模式下（包括餐饮、快消、丽人、休闲娱乐等）消费者成为主导者，体验式的服务能够为商家带来更多的客流量。根据易观发布的《2018中国本地生活服务市场年度盘点》报告：2018年中国本地生活服务O2O市场线上交易规模达到1.56万亿元，同比2017年增长56.3%，较2013年增长721.10%。随着消费升级大潮的到来，未来本地生活服务O2O市场仍将继续稳定增长。

二、O2O 电子商务模式的特点

（一）与线下企业是共赢关系

O2O 电子商务利用互联网优势，可以整合线下商家资源，将线上与线下紧密相连，形成利益共同体，扩展了市场营销空间，增加收益。

（二）信息对称化

O2O 打通线上线下信息和体验环节，采用体验营销方式，一方面让线下消费者避免了因信息不对称而遭受"价格蒙蔽"；另一方面实现线上消费者"售前体验"。

（三）营销效果直观

O2O 采用在线预付的方式，可以对商家的营销效果进行直观的追踪评估，避免了传统营销模式推广效果的不可预测性，同时实现了线上订单和线下消费的结合，使所有的消费行为均可以准确统计，进而吸引更多的商家进来，为消费者提供更加优质的产品、服务。

三、O2O 电子商务的经营模式

与传统的消费者在商家直接消费的模式不同，在 O2O 平台商业模式中，整个消费过程由线上和线下两部分构成。线上平台为消费者提供消费指南、优惠信息、便利服务和分享平台，而线下商户则专注于提供服务。

（一）先线上后线下（Online to Offline）

先线上后线下运作模式是指商家以线上平台为依托和入口，平台将线下商业流导入线上进行营销和交易后，再将用户引导到线下享受服务体验的过程。典型的例子有携程、美团和大众点评等。

（二）先线下后线上（Offline to Online）

先线下后线上运作模式是指商家通过线下渠道进行营销，让用户享受服务体验，再将线下商业流引入线上平台并进行交易，促使线上线下互动。典型的例子有在线教育等。

（三）先线上后线下再线上（Online to Offline to Online）

先线上后线下再线上运作模式是指用户通过商家在线上的推广获得基本信息并能够检索到自己附近的店面信息后，到实体店进行体验感受，再扫码成为商家会员，之后可通过个人电脑、手机等设备，不限区域、时间在线消费，形成闭环。此类模式较适用于非快消品行业及具有不可替代属性的商品，目前应用较广的是家具行业。

（四）先线下后线上再线下（Offline to Online to Offline）

先线下后线上再线下运作模式指商家通过线下渠道进行营销，再将线下商业流导入或借力全国布局的第三方线上平台进行线上交易，再让用户到线下消费体验。

四、O2O 电子商务的盈利模式

（一）商品代销

O2O 电子商务网站通过与线下商家进行合作，线上帮助商家推广商品，拓宽商品销售渠道，并通过线上销售商品获得返利。

（二）分站加盟授权

通过地图定位功能，不同的地区展示不同的内容。所以，当平台发展到一定规模，就可以对 App 进行分区域授权，收取加盟费用，上台的商家、产品等信息由各地区的加盟商自行负责。

（三）入驻费、交易佣金

通过子账号分权功能，支持第三方商家入驻并自行管理各自的店铺，这样平台运营方只需要收取入驻费就可以了，还可以提前和商家洽谈，根据商品在平台最终的交易金额，收取佣金折扣等。

（四）活动费用

平台作为商家和消费者的中间桥梁，可以组织有共同需求的买家向商家集中采购，事后商家向平台支付费用。

（五）广告费用

广告费是电子商务网站最常见的盈利方式之一，同前面介绍的几种电子商务模式一样，企业将网站上有价值的位置用于放置各类型广告，根据网站流量和网站人群精度标定广告位价格，然后再通过各种形式向客户出售。

（六）商户服务费

平台针对所有的商户采用长期合作的综合服务形式，收取年费，包括线上店铺装修、营销支持、用户调查、粉丝运营等。

五、我国 O2O 电子商务的发展趋势

（一）从平台化到交易化

O2O 电子商务早期功能仅是一个单纯的网络信息发布平台，但是由于网络信息平台回笼资金的周期过长，这就促使网络信息平台并不能单纯地靠信息中介来获取利润。而想获取企业的资金流与利润最主要的办法是达成交易，无论是二手交易、中介交易还是直接交易，都能满足利润的达成与实现，所以交易化平台将是 O2O 电子商务发展的一种必然趋势，也是 O2O 企业资金回笼的一种有效方式。从大众点评、携程网等典型例子不断向交易化平台发展的现状也能看出交易化平台是未来发展的重要趋势。

（二）无界化、社交化，跨界融合

目前，随着 O2O 电子商务模式的发展，很多低模式化与高渗透的行业在这种大环境下

的优势已经不再那么明显，其盈利空间不断地缩小，未来的发展趋势转向了底层消费，比如衣、食、住、行。同时随着互联网金融和物流的发展，O2O 电子商务模式无法突破时间、空间限制的现象将会减少。与此同时，为了提高商家与消费者的黏度，越来越多的商户网站将会向本土化、社交化发展，将会根据地方居民的衣、食、住、行等特色不断改进平台建设与维护。同时也会根据民风习俗等推出相关的活动，提高服务质量，增进商家与消费者的关系。

（三）更加关注中小商户的利益

从未来的发展情况上看，O2O 电子商务将会更加关注中小商户的利益。目前很多中小商户的发展并不乐观，其不仅要以低价吸引更多的消费者，还要及时地把钱交到商户平台，这样就造成了中小商户发展的压力很大。但是根据 O2O 的商业模式及服务对象，可以知道中小商户是 O2O 电子商务发展的主要客户来源，为了提高平台的商家数量，其还是会进一步关注中小商户的利益，放宽中小商户的入驻条件，这样才能促进 O2O 电子商务的长期发展。

★课堂案例

盒马鲜生："O2O+LBS"的运营模式

在线订购、离线体验是 O2O 模式的主要特点，同时，通过信息推送的形式，对客户进行整合营销，提高客户黏性。LBS 是位置服务的英文简称，它将移动网络和位置中间端结合起来，为用户提供位置服务。

盒马鲜生作为阿里旗下的泛生鲜零售新物种，以线上线下融合和业态创新为主要经营特征。就经营模式而言，盒马区别于传统生鲜零售渠道和纯线上生鲜电商；盒马鲜生采用"门店+线上"模式，通过打通线上线下及业态创新融合，为消费者提供即时便捷、高品质、场景化的泛生鲜消费解决方案。

（一）客户定位

盒马鲜生的主要目标客户群是中高端消费者。年龄组主要是关注 70 后、90 后家庭和知识型、时尚型、移动型网民，他们的共同特点是购买力强，初步或全面实现了经济自由和消费自主。关键是他们愿意接受更新鲜的生活和消费模式，有更高的生活质量，喜欢个性，追求品质，喜欢社交和上网。此外，他们最显著的消费特点是倾向于"一站式"解决方案，即一站式购买所需产品、一站式食品加工和一站式烹饪。盒马鲜生推出的 3 公里半小时送货上门服务，正是为了迎合这些消费者的消费习惯。

（二）购物流程

消费者可以选择在手机上浏览产品或到实体店体验。商店会要求并引导客户扫描代码安装"Box Horse Fresh"应用程序，注册会员，最后通过支付宝支付。这种模式大大增加了客户的黏度，提高了便利性。用户满意后，会在应用上回购，由统一高效的供应链物流配送，并享受售后服务。支付宝可以充分利用其大数据管理中心的营销价值，更好地掌握用户的个人购买意向。O2O 流程完成后，转换为 LBS 收集数据，建立会员数据，为用户提供统一的服务信息。

（三）采购方式

盒马鲜生食品供应链主要以"全球直购、本地直购、自有品牌"三种模式为基础。全球直接采购是通过航空集装箱从欧洲、美洲和东南亚运输新鲜水果、蔬菜和海鲜产品。国产化直采的主要业务形式是"日鲜"，即专业采购团队直接到达产地，特别是国内农产品生产基地直接供货给盒马鲜生加工中心转包。这种模式可以通过对上游企业的延伸，实现成本和质量的最优解。

（四）供应链物流

盒马鲜生采用智能性能采集系统，将客户位置、订单顺序、线下配送人员位置和流量拥挤等因素结合起来，可以在短时间内确定最优解，从而降低配送和运营成本。中心仓库和微仓库的结合，可以通过配送系统看到配送人员的信息和位置，也可以对订单和包裹进行全面跟踪。在实体商店中，挑选者可以根据商店的应用程序顺序挑选商品，并通过店内的流水线、输送带集中在专用保温袋内，最后由配送人员装上专用配送箱进行配送。整个流程顺畅完整，所有信息都上传到企业云。

"O2O+ LBS"模式成为中国新零售O2O生鲜电商的末端配送的效率保障，它根据用户需求，结合互联网技术为盒马鲜生提供了从用户定位、购物流程、采购模式到供应链物流和频道推广等方面的支持，为消费者提供了准确和差异化的优质服务。

（案例来源：网经社讯）

第六节　C2B 电子商务模式

在传统的电子商务模式中，B2C 和 C2C 模式虽然在整体上减少了流通环节，从而降低了产品的价格，吸引了越来越多的企业加入电子商务的行业中。但其实对于消费者而言，B2C 或 C2C 模式下提供的产品都是标准化的产品，很少有个性化的服务；对于企业营销来说，竞价排名反而又增加了企业的成本，且很多消费折扣给了非目标用户，商家难以培养忠实用户。至此，在由消费者驱动的大环境下，C2B 概念应运而生，强调用"汇聚需求"，取代传统"汇聚供应商"的购物中心形态，被视为是一种接近完美的交易形式。

一、C2B 电子商务模式概念

C2B（Customer to Business）即消费者到企业，是一种新型的电子商务模式。它的核心思想是以消费者为中心，消费者可以根据自身需求定制产品和价格，或主动参与产品设计、生产、定价，以市场需求来驱动产品设计和生产加工的商业模式。简而言之，C2B 电子商务模式是先有消费者需求，而后才有生产者的生产和销售。

二、C2B 电子商务模式产生的背景

互联网时代的到来，国内外的经济环境发生了巨变，更是改变了传统的商业生态。

（一）工业大生产导致库存积压，倒逼传统企业变革

随着工业化进程加快和市场开放，机器大规模生产逐步导致供过于求，商品市场由"卖方市场"进入"买方市场"，消费者成为市场的主导。传统生产的盲目性导致产品大量积压。为了去库存，企业不得不降价销售，导致利润降低，甚至是负债倒闭。企业为了推销商品，不得不增加销售渠道，建设批发、零售等多个链条，无形中又增加了企业的成本。传统领域的供给侧改革迫在眉睫。

（二）生活水平提高，消费者需求呈现多样化和个性化的发展趋势

随着社会的进步和个人收入的增长，人们生活水平显著提高，人们从关注温饱问题转向追求生活品质，差异化、品牌化、即时化甚至高端化成为发展趋势。个性化需求驱动市场的多样化，整个大市场被切分成更细小的市场，呈现碎片化状态。市场碎片化无疑增加了企业运营的难度，工业时代的大规模批量生产已经不再适应市场的需求。企业必须与消费者构建全方位的互动沟通体系，以消费者的个性化需求为导向。

（三）信息技术快速发展，使满足个性化需求和大规模生产成为可能

近年来，互联网、物联网、云计算、大数据、移动互联网等快速发展，给企业信息化应用带来新的机会和根本性变革。互联网让全球的主体互相连接，企业和消费者直接对接，信息更加透明、互动更加频繁、交易的效率更高、成本更低。物联网技术能够轻松感知物体和机器的变化，随时随地掌控设备的运行。云计算和大数据技术可以快速、低成本处理大量纷繁复杂的数据，抽丝剥茧地提供有价值的信息。移动互联网拓展信息的沟通渠道，方便与消费者即时互动。这些技术创新，推动了生产的变革，加速了经济的转型，为满足消费者个性化、多样化需求提供了更多的可能性。

（四）资源整合加速，专业化分工与价值链合作日益紧密

传统大规模生产方式已经不能满足市场和竞争需要，小批量、多品种的生产模式成为发展趋势。在企业资源有限的情况下，如果要快速响应用户的需求，必须联合外部资源，形成紧密的价值链合作伙伴关系，分割任务，让专业的企业承担专业的任务，实现整个价值链资源的有效整合和联动，实现柔性制造，形成一个为完成特定目标任务的动态型虚拟组织。目前，这种全球范围内的分工合作已经成为发展趋势，即使苹果等国际巨头企业也纷纷在全球范围内采取价值链合作方式。

三、C2B 电子商务模式的类型

C2B 模式满足企业和消费者的双重需求，是商业模式发展的必然趋势。虽然这个概念才引入几年，C2B 模式还处在培育阶段，但是各领域的探索却像星星之火，不断涌现出典型的

特色案例。根据当前的实践情况，国内外 C2B 模式的探索主要有定制、预售和反向购买三种类型。

（一）定制

现代人的消费观念更加关注个性化和品质，喜欢张扬和独特性，对个性化的产品和服务需求越来越强烈，C2B 模式恰巧能够满足这种需要。个性化定制又可以分为两种类型，一种是完全个性化定制，另一种是模块化定制。

1. 完全个性化定制

完全个性化定制是指从产品创意、原材料选择、规格型号和生产工艺等各方面的需求完全来自消费者。生产者通过电子商务平台与消费者沟通，确定详细需求。消费者在电子商务平台上下单、支付。完全个性化定制模式能够完全按照消费者的喜好设计和生产，最大限度地满足消费者的需求，产品具有独特性。完全个性化定制不仅能够彰显消费者飞扬的个性，而且消费者参与产品的设计过程，能体验到与众不同的动手、动脑的乐趣。

2. 模块化定制

完全个性化定制虽然受到消费者的欢迎，但是由于完全是个性化生产，企业很难扩大产能，从而制约了企业的发展壮大。目前，C2B 模式比较流行的另一种模式是模块化定制。模块化定制的原理是企业把一个完整的产品，按照关键属性分解成若干个模块，每个模块给消费者若干选择项，消费者可以在电子商务平台上进行有限的选择，完成产品定制。企业在生产端，汇聚消费者海量的个性化需求，拆解成不同模块，相同模块分别进行大规模生产，然后再进行组装。

（二）预售

预售即通过聚合客户的需求组织商家批量生产，让利于消费者。其流程是在产品还没正式进入市场前，就利用电子商务平台进行销售，预售有助于产品宣传，能在短时间内快速聚集单个分散的消费者需求订单。生产者在电子商务平台上获取了预售订单和定金，按需组织生产，既可以规避库存风险，又可以降低生产成本。此类 C2B 形式对于卖家的意义在于可以提前锁定用户群，可以有效缓解 B2C 模式下商家盲目生产带来的资源浪费，降低企业的生产及库存成本，提升产品周转率，对于商业社会的资源节约起到极大的推动作用。

近几年，天猫平台在双十一购物节来临之前都会开展大规模的预售活动。对于预售的商品，消费者可以先付定金，然后于双十一当日付尾款，商家在约定的时间内发货。预售模式下，商家有时间按照订单量充分备货，扩大销售。预售模式受到卖家和消费者的热烈欢迎，其在农产品的销售实践中效果尤其突出。"买难卖难"一直是制约农业发展的核心问题，而导致这一问题长期无法根治的两个主要原因是农产品生产、销售的信息不对称和流通渠道过长。预售模式可以减少农民的营销成本，降低库存和仓储费用，获得流动资金，集中物流发货还可以提高效率。

（三）反向购买

通常情况，电子商务平台上的购买信息是由卖家主动发起的，买家选择性购买。随着电子商务模式的多元化发展，反向购买模式出现。反向购买模式是由买家主动发起购买信息，卖家根据自身情况选择是否签约的购买形式。从订单信息流动方向看，反向购买模式是真正的 C2B 模式。当前，反向购买模式还不成熟，主要涉及三个方向的实践：反向定价、反向团购和反向设计。

1. 反向定价

反向定价是消费者提出自己的需求，然后设定价格，支付定金，由电子商务平台代理与商家议价，如果有商家接受出价，则与消费者形成订单。

2. 反向团购

反向团购是由消费者主动发起的团购。消费者在网站发起团购，然后聚集同样需求的消费者一起参加，形成批量购买，以此增加议价能力。平台系统将团购信息通知所有相关卖家，让他们来参与竞价。在竞价的过程中，每个商家都不知道其他商家出多少钱。最后会有一部分商家胜出，消费者可以从这几家中任意选择一家购买。反向团购主要适合单品价格高、议价空间大的商品。

C2B 反向团购模式区别于传统 B2C 模式的地方在于它以消费者需求为导向，而不是以商家需求为导向。C2B 模式通过整合 C 端用户的订单，等订单量达到一定规模后与供货方讲价，降低了产品的采购成本；按需生产、零库存降低了产品的损耗；通过区域进行集中配送，降低了物流配送成本；用户可以利用社交媒体进行区域性传播，降低了企业的营销成本。

3. 反向设计

反向设计是指由消费者决定产品的设计，并参与到全流程的模式。现代营销理念就是根据消费者的需求确定设计、生产、销售、定价和服务的每一个环节。以定制家具为例，每位消费者都可以根据户型、尺寸、风格、功能进行完全个性化的定制，对寸土寸金的户型来说，这种完全个性化定制最大限度地满足了消费者对空间利用及个性化的核心需求，因此定制家具正在抢占成品家具的市场份额。互联网时代，C2B 模式成为企业获得消费者需求的最有效途径。

四、C2B 电子商务的优势

对于生产企业来说，采用 C2B 模式最直接的好处是能够通过互联网平台直接对接消费者，减少传统商业中间冗长的价值链环节。企业围绕消费者的订单，直接设计、采购、生产和满足需求，最终创造价值。企业由于精准营销、按需生产，降低了成本、实现了零库存、提高了交易效率。然而关于企业采用 C2B 模式可能导致的定制生产成本高、丧失规模经济等缺点，互联网技术将很好地予以弥补。互联网为产销双方提供低成本、快捷、双向的沟通渠道，加之现代化物流发达，金融支付手段便捷，很大程度上节省了交易成本，以模块化、延迟生产技术为代表的柔性生产技术日益成熟，也使生产成本大幅下降。

与此同时，站在消费者的角度，C2B 模式更是为其带来了不可替代的好处。因为在此模式下，消费者真正成为市场的主导，可以主动参与到产品设计、生产、定价中，使其个性化和多样化需求获得了充分满足。首先，消费者参与设计产品，将自己的要求一一阐述给生产者，能得到自己最满意的产品，满足其个性化需求；其次，消费者参与产品定价，不再需要到实体店里与商家议价，只要在 C2B 网站发布需求时附上自己想要支付的价格即可，同时，对于消费者的需求，会有不止一家商家来竞标，消费者可以从中自行选择性价比高的商家与之交易；最后，C2B 模式还给消费者购买带来了诸多便利，很大程度上节省了消费者的时间、精力和金钱，同时也提高了消费者对企业的满意度，树立了企业品牌信誉，培养了忠诚顾客。

五、C2B 电子商务发展中存在的问题

目前，国内 C2B 电子商务模式主要集中在数字产品、商家主导的团购、预售、个别标准化商品的定制等方面，还没有真正的与企业生产和经营结合起来，仍然处在探索的初级阶段，在推广和应用中还存在一些亟待解决的问题。

（一）认识存在误区，制约了 C2B 模式发展

目前，C2B 模式从理论到实践层面都处在不断探索中，社会上也存在一些认识误区需要澄清：一是思想上不重视 C2B 模式，没有把消费者和市场需求放在企业发展的核心位置上，仍然沿袭"产品导向"或者是"生产导向"；二是在应用模式上存在误区，以为 C2B 模式就是简单地把传统销售渠道搬到互联网上，而没有充分发挥消费者驱动营销的作用；三是企业内部和外部没有根据 C2B 模式的需要进行相应变革和调整，导致实际运营过程中障碍重重。

（二）获得用户难，需求预测难

实现 C2B 模式的关键点是准确判断消费者的需求，才能根据需求及时组织设计和生产。分解这个难点，又包括三个关键环节：首先，企业需要和众多的潜在用户建立联系，只有用户规模足够大或者具有代表性，才能减少所获取需求信息的误差；其次，能够与潜在消费者进行实时互动，获得有价值的信息；最后，要具有专业的数据分析和判断能力，去粗取精，去伪存真，得出真正的结论。

（三）生产成本高，信息化管理能力滞后

C2B 模式追求的是小批量、多品种、高品质，因此很难规模化批量生产。个性化生产会带来一系列问题，如生产成本高、生产周期长、生产效率低、管理难度大、企业很难做大。即使模块化定制，也需要企业具备一系列的较高能力，如大数据处理能力、信息化管理能力、价值链的资源协同能力及柔性生产能力。而当前情况下，我国大多数企业还不具备这些能力。

（四）消费者期望高，用户满意度面临挑战

在 C2B 模式下，消费者在一定程度上参与了产品的设计、生产和流通过程，并且付出

了相对较高的购买价格,因此 C2B 用户对产品质量和服务都有更高的期望。这也对企业生产、营销、服务等环节都提出了更高的要求。一旦不能满足消费者的预期,企业就会面临较低的用户满意度和大量退换货,同样会造成库存积压。

六、C2B 电子商务的发展趋势

在现代市场经济下,由于国民经济的发展、人们生活水平的提高、思想观念及受教育程度的变化等原因,人们的消费方式和习惯发生着翻天覆地的变化。如今,消费者更加注重购买时的参与感和体验,C2B 模式作为一种新奇的消费方式,被视为是一种逆向的商业模式,因为它能帮助消费者快速购买到自己称心的商品,将给消费者带来完全不一样的体验,更好地满足消费者的需求,开发潜力非常大。

(一)以消费者为中心的模式

过去的消费者对消息的接收较被动,企业可以自己定义价值,对产品的研发和生产都是设计师、研发人员说了算。但现在消费者接收消息积极、主动,因此 C2B 模式未来发展方向必须构建以消费者为中心,不能只是停留在个性化需求方面,还要不断进行改进和创新,保证质量,从而实现买卖双方的双赢。与此同时,还需要企业对整个供应链进行相应的变革,真正实现以消费者为核心的新跨越。在现今的发展模式下,所有的电子商务所进行的交易,其用户都是网站存在的基础,所以要满足用户的需求才能更好地在互联网新时代下发展。

(二)实现信息聚合的新模式

在互联网时代,信息与数据是发展最为重要的基础,在此基础上进行信息的聚合才能进行相关的分析技术。随着全民参与互联网时代的到来,互联网所提供的网络信息增长也变得更加迅速,同时采集信息也变得复杂起来,好的信息和不好的信息充斥在其中。所以在互联网时代下,必须发展新模式、采用更先进的技术来提高用户体验,整合用户的信息,并从中挖掘出有效的商业信息。同时要把所进行的交易进行一定的分析和总结,以此获得规模效应,实现信息聚合下的新 C2B 模式。

(三)建立新营销模式

在互联网时代,C2B 商业模式必须进行相应的变革,在时代的发展中不断地进行分析和策划,演绎出个性化的营销平台,将更多的用户聚合起来,让厂家变成消费流程中的生产工具。同时注重发展柔性化的供应链,柔性生产只保留最小的安全库存就可以了,这样可以很好地把握市场机会。

★ 课堂思考

网上有哪些 C2B 平台模式的网站?

★课堂案例

C2B 让"汽车定制"越来越简单

习惯了大批量生产的制造企业如何满足消费者"私人定制"的需求，能否借助第四次工业革命扩大影响范围？随着 5G、人工智能、大数据等新技术以前所未有的速度和规模兴起，这一问题成了各国政商界领袖、学界专家关注的热点。

在 2019 年 7 月初举行的世界经济论坛第十三届新领军者年会（夏季达沃斯论坛）上，最新一批工业 4.0 "灯塔工厂"名单正式公布，上汽大通南京 C2B 定制工厂经过两轮评审成功入选。这是中国整车企业首次获此殊荣。近日，从南京 C2B 定制工厂驶下生产线的 MAXUS D60 正式上市，售价区间为 9.38 万~16.78 万元。

"每位消费者都能随心所欲地进行选配，才是真正的定制！"上汽大通总经理王瑞表示，MAXUS D60 支持 C2B 大规模个性化智能定制模式，消费者可通过"蜘蛛智选"定制。与此同时，MAXUS D60 推出了金融礼、保险礼、养护礼、流量礼四重礼包，让用户购车、用车更轻松、更实惠。

在现场公布 MAXUS 的中文音译名称为"迈克萨斯"后，王瑞表示，"迈克萨斯"蕴含着与 C2B 大规模个性化智能定制模式密切相关的丰富意义。"MAXUS 是 MAX 与 US 的天然结合，MAX 代表无限、广阔的海洋形象和精神，US 则代表每一位用户。"

在他看来，C2B 智能定制模式不仅能够满足人们多样化、个性化的汽车需求，更让每一个人都能成为爱车定制的参与者和决策者。

据介绍，MAXUS D60 目前已全面上线"蜘蛛智选"智能选配器，开放了 100 多个定制选项、上万种个性组合可选。以车辆色彩为例，MAXUS D60 提供了 8 款基础配色，还增加了"酷黑动感""真我本色""鎏金轻奢""幻影亮银"四款专属车身套装。此外，在前脸格栅、轮毂样式、座椅分布、内饰风格、科技配置等方面，MAXUS D60 同样提供了丰富的选项。王瑞在发布会上直言："个性化智能定制模式意味着每一个生而与众不同的个体都值得用他们喜欢的方式被嘉奖。"

"具有挑战性的市场环境推动该工厂打造了大规模智能定制的新模式，实现了从用户到供应商，端到端的数字化价值链，从而提高了销售并降低了成本。"这是达沃斯论坛工业 4.0 "灯塔工厂"评委会专家们写下的"颁奖词"。

"这不仅意味着上汽大通南京 C2B 定制工厂在世界范围的权威评选中获得肯定，也代表了达沃斯世界经济论坛对上汽大通 C2B 用户驱动业务发展模式的认可，以及对上汽大通在汽车行业发展中贡献出中国智慧的表彰。"他表示，在这座"灯塔工厂"的全力支持下，MAXUS D60 有信心为消费者打造特别的深度定制体验。

让消费者不用在众多"套餐"车型中反复纠结，直接打开"蜘蛛智选"，把喜欢的设计和配置都选上。实际上，为了实现这一美好的目标，汽车产业链的各个环节几乎都要作出调整。

当时，评委会的专家们告诉谢嘉悦，最让他们感到欣喜和惊讶的不是先进的自动化生产设备，而是各类信息在研发、生产过程中的高度共享化和互联化。在他看来，C2B 智能定制模式不仅是上汽大通的"金字招牌"，更是一次对价值链的重塑。

以零部件供应商为例，在上汽大通南京工厂，由于产品高度定制化，光座椅组合就有超过 400 种。"为此我们与供应商伙伴协作，帮助他们把能够快速响应的生产环节搬到这里，让供应商也成为南京工厂的一部分。"据透露，此举不仅确保了上汽大通 C2B 智能定制模式的可行性，也大幅降低了供应商的库存压力，因此得到了供应商的积极响应。

在传统的生产、销售模式中，入门款低配车型和价格较高的顶配车型往往销量较低，因此供应商、车企在这部分的成本往往居高不下。现在，上汽大通 C2B 智能定制模式则为人们提供了新思路。

近年来，互联网、大数据技术的崛起和融合，催生了一系列私人定制产品，让生活中原本复杂的选择变得简单明了。"定制民宿""定制旅行"的兴起证明，那些能够满足消费者个性化需求的产品和服务，更容易在激烈的市场竞争中脱颖而出。谢嘉悦坦言，作为国内第一家实施 C2B 战略部署的车企，上汽大通的目标就是"让每一个配置都是用户真正想要的"。当然，要实现企业与用户及伙伴的数字化直联并非一日之功。工业 4.0 浪潮下，车企如何与供应商、经销商携手，通过智能定制化产品和服务让汽车消费体验焕然一新，仍然值得期待。

（案例来源：中国青年报，2019 年 7 月）

思考题：
1. 分析上海大通南京 C2B 模式的优势在哪里？
2. 对比分析 B2C、C2C 与 C2B 模式的区别？

第七节　其他电子商务模式

一、B2G 模式

B2G（Business to Government）即商家对政府，是指企业与政府之间通过网络进行交易活动的运作模式。比较典型的例子是网上采购，即政府机构在网上进行产品、服务的招标和采购，降低了政府招标和企业投标费用。

二、G2C 模式

G2C（Government to Citizen）是指政府通过电子网络系统为公民提供的各种服务，是电子政务的主要内容，也是电子政务发展到高级阶段的核心。这种模式的服务对象是社会公众，特别是公众个人，主要业务范围包括就业服务、电子医疗服务、教育培训服务、社会保险网络服务、交通管理服务等。

三、B2B2C 模式

B2B2C 是一种电子商务类型的网络购物商业模式,第一个 B 指商品或服务的供应商,第二个 B 指从事电子商务的企业,C 则表示消费者。B2B2C 源于目前的 B2B、B2C 模式的演变和完善,把 B2C 和 B2B 完美地结合起来,通过 B2B2C 模式的电子商务企业可以构建自己的物流供应链系统,提供统一的服务。该模式颠覆了传统的电子商务模式,将企业与单个客户的不同需求完全地整合在一个平台上。

B2B2C 把"供应商—生产商—经销商—消费者"各个产业链紧密连接在一起。整个供应链是一个从创造增值到价值变现的过程,把从生产、分销到终端零售的资源进行全面整合,不仅大大增强了商家的服务能力,更有利于客户获得增加价值的机会。该模式将帮助商家直接充当卖方角色,把商家直接推到与消费者面对面的前台,让生产商获得更多的利润,使更多的资金投入到技术和产品创新上,最终让广大消费者获益。

四、F2C 模式

F2C(Factory to Customer)即"工厂到消费者",是一种全新的现代化商业模式。在 F2C 模式下,交易双方只有生产者和消费者,辅助以电子货币完成资金支付,物流完成实物递送。F2C 模式可以分为两类:一类是自营类的 F2C 电商,如网易严选、淘宝心选;另一类是开放平台类的 F2C 电商,如网易考拉工厂店、拼工厂。F2C 平台的销售方是厂商,厂商直销可以保证信誉、产品质量和售后的问题,因为厂家作为一个大规模的品牌商,所销售的产品不存在假冒伪劣产品,并且在价格上还具有一定的吸引力。

五、C2M 模式

C2M(Customer to Manufacturer)即"用户直连制造商",是一种新型的工业互联网电子商务的商业模式,又被称为"短路经济",是指平台通过消费大数据分析或消费者定制订单精准把握消费需求,确定产品定位,引导制造商的研发、设计、生产及库存安排,以提供更能满足消费者个性化、定制化需求的高品质商品。

C2M 模式是在工业互联网背景下产生的,是指现代制造业中由用户驱动生产的反向生产模式。基于互联网、大数据、人工智能,以及通过生产线的自动化、定制化、节能化、柔性化,运用庞大的计算机系统随时进行数据交换,按照客户的产品订单要求,设定供应商和生产工序,最终生产出个性化产品的工业化定制模式。C2M 模式被称为继蒸汽机、电气化、自动化之后人类的第四次科技革命。

六、ODM 模式

ODM(Original Design Manufacturer)即"原始设计商",是指平台直接与精选出的大牌制造商对接,制造商负责设计与生产,ODM 平台负责采购、品控、物流、销售及售后等环节,并将消费大数据反馈给制造商以调整、优化生产制造。ODM 模式有利于加强对上游产品品质和成本的控制,将品牌溢价及中间流通环节产生的费用让渡给消费者及制造商,使消费者能够买到更物美价廉的商品。

七、ABC 模式

ABC 模式是新型电子商务模式的一种,ABC 分别指代理商(Agent)、商家(Business)、消费者(Customer),被誉为继阿里巴巴 B2B 模式、京东商城 B2C 模式、淘宝 C2C 模式之后电子商务界的第四大模式。这种模式是由代理商、商家和消费者共同搭建的集生产、经营、消费为一体的电子商务平台,大家都是这个平台的主人,生产者、消费者、经营者、合作者、管理者、大家相互服务,相互支持,相互之间可以转化,你中有我,我中有你,真正形成了一个利益共同体,资源共享,产销共生。

八、P2P 模式

P2P 可以指 Peer to Peer(贸易伙伴对贸易伙伴)、Point to Point(点对点)、Person to Person(人对人)、Path to Path(渠道对渠道),是借助中国大型电子商务平台,由覆盖全国的商贸服务体系各成员整合本地上游企业产品供应资源和本地下游经销代理商买方资源为基础,在业务资讯和业务拓展过程中形成一点对多点、多点对一点的互动支持,打造产品资源共享,业务拓展互动的模式。

九、B2M 模式

B2M（Business to Marketing），指为企业提供网络营销托管 NMTC（Network Marketing Trusteeship Council）的电子商务服务商。相对于 B2B、B2C 等电子商务模式，B2M 注重的是网络营销市场，注重的是企业网络营销渠道的建立，是针对企业网络市场营销而建立的电子商务平台，通过接触市场、选择市场、开发市场，而不断地扩大对目标市场的影响力，从而实现销售增长、市场占有，为企业通过网络找到新经济增长点。

B2M 模式的执行方式是以建立引导客户需求为核心的站点为前提，通过线上或者线下多种营销渠道对站点进行广泛的推广，并对营销站点进行规范化的导购管理，从而实现电子商务渠道对企业营销任务的贡献。

十、M2C 模式

M2C（Manufacturer to Customer）即"生产厂家对消费者"，是指生产厂家直接对消费者提供自己生产的产品或服务的一种商业模式，特点是流通环节减少至一对一，销售成本降低，从而保障了产品品质和售后服务质量。

M2C 是 B2M 的延伸，也是 B2M 这个新型电子商务模式中不可缺少的一个后续发展环节。经理人最终还是要将产品销售给最终消费者，而这里面也有很大一部分是要通过电子商务的形式实现，类似于 C2C，但又不完全一样。C2C 是传统的盈利模式，赚取的利润点就是商品进出价的差价。M2C 则是生产厂家通过网络平台发布该企业的产品或者服务，消费者通过支付费用获得自己想要的商品。

十一、BAB 模式

BAB（Business Agent Business）是在 B2B 的基础上，依靠有信誉的平台方（Agent）提供智能推荐、精准匹配、流程优化、成果保障、数据跟踪等全方位的交易撮合与保障服务，目的是打造出一个诚信、高效的电子商务环境，这一模式的本质是解决企业间的信任与匹配问题。

B2B、C2C 模式解决了企业、个人之间利用电子信息技术从事商务活动的直接关系，解决了远程采购难的问题，降低了展销成本，但企业无法利用 B2B、C2C 模式更大程度地降低资源流通成本和提升有保障的商贸环境问题；而 BAB 商业模式将 B2B、B2C 分块电子商务集结成完整的商业体系，实现了商品数字化的安全交易。

复习思考题

1. 简述 B2C 电子商务模式的交易模式。
2. 试分析并对比 B2C 与 C2C 电子商务模式的优劣势。
3. 思考 O2O 电子商务模式的发展前景及在今后的发展中应关注的问题。

案例分析题

新零售大考：盒马鲜生的数字化"战疫"

做凉皮、炸猫耳朵、蒸馒头……新冠肺炎疫情让人们感慨，原来朋友圈有如此多深藏不露的"大厨"。调侃的背后是人们无法外出就餐、餐饮行业饱受疫情冲击的现实。在人人居家隔离的背景下，关于吃的需求也悄然发生了变化，线上买菜订单激增。在新零售概念里，"人""货""场"是不可分割的部分，当疫情期间"人"的消费转移，"货"和"场"的压力陡然而至。

如何利用数字化手段，多场景、多元化地满足消费需求是生鲜平台"战役"的关键。这场疫情成为检验生鲜行业新零售成色的一块"试金石"。从消费端的反馈可以看出，盒马鲜生所引领的新零售模式，通过数字化、线上线下一体化优势，在疫情期间展示出强大的韧性，助其闯过了"人""货""场"的考验。

疫情如何影响生鲜"人""货""场"

突如其来的新冠肺炎疫情，给大多数行业按下暂停键，也让大多数人"困"在家里。生活习惯、行为习惯的变化，催生两类显著需求：一是口罩、护目镜等防护物资，另一类是生鲜商品。许多以往靠外卖"活着"或者常常外出就餐的年轻人，被迫回归家庭、回归厨房，对吃的需求开始大量向生鲜领域转移。

"人"需求的变化必然带来"货""场"的连锁反应。一方面，生鲜品类需求的大量进发,直接考验着生鲜企业的供应链能力,谁货源充足、商品新鲜、配送及时,谁就能得到用户青睐。另一方面,口罩、护目镜、消毒液等,跟水果、蔬菜、粮油食品一样成为不折不扣的刚需。在减少外出的防疫原则下,人们迫切需要一种品类齐全的地方一站式购物体验,以降低不必要的风险。

由于"人"的线上订单数激增,直接考验了生鲜企业的接单极限峰值与整体效率,进而波及"场"。受春节假期及疫情影响,生鲜企业本就线上运力不足,此时多场景经营的价值得到凸显。当线上始终供不应求时,就要考虑创造更多场景触达用户,如通过线下门店、自提点等满足用户需求,这也是生鲜企业"场"能力的又一大考验。

如何补"货"

疫情给互联网卖菜带来转机。据媒体报道,2020年2月盒马鲜生的网上订单数量相较2019年同期激增220%;永辉超市日均线上订单增长超2倍;美团买菜北京地区春节日订单量是节前的2~3倍;每日优鲜春节交易额比去年同期的交易额暴增350%……

从数字上看,各家企业均是两三倍的增长,但各家基数不同,实际增量差异较大。纵然备货的绝对量有差异,但对各家企业来说,压力却差不多。因此各家使出浑身解数,积极补货。

不论生鲜、商超还是综合零售,供应链都是核心竞争力。激增的订单考验着企业对"货"的掌控能力及供应链的韧性,没有金刚钻难揽瓷器活,没有强大的供应链也接不住暴增的订单,带来的只能是缺货、配送不及时等负面体验。

受人手不足、封路等因素带来的影响,供给端备受考验,此外,"货"的线上化,包括包装菜、净菜、半成品研发能力等,也都是对企业的一大考验。而线上化正是目前传统商超的短板。

疫情期间,《南方都市报》记者对盒马、京东到家、山姆会员商店、天猫超市鲜美菜场、美团外卖、饿了么、每日优鲜等9大"买菜"平台实测,最终评定盒马综合排名最高,且在菜品种类、最快最守时、菜品新鲜度、售后服务等多个单项中排名第一。

盒马鲜生的优异表现离不开其与上游基地构建的价值共同体。2019年5月,盒马鲜生与500家水果、蔬菜基地建立直采合作。疫情期间,这500家直采基地第一时间召集工人,复工复产,即使人员工资成本翻番,也依然不涨价,保障了盒马终端价格的稳定、货源的充足。以上海为例,每天有50万份包装蔬菜、80吨散装蔬菜不涨价上架,其中有9成来自盒马鲜生直采基地。盒马鲜生基于半成品供应链,在疫情期间为用户提供胡椒猪肚鸡锅、罗宋汤、韩式部队锅、日式寿喜烧等丰富选择,日订单超过平日10倍。

当然,传统商超企业由于多年积累,具备强大供应链资源,在疫情期间表现不错。只不过受制于数字化能力不足,导致线上经营较弱,更多还是依靠线下门店满足用户。

如何拓"场"

关于"场",是越多越好。多场景、全场景的触达用户,才能在疫情期间保证对用户的服务。尤其当线上订单暴增、运力又不足的情况下,如何拓展新场景、新渠道成为各家企业必须解决的又一个棘手问题。

在这个问题面前，各类型企业就显出明显差距。传统商超主流渠道在线下，疫情期间，积极借助第三方线上平台拓展服务，但由于平台效率低，极易触达订单天花板等问题，效果有限。而前置仓类的生鲜电商企业，仅有线上单一渠道，订单激增的情况下，无其他线下场景分流，相对被动。

在此情况下，线上线下一体化的优势便得以凸显。以盒马鲜生为例，疫情期间，其一直坚持线上线下同时营业，并积极拓展新的线下场景，更多地触达消费者，以实现各个场景之间的相互扩展，尽全力满足消费所需。

在已有模式基础上，盒马鲜生还在线上线下两端同时发力保障供应：线上部分，盒马鲜生为弥补需求激增、人手不够、运力不足的问题，联合众多企业推出"共享员工"计划，一周之内招聘6 000多人，快速补充运力，盒马鲜生全国主要城市线上服务能力已恢复至节前峰值水平。疫情仍较为严重的武汉，线上服务能力也已恢复到平日的80%以上。线下部分，盒马鲜生一方面坚持一天多次补货，保障货架是满的，避免引发居民焦虑；另一方面，做好门店防疫，配备体温检测仪、免洗洗手液，采取店内每日多次消毒杀菌等举措，引导有序购物，让没抢到线上配送的居民安全、快速完成采购，保障生活基本需求。

在原有线上线下场景外，盒马鲜生还积极创新场景，以更多地触达消费者。比如社区团购，盒马鲜生利用自身App里的"盒社群"，将附近社区零散配送订单整合送至小区自提，既节省了运力，也规模化解决买菜问题。

比如"共享门店"，盒马鲜生与中石化合作，将杭州地区的中石化加油站变成盒马鲜生的"分店"，用户可购买包括鸡蛋、猪肉、青菜在内的生鲜产品。

线上线下场景的拓展源于盒马鲜生后台的数字化能力。正式上线前，盒马鲜生用9个月时间搭建了一套打通线上线下，包括会员、营销、资金、支付、账务、客服等环节的商超系统，实现了统一会员、统一库存、统一价格、统一营销、统一结算。

再加上自建物流带来的精准控制，保证线上线下基于数据联动变化，是一个完整体系。这套基于数字能力的线上线下一体化体系，让盒马鲜生可以双线协同作战，尤其盒马鲜生门店超越了传统门店，具备与线上一样的数字化战斗力。

疫情之后，数字化、线上线下一体化加速

自电子商务兴起，O2O线上线下融合，线上线下一体便成为全球零售业的一道难题。从沃尔玛到苏宁，从红星美凯龙到7-11，在过去的将近十年历程中，这些大企业一直在探索线上线下一体化，时至今日也未能找到可大规模复制的成功方法。此次疫情，新零售代表盒马鲜生充分展现了线上线下一体化的势能和韧性，将带动更多企业加速这一进程。从盒马鲜生的案例中看得出来，数字化是打破线上线下一体化僵局的钥匙。而数字化能力不仅仅是一种技术能力，更是涉及"人""货""场"的商业思维变革。

（案例来源：创业最前线）

思考：

盒马鲜生采用了什么样的电子商务模式以及它的优势是什么？

第三章

电子商务安全

学习目标

1. 了解电子商务安全的概念。
2. 掌握电子商务安全问题。
3. 掌握电子商务对安全的基本要求。
4. 掌握电子商务交易中的安全技术,以保证电子商务活动顺利进行。
5. 了解电子商务安全方面不断完善的管理政策与法规制度。

案例导入

网购频遭黑客"打劫",安全成电子商务发展瓶颈

面对黑客凶猛威胁网购这一现象,网购消费者、非网购消费者、网上店家的观点各异,但颇为一致的是,大家都认为网购安全问题是电子商务发展的一大瓶颈。

(一) 非网购派

非网购派多是指对网购持保守态度的人群,大家认为网络安全待加强。

例如:在汉口永清街工作的邓女士从事教育行业,她表示从来不上网买东西,一是觉得上街购物本身就是享受,二是不怎么信任网购。对于网络,她只运用腾讯QQ和学生交流问题。一位姓刘的先生认为:"网络安全概念现在依旧很模糊,这事只能靠运气。"

(二) 网购派

与非网购派不同的是,一些经常上网购物的读者和网友认为,网购正如火如荼,他们不会因为有黑客就不去网购。

网友"美好如花"说:"虽然我还没被骗,但感谢这样的报道,这会让我更加警惕。但网购已经像吃饭一样了,你可以不乱吃却不能不吃。"

自称是公务员的李先生在网上留言说,他还想不到什么东西能够阻挡网购的发展,时代变化很快，法律和侦破技术都应跟上新生事物的发展。

也有人觉得网购资金被劫"不可思议"。网友"AULY"说："我基本上都是网购，但还没遇到此事。"

(三) 网上店家

在一项调查中，8家网上店家中的6家认为，在目前电子商务快速发展形势下，不仅网站要提供更安全的交易环境，买家和卖家也要加强自身的防范意识。

刘女士是颇为知名的阿里巴巴网商，她看到报道之后第一句话是："一看就是骗子的网址。"她认为受害消费者不该打开那个压缩文件。在刘女士看来，支付宝的保护措施是非常安全的，只要买家或卖家留个心眼、不贪便宜、谨慎操作，就可以避免这类事情发生。

冯先生对此表示无奈，他打了个比方说："黑客劫走消费者的钱，就好比在公共汽车上让小偷偷了乘客的钱包，你说这事儿怎么办？""乘客若是谨慎，很大程度上能避免被偷。"冯先生又补充说，"当然警方可加大打击力度来威慑犯罪分子，公共汽车上也可多安装摄像头或贴告示提醒乘客留心。"

杨小姐在网上开店3年了。她对黑客攻击网购平台感到忧虑，她认为，如果此事继续蔓延，对网络购物会有较大的负面影响。杨小姐本人经常网上购物，她说："每次刷卡金额定在100元以内，没啥危险。"同样，她一再提醒，别人传过来的任何图片文件、压缩文件都不要接收。

(案例来源：新浪)

第一节　电子商务安全概述

随着计算机网络技术的不断发展和互联网的迅猛普及，电子商务正在各行各业得到越来越广泛的应用。由于电子商务是在虚拟的网络市场上开展的，贸易双方不能像传统商务活动那样面对面进行交易，加之互联网本身具有开放性，电子商务安全问题是制约电子商务发展的重要因素。

一、电子商务安全的概念

国际标准化组织（ISO）对计算机系统安全的定义是：为数据处理系统建立和采取的技术上和管理上的安全保护，保护计算机硬件、软件不因偶然和恶意的原因遭到破坏、更改和泄露。我国公安部对计算机安全的定义是：指计算机资产安全，即计算机信息系统资源和信息资源不受自然和人为有害因素的威胁和危害。由此，可以将计算机网络安全理解为：通过采用各种技术和管理措施，使网络系统正常运行，从而确保网络数据的可用性、完整性和保密性，可以分为网络设备安全、网络信息安全、网络软件安全。

电子商务作为依托互联网开展的商务活动，自然离不开计算机网络，因此电子商务安全从整体上来说，可分为两大部分：计算机网络安全和商务交易过程安全。计算机网络系统的安全内容包括计算机网络设备安全、计算机网络传输设备安全、计算机网络系统安全、数据库安全等，其特征是以保证计算机网络自身的安全性为目标，实施网络安全增强方案。商务交易过程安全则紧紧围绕商务活动在互联网上应用时产生的各种安全问题。因此，商务交易过程安全是在计算机网络安全的基础上保障商务交易过程的顺利进行，实现电子商务交易信息的完整性，使电子商务交易过程信息不可篡改、不可伪造和不可抵赖。

二、电子商务安全问题

传统的交易是面对面的，比较容易建立交易双方的信任关系及保证交易过程的安全性。而电子商务活动中的交易行为是通过网络进行的，买卖双方互不见面，因而缺乏传统交易中的信任感和安全感。美国密执安大学一个调查机构对 23 000 名互联网用户的调查结果显示，超过 60% 的人由于电子商务的安全问题而不愿进行网上购物。任何个人、企业、商业机构及银行都不会通过一个不安全的网络进行商务交易，否则会导致商业机密信息或个人隐私泄露，进而遭受巨大的利益损失。中国互联网络信息中心调查显示，在电子商务方面，大多数用户最关心的是交易的安全可靠性。由此可见，电子商务中的网络安全和交易安全问题是实现电子商务的关键所在。

近年来电子商务迅速发展并已初具规模，呈现出大规模、跨行业、跨组织的发展趋势。但其发展也正面临着诸多瓶颈性问题，安全问题首当其冲，突出体现在以下几个方面。

（一）电子交易中的安全问题

1. 销售者面临的安全问题

非法用户假冒合法消费者改变用户交易数据（如商品送达地址、时间等），解除用户订单，生成虚假订单；恶意竞争订购产品，假冒他人损坏公司信誉，网络上使用信用卡进行支付时恶意透支或使用伪造的信用卡骗取卖方的货物行为；对于集团购买者来说，存在拖延货款的可能，卖方需要为此承担安全风险。

2. 购买者面临的威胁

虚假订单，冒充者以客户的名义购买商品，客户收到商品时却被要求付款或返还商品；订单被修改，客户付款后不能按时、按地、按量、按质收到商品；机密信息丢失，客户有可能将自己的机密数据或个人的身份数据（如账号、口令等）发送给冒充的商家机构，造成个人经济的损失。

3. 交易双方面临的威胁

买卖双方都有可能会抵赖曾经发生过的交易。发信者否认曾经发过某些信息，收信者否认曾收过这些信息或相关内容；购买者下了订单却不承认，等等。

（二）网络系统安全问题

电子商务的"四流"中以信息流为核心，电子商务正是通过信息流来带动资金流、物流等的完成。电子商务与传统商务最重要的区别就是以计算机网络来传递信息，促进信息流的完成。计算机网络的安全必将影响电子商务中信息流的传递，从而影响电子商务的正常开展。计算机网络存在以下安全威胁。

1. 物理实体的安全问题

物理实体的安全问题主要包括计算机、通信设备等的机能失常、电源故障，电磁泄漏引起的信息失密、搭线窃听，自然灾害等带来的安全威胁。

2. 计算机软件系统的安全漏洞

不论采用什么操作系统，在默认安装的条件下都会存在一些安全问题，网络软件的漏洞和"后门"是进行网络攻击的首选目标。只有专门针对操作系统的安全性进行相关的、严格的安全配置，才能达到一定的安全程度。

3. TCP/IP 的安全缺陷

网络服务一般都是通过各种各样的协议完成的，因此网络协议的安全性是网络安全的一个重要方面。如果网络通信协议存在安全上的缺陷，那么攻击者就有可能不必攻破密码体制即可获得所需要的信息或服务。值得注意的是，TCP/IP 最初是为内部网设计的，主要考虑网络互联互通的问题，没有考虑到安全威胁的问题。

4. 黑客的恶意攻击

以网络瘫痪为目标的袭击效果比任何传统的恐怖主义和战争方式都来得更强烈，破坏性更大，造成危害的速度更快、范围也更广，而袭击者本身的风险却非常小。甚至它可以在袭击开始前就已经消失得无影无踪，使对方没有实施打击的可能。

5. 计算机病毒的危害

计算机病毒是网络安全威胁的主要因素之一，目前全球出现的数万种病毒按照基本类型划分，可分为引导型病毒、可执行文件病毒、宏病毒、混合病毒、特洛伊木马和互联网语言病毒六种类型。

6. 安全产品使用不当

虽然不少网站采用了一些网络安全设备，但由于安全产品本身的问题或使用问题，这些产品并没有起到应有的作用。很多厂商的安全产品对配置人员的技术背景要求很高，就算是厂商在最初给用户做了正确的安装、配置，但一旦系统改动，需要改动相关安全新产品的设置时，就很容易产生许多安全问题。

（三）电子商务的管理还不够规范

电子商务的发展给传统贸易带来了巨大的冲击，带动了经济结构的变革，电子商务给世界带来全新的商务规则和销售方式，这要求在管理上要做到科学、规范。政府应积极介入依存于网络的电子商务管理，促进网络健康稳定的发展，制约网络上的违法行为。

电子商务交易平台也是非常重要的，网络交易平台直接面向消费者，是电子商务的门面，内部经营管理体系则是完成电子商务活动的必备条件，它关系到业务最终能不能实现。一个完善的电子商务交易系统能体现一个电子商务公司的综合实力，它将最终决定提供给用户的是什么样的服务，决定电子商务的管理是否有效，决定电子商务公司最终能不能盈利。

（四）电子支付问题

近年来电子商务快速发展，为了完成电子商务交易，不同的现金支付工具，如信用卡、电子收费等不断出现。人们最常用的还是信用卡，然而，正是信用卡成了影响电子商务进一步发展的主要障碍。信用卡欺诈问题一直困扰着商家和消费者，并且愈演愈烈。

银行和电子技术专家没有对电子银行和电子商务的网络标准达成完全一致的观点，但他们都认识到存在于虚拟空间的网络标准是和金融交易存在着联系的。钱以电子化的方式在网上传播，使黑客有机可乘，钱易被他们截取而放入自己的账户中或从事其他犯罪活动。

（五）电子合同的法律问题

在电子商务活动中，传统商务交易中所采取的书面合同已经不适用了。一方面，电子合同存在容易编造、难以证明其真实性和有效性的问题；另一方面，现有的法律制度尚未对电子合同的数字化印章和签名的法律效力进行规范。信息网络中的信息具有不稳定性或易变性，这就造成了信息网络发生侵权行为时，锁定侵权证据或者获取侵权证据难度极大，对解决侵权纠纷带来了较大的障碍。如何保证在网络环境下信息的稳定性、真实性和有效性，是有效解决电子商务中侵权纠纷的重要因素。由于发展和完善网络需要解决的技术难题还很多，因此需要完善法律解决交易中的纠纷。

（六）信用风险

信用风险主要来自三个方面。第一，来自买方的信用风险。对于个人消费者来说，可能在网络上使用信用卡进行支付时产生恶意透支，或使用伪造的信用卡骗取卖方的货物；对于集团购买者来说，存在拖延货款的可能，卖方需要为此承担风险。第二，来自卖方的信用风险。卖方不能按质、按量、按时寄送消费者购买的货物，或者不能完全履行与集团购买者签订的合同，造成买方的风险。第三，买卖双方都存在抵赖的情况。传统交易中，交易双方可以直接面对面交流，信用风险比较容易控制。网上交易时物流与资金流在空间上和时间上是分离的，因此，如果没有信用保证，网上交易是很难进行的。再加上网上交易一般是跨越时空的，交易双方很难面对面交流，信用的风险就很难控制。这就要求网上交易双方必须有良好的信用，而且有一套有效的信用机制降低信用风险。

（七）信息传输风险

信息传输风险是指进行网上交易时，因传输的信息失真或者信息被非法窃取、篡改和丢失而导致网上交易的不必要的损失。从技术上看，网上交易的信息传输风险主要来自以下五个方面。

1. 冒名偷窃

如黑客为了获取重要的商业秘密、资源和信息，常采用源 IP 地址欺骗攻击。

2. 篡改数据

攻击者未经授权进入网络交易系统，使用非法手段删除、修改、重发某些重要信息，破坏数据的完整性，损害他人的经济利益，或干扰对方的正确决策，造成网上交易的信息传输风险。

3. 信息丢失

交易信息的丢失可能有三种情况：一是因为线路问题造成信息丢失，二是因为安全措施不当而丢失信息，三是在不同的操作平台上转换操作不当而丢失信息。

4. 信息传递过程中的破坏

信息在网络上传递时，要经过多个环节和渠道。由于计算机技术发展迅速，原有的病毒防范技术、加密技术、防火墙技术等始终存在被新技术攻击的可能。计算机病毒的侵袭、黑客非法侵入、线路窃听等很容易使重要数据在传递过程中泄露，威胁电子商务交易的安全。此外，各种外界的物理性干扰，如通信线路质量较差、地理位置复杂、自然灾害等，都可能影响到数据的真实性和完整性。

5. 虚假信息

从买卖双方自身的角度观察，网上交易中的信息传输风险还可能来源于用户以合法身份进入系统后，买卖双方都可能在网上发布虚假的供求信息，或以过期的信息冒充现在的信息，以骗取对方的钱款或货物。

传统交易中的信息传递和保存主要通过有形的单证进行，信息接触面比较窄，容易保护和控制。即使在信息传递过程中出现丢失、篡改等情况，也可以通过留下的痕迹查找出现偏差的原因。而在网上传递的信息，是在开放的网络上进行的，信息的接触面比较广，而且信息被篡改时可以不留下痕迹，因此，网上交易时面临的信息传输风险比传统交易更大。

三、电子商务对安全的基本要求

电子商务是浏览器技术、数据库技术、各种编程语言不断发展而产生的实际应用之一，是贸易的新形式，它建立起全新的交易渠道，甚至改变了人们的生活方式。电子商务是指通过网络技术，交易各方可以突破时间、空间限制进行产品及服务交易的贸易形式，包括询价、报价、支付、物流管理等各个环节均通过网络进行。由于互联网是基于开放性架构的，其本身具有开放性，同时，随着信息通信技术的发展，各种新技术、新设备层出不穷，使电子商务面临各种安全问题。为真正建设一个安全的电子商务系统，保证交易活动的安全开展，电子商务安全应该满足以下几个基本要求。

（一）保密性

保密性是指信息在网络传输或存储的过程中不被他人窃取、泄露，也就是未经授权的人或组织不能够获取信息，同时如果信息经过加密，也无法了解其内容。在我们日常的商贸活动中，一般都是通过面对面或者电话的形式交换，抑或是通过邮寄封装的信件或可靠的通信渠道发送具有商业信息的报文，从而达到保守商业秘密的目的。而电子商务是建立在一个开放的网络环境下，当交易双方通过互联网交换信息时，如果不采取适当的保密措施，那么其他人就有可能知道他们的交流内容；另外，存储在网络上的文件信息如果不加密的话，也有可能被黑客窃取。上述种种情况都有可能造成敏感的商业信息的泄露，导致商业上的巨大损失。

（二）完整性

信息的完整性是指数据在传输或存储过程中不会受到非法修改、删除或重放，以确保信息的顺序完整性和内容完整性。电子商务简化了传统的贸易过程，减少了人为的干预，但却需要维护商业信息的完整性与一致性。因为数据输入时的意外差错或欺诈行为及数据传输过程中信息丢失、重复或传送的次序差异，都有可能导致贸易各方收到的信息不一致。信息的完整性将影响到贸易各方的交易与经营策略，保持这种完整性是电子商务应用的基础。数据的完整性可以通过安全散列函数（如数字摘要）与电子签名技术来实现。

（三）可靠性

电子商务系统的可靠性是指为防止计算机失效、程序错误、传输错误、硬件故障、系统软件错误、计算机病毒与自然灾害等所产生的潜在威胁，通过控制与预防等措施来确保系统安全可靠。电子商务系统的安全是保证数据传输与存储及电子商务完整性检查的基础。系统的可靠性可以通过网络安全技术来实现。

（四）不可否认性

交易的不可否认性是指保证发送方不能否认自己发送了信息，同时接收方也不能否认自己接收的信息。在传统的纸面贸易方式中，贸易双方通过在交易合同、契约等书面文件上签名，或是通过盖上印章来鉴别贸易伙伴，以确定合同、契约、交易的可靠性，并能预防可能的否认行为的发生。在电子商务的应用环境中，通过手写签名与印章鉴别已不可能，就需要其他方法实现交易的不可否认性。因此，电子商务交易的各方在进行数据信息传输时，必须带有自身特有的、无法被别人复制的信息以防发送方否认曾经发送过的信息，或接收方否认曾经接收到的信息，确保在交易发生纠纷时可以拿出证据。交易的不可否认性是通过电子签名技术来实现的。

（五）有效性

电子商务以电子信息取代纸张，保证电子信息贸易形式的有效是开展电子商务的前提。电子商务作为贸易的一种形式，交易的有效性是指商务活动中交易者身份是真实有效的，也就是要确定交易双方是真实存在的。其信息的有效性将直接关系到个人、企业或国家的经济利益和声誉。网上交易的双方可能相隔千里、素昧平生，进行成功交易的前提条件是要能确认对方的身份是否真实可信。因此，要对网络故障、操作错误、应用程序错误、硬件故障、系统软件错误及计算机病毒所产生的潜在威胁加以控制和预防；对于身份认证通常采用电子签名技术、数字证书来实现，以保证贸易数据在确定的时刻、确定的地点是真实有效的。

四、威胁网络安全的几种方式

影响网络安全的不法手段越来越多,如建立假冒网站或发送含有欺诈信息的电子邮件,盗取网上银行、网上证券或其他电子商务用户的账户密码,窃取用户资金。

1. 发送电子邮件以虚假信息引诱用户中圈套

诈骗分子以垃圾邮件的形式大量发送欺诈性邮件,这些邮件多以中奖、顾问、对账等内容引诱用户在邮件中填入金融账号和密码,或是以各种紧迫的理由要求收件人登录某网页提交用户名、密码、身份证号、银行卡号等信息,继而盗窃用户资金。

2. 建立假冒网上银行、网上证券网站,骗取用户账号和密码实施盗窃

犯罪分子建立域名和网页内容与真正网上银行系统、网上证券交易平台极为相似的网站,引诱用户输入账号和密码等信息,进而通过真正的网上银行、网上证券系统或者伪造银行储蓄卡、证券交易卡盗窃资金;还有的利用跨站脚本,即利用合法网站服务器程序上的漏洞,在站点的某些网页中插入恶意 HTML 代码,屏蔽住一些可以用来辨别网站真假的重要信息,利用 Cookies 窃取用户信息。

3. 利用虚假的电子商务进行诈骗

此类犯罪活动往往是建立电子商务网站或是在比较知名、大型的电子商务网站上发布虚假的商品销售信息,犯罪分子在收到消费者的购物汇款后就销声匿迹。

4. 利用木马病毒和黑客技术等手段窃取用户信息后实施盗窃活动

木马制作者通过发送邮件或在网站中隐藏木马等方式大肆传播木马程序,当感染木马病毒的用户进行网上交易时,木马程序即以键盘记录的方式获取用户账号和密码,并发送给指定邮箱,从而使用户资金安全受到严重威胁。

5. 利用用户弱口令等漏洞破解,猜测用户账号和密码

不法分子利用部分用户贪图方便设置弱口令的漏洞,对银行卡密码进行破解。

五、网民的自我保护措施

针对以上不法分子通常采取的网络欺诈手法,广大网上电子金融、电子商务用户可采取如下防范措施。

(1)针对电子邮件欺诈,广大网民如收到有如下特点的邮件就要提高警惕,不要轻易打开和相信:一是伪造发件人信息,如 ABC@ abcbank.com;二是问候语或开场白往往模仿被假冒单位的口吻和语气,如"亲爱的用户";三是邮件内容多为传递紧迫的信息,如以账户状态将影响到正常使用或宣称正在通过网站更新账号资料信息等;四是索取个人信息,要求用户提供密码、账号等信息。

(2)针对假冒网上银行、网上证券网站的情况,用户在进行网上交易时要注意做到以下几点:核对网址,选妥和保管好密码,做好交易记录,保管好数字证书,对异常动态提高

警惕，通过正确的程序登录支付。

（3）针对虚假电子商务信息的情况，广大网民应掌握诈骗信息特点，在进行网络交易前，要对交易网站和交易方的资质进行全面的了解。

（4）尽量在不同场合使用有所区别的密码。牢记密码字符，如需记录则应妥善保管。密码不得告诉他人，包括自己的亲朋好友。在用户登录或网上支付密码输入时，应防止左右可疑人的窥视。预留密码时不要选用身份证号、生日等易被他人破译的数字。建议选用既不易被他人猜到，又方便记忆的数字。发现泄密的危险时，及时更换密码，而且不定期更换密码。

（5）不断增强网络安全与道德意识，培养良好的网络安全与道德素质，提高网上的自我约束能力和自我保护意识，自觉抵制网上的不良行为和信息；增强法律意识，能够使用电子商务的消费者权益保护法律条款来保护自己。

（6）其他网络安全防范措施有：安装防火墙和防病毒软件，并经常升级；注意经常给系统打补丁，堵塞软件漏洞；禁止浏览器运行 JavaScript 和 ActiveX 代码；不要执行从网上下载后未经杀毒处理的软件；提高自我保护意识，妥善保管自己的私人信息。

网民需加强自我保护意识，并非只有计算机技术高超者才会成为网络盗号的黑客。在实际发生的案件中，许多是由于互联网用户自我保护意识欠缺，给了盗号者可乘之机。近年来，各国政府、国际组织及 IT 业界的人士都非常重视电子商务的安全问题，从安全技术、电子商务安全管理和法律等多方面开展工作，使电子商务健康发展。

第二节　电子商务安全技术

相对于面对面的常规交易，人们对网上交易的安全性信心不足，主要原因如下：进行交易时消费者和商家不在同一个地方；消费者和商家的网上交易可以非同步进行；个人信用信息在传递过程中可能被他人偷窃、盗用；网络商店的真伪不好辨别，或网上商店、商务网站可能被黑客利用等。

因此，在运用电子商务模式进行交易时，电子商务的交易安全就成为关键所在，也是电子商务得以顺利推行的保障。要想营造一种可以信赖的安全环境，提供电子商务技术上的安全保障至关重要。

一、加密技术

保证电子商务安全和口令安全的一个重要手段就是信息加密。信息加密技术是研究数据加密、解密及变换的科学，涉及数学、计算机科学、电子与通信诸多学科。其核心思想是：既然网络本身不安全可靠，那么就要对重要的信息进行加密处理，确保其安全性。加密算法能将信息进行伪装，使任何未经授权的人都无法了解其内容。

加密技术是利用技术手段把原始信息变为乱码（加密）传送，到达目的地后再用相同或不同的手段还原（解密）信息。原始信息通常被称为"明文"，加密后的信息通常被称为"密文"。

加密技术涉及两个元素：算法和密钥。算法是将明文与一串字符（密钥）结合起来，进行加密运算后形成密文。密钥是在将明文转换为密文或将密文转换为明文的算法中输入的一串字符，可以是数字、字母、词汇或短语。加密技术包括三种类型：对称型加密技术、非对称型加密技术和混合型加密技术。

（一）对称型加密技术

对称型加密技术就是指加密密钥能够从解密密钥中推算出来，同时解密密钥也可以从加密密钥中推算出来。在大多数的对称算法中，加密密钥和解密密钥是相同的。

这种技术要求发送方和接收方在安全通信之前，商定一个密钥。这样发送方和接收方使用相同的密钥对信息进行加密和解密。

对称型加密技术由于双方拥有相同的密钥，具有易于实现和速度快的优点，所以广泛应用于通信和存储数据的加密和解密过程中。但是如果多个用户之间进行通信加密时，每一对用户必须使用一个密钥，这就意味着如果有 N 个用户相互通信需要使用对称型加密技术，就存在 $N(N-1)/2$ 个不同的密钥才能保证双方收发密文，第三者无法了解他们所使用的密钥和密文内容，当 N 很大时，记住如此多的密钥是不可能的，而保存起来又会引起密钥泄露可能性的增加。另外，如何安全地将加密、解密所使用的密钥传送给对方，也是一个必须考虑的问题。因此，对称型加密技术的安全性依赖于密钥，泄露密钥就意味着任何人都可以对他们发送或接收的消息解密，所以对密钥的保密是通信安全至关重要的因素。

现阶段在电子商务中常用的对称加密算法有美国数据加密标准（Data Encryption Standard，DES）。DES 是对称的，既可用于加密，又可用于解密。它是一种典型的按分组方式工作的密码，是两种基本的加密组块替代和换位的细致而复杂的结构。它将明文按 64 位二进制数据进行分组，然后使用 64 位的密钥组进行加密，通过反复、依次应用组块替代和换位技术来提高加密技术的强度。明文要经过总共 16 次的替代和交换后，才能获得密文。解密时的过程和加密时相似，但密钥的顺序正好相反。对于这种加密技术，除了使用穷举法尝试所有可能的密钥外，已知技术还无法求得所使用的密钥。DES 的安全性只依赖于密钥的安全性，不依赖于算法的安全性。

对称型密钥加密技术具有加密速度快、保密度高等优点，其缺点有如下几个。

（1）密钥是保密通信安全的关键，发信者必须安全妥善地把密钥护送到收信方，不能泄露其内容。如何才能把密钥安全地送到收信方，是对称型密钥加密技术的突出问题。可见，此方法的密钥分发过程十分复杂，所花代价高。

（2）多人通信时密钥组合的数量会出现爆炸式增长，使密钥分发更加复杂化，N 个人进行两两通信，需要的密钥数为 $N(N-1)/2$。

（3）通信双方必须统一密钥，才能发送保密的信息。如果发信者与收信人是素不相识的，就无法向对方发送秘密信息了。

（二）非对称型加密技术

非对称型加密技术，顾名思义，其采用的加密密钥和解密密钥是不同的，也不可以相互推算（至少在合理假定的时间内）。这种技术也可以称为公开密钥加密技术，之所以又称为公开密钥加密技术，是因为加密密钥可以公开，陌生人可以得到它并用来加密信息，但只有用相应的解密密钥才能解密信息。在这种加密技术中，加密密钥被称为公开密钥，而解密密钥被称为私有密钥。公开密钥和私有密钥成对出现，而且两个密钥之间存在数学关系；用一个密钥加密过的密文只能用对应的另一个密钥来解密，并且不能由一个密钥推算出另一个密钥。

这种技术要求发送方和接收方在安全通信之前，发送方通过网络查询或其他方式得到接收方的公开密钥；发送方使用公开密钥对明文进行加密得到密文；接收方收到密文后，用自己的私有密钥进行解密，恢复明文。非对称型加密技术可以使用户不必记忆大量的提前商定好的密钥，因为发送方和接收方事先根本不必商定密钥，发送方只要得到可靠的接收方的公开密钥就可以给他发送信息了。这样使密钥的管理更加简单，只需保管一对密钥就可以了。如果有 N 个用户相互通信需要使用非对称型加密技术时，只需 N 对密钥就可以保证双方收发密文，第三者无法了解密文内容。公开密钥的发送和保管十分方便，但为了保证可靠性，非对称型加密技术需要一种与之配合使用的公开密钥管理机制。例如，加大公开密钥的位数来增加可靠性等。所以使用非对称型加密技术对用户来讲，算法更为复杂，花费的时间长，速度比较慢。

现阶段在电子商务中常用的非对称型加密算法有 RSA 编码法，这种算法由发明者的姓名 Rivest、Shamir、Adelman 而得名。它是一个可以支持长密钥的公开密钥加密算法，利用两个很大的质数相乘所得的结果来加密。这两个质数无论哪一个先与原文件编码相乘对文件加密，均可由另一个质数再相乘来解密。但要用一个质数来求出另一个质数，则是十分困难的，因此将这一对质数称为密钥对。RSA 的安全性取决于从公开密钥计算出私有密钥的过程。

公开密钥加密技术的缺点是加密、解密速度慢，但它有如下优点。

（1）密钥少，便于管理。网络中的每个用户只需保存自己的解密密钥，则 N 个用户仅需产生 N 对密钥。

（2）密钥分配简单。加密密钥分发给用户，而解密密钥则由用户自己保管。

（3）不需要秘密的通道和复杂的协议来传送密钥。

（4）可以实现数字签名和数字鉴别。

（三）混合型加密技术

混合加密技术不是一种单一的加密技术，而是一个结合体，是上述两种数据加密技术相互结合的产物。通信双方的通信过程分为两步，双方先利用非对称加密技术传送本次通信所用的对称密钥，然后再用对称加密技术加密传送文件。

混合加密技术是用户在实际应用中总结出来的，它可以弥补对称型加密技术和非对称型加密技术的弱点，使二者优势互补，同时达到方便用户的目的。

二、防火墙技术

确保电子商务安全，首先要保证进行电子商务的网络平台是安全的，这个平台包括客户端网络环境、商家网络环境、银行内部网络及三者联系在一起的互联网，即大众互联网平台系统。防火墙技术是电子商务网络平台中重要的安全保护措施之一。

（一）防火墙的概念

防火墙是指两个网络之间执行访问控制策略（允许、拒绝和检测）的一系列部件的组合，包括计算机硬件和计算机软件。其目的是在安全的企业内部网和不安全的外部互联网之间构筑一道防护屏障，保护网络不受外部侵扰。它是在连接互联网和内部局域网之间实现安全保障最为有效的方法之一，也是目前在维护内部局域网安全的重要措施中应用最广泛的。防火墙通过记录通信状态，检查通信信息，监视通信过程，做出拒绝或允许信息通信等的正确判断，在此基础上，制定相应的安全策略，从而为局域网构建一个安全、稳定的环境，为电子商务的安全提供有力保障。

（二）防火墙的原理

采用防火墙技术可以对网络中的数据流进行控制。防火墙是一种将内部 Internet 网络与公用网络分开的方法，它实际上是一种隔离技术，控制着 Intranet 与 Internet 之间的所有数据量。

防火墙主要包括五个部分：安全操作系统、过滤器、网关、域名服务和 E-mail 处理。有的防火墙可能在网关两侧设置两个内外过滤器，外过滤器保护网关不受攻击，网关提供中继服务，辅助过滤器控制业务流；而内过滤器在网关攻破后提供对内部网络的保护。防火墙本身必须建立在以安全操作系统所提供的安全环境中，安全操作系统可以保护防火墙的代码和文件不受入侵者的攻击。防火墙有以下两种准则。

1. 一切未被允许的就是禁止的

基于该准则，防火墙应封锁所有信息流，然后对希望提供的服务逐项开放，这是一种非常实用的方法，可以营造一种十分安全的环境，因为只有经过仔细挑选的服务才被允许使用。其弊端是，安全性高于用户使用的方便性，用户所能使用的服务范围受限制。

2. 一切未被禁止的就是允许的

基于该准则，防火墙应转发所有信息流，然后逐项屏蔽可能有害的服务，这种方法构成了一种更为灵活的应用环境，可为用户提供更多的服务。其弊端是，在日益增多的网络服务面前，网管人员疲于奔命，特别是受保护的网络范围增大时，很难提供可靠的安全防护。

防火墙作为硬件和软件的连接，安置于公司网络的入口点（或公司网络与 Internet 相连接的入口点）。它负责监控进入公司网络的流量类型，并且决定是否允许一个数据包进入公司网络。所有的数据包必须经过防火墙的筛选，仅允许得到授权的数据包进入网络。

(三) 基于防火墙的网络安全体系结构

基于防火墙的网络安全体系结构由筛选路由器、堡垒主机和双导向网关组成。

1. 筛选路由器

在专用网络和互联网之间插入一个路由器将它们分离开,这是最基本也是普遍使用的策略。路由器负责过滤所有通过的 IP 数据包从而成为筛选过滤器。通过这个方式,防火墙可以阻止对机器或专用网络端口的连接。反之,也可以阻止一个内部的机器访问互联网,仅通过一个代理过滤器的连接就可以实现。但路由器无法控制应用层。我们可能想要允许一种类型的流量通过这个网关,而不是另一种,就可以在应用主机处进行管理。控制的机器越多,具有的控制权就越少。不管怎样,筛选路由器作为一个安全建立模块是和其他工具相连接的、有用的工具。

2. 堡垒主机

堡垒主机是放置在安全和非安全网络之间的机器。在那里,IP 转发被切断,也就意味着 IP 数据包不能通过这个机器。当路由被打断时,唯一可以到达双方网络的就是防御堡垒本身。因此,只有具备防垒主机账号的使用者通过双重鉴定(堡垒主机和远程主机),才可以使用网络两边的服务。这也存在一些缺点,堡垒主机可能会支持许多的用户,如果一个黑客能够获取一个用户的 ID,就能够模仿此用户进入专用网络。此外,同时支持大量的使用者也需要一个大型的机器,以提高响应速度。

3. 双导向网关

可以通过过滤的方法保护双导向网关免受外部的攻击。例如,如果禁止外部访问远程登录系统(Telnet)守护进程,就可以减少来自外部攻击的威胁。如果有一些机器在外部,但是又想连接到专用网络内部的主机,可以使用代理服务器限制其暴露程度,这可能需要用到智能卡鉴别技术。应用到 Windows NT 中的 IBM Secure Way Firewall 已经成为类似于双导向网关的一种配置。双导向网关的进一步发展是使用介于筛选路由器和堡垒主机之间的子网作为应用服务的站点,这一技术正日益普及。该技术在为外部提供更为广泛的服务(如万维网服务)的同时,仍然对其内部的私有网络进行强有力的保护。这个网络由两个筛选路由器和一个或多个堡垒主机组成,这种解决方案的代价较大。

(四) 防火墙的类型

防火墙总体上分为数据包过滤、应用级网关和代理服务等几大类型。

1. 数据包过滤

数据包过滤(Packet Filtering)技术是在网络层对数据包进行选择,选择的依据是系统内设置的过滤逻辑,被称为访问控制表(Access Control Table)。该技术通过检查数据流中每个数据包的源地址、目的地址、所用端口号、协议状态等因素,或它们的组合来确定是否允许该数据包通过。数据包过滤防火墙逻辑简单、价格便宜,易于安装和使用,网络性能和透明性好,通常安装在路由器上。路由器是内部网络与互联网连接必不可少的设备,因此,在原有网络上增加这样的防火墙几乎不需要任何额外的费用。

数据包过滤防火墙的缺点：一是设计和配置一个真正安全的过滤规则比较困难；二是数据包的源地址、目的地址及IP的端口号都在数据包的头部，很有可能被窃听或假冒。

2. 应用级网关

应用级网关（Application Level Gateways）是在网络应用层上建立协议过滤和转发功能的。它针对特定的网络应用服务协议使用指定的数据过滤逻辑，并在过滤的同时，对数据包进行必要的分析、登记和统计，形成报告。实际中的应用网关通常安装在专用工作站系统上。

数据包过滤和应用级网关防火墙有一个共同的特点，就是它们仅仅依靠特定的逻辑判定是否允许数据包通过。一旦满足逻辑，则与防火墙内外的计算机系统建立直接联系，防火墙外部的用户便有可能直接了解防火墙内部的网络结构和运行状态。

3. 代理服务

代理服务（Proxy Service）也称链路级网关（Circuit Level Gateways）或TCP通道（TCP Tunnels），也有人将它归于应用级网关一类。它是针对数据包过滤和应用级网关技术存在的缺点而引入的防火墙技术，其特点是将所有跨越防火墙的网络通信链路分为两段。防火墙内部计算机系统间应用层的链接，由两个中介代理服务器上的链接来实现；外部计算机的网络链路只能到达代理服务器，从而起到了隔离防火墙内计算机系统的作用。此外，代理服务也对过往的数据包进行分析、登记，形成报告，同时当发现被攻击迹象时会向网络管理员发出警报，并保留攻击痕迹。

这种类型的防火墙使用一个客户程序与特定的中间节点（即防火墙）连接，然后中间节点与服务器进行实际连接，这使内网与外网之间不存在直接连接，大大提高了网络的安全性。但是，这种防火墙在使用过程中会导致网络性能的明显下降，有一定的局限性。在具体应用上可以将这两类防火墙结合起来组成复合式防火墙，充分发挥各自的优势，进而满足安全性要求更高的电子商务企业的需求。

（五）防火墙的作用

电子商务系统包括企业内部网和外部网，内部网在加强企业内部管理、方便企业内部信息交流、提高工作效率等方面起着重要的作用。但是Intranet与Internet连接后，如果不加限制，每一个用户都可以访问企业内部网，使黑客能够轻而易举地侵入企业内部网，非法访问，破坏企业的内部信息资源。因此，在企业内部网与外部网之间设置一道安全屏障是非常重要的。

防火墙是在Intranet和Internet之间构筑的一道屏障（相当于家庭的防盗门），是一个用于加强内部网络与公共网络之间安全防范的系统，只有允许的通信信息才能通过防火墙。它起到内部网与外部网的隔离作用，可以限制外部用户对内部网络的访问和内部用户对外部的通信。它控制所有内部网与外部网之间的数据流通，防止企业内部信息流入Internet；同时控制外部有害信息流入Intranet。防火墙还能执行安全策略，记录可疑事件。

目前的防火墙技术已经发展到智能防火墙阶段。与传统防火墙相比，智能防火墙内外兼顾，它能够大大提升内部局域网的速度，阻止恶意病毒和木马对内部网的攻击。智能防火墙的防欺骗功能和 MAC 控制功能，能够有效地发现内部恶意流量，帮助管理员找到攻击来源，更好地保护电子商务的安全。

三、数字签名

数字签名是一个密文收发双方签字和确认的过程，所用的签署信息是签名者所专有、秘密和唯一的，而对于接收方检验签署所用的信息和程序则是公开的。数字签名实现的原理如下：被发送文件用 SHA（Secure Hash Algorithm，安全散列算法）编码加密产生 128 比特数字摘要；发送方用自己的私用密钥（可用单密钥体制，也可用双密钥体制）再对摘要进行加密，从而形成数字签名；将原文和加密的摘要同时传送给接收方；接收方利用发送方的公共密钥对摘要进行解密，同时对收到的文件再用 SHA 编码加密产生一个新的摘要；接收方将解密后的摘要和自己重新产生的摘要相互进行对比，如果两者一致，则说明传送过程中信息没有被破坏或被篡改过，否则接收方就应引起注意。

在运用数字签名技术时，首先是发送者对信息施以数学变换，使所得的信息与原信息唯一对应；然后接收者进行逆变换，得到原始信息。只要数学变换方法优良，变换后的信息在传输过程中就能被保证安全，信息就难以被破译、篡改。

采用数字签名技术，能够确认以下两点。

（1）信息是由签名者自己签名后发送的，签名者不能否认或难以否认。

（2）信息自签发后到收到为止没有进行任何修改，签发的文件是真实的。

数字签名的具体做法如下。

（1）将报文按双方约定的哈希算法计算，得到一个固定位数的报文摘要。在数学上保证只要改动报文中的任何一位数，重新计算出的报文摘要值会与原来的值不相符，这样就保证了报文的不可更改性。

（2）将该报文摘要值用发送者的私有密钥加密，然后连同原报文一起发送给接收者，这样产生的报文就是数字签名。

（3）接收者收到数字签名后，用同样的哈希算法计算报文摘要值，然后与用发送者的公开密钥进行解密得到的报文摘要值进行对比，如果相等，则说明报文的确是来自所称的发送者。

数字签名可以解决信息的否认、伪造、篡改及冒充等问题。发送者事后不能否认所发送的报文签名，接收者能够核实发送者发送的报文签名，接收者不能伪造发送者的报文签名，接收者不能篡改发送者发送的报文，网络中的用户不能冒充他人作为发送者或接收者。数字签名在保障电子数据交换的安全性上是一个突破性的进展，应用范围十分广泛。凡需要对用户的身份进行判断的情况都可以使用数字签名，如加密信件、商务信函、订货购买系统、远程金融交易、自动模式处理等。

四、数字时间戳

在传统交易中,交易合同上的签名和时间都十分重要。同样,时间在电子商务交易文件中也是一个重要的信息,常采用数字时间戳对电子商务交易文件中的日期和时间信息进行保护。

(一) 数字时间戳概述

数字时间戳(Digital Time-Stamp,DTS)是网上电子商务安全服务项目之一,能提供电子文件的日期和时间信息安全保护,由专门的机构负责。

数字时间戳用来证明信息的收发时间,它是一个经加密后形成的凭证文档,包括需要加盖时间戳的文件的摘要、DTS 收到文件的日期和时间、DTS 的数字签名三个部分。

(二) 数字时间戳的产生过程

一般来说,数字时间戳产生的过程如下:首先,用户将需要加时间戳的文件用哈希编码加密形成数字摘要;然后将该摘要发送到 DTS,由 DTS 在收到的文件摘要上加入日期和时间信息后对该文件加密(数字签名);最后发送给用户。其过程如图 3-1 所示。书面签署文件的时间是由签署人自己写上的,而数字时间戳则不然,它是由认证单位 DTS 来加的,并以 DTS 收到文件的时间为依据。因此,时间戳也可作为科学发明文献的时间佐证。

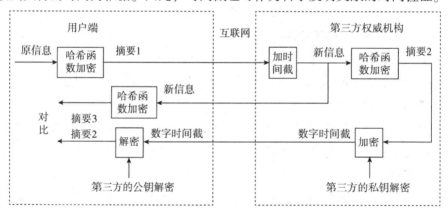

图 3-1 数字时间戳的产生过程

五、数字信封

数字信封也称电子信封,是数据加密技术的又一类应用。每当发信方需要发送信息时首先生成一个对称密钥(会话密钥),用这个对称密钥加密所需发送的报文;然后用收信方的公钥加密这个对称密钥,连同加密的报文一同发送给收信方。收信方首先使用自己的私钥解密被加密的对称密钥,再用该对称密钥解密出真正的报文。在加密过程中,外层使用非对称加密,内层使用对称加密,形成数字信封,如图 3-2 所示。

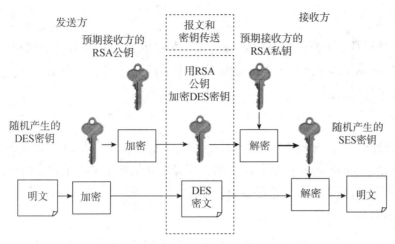

图 3-2 数字信封加密、解密示意

六、认证技术

防止信息被篡改、删除、重放和伪造的有效解决方法是让发送的信息有被验证的可能，使信息接收者或第三者能识别和确认信息的真伪，能够实现这项功能的保密系统称为认证系统。

信息的认证和保密是不同的。保密是使信息截获者在不知密钥的条件下不能解读密文内容；而认证是使任何不知密钥的人不能构造一个密文，使意定的接收者利用密钥将密文解密成一种可理解的信息（合法信息）。认证理论和技术在近年随着计算机通信的普及应用得到了迅速的发展，成为保密学研究的一个重要领域。

认证技术主要包括身份认证（也叫用户认证）、消息认证和认证机构认证三种方式。身份认证用于鉴别用户的身份是否合法；消息认证可用于验证所收到的消息确实来自真正的发送方且未被修改（即完整性），也可以用于验证消息的顺序性和及时性；认证机构认证可用于对买卖双方身份的认证，是保障网络交易安全的重要措施。

（一）身份认证

在进行交易时，一方向对方提交一个由"认证中心"签发的包含个人身份的证书，使对方相信自己的身份，即数字证书。在网上的电子交易中，如双方出示了各自的数字凭证，并用它来进行交易操作，那么双方都可以不必为对方身份的真伪担心。数字凭证可用于电子邮件、电子商务、群件、电子基金转移等。

另外，在双方通信时，通过出示由某个认证中心（CA）签发的证书来证明自己的身份，如果对签发证书的 CA 本身不信任，则可验证"认证中心"的身份。以此类推，一直到公认的权威 CA 处，就可确信证书的有效性，SET（Secure Electronic Transaction，安全电子交易）证书正是通过信任层次来逐级验证的。每一个证书与数字化签发证书的实体的签名证书关联。沿着信任一直到一个公认的信任组织，就可以确认该证书是有效的。

身份认证基本可分为身份证实和身份识别两大类。

1. 身份证实

身份证实是指对个人身份进行肯定或否定。身份证实的通常方法是将输入的个人信息（经公式和算法运算所得的结果）与卡上或库存中的信息（经公式和算法运算所得的结果）进行比较，从而得出结论。

2. 身份识别

身份识别的一般方法是输入个人信息，经处理后提取成模板信息，试着在存储数据库中搜寻出一个与之匹配的模板，而后得出结论，如确定某犯罪嫌疑人是否有前科的指纹检验系统。身份识别比身份证实困难，这是显而易见的。

（二）消息认证

消息认证是指验证消息的完整性，当接收方收到发送方的报文时，接收方能够验证收到的报文是真实的和未被篡改的。消息认证常用的方法就是消息摘要，即发送方在发送的消息中附加一个鉴别码，并经加密后发送给接收方。接收方利用约定的算法对解密后的消息进行鉴别运算，将得到的鉴别码与收到的鉴别码进行比较，若二者相等，则接收；否则拒绝接收。

消息认证可分为基于公钥体制的信息认证和加入数字签名的验证两大类。

1. 基于公钥体制的信息认证

由于基于公钥体制的算法速度很慢，因此其不太适合对文件加密，只适合对少量数据加密。在 Windows NT 安全性体系结构中，公开密钥系统主要用于私有密钥的加密过程。每位用户要对数据进行加密，都需要生成一对自己的密钥对。密钥对中的公开密钥和非对称加密、解密算法是公开的，只有私有密钥由密钥的主人妥善保管。

2. 加入数字签名的验证

除对文件加密外，还需要采取另外的手段来防止他人破坏传输的文件，以及确定发信人的身份。因此，要加入数字签名及验证才能真正实现信息在公开网络上安全传输。

例如，第三者冒充发送者发了一个文件，因为接收者在对数字签名进行解密时使用的是发送者的公开密钥，只要第三者不知道发送者的私有密钥，那么解密出来的数字签名必然与真正的不同，这就提供了一个安全确认发送者身份的方法。

七、安全协议

近年来，金融业界与 IT 业界针对电子商务的安全需求做出了快速响应，共同推出了多种安全协议和整体安全解决方案。在电子商务领域，目前有两种安全认证协议被广泛使用，即 SSL 协议和 SET 协议。

(一) 安全套接层 (SSL) 协议

1. SSL 协议的概念

安全套接层（Secure Socket Layer，SSL）协议是网景公司提出的基于 Web 应用的安全协议，主要用于提高应用程序之间的数据安全系数，包括服务器认证、客户认证（可选）、SSL 链路上的数据完整性和 SSL 链路上的数据保密性。在电子商务活动中，应用 SSL 协议可保证信息的真实性、完整性和保密性。由于 SSL 协议没有对应用层的消息进行数字签名，因此无法提供交易的不可否认性，这是 SSL 协议的最大缺点。鉴于此，网景公司在从 Communicator 4.04 版开始的所有浏览器中引入了一种被称作表单签名（Form Signing）的功能。在电子商务活动中，可利用表单签名功能对包含购买者的订购信息和付款指令的表单进行数字签名，以保证交易信息的不可否认性。从总体来看，电子商务活动仅靠 SSL 协议保证交易安全是不够的，采取"SSL+表单签名"模式才能提供更好的安全性保证。

SSL 协议是保证任何安装了安全套接层的客户和服务器间事务安全的协议，该协议向基于 TCP/IP 的客户/服务器应用程序提供了客户端和服务器的鉴别、数据完整性及信息机密性等安全措施，目的是为用户提供与企业内联网相连接的安全通信服务。

在传统的交易中，如邮购，客户首先寻找商品信息，然后通过邮局汇款给商家，商家在收到汇款后将商品寄给客户，这种方式意在确保商家是可以信赖的。在电子商务发展的初期，由于缺乏相关担保，商家担心客户下订单后不付款，或使用过期作废的信用卡，因而他们希望银行予以认证，SSL 协议正是在这种背景下应用于电子商务的。

2. SSL 协议的运行

SSL 协议包含两层协议，分别为 SSL 记录协议和 SSL 握手协议。SSL 记录协议规定了记录头和记录数据格式；SSL 握手协议建立和加密通信信道，并对客户认证。SSL 协议采用了公开密钥和私有密钥两种加密形式，在建立连接过程中采用公开密钥，在会话过程中使用私有密钥。加密的类型和强度则在两端之间建立连接的过程中加以判断、决定，这种加密保证了客户和服务器间事务的安全性。

SSL 协议的运行主要包括以下六个阶段。

(1) 建立连接阶段。客户通过网络向服务商发出信号，服务商回应。

(2) 交换密码阶段。客户与服务商之间交换双方认可的密码。

(3) 会谈密码阶段。客户与服务商之间产生彼此会谈的密码。

(4) 检验阶段。检验服务商取得的密码。

(5) 客户认证阶段。验证客户的可信度。

(6) 结束阶段。客户与服务商之间相互交换结束信息。

完成上述流程后，客户与服务商之间的资料传输就以对方公钥进行加密后再传输，另一方在收到资料后以私钥解密。即使不法分子在网上取得加密的资料，如果没有解密密钥，也无法看到可读的资料。

在电子商务交易过程中，由于有银行的参与，按照 SSL 协议，客户购买的信息首先被发往商家，商家将信息转发至银行，银行在验证客户信息的合法性后通知商家付款成功，商家通知客户购买成功并发货。

3. SSL 协议提供的安全服务

SSL 协议提供了以下三种基本的安全服务。

（1）加密处理。SSL 协议所采用的加密技术既有对称密钥技术，又有公开密钥技术。具体的流程是客户端与服务器在交换数据前交换 SSL 初始握手信息，在 SSL 初始握手信息中采用各种加密技术对其加密，以保证信息的机密性和数据的完整性，并且用数字证书进行鉴别。加密处理可以防止非法用户使用工具进行窃听，即使非法用户截取到通信内容，也无法破译。

（2）保证信息的完整性。SSL 协议采用 Hash 函数和机密共享的方法确保信息的完整性，使客户端与服务器之间建立安全通道，保证所有经过 SSL 协议处理的业务都准确无误地到达目的地。

（3）提供较完善的认证服务。客户端和服务器都有各自的识别号，这些识别号由公开密钥进行编号。为了验证客户是否合法，SSL 协议要求客户端和服务器在握手交换数据前进行数字认证。

从 SSL 协议的过程中可以看出，该协议有利于商家而不利于客户。客户的信息首先传到商家，经商家阅读后再传到银行，这样就威胁到客户资料的安全性。商家对客户进行认证是无可厚非的，但这个过程缺乏客户对商家的认证。在电子商务交易中，随着参与商家的迅速增加，加之质量参差不齐，对商家的认证问题会更加突出，从而暴露出 SSL 协议的缺点：只能保证资料传递过程的安全，而无法保证传递过程是否有人截取资料。因此，SSL 协议并没有实现电子支付所要求的保密性和完整性，而且多方互相认证也是很困难的。

（二）安全电子交易（SET）协议

随着电子商务的发展，出现了这样的需求：消费者发出的支付指令在由商家送到支付网关之前是在公用网上传送的，这与持卡 POS 机客户有着本质的区别，因为支付指令从商家 POS 机到银行的传送使用的是专线。因此，需要考虑公用网上支付信息的安全性。在这种需求的推动下，Visa 和 Mastercard 两家国际上最大的信用卡公司连同 IBM、Microsoft 等信息产业巨头共同制定了 SET 协议。

SET 协议采用公钥密码体制和 X.509 数字证书标准，主要用于保障网上购物信息的安全性。由于它提供了消费者、商家和银行之间的认证，确保了交易数据的安全性、完整可靠性和不可否认性，特别是保证商家看不见消费者的银行卡号，因此成为目前公认的银行卡网上交易的国际安全标准。

1. SET 协议的概念

安全电子交易（Secure Electronic Transaction，SET）协议于 1997 年 6 月 1 日推出，该协议主要是为了实现更加完善的即时电子支付。安全电子交易协议是 B2C 基于信用卡支付模式而设计的，它在保留对客户信用卡认证的前提下，增加了对商家身份的认证；凸显客户、商家、银行之间通过信用卡交易的数据完整性和不可抵赖性等优点。

SET 协议能在电子交易环节提供更大的信任度、更完整的交易信息、更高的安全性和更少受欺诈的可能性。它支持 B2C 电子商务模式，即消费者持卡在网上购物与交易的模式。SET 协议的交易分为以下三个阶段。

（1）购买请求阶段。在购买请求阶段，消费者与商家确定所要支付方式的细节。

（2）支付认定阶段。在支付认定阶段，商家会与银行核实，随着交易的进展，他们将得到付款。

（3）收款阶段。在收款阶段，商家向银行出示所有的交易细节，然后银行以适当方式转移货款。

消费者只涉及第一阶段，银行涉及第二阶段和第三阶段，而商家在三个阶段中都有参与。每个阶段都涉及用 RSA 对数据加密，以及用 RSA 进行数字签名。在 SET 协议下的交易中要完成多次加密与解密操作，因此要求商家的服务器具有较强的处理能力。

2. SET 协议的作用

SET 协议的作用主要有以下五个方面。

（1）保证信息在互联网上安全传输，防止网上传输的数据被黑客和内部人员窃取。

（2）保证电子商务参与者的信息相互隔离，商家看不到消费者的账户和密码。

（3）完成多方认证，不仅要进行消费者的信用卡认证，还要进行在线商家认证，以及消费者、商家和银行间的相互认证。

（4）保证网上交易的实时性，确保实时在线进行支付。

（5）规范协议和消息格式，促进各商家开发出具有兼容性和互操作性，且可运行在不同的硬件和操作系统平台上的软件。

3. SET 协议的运行

电子商务的流程类似于传统商务，消费者参与进来基本没有障碍。从消费者通过网页进入在线商店开始，一直到所订购的物品送货上门或购买的服务完成，以及账户上的资金转移，这些活动都是在网上完成的。保证网上传输数据的安全及交易双方的身份确认是电子商务得到推广的关键，也是 SET 协议要解决的最主要问题。SET 协议中的参与者如图 3-3 所示。

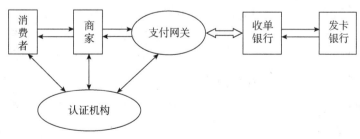

图 3-3　SET 协议中的参与者

基于 SET 协议的处理流程如图 3-4 所示。

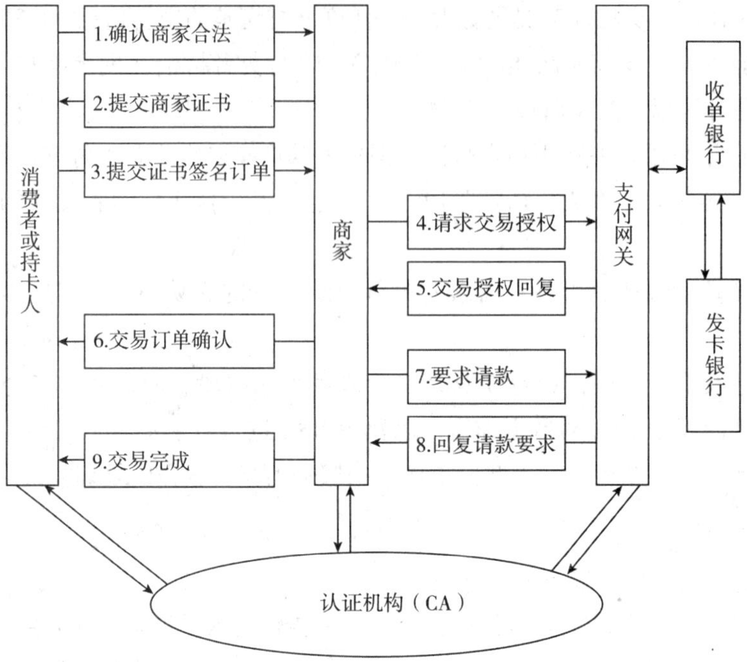

图 3-4　基于 SET 协议的处理流程

基于 SET 协议的处理流程可以分为以下九个步骤。

（1）消费者向商家发出购买初始化请求，包括消费者的信息和证书。

（2）商家在接收到请求后验证消费者的身份，将商家和支付网关的有关信息与证书生成回复消息并发给消费者。

（3）消费者在接收到消息后验证商家和支付网关的身份。然后，消费者利用自己的支付信息（包括账户信息）生成购买请求消息并发送给商家。

（4）商家在接收到消息后，连同自己的信息生成授权请求消息，发给支付网关，请求支付网关授权该交易。

（5）支付网关在接收到消息后取出支付信息，通过银行内部网络连接收单银行和发卡银行，对该交易进行授权。授权完成后，支付网关产生授权响应消息并发给商家。

（6）商家向消费者发送交易订单已确认的信息。

（7）商家在接收到消息后，向支付网关发出转账请求消息，请求进行转账。

（8）支付网关在接收到消息后，通过银行内部网络连接收单银行和发卡银行，将资金从消费者账户转到商家账户，然后向商家发出消息。

（9）商家接收到消息后，知道已经完成转账，然后发送消息给消费者。消费者接收到消息，知道该交易已经完成。

4. SET 协议的优缺点

相对而言，SET 协议有以下三方面的优点。

（1）SET 协议为商家提供保护手段，使商家免受欺诈的困扰。

（2）对消费者而言，SET 协议保证了商家的合法性，并且消费者的信用卡号不会被窃取，保护消费者，从而使消费者在线上购物时更加轻松。

（3）银行和发卡机构及各种信用卡组织推荐 SET 协议，因为 SET 协议帮助他们将业务扩展到互联网这个广阔的空间，从而减少信用卡网上支付的欺骗概率，这使它比其他支付方式具有更大的竞争优势。

SET 协议虽然更加完善和严谨，但其缺点是协议过于复杂，开发和使用都比较麻烦，运行速度慢。

（三）SET 协议与 SSL 协议的比较

从实际来看，SET 协议和 SSL 协议除了采用相同的公钥算法以外，在其他技术方面都不一样。

SET 协议是一个多方的消息报文协议，它定义了银行、商家、持卡人之间必需的报文规范；而 SSL 协议只是简单地在两方之间建立了一个安全连接。SSL 协议是面向连接的，而 SET 协议允许各方之间的报文交换不是实时的。SET 报文能够在银行内部网络或者其他网络上传输，而基于 SSL 协议之上的支付卡系统只能与 Web 浏览器捆绑在一起。

此外，SSL 协议和 SET 协议在网络各层的位置与功能并不相同。SSL 协议是基于传输层的通用安全协议，它只占电子商务体系中的一部分，可看作用于传输的那部分技术规范，并不具备电子商务的商务性、服务性、协调性和集成性。而 SET 协议位于应用层，对网络上其他各层也有涉及。SET 协议规范了整个商务的活动流程，从信用卡持卡人到商家到支付网关到认证中心及信用卡结算中心之间的信息流向，以及对必须参与的加密、认证都制定了严密的标准，最大限度地保证了电子商务的商务性、服务性、协调性和集成性。二者的具体比较如表 3-1 所示。

表 3-1 SSL 协议与 SET 协议的比较

比较项目	SSL 协议	SET 协议
提出方	原为 Netscape 所制定的业界标准	Visa、Mastercard 等公司
所处网络层	介于应用层和传输层之间	应用层
工作过程	简单	复杂
透明度	透明	不透明
安全性	商家掌握消费者信息	消费者信息向商家保密
浏览器支持特性	大部分的浏览器已经支持，微软 IE 4.0 以上版本都支持 SSL3.0	需要另外安装电子钱包
认证机制	双方认证	多方认证

★课堂案例

利用对称加密体制，保障个人账户信息安全

个人账户信息等一些重要信息在网络中传递之前，双方（如银行与用户）事先约定密钥，通过加密工具利用对称加密技术进行加密处理，然后进行安全传递；到达接收方时，接收方利用已知的密钥解密获取信息。如果传递过程中该信息被第三方非法截获，则其得到的将是看不懂的密文。因而，个人账户信息的机密性得到了保障。

加密过程示例：已知明文为"个人银行存款账户是自然人因投资、消费、结算等需要而开立的可办理支付结算业务的存款账户"，密钥为123456，则加密得到的密文如图3-5所示。

图3-5　示例中明文加密结果

（案例来源：百度文库）

思考题：

利用对称加密体制，个人账户信息在网络中传递时，如何保障个人账户信息的机密性？

第三节　电子商务安全管理

保障电子商务的安全不仅包括技术手段的安全性，更重要的是管理方面的问题。从以往的案例来看，出现安全问题大多数情况都有管理的责任。安全管理是一项系统工程，不仅涉及企业的组织架构、信息技术、人员素质等各个方面，还牵扯到国家法律和商业规则。

一、电子商务安全管理现状

（一）电子商务的法制安全现状分析

由于电子商务发展的时间不长，现有法律条例对电子商务的约束性较小，立法偏于概括，概念规范狭窄，法律规范方面的不成熟使电脑犯罪者有机可乘，且网络具有虚幻性，使有关计算机犯罪证据的搜集工作面临困境，这主要体现在以下四个方面。

1. 犯罪者身份难以确定

由于网上交易双方（或多方）无法面对面交易，信息通过网络传递，并且在入侵过程中，会千方百计地隐藏他们的行为和地址，于是对方身份的真实性和合法性都无法完全确认。即便对方是一个利用网络欺诈的骗子,也缺乏相关具有计算机职业知识的特种警察搜集犯罪线索。

2. 缺乏法律依据

电子合同的签订和履行均是在计算机互联网的网络空间进行的,所以它有合同签订的无纸化和合同履行的无形化的特点。键盘的敲击代替纸和笔的书写,就缺乏法律效应,数字货币、电子钱包、网上银行、电子票据的交割代替了传统货币、票据的现实支付功能,这些网络数字信息的传递不能为法律的执行提供有利的书面依据。

3. 相关法律制裁不严

在全国乃至全球网络犯罪的案件中,由于证据不足等因素导致胜诉的比例相对较低。况且即使胜诉,法律的处罚程度也较轻,不足以威慑犯罪分子,从而导致了利用计算机网络犯罪的案件以每年30%的速度递增,犯罪金额也越来越大。

4. 企业的包庇

全球的许多大企业遭到网络黑客攻击,但企业不愿因自己企业的信息系统安全问题受到新闻媒体的关注而导致客户对企业信誉度的怀疑,影响企业经济运营,从而采取内部解决的办法,拒绝用法律手段处理计算机犯罪的问题。

(二)企业内部管理现状分析

从电子商务安全事件的产生源区分,分为外部和内部两部分,有一项调查表明至少75%的信息安全问题是来自内部。在信用卡和商业诈骗案件中,内部人员所占比例最大,这是因为管理疏漏,重要的数据储存缺乏防病毒、身份认证和审计等安全手段,内部员工可以随便访问。很多企业通过路由器的规则和口令来限制对敏感信息的访问,但是通过路由器的规则而实现的静态安全管理对入侵检测是无用的,口令也是不安全的。

二、电子商务安全管理对策和建议

确保整个商务活动过程的安全性,使电子商务活动和传统的商务活动一样可靠是商家和用户共同关心的焦点,也是电子商务能够全面健康发展的关键。改变IT系统不等于改变企业的信息安全管理,要使企业信息尽可能的安全,必须在技术投入的基础上融入人在管理方面的智慧;同时,不仅要防外,更要防内,即对组织内部人员的管理。信息安全问题的解决需要技术,但又不能单纯依靠技术。整个电子商务的交易过程,是人与技术相互融合的过程,如何使管理与技术相得益彰十分重要。"三分技术,七分管理"阐述了信息安全的本质。

(一)建立良好的法律环境

良好的法律环境是电子商务健康发展的保障,逐步建立健全适应电子商务健康发展的法律制度,对促进我国经济发展和实现国际经济合作有重要意义。电子商务所涉及的法律问题已成为一个需要进行广泛国际合作的问题。电子商务是一个虚拟市场交换,是一种动态商务活动，就免不了各种纠纷。在这种合作经济方式下必然会遇到相关的法律问题，其中主要有合同的有效性问题、税收问题、知识产权问题等。

由于电子商务中的合同是电子合同，所以合同的有效性问题是关键，合同成立需要有效发盘、有效接收和有效的合同形式。对于电子商务来说，要通过网络传送发盘，数据信息的传送不存在停留时间，撤回几乎是不可能的，所以发盘要慎重行事。电子商务中涉及的第二个法律问题是税收问题，各国政府和国际经济组织对电子商务的税收进行了较多研究，对其中的由于网络贸易而引发的税收流失也相当关注。电子商务中涉及的第三个重要问题是知识产权问题，Web 站点的艺术设计和信息电子出版物以及其他的 E-mail 等信息资源都是有版权的，进行电子商务交易过程也要加以保护。由于商标的独特性，知识产权也成为电子商务中需要保护的另一个问题。此外电子商务还涉及管辖权、安全保密、认证隐私权等问题。

加强电子商务管理安全措施，首先要建立健全法律、法规，面对这种新的动态商务活动，要在原有法律基础上根据无纸化交易方式、经济合作方式，建立符合电子商务本身安全实现和经济合作的法律、法规制度。其次要继续完善电子商务安全管理机构，其中最为重要的是认证机构。2000 年 6 月 29 日中国金融认证中心正式挂牌营业。国家级的电子商务认证机构的建设，为建立规范统一、布局合理的全国安全认证系统奠定了良好的基础。随着经济社会的发展，认证机构也需要不断发展完善。最后要提高工作人员及参与电子商务活动人员的法律意识和自身素质，做到有法可依、有法必依。加强工作人员的职业道德修养，自觉维护相关制度，提高个人职业技术能力，避免在技术环节中，由于工作人员大意造成电子商务的各类信息泄露或丢失。

我国保障电子商务安全的相关法律与制度主要有以下一些。

1. 确立电子签名的法律效力

2004 年 8 月 28 日，全国人民代表大会常务委员会第十一次会议通过了《中华人民共和国电子签名法》；2005 年 4 月 1 日起施行；2019 年 4 月 23 日第十三届全国人民代表大会常务委员会第十次会议修正。这是我国推进电子商务发展，扫除电子商务发展障碍的重要一步。该法被认为是中国首部真正意义上有关电子商务的立法。

2. 加强电子银行业务的风险管理

2005 年 11 月 10 日，中国银行保险监督管理委员会第四十次主席会议通过了《电子银行业务管理办法》，自 2006 年 3 月 1 日起施行。

3. 规范电子认证服务行为

2009 年 2 月 18 日，中华人民共和国工业和信息化部令第 1 号公布了《电子认证服务管理办法》，自 2009 年 3 月 31 日施行；之后根据 2015 年 4 月 29 日中华人民共和国工业和信息化部令第 29 号《工业和信息化关于修改部分规章的决定》进行了修订。

4. 规范网络商品交易及有关服务行为

中华人民共和国国家市场监督管理总局出台的《网络商品交易及有关服务行为管理暂

行办法》中明确规定,通过网络开展商品交易及有关服务行为的自然人,应提交其姓名和地址等真实的信息。

5. 规范非金融机构支付服务行为,防范支付风险

2010年6月14日,中国人民银行发布了《非金融机构支付服务管理办法》,要求第三方支付公司必须在2011年9月1日前申请取得"支付业务许可证",且全国性公司注册资本最低应为1亿元。该办法的出台意在规范当前发展迅猛的第三方支付行业。

6. 保障网络安全

2016年11月7日,第十二届全国人民代表大会常务委员会第二十四次会议通过了《中华人民共和国网络安全法》,自2017年6月1日起施行。电子商务安全相关法律与制度发展历程如图3-6所示。

7. 电子商务综合性法律

2018年8月31日,十三届全国人大常委会第五次会议表决通过《中华人民共和国电子商务法》,自2019年1月1日起施行。

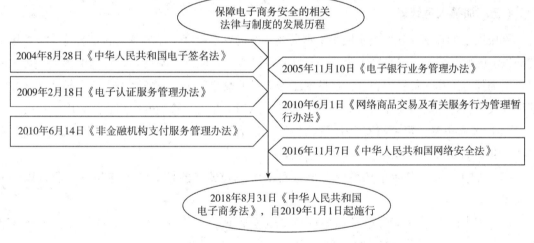

图3-6 保障电子商务安全的相关法律与制度发展历程示意

(二)提高网络安全防范意识

现在许多企业建立了技术防范机制,运用先进适用的信息安全技术建造了一道道屏障,阻隔罪犯或竞争对手的入侵,防范和化解风险,保证电子商务的顺利进行,但没有真正意识到互联网的易受攻击性。据调查,目前国内的网站存在安全问题,其主要原因是企业管理者缺少或没有安全意识。某些企业网络管理员甚至认为其公司规模较小,不会成为黑客的攻击目标,如此态度,网络安全更是无从谈起。只有提高网络安全防范意识,构建防范信息风险的心理屏障,才能维护电子商务的信息安全。

(三)信息安全管理制度

不论是信息的采集、加工、存储、传输、检索哪个环节的安全,先进的信息安全技术都

是信息安全的保障。在采集信息时要加强对信息内容的审查管理，保障信息内容的完整性和真实性。由专门的系统管理人员对所负责的信息安全性进行测评，并对发现的漏洞及时采取技术手段进行补救，防止信息被窃取。在信息的加工处理过程中，管理人员应该对加工处理信息的系统定期进行安全检查和维护，避免在信息的加工处理过程中因为系统原因造成在系统内处理的信息被破坏。信息的存储设备也要有专用的设备和专门的人员进行管理，存储设备也要定期检查。在信息的传输过程中传输介质是最容易出现问题的环节，所以要对传输介质的安全格外注重。

（四）电子商务安全的风险管理

电子商务安全的风险管理就是对电子商务系统的安全风险进行识别、衡量、分析，并在此基础上进行有效的风险处理，降低各种风险发生的概率，或者当某种风险突然发生时，能够避免较大损失的管理过程。风险管理的目标就是尽可能以最低的成本或代价实现最大的安全保障。电子商务安全风险管理过程：检测电子商务系统的内外部环境，找出系统的脆弱环节；对电子商务安全风险进行评估分析，确定相应的方案措施，并在系统的各个环节进行监控；根据环境的变化随时调整风险管理的应对措施，从而满足电子商务的安全要求。

（五）加强人员管理

网络安全的程度往往取决于网络中最薄弱环节的安全程度，而最危险的是监管人员警惕性的缺失。因此，建设一支高度自觉、遵纪守法的技术人员队伍是网络安全管理的重要一环。所以，要加强对工作人员思想教育，定期对工作人员的政治思想、业务水平进行考核；加强技术培训和安全教育，提高工作人员业务水平和安全意识。在人员管理方面需要注意以下几点。

（1）多人负责：每项与安全有关的工作，都需要两人或多人负责，并且是由系统主管指派，相关人员要忠于职守，并且能胜任此项工作。

（2）职责分离：从事信息系统安全方面工作的人员严禁打听或者参与自身职责以外的任何事情。

（3）任期有限：为确保电子商务信息的安全管理，对于一些特殊职务的工作人员在职工作年限不宜过长，应适当调换不同岗位（在确保其胜任的前提下）。

电子商务广泛而深入的发展需要安全保障，然而安全是相对的，这就需要建立比较完整的电子商务安全管理体系，尽可能保证电子商务活动的安全、高效。电子商务安全管理，需要从技术、管理、法律等方面综合考虑，不断加强与完善。只有在安全的网络环境下，人们才能感受到电子商务带来的便捷、高效。

复习思考题

1. 为什么说电子商务的安全问题非常重要？
2. 电子商务的安全问题主要有哪些？
3. 如何解决电子商务的安全问题？
4. 什么是计算机防火墙？

第三章　电子商务安全

案例分析题

男子网购机票被钓鱼网站骗走一百多万

家住上海市普陀区的黄先生本想在网上购买飞机票，却不慎掉入钓鱼网站所设下的陷阱中，最终被骗走110余万元人民币。警方提醒市民，购买飞机票应该通过正规途径，对自己不了解的金融操作勿轻易尝试。

黄先生通过搜索引擎搜索到一个航空公司的订票网站，该网站从航班信息、客服热线一应俱全，在拨打该网站提供的订票电话预约订票后，他根据对方的要求输入身份信息，同时将机票款996元通过网银转账转入对方所提供的银行账户里。

转账成功后，对方告知黄先生网银转账需要做一个"机票签约激活"手续，但是在操作过程中对方称网银系统可能存在故障，问黄先生能否转出超过自身账户余额的款项，若是不能转出，证明网银是正常的；反之，则网银可能出了故障。

黄先生账户内本来只有20.6万元，在对方劝说下，尝试向对方账户转入20.7万元，由于多了1 000元钱，他认为网银肯定不允许这么操作，但没想到这笔转账居然成功了。这令他大感不解。

对于这笔"离奇"的转账，对方辩解称可能是电脑系统故障造成，要求黄先生通过互联网给其远程控制的权限，帮他查看究竟是什么问题。于是，黄先生再次信以为真，给了对方远程控制其电脑的权限。

看着对方远程操控自己的电脑，黄先生原以为会解决问题，却没想到看到了惊人一幕：他账户内刚刚收到的96万元贷款，居然被对方当着自己的面，远程操作转入了对方账户。黄先生这才意识到被骗，随即向警方报案。

（案例来源：新浪科技互联网）

思考：

本案例中，黄先生网上购买机票时是如何被骗的？应该如何防范？

第四章

电子商务支付

学习目标

1. 理解电子支付的相关概念。
2. 理解电子支付的几种主要方式。
3. 了解网上银行的功能、技术、经营模式。
4. 了解第三方支付的相关知识。

案例导入

第三方移动支付高速发展 支付变革升级消费体验

足不出户就能交水电费、手机就能购物、出门打车用出行软件、付款只需打开手机扫二维码……这样的生活场景，在几年前还无法想象。然而，仅仅几年时间，人们的支付方式就发生了颠覆性的改变，支付市场呈现出惊人的活力。

网络支付实现"买遍全球"

如今，中国已成为全球最大的网络零售市场，每年不断刷新的"双十一"购物成交额让全世界咋舌，这背后是网络支付的便捷化和安全性。现在消费者网购，轻松一点就完成了付款。付款后这笔钱的实际去向，很多人并未在意。事实上，像在淘宝、天猫、京东这样的网购平台点击付款后，这笔钱并不是直接进入卖家账户，而是先进入第三方账户，等到买家确认收货时，款项才会从第三方账户进入卖家账户。正是这个支付方式的小小创新，解决了交易双方的信任难题，成为国内网络交易普遍采用的支付方式，催生了中国庞大的网购市场。

移动支付激活手机"钱包"

以前出门要看钱包、手机带了没有，现在出门钱包不带没事，手机一定不能少。越来越多的人感受到，只要带上手机，一天的消费支付就安排得妥妥帖帖。智能手机普及以来，网络支付也跨入移动支付时代。通过移动支付，普通消费者有了全新的服务体验，实体商铺也借助支付信息等大数据探索新的营销方式。

刷卡支付轻松走遍天下

新型支付方式飞速兴起，传统银行卡、信用卡的刷卡环境也在不断改善。目前，我国自主研发建设和运营的银联支付清算系统已构筑全球化受理网络，银联卡发卡量超过50亿张，成为全球最大规模的持卡人群体。银联网络遍布中国城乡，并已延伸至亚洲、欧洲、美洲、大洋洲、非洲等境外150多个国家和地区，全球银联卡特约商户近3 400万户。此外，境外已有1 000多万家网上商户接受银联卡在线支付，覆盖近200个国家和地区的零售、在线旅游预订、学费缴纳、航空预订等。

除了传统的刷卡消费，多种支付方式也在快速创新，传统银行卡产品全面升级。我国金融芯片卡发卡量现已超过20亿张，凭借着更安全、更便捷的优势，芯片卡正在快速取代传统的磁条卡，发行和交易增速全球领先。随着云闪付等技术的应用，金融支付方式正经历由"刷卡"向"刷手机"转变。

（案例来源：人民日报）

第一节　电子支付概述

电子支付是电子商务发展不可缺少的环节。随着网络技术特别是网络安全技术的不断发展，电子支付也在不断发展。易贝的贝宝（PayPal，成立于1998年12月）和阿里巴巴的支付宝（Alipay，成立于2004年12月）等均取得了较大的成功。随着移动支付的出现，电子支付的发展前景越来越诱人。

一、电子支付的基本概念

电子支付是电子商务系统的重要组成部分，同时也是电子商务中准确性、安全性要求最高的一个环节。2005年10月，中国人民银行在公布的《电子支付指引（第一号）》中规定：电子支付是指单位、个人直接或授权他人通过电子终端发出支付指令，实现货币支付与资金转移的行为。一般来讲，电子支付是指电子交易的当事人，包括消费者、厂商和金融机构，使用安全电子支付手段，通过网络进行的货币支付或资金流转，即把包括电子现金、电子票据、信用卡、借记卡、智能卡等支付手段的支付信息，通过网络安全地传送到银行或者相应的处理机构来实现电子支付。

从广义上讲，我国电子支付主要包括三层含义。

（一）电子支付工具

电子支付工具包括银行卡和多用途储值卡等卡类支付工具、电子票据，以及在电子商务中应用较为广泛的网络虚拟货币等新型支付工具。

（二）电子支付基础设施或渠道

电子支付基础设施或渠道包括自动柜员机（ATM）、销售终端（POS）、手机、电话等自助终端及互联网金融专用网络等。

（三）电子支付业务处理系统

电子支付业务处理系统主要包括已经建成的中国人民银行现代化支付系统及商业银行的行业内业务处理系统等。

这三者有机结合，构成了整个电子支付交易形态，改变了支付信息和支付业务的处理方式，使支付处理方式从最初的面对面支付发展到现在的远程支付，从手工操作发展到电子化自动处理，从现金、票据等实物支付发展到各类非现金支付工具。

二、电子支付的特征

与传统的支付方式相比，电子支付具有以下特征。

（1）电子支付是采用先进的技术通过数字流转来完成信息传输的，其各种支付方式都是通过数字化的方式进行款项支付的。而传统的支付方式则是通过现金的流转、票据的转让及银行的汇兑等物理实体来完成款项支付的。

（2）电子支付的工作环境是基于一个开放的系统平台，即互联网。而传统支付则是在较为封闭的系统中运作。

（3）电子支付使用的是最先进的通信手段，如 Internet、Extranet，电子支付对软、硬件设施的要求很高，一般要求有联网的机器、相关的软件及其他一些配套设施。而传统支付使用的则是传统的通信媒介。

（4）电子支付具有方便、快捷、高效、经济的优势。用户只要拥有一台可上网的个人电脑或移动终端，便可足不出户，在很短的时间内完成整个支付过程。支付费用仅相当于传统支付的几十分之一，甚至几百分之一。

三、电子支付的发展历程

电子支付方式的出现要早于互联网，电子支付的五种形式分别代表着电子支付的不同发展阶段。如图4-1所示，电子支付方式主要经历了以下几个阶段的发展。

第一阶段：银行利用计算机处理银行之间的业务，办理结算。

第二阶段：银行计算机与其他机构计算机之间资金的结算，如代发工资等业务。

第三阶段：利用网络终端向客户提供各项银行服务，如在自助银行办理业务。

第四阶段：利用银行销售终端向客户提供自动的扣款服务。

第五阶段：最新阶段也就是基于互联网的电子支付，它将第四阶段的电子支付系统与互联网整合，随时随地通过互联网进行直接转账结算，形成电子商务交易支付。

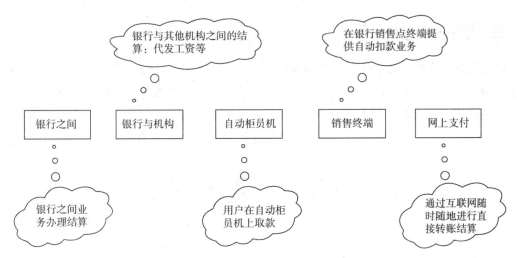

图 4-1 电子支付的发展历程示意

四、电子支付系统的参与者

电子支付系统中的参与者一般包括发行银行、支付者、商家、接收银行和清算中心等，它们在电子支付系统中的一般模型如图 4-2 所示，图中的实线代表电子支付操作的流向，虚线代表资金或商品的流向。

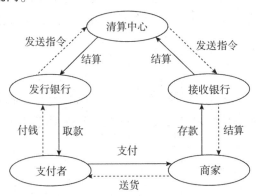

图 4-2 电子支付系统的一般模型

该电子支付系统包含以下的参与者。

（1）发行银行。发行银行为支付者发行有效的电子支付手段，如电子现金、电子支票和信用卡等。

（2）支付者。支付者将钱转给发行银行，从发行银行换得电子支付手段。

（3）商家。接收支付者的电子支付手段并为支付者提供商品或服务。

（4）接收银行。接收银行从支付者处收到的电子支付手段，并验证其有效性，然后提交给清算中心，将钱从发行银行转到商家的账户。

（5）清算中心。从接收银行处收到电子支付手段并验证其有效性，然后提交给发行银行。

五、电子支付系统

电子商务的支付系统应该是集购物流程、支付工具、安全认证技术、信用体系及现代金融体系为一体的综合大系统。电子支付系统基本构成包括活动参与的主体、支付方式及遵循的支付协议等,如图4-3所示。

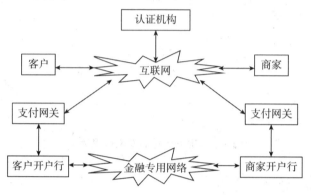

图4-3 电子支付系统的基本构成

(一)客户

客户一般是指利用电子交易手段与企业或商家进行电子交易活动的单位或个人。他们通过电子交易平台与商家交流信息,签订交易合同,用自己拥有的网络支付工具进行支付,是支付体系运作的原因和起点。

(二)商家

商家是指向客户提供商品或服务的单位或个人。在电子支付系统中,它必须能够根据客户发出的支付指令向金融机构请求结算,这一过程一般是由商家设置的一台专门的服务器来处理的。

(三)客户开户行

客户开户行是指为客户提供资金账户和网络支付工具的银行,在利用银行卡作为支付工具的网络支付体系中,客户银行又被称为发卡行。客户银行根据不同的政策和规定,保证支付工具的真实性,并保证对每一笔认证交易的付款。

(四)商家开户行

商家开户行是为商家提供资金账户的银行,因为商家银行是依据商家提供的合法账单来工作的,所以又被称为收单行。客户向商家发送订单和支付指令,商家将收到的订单留下,将客户的支付指令提交给商家银行,然后商家银行向客户银行发出支付授权请求,并进行清算工作。

(五)支付网关

支付网关是完成银行网络和互联网之间的通信、协议转换和进行数据加密、解密,保护银行内部网络安全的一组服务器。它是互联网公用网络平台和银行内部的金融专用网络平台之间的安全接口，电子支付的信息必须通过支付网关进行处理后才能进入银行内部的支付结算系统。

（六）金融专用网

金融专用网是银行内部及各银行之间交流信息的封闭的专用网络，通常具有较高的稳定性和安全性。我国银行的金融专用网发展很迅速，为开展电子商务提供了必要的条件。

（七）认证机构

认证机构是交易各方都信任的公正的第三方中介机构，它主要负责为参与电子交易活动的各方发放和维护数字证书，以确认各方的真实身份，保证电子交易整个过程的安全稳定。

除此之外，网上支付系统的构成还包括支付中使用的支付工具及遵循的支付协议，是参与各方与支付工具、支付协议的结合。其中，目前经常被提及的网上支付工具有银行卡、电子现金、电子支票等。

六、常用的电子支付系统

一个电子支付系统能否在互联网或其他开放的网络上被广泛采用，不仅取决于它是否具有全天候服务、异地交易及交易费用低廉等优势，还取决于它能否安全、方便、高效地完成支付。下面简单介绍几种常用的电子支付系统。

（一）自动柜员机系统

自动柜员机系统（CD/ATM 系统）是利用银行发行的银行卡，在自动取款机（Cash Dispenser，CD）或自动柜员机（Automated Teller Machine，ATM）上执行存、取款和转账等功能的一种自助银行系统。该系统深受客户的欢迎，有效地提高了银行的工作效率，降低了银行的运行成本，是最早获得成功的电子资金转账系统。

（二）销售终端系统

销售终端系统（POS 系统），是指通过自动读取设备（如收银机）在销售商品时直接读取商品销售信息（如商品名称、单价、销售数量、销售时间、销售店铺、购买顾客等），并通过通信网络和计算机系统传送至有关部门进行分析、加工以提高经营效率的系统。销售终端系统最早应用于零售业，之后逐渐扩展至其他行业，如金融、旅游等行业，销售终端系统的应用范围也从企业内部扩展到整个供应链。

同自动柜员机系统一样，销售终端系统也是第一线的便民服务系统。系统网络的覆盖面广，服务网点多，能提供实时的、全天候的电子资金转账服务。

（三）电子汇兑系统

电子汇兑（Electronic Exchange）是指利用电子手段处理资金的汇兑业务，以提高汇兑效率，降低汇兑成本。

广义的电子汇兑系统泛指客户利用电子报文的手段传递客户的跨机构资金支付、银行同业间各种资金往来的资金调拨作业系统。具体来说，就是银行以自身的计算机网络为依托，为客户提供的汇兑、委托收款、银行承兑汇票、银行汇票等支付结算服务方式。

电子汇兑系统涉及的金额通常很大，是典型的大额支付系统。它直接支持一国货币和资本市场的运作，支持跨国界、多币种交易。同时，中央银行的公开市场操作也要依赖大额支付系统来实现。因此，大额支付系统的效率直接影响到资金周转速度，从而决定了一国金融市场的运行效率。

（四）网上支付系统

网上支付（Net Payment 或 Internet Payment）也称网上支付与结算，它指以金融电子化网络为基础，以商用电子化工具和各类交易卡为媒介，采用现代计算机技术和通信技术为手段，通过计算机网络系统特别是互联网，以电子信息传递的形式来实现资金的流通与支付。网上支付带有很强的互联网烙印，所以很多地方干脆称它为 Internet Payment。它也是基于互联网的电子商务的核心支撑流程。通常情况下，网上支付系统仍然需要银行作为中介。在典型的网上支付模式中，银行建立网上支付网关和网上支付系统，为客户提供网上支付服务。网上支付指令在银行后台进行处理，并通过传统的支付系统完成跨行交易的清算和结算。在传统的支付系统中，银行是系统的参与者，客户很少主动参与到系统中；而对于网上支付系统来说，客户成为系统的主要参与者，这从根本上改变了支付系统的结构。

综上所述，网上支付与结算的过程涉及客户、商家、银行或其他金融机构，以及商务认证管理部门之间的安全商务互动。因此，支撑网上支付的体系可以说是融购物流程、支付与结算工具、安全技术、认证体系、信用体系及金融体系为一体的综合性系统。

（五）其他支付方式

在电子商务交易中除了涉及以上的支付方式外，还有银行汇款、邮局汇款、货到付款等多种支付方式。2015 年作为移动支付元年，手机支付的普及和线下支付的活跃，使线下支付、手机支付与网上支付有一定的竞争与合作关系。未来各种支付方式将会互相合作，共同促进电子商务的发展。

★课堂思考

1. 根据所学知识讨论支付宝属于哪一类电子支付平台？
2. 电子商务的支付方式有哪几种？

★课堂案例

未来支付技术的发展趋势

金融科技在不断地进步，支付技术的发展未来到底会何去何从？研究者认为未来支付技术会呈现出两种发展方向。

第一种是对目前的支付技术不断进行改进和升级，使支付更加快捷、高效、安全；第二种是对目前支付技术进行概念性革新，使近距离支付实现脱媒化。

就第一种支付创新方式而言，随着最新支付技术的出现和新款智能手机的推广，主流的二维码扫码支付技术会逐渐被社会淘汰。扫码支付技术从支付到完成至少需要 3~5 秒的支付时间，而且受到移动网络的限制。而刚刚起步的近场支付技术 NFC（Near Field Communication）只需把手机对着 POS 机即可完成支付，不但花费时间更短，而且是在无移动网络的条件下完成的。

虽然 3~5 秒看起来已经是相当大的突破，但是在支付巨头角逐的公交支付市场，扫码支付的技术远远比不上刷公交卡方便，因此基于近场支付的支付技术还会进一步革新，这也是 NFC 技术打开支付市场的契机。

第二种支付技术创新方向是对目前手机支付技术的革命。当前不管是哪一种支付技术的推广都要受智能手机技术的进步和推广的限制。智能手机代替钱包是纸币向数字货币的转变，而支付只是换了另外一种依赖途径。未来支付技术应该谋求一条脱离智能手机和 App 的独立自主的发展道路。

生物识别支付技术的发展为新的支付技术的出现奠定了基础，每个人的脸、指纹、虹膜都可以成为自己的钱包和信用账户，通过对这些生物器官的扫描就可以实现消费支付和透支，减少了对手机、网络、POS 机的依赖，整个支付市场乃至金融市场的运行效率将大大提高。

总之，未来支付市场发展的趋势总体上是要实现对目前线上线下支付市场的支付技术改造，增强各种支付方式对各种应用场景的适应性，同时在现有技术基础上进行支付方式的革命，不断实现支付技术发展的独立性、支付流程的简洁性和支付方式的安全性。

（案例来源：上海卡协网）

思考题：
1. 思考当前国内电子支付工具有哪些？
2. 未来支付市场的发展变化将给电子商务发展带来哪些影响？

第二节　网络支付工具

随着市场经济的不断发展，支付方式及支付工具也在不断发生变革。传统的现金与支票等支付工具已不能满足市场的需要。19 世纪末 20 世纪初，一些商户自行设计和使用了各种结算卡，开始了支付手段的变革。除了各种卡支付方式外，电子现金、电子钱包、电子支票及其他各种电子支付工具应运而生。这些支付工具的不断应用也使电子支付更加多样化，它们共同构成了现在的电子支付系统。

一、银行卡

（一）银行卡的产生和发展

随着商品交易规模和范围的不断扩大，仅用现金支付和支票支付等传统支付方式，已经不能适应现代商品交易快速发展的需求。20 世纪 40 年代，银行开始统一发行和管理信用卡。信用卡由原来仅限于买卖双方的信用工具，发展成为一种银行信用方式。这不仅使信用卡的使用范围和使用地区扩大，也使信用卡的信誉增强。20 世纪 60 年代，信用卡在发达国家得到迅速发展，成为一种普遍使用的网络支付工具。

信用卡的产生和推广应用大大推动了电子资金转账系统的建立和发展。在发展信用卡的同时，银行又推出借记卡、复合卡、现金卡等新的金融交易卡。这些由银行发行的金融交易卡，统称为银行卡，是全新的电子支付工具。银行卡的推广应用，大大推动了电子资金转账（Electronic Funds Transfer，EFT）系统和后来电子银行的建立和发展，进而促进了商品经济的发展，促进了社会信息化的进程，也推动了全球经济一体化和全球金融一体化的进程。

（二）银行卡的种类

目前银行卡的种类有很多，如贷记卡、借记卡、复合卡、转账卡等。银行卡可以根据结算方式、使用权限、使用范围、持卡对象及所用载体材料的不同分类。其中，按结算方式和信息载体材料分类是两种常用的划分方法，下面将分别详细论述。

1. 按结算方式分类

按结算方式的不同，银行卡分为贷记卡（Credit Card）、借记卡（Debit Card）、复合卡（Combination Card）。

（1）贷记卡。贷记卡也称信用卡，是指银行向金融上可信赖的客户提供无抵押短期周转信贷的一种手段，是银行最早发行的一种银行卡，它是目前国际上广泛流行的一种支付手段与结算工具，也是信用凭证。它由银行或专门的信用卡公司签发，证明持卡人信誉良好并可以在指定的商店或场所进行直接消费。发卡银行根据客户的资信等级，给信用卡的持卡人规定一个信用额度，信用卡的持卡人就可在任何特约商店先消费后付款，也可在 ATM 上预支现金。依照信用等级的不同，又可将信用卡分为普通信用卡、银卡、金卡等。

（2）借记卡。在信用卡的基础上，银行推出了借记卡。借记卡的持卡人必须在发卡行有存款。持卡人在特约商店消费后，通过电子银行系统，直接将顾客在银行中的存款划拨到商店的账户上。除了用于消费外，借记卡还可在 ATM 机中取现。依据借记卡的使用功能，借记卡又有多个品种，如转账卡和专用卡等。借记卡是目前使用最多的一种银行卡。

（3）复合卡。为方便客户，银行也发行一种兼具信用卡和借记卡两种性质的银行卡，这种银行卡称为复合卡，我国称为准贷记卡。复合卡的持卡人必须事先在发卡银行缴存一定金额的备用金，当备用金账户余额不足时，允许在发卡行规定的信用额度内适当透支。这种卡在我国信用卡发行初期较多。

2. 按信息载体材料分类

按信息载体材料划分，银行卡经历了塑料卡、磁卡、集成电路卡、复合介质卡和激光卡等发展阶段。

（1）塑料卡。20 世纪 50 年代末，发达国家率先用塑料卡制成信用卡。顾客消费时，必须出示此卡以示身份，验明无误后，即可享受信用消费。这种塑料卡与计算机无关。

（2）磁卡。磁卡诞生于 1970 年，它是在塑料卡片上粘贴磁条而成，磁条里有 3 条磁道，可记录相关的信息。磁卡可直接插入终端机进行处理，是一种最简单有效的计算机输入介质。随着个人计算机的推出和普及，磁卡的应用也迅速得到推广。目前，磁卡仍是广泛使用的一种卡。

（3）集成电路卡。1974 年，法国电脑工程师 Roland Moreno 发明了一种便携式存储器，即集成电路卡（Integrated Circuit Card，IC 卡）。它在塑料卡上封装一个非常小的微型集成电路芯片，用以存储记录数据，弥补了磁卡的不足。与磁卡相比，集成电路卡安全性高、很难仿制、存储容量大。

（4）复合介质卡。鉴于磁卡已有广泛的应用市场，同时兼顾集成电路卡的发展，金融机构发明了一种混合性质的银行卡。它之所以被称之复合介质卡，是因为在磁卡内藏有集成电路芯片，在识别磁卡和集成电路卡的器具上都可以使用。

（5）激光卡。激光卡也称光卡，国际标准称为"光储卡"，是在塑料卡片中嵌入激光存储器而成的。激光卡系统由激光卡、激光卡读写器和与之相连的计算机系统构成。激光卡同集成电路卡相比，除了可提供多重功能服务外，安全性更高，储存量极大，比集成电路卡的存储量大百倍以上。

（三）银行卡的应用领域

银行卡的使用已经成为人们日常生活的一部分，其使用范围大，应用领域广，主要应用在以下几个方面。

（1）无现金购物。使用银行卡，可通过 EFT/POS 系统进行购物。

（2）启动 ATM 系统。ATM 机通常都处于等待服务状态，当持卡人插入银行卡后，立即启动 ATM 机，使之进入服务状态。持卡人可用借记卡在 ATM 上进行存取款、转账和查询等业务，也可用信用卡预支现金。

（3）企业银行联机。企事业单位的计算机与银行主机系统联机后，就可用本单位内部的终端与银行进行日常业务交易。

（4）家庭银行联机。家庭银行系统是个人在家里通过个人计算机和网络，与银行主机联机进行查询、转账与投资理财等交易。

（5）电子商务。客户要通过互联网从事电子商务活动（包括进行金融交易），可通过相应的银行卡账户完成消费及转账交易。

（6）银行柜台交易。持卡人可持卡到银行营业部的柜台进行金融交易。

银行卡在以上的各应用领域里，既可用磁卡又可用集成电路卡，而在个人资产管理领域，由于需要存储的信息量多，一般选用集成电路卡。银行卡用于个人资产管理时，会在集成电路卡上存储与个人资产有关的各种数据，以便能提供有关资产管理方面的咨询服务，协助持卡人对其资产进行有效管理。

二、电子现金

电子现金是纸币现金的电子化。广义上来说，是指那些以电子形式储存的货币，它可以直接用于网上购物。狭义上通常是指一种以电子形式存储并流通的货币，它通过把用户账户中的资金转换成一系列的加密序列数，通过这些序列数来表示现实中的各种金额。用这些加密的序列数就可以通过互联网，在接受电子现金的商店购物。

（一）电子现金的特点

电子现金兼有纸质现金和数字化的优势，具有安全、方便、灵活、成本低等特点，具体表现在以下几个方面。

（1）安全性。随着高性能彩色复印技术和伪造技术的发展，纸币的伪造变得更加容易，而电子现金是高科技产物，它融合了现代密码技术，提供了加密、认证和授权等机制，只限于合法人使用。因此，电子现金防伪能力强，安全性高。

（2）方便性。纸币支付必须定时、定点，而电子现金完全脱离实物载体，既不用纸币、磁卡，也不用智能卡。用户在支付过程中不受时间、地点的限制，使用更加方便。

（3）成本低。纸币的交易费用与交易金额成正比，随着交易量的不断增加，纸币的发行成本、运输成本和交易成本也越来越高。而电子现金的发行成本和交易成本都比较低，而且不需要运输。

（二）电子现金的分类

目前，电子现金的类型有多种，不同类型的电子现金都有其各自不同的协议。每个协议均由后端服务器软件——电子现金系统和客户端软件执行。

电子现金系统根据其交易的载体，可分为基于账户的电子现金系统和基于代金券的电子现金系统。根据电子现金在消费时商家是否需要与银行进行联机验证，分为联机电子现金系统和脱机电子现金系统；根据一个电子现金是否可以合法地多次支付，分为可分割电子现金和不可分割电子现金。

电子现金以其方便、灵活的特点可以用于互联网上的小额消费结算，如购买互联网上的即时新闻、软件租用、网上游戏、互联网电话，甚至一篇文章、一首音乐或一张图片等。

（三）电子现金系统的基本流程

一般来说，电子现金系统三个协议构成了电子现金系统的基本流程。

（1）取款协议（Withdrawal Protocol），指用户从自己的银行账户上提取电子现金。在保证用户名的前提下获得带有银行签名的合法电子现金，用户将与银行交互执行盲签名协议，同时银行必须确信电子现金上包含必要的用户身份信息。

（2）支付协议（Payment Protocol），指用户使用电子现金从商店中购买货物。在此需要验证电子现金的签名，用于确认电子现金是否合法，还应防止买方滥用电子现金。

（3）存款协议（Deposit Protocol），指用户及商家将电子现金存入自己的银行账户。银行将检查存入的电子现金是否被合法使用，如果发现有非法使用，银行将使用检测协议跟踪非法用户的身份，对其进行惩罚。

三、电子支票

电子支票是一种借鉴纸张支票转移支付的优点,利用数字传递将钱款从一个账户转移到另一个账户的电子付款形式。电子支票的支付是在商户与银行相连的网络上以密文的方式传递的。将传统方式下的支票改变为带有数字签名的电子报文,或利用其他数字电文代替传统支票的全部信息,就是电子支票。网上银行和大多数银行金融机构,通过建立电子支票支付系统,在各个银行之间发出和接收电子支票,向客户提供电子支付服务。

(一) 电子支票的优点

(1) 与传统支票十分相似,客户不必接受过多的培训,电子支票因其功能更强,接受度更高。

(2) 电子支票数据传递速度快,节省了时间,减少了处理纸质支票时的费用。

(3) 减少支票被退回情况的发生。电子支票的设计方式使商家在接收前,先得到客户开户行的认证,类似于银行本票。

(4) 不易丢失或被盗。电子支票在用于支付时,不必担心丢失或被盗。如果被盗,可以停止支付。

(5) 电子支票技术可以通过公众网络连接现有金融付款体系。

(二) 电子支票的支付过程

(1) 开具电子支票。买方首先在提供电子支票服务的银行注册,注册时需要输入信用卡和银行账户信息以支持开具电子支票。

(2) 电子支票付款。注册后买方就可以和产品/服务出售者取得联系。买方用自己的私钥在电子支票上进行数字签名,用卖方的公钥加密电子支票,向卖方支付,只有卖方可以收到用卖方公钥加密的电子支票。

(3) 资金清算。卖方定期将电子支票存到银行。卖方可根据自己的需要,自行决定发送时间,然后银行对买卖资金进行清算。

★课堂思考

1. 我们平常用的银行卡属于什么卡?银行卡有哪些应用,你主要有哪些应用?
2. 举几个电子现金在我们生活中应用的例子。

★课堂案例

电子货币

纵观货币发展的历史,货币形态先后经历了实物货币、金属货币、纸币等不同的发展阶段。20世纪90年代以来,随着电子信息技术和网络通信技术的不断发展,货币形态朝着电子化的方向发展。

电子货币,是指用一定金额的现金或存款从发行者处兑换并获得代表相同金额的数据,通过使用某些电子化方法将该数据直接转移给支付对象,从而能够进行支付。严格意义来说是消费者向电子货币的发行者支付传统货币,而发行者把与传统货币相等的价值以电子形式储存在消费持有的电子设备中。随着电子商务在我国的快速发展,电子货币已成为重要的支付工具之一。

电子货币与传统货币的本质都是固定充当一般等价物的特殊商品,这种特殊商品体现在一定的社会生产关系上。电子货币与传统货币同时具有价值尺度、流通手段、支付手段、储藏手段和世界货币五种职能。它们对商品价值都有反映作用,对商品交换都有媒介作用,对商品流通都有调节作用。

但电子货币仍与传统货币存在不同,具体体现在以下几个方面。

(1) 电子货币与传统货币产生的背景不同,如社会背景、经济条件和科技水平等。其表现形式为:电子货币是用电子脉冲代替纸张记录和显示资金的,通过微机处理和存储,没有传统货币的大小、重量和印记。

(2) 电子货币只能在转账领域内流通,且流通速度远远快于传统货币的流通速度。传统货币可以在任何地区流通使用,而电子货币只能在信用卡市场上流通使用。

(3) 传统货币是国家发行并强制流通的,而电子货币是由银行发行的,其使用只能宣传引导,不能强迫命令,并且在使用中,要借助法定货币去反映和实现商品的价值,结清商品生产者之间的债权和债务关系。

(4) 电子货币对社会的影响范围更广、程度更深。

(5) 电子货币与传统货币所占有的空间不同。传统货币面值有限,大量的货币必然要占据较大的空间。而电子货币所占的空间很小,其体积几乎可以忽略不计。

(6) 电子货币与传统货币传递渠道不同。传统货币传递花费的时间长,风险也较大,需要采取一定的防范措施,较大数额传统货币的传递,甚至还需要组织人员武装押运。而电子货币可以在短时间进行远距离传递,借助电话线、互联网在瞬间转移到世界各地,且风险较小。

(7) 电子货币与传统货币计算所需的时间不同。传统货币的清点、计算需要动用较多的时间和人力,直接延缓了交易速度。而电子货币的计算在较短时间内就可利用计算机完成,大大提高了交易速度。

(8) 匿名程度也不同。传统货币的匿名性比较强,这是传统货币可以无限制流通的原因。但传统货币都有印钞号码,同时传统货币总离不开面对面的交易,这在很大程度上限制了传统货币的匿名性。而电子货币的匿名性则比传统货币更强,主要是因为加密技术的采用及电子货币远距离交易。

电子货币所含范围极广,如信用卡、储蓄卡、借记卡、消费卡、电话卡、煤气卡、电子支票、电子钱包、网络货币、智能卡等,几乎包括了所有与资金有关的电子化的支付工具和支付方式。

按是否以计算机为媒介可将电子货币划分为以下两种。

1. 不以计算机为媒介的电子货币

不以计算机为媒介的电子货币以储值卡为代表。其基本模式是发行人发行存储一定价值的储值卡，消费者购买储值卡用于支付所购买的货物或服务，出售货物或提供服务的人再从发行人处回赎货币价值。卡片储值的电子货币有单一发行人发行的电子货币和多个发行人发行的电子货币。前者如1995年英国Mondex模式的货币，后者如维萨集团推出的曾在1996年奥运会中实验过的维萨货币。美国联邦储备委员会将储值卡进一步划分为线下储值卡和线上储值卡两种。

（1）线下储值卡，即交易时不用进行授权和证实的储值卡，持卡人直接可以用储值卡来购物，交易的信息通常是在交易后的一段时间之后再传送给金融机构（一般是发卡人）。根据发卡是否通过设置中央资料保存设备来追踪持卡人持有的储值卡的数额。线下储值卡又分为线下不可记录储值卡和线下可记录储值卡。线下不可记录储值卡的交易情况记录、保存在储值卡上，没有中央资料存储设备记录交易情况，如一般的电话卡、乘车卡等；线下可记录储值卡交易由发行人设置的中央资料存储设备记录交易情况，同时，储值卡上一般显示交易的情况和余额。

（2）线上储值卡，利用线上储值卡进行交易涉及线上的授权和证实。客户的资金余额保留在发行人的中央资料保存系统中，而不是记录在储值卡上，交易时，交易的信息从销售终端传到持有客户资金的金融机构，因此通知金融机构交易的数额和客户储值卡上的余额，金融机构进行证实，达成交易。

2. 以计算机为媒介的电子货币

以计算机为媒介的电子货币是将货币价值储存在计算机中，通过计算机网络进行电子交易，买卖双方即使距离很远也可以进行交易，其基本模式是买卖双方通过互联网进行网上交易，双方就主要条款达成一致后，买方通过网络通知其银行向卖方付款，银行在得到买方指令并加以确认之后，向卖方付款。

这种电子货币是以金融电子化网络为基础，以商用电子化机具和各类交易卡为媒介，以电子计算机技术和通信技术为手段，以电子数据形式存储在银行的计算机系统中，并通过计算机网络系统以电子信息形式实现流通和支付功能的货币。

（案例来源：百度文库）

思考题：

分析电子货币的发展对电子商务发展的影响。

第三节　网上银行

电子商务的发展催生了网上银行的产生，网上银行不仅成为商业银行打造核心竞争力的重要手段，也成为商业银行竞争的焦点。广义的网上银行具有多种表现形式，包括纯粹的网上虚拟银行、在线银行、家庭银行、企业银行及手机银行等；狭义的网上银行仅指在互联网上使用的在线网络银行。

一、网上银行概述

网上银行也称在线银行或网络银行,其标准及模式都处于演变之中。不同时期,人们对网上银行的认识不同;在同一历史阶段,不同的国家和地区对网上银行的认识也存在差异。即使是一些专门研究银行问题的专家和机构对网上银行概念的认识也不统一。一般来说,网上银行是指利用互联网/内联网及相关技术,处理传统的非现金类银行业务,完成网上支付等电子商务中介服务的新型银行。

(一) 网上银行的发展及用途

20世纪90年代中期,随着互联网的普及应用,商业银行开始驶上网络快车道,银行经营方式也呈现了网络化趋势。自1995年10月18日世界上第一家网上银行(安全第一网上银行)诞生至今,网上银行迅速扩张,从发达国家到发展中国家,由发达区到偏远地区,总体持续稳定增长。

网上银行实现了银行与客户之间安全、便捷、实时、友好的对接,为银行客户提供开销户、查询、转账、对账、网上证券、投资理财等全方位的服务。可以说网上银行就是传统银行柜台在互联网上的延伸和拓展。网上银行不受时间、地点限制,可以针对客户需求定制个性化服务,有利于企业和个人进行投资理财,有利于银行降低经营成本,提高资金的周转速度。

(二) 网上银行发展的特点

网上银行的发展具有如下三个特点:一是交易信息更安全,随着计算机和互联网安全技术的不断进步,网上银行从客户到银行服务的整个环节将采取更加安全的加密、传输、存储、验证技术来保证交易过程的安全性。二是交易流程更加简化,随着各家银行对网上银行应用技术的认知程度不断加深,以及开发技术的创新,银行将打破终端环境的配置水平限制,使用户更好地体验网上银行功能的简便性。不久的将来,只要申请一家网上银行即可同时使用其他各商业银行的业务功能。三是交易内容更丰富,随着人们开展的金融、经济活动日益频繁,银行的业务将不断改进和创新。

网上银行的普遍使用,将使银行整合尽可能多的银行业务供用户使用。同时银行也会在成本、质量、客户满意度和反应速度方面有所突破,集中核心力量,获得可持续竞争的优势,最终使网上银行向业务综合化、国际化和高科技化方向发展。

二、网上银行的分类

网上银行按照不同的标准可以分为不同的种类。按服务对象可以分为个人网上银行与企业网上银行,按业务种类可以分为零售网上银行和批发网上银行,按经营组织方式可以分为分支型网上银行和纯虚拟网上银行等。本书介绍按经营组织方式进行的分类。

(一) 分支型网上银行

分支型网上银行是指现有的传统银行利用互联网作为新的服务手段,建立银行站点、提供在线服务而设立的网上银行。它类似于该银行的其他物理分支机构或柜台,是原有银行业务与网络信息技术相结合的产物，相当于银行的一个特殊分支机构或营业点，因而又被称为网上分行、网上柜台或网上分理处等。

分支型网上银行一般既独立开展业务，又为其他非网上分支机构提供辅助服务。早期的单独业务，主要集中在账务查询、转账和在线支付等一些不涉及资金实物转移和书面文件要求的领域。但随着网络技术和电子商务的发展及客户对网上银行和电子支付工具的日渐熟悉，现在分支型网上银行已经能够独立开展除现金存取外的其他各类银行业务，包括网上开户、网上贷款、电子支付或账单提交、资产或证券交易等。绝大多数商业银行设立了分支型网上银行，其已成为网上银行的主要形式。

（二）纯虚拟网上银行

纯虚拟网上银行起源于美国1995年开始的安全第一网上银行（SFNB）。纯虚拟网上银行本身就是一家银行，一般只设一个办公地址，既无分支机构，又无营业网点，几乎所有业务都通过网络来进行。以安全第一网上银行为例，客户进入该银行网站后，可以看到网页中显示的"开户""个人财务""咨询台""行长"等菜单，单击所需服务，就可以按照提示进入自己所需的业务项目中。这种银行开户与传统银行不同，客户只需在网页上填一张电子银行开户表，输入自己的姓名、住址、联系方式及开户金额等基本信息发送给银行，并打出开户表，签上名字后连同存款支票一并寄给银行即可。几天后，客户便可收到一张电子银行的银行卡，客户用它就可以在大部分银行的柜员机上进行存取款操作，并可进行各类投资与结算。

我国的微众银行也可说是纯虚拟网上银行，2014年12月经监管机构批准开业，成为首家上线的互联网银行。微众银行自我定位于"连接者"，即一端对接互联网企业，一端对接金融机构，共同服务小微企业和普通大众。微众银行主要有消费金融、财富管理和平台金融三大业务线。

三、网上银行的功能

随着互联网技术的不断发展与创新，网上银行提供的服务种类、服务深度都在不断丰富、提高和完善。一般来说网上银行提供的服务，一类是传统的商业银行业务品种在网络上的实现，这类业务基本上在网上银行建设的初期占据了主导地位，传统商业银行把网上银行作为自身业务品种的一个新兴营销渠道。另一类是完全针对互联网的多媒体互动特性来设计提供的创新业务品种，这类业务以客户为中心、以科技为基础，真正体现了按照市场需求"量身定做"的个性化服务特色。这类业务的开发，充分利用互联网和信息技术优势，打破了传统商业银行的各种条条框框，成为真正意义上的网上银行业务。

从业务品种细分的角度来讲，网上银行业务功能一般包括以下几个方面。

（一）提供信息

银行通过互联网发布公共信息，一般包括银行的历史背景、经营范围、机构设置、网点分布、业务品种、利率和外汇牌价、金融法规、经营状况，以及国内外金融新闻等。通过公共信息的发布，网上银行起到了广告宣传的作用，客户可以很方便地认识银行，了解银行的业务品种及业务运行规则，为客户进一步办理各项业务提供了方便。

（二）决策咨询

网上银行一般以电子邮件、电子公告板为主要手段，向客户提供业务疑难咨询及投诉服务，并以此为基础建立网上银行的市场动态分析反馈系统。通过收集、整理、归纳、分析客户各种各样的问题、意见及客户结构，及时了解客户关注的焦点，以及市场的需求走向，为决策层的判断提供依据，便于银行及时调整或设计出新的经营方式和业务品种，更加体贴周到地为客户服务，并进一步扩大市场份额，获取更大收益。

（三）账务查询

网上银行可以充分利用互联网门对门服务的特点，向企事业单位和个人客户提供账户状态、账户余额、交易明细等查询的功能。这类服务的特点是客户通过查询来获得银行账户中的信息，以及与银行业务有直接关系的金融信息，而不涉及客户的资金交易或账务变动。

（四）申请和挂失

这个功能主要包括存款账户、信用卡的开户，电子现金、空白支票的申领，企业财务报表的申报，各种货款、信用证开证的申请，预约服务的申请，账户挂失，预约服务撤销等。客户通过网上银行清楚地了解有关业务的章程条款，并在线上直接填写、提交各种银行表格，节约了时间，简化了手续，方便了客户。

（五）网上支付

网上支付主要向客户提供互联网上的资金实时结算功能，是保证电子商务正常开展的关键性基础功能，也是网上银行的一个标志性功能。没有网上支付功能的银行站点，充其量只能算一个金融信息网站。网上支付按交易双方客户的性质分为B2B和B2C两种交易模式。

（六）金融创新

基于互联网多媒体信息传递的全面性、迅速性和互动性，网上银行可以根据互联网特点，针对不同客户的需求开辟更多便捷的智能化、个性化服务，提供传统商业银行在当前业务模式下难以实现的功能。例如，针对企业集团客户，通过网上银行查询各子公司的账户余额和交易信息，并在签订多边协议的基础上实现集团内部的资金调度与划拨，提高集团整体的资金使用效益，为客户改善内部经营管理和财务管理提供有力的支持。

（七）互联网金融

银行在提供金融信息咨询服务的基础上，以资金托管、账户托管为手段，为客户的资金使用安排提供周到的专业化理财与融资建议方案。银行在互联网技术下，采取互联网金融模式，金融业务出现新的形态和创新商业模式。对金融体系而言，互联网金融是新经济下的新金融。互联网金融模式与传统金融模式的比较如表4-1所示。

表 4-1 互联网金融模式与传统金融模式比较

比较项目	互联网金融	传统金融
信息处理	容易	困难
风险评估	数据丰富、完整且信息对称	信息不对称
资金供求	完全可以自己解决	通过银行和券商中介进行期限数量匹配
支付	超级集中支付和个体移动支付	通过银行支付
供求方	直接交易	间接交易
产品	简单化（风险对冲的需求减少）	需要设计复杂结构对冲风险
成本	交易成本较少	交易成本极高

综上所述，网上银行实质是银行为客户提供的电子结算手段。客户只要拥有账号和密码便能在世界各地通过互联网联网，进入网上银行办理各种交易。随着市场对网上银行服务需求的扩大，其功能会更加丰富。

★课堂思考

1. 网上银行的功能有哪些？
2. 纯虚拟网上银行与传统银行业务有何异同？

★课堂案例

网商银行的发展

阿里网商银行总部位于杭州市，注册资本 40 亿人民币。经营业务包括：吸收公众存款；发放贷款；办理国内外结算；办理票据承兑与贴现；发行金融债券；代理发行、代理兑付、承销政府债券；买卖政府债券、金融债券；从事同业拆借；买卖、代理买卖外汇；提供担保；代理收付款项及代理保险业务；经国务院银行业监督管理机构批准的其他业务。

从银行基本业务来看，网商银行貌似与其他的银行无异，但阿里网商银行有一个有别于其他银行之处——着力于服务小微企业。

众所周知，小微企业融资难、利息高、负担重，一般银行不会给这些企业贷款。而阿里网商银行的考核目标不是资产规模、利润率，而是服务的中小企业客户数及普通消费者数量，并且，阿里网商银行行长提出了希望在 5 年内服务 1 000 万中小企业和数以亿计的普通消费者的目标，填补了金融市场小微企业融资这部分空白，前景还是很广阔的。

另外，能借钱给小微企业不算本事，能连本带息要回来才算本事。目前阿里网商银行 3 年累计发放贷款 2 万亿，不良率仅有 1% 左右，主要原因是银行发达的信用大数据系统，能在开展业务的同时，保证较低的不良贷款率，更有效率地解决借贷双方的错位与不匹配问题。

因此，网商银行不但没有"死"，还将发展壮大。

（案例来源：生意场）

思考题：

1. 网商银行具有的优势有哪些？
2. 分析网商银行对中小企业发展的影响。

第四节　第三方支付

一、第三方支付概述

第三方支付是马云 2005 年在瑞士达沃斯举行的世界经济论坛上首先提出来的,他在会议中表示:电子商务,首先应该是安全的电子商务,一个没有安全保证的电子商务环境,是没有真正的诚信和公平可言的。要解决安全问题,必须先从交易环节入手,彻底解决支付问题。尤其在 C2C 中,需要解决的核心问题就是支付问题,使用支付宝就可以解决交易环节买卖双方资金的安全。

所谓第三方支付,是指具备一定实力和信誉保障的独立机构,采用与各大银行签约的方式,提供与银行支付结算系统接口的交易支持平台的网上支付模式。在通过第三方支付平台的交易中,买方选购商品后,使用第三方平台提供的账户进行货款支付,由第三方通知卖家货款到达、进行发货;买方收到货物后,检验商品并进行确认后,就可以通知第三方付款给卖家,第三方将款项转至卖家账户。第三方机构与各个银行之间需签订有关协议,使第三方机构与银行可以进行数据交换和信息确认。这样第三方机构就能实现在持卡人、消费者、银行、收款人或商家之间建立一个支付流程,完成网上交易。

(一)第三方支付的优点

相比网上银行和传统的汇款方式,第三方支付有延期付款功能,买家可在收到货物后才确认付款,规避了部分网购欺诈风险,同时,付款不受时间限制;卖家开通一家第三方支付平台,可对接买家几乎所有银行卡,免去传统支付方式中买家要办理多家银行卡的烦恼。同时,也免去了传统支付方式(如去银行汇款等)的烦琐业务流程。

(二)第三方支付的分类

目前从事网上支付业务的第三方支付公司已近百家,支付平台各有千秋,但其业务模式不外乎是网关支付模式和账号支付模式两种。

(1)网关支付模式,该模式是电子支付产业最为成熟的一种模式。银行和许多第三方支付企业提供的在线支付实际上都是用了银行卡网关支付。该支付模式实际应用价值相对有限,将会被其他支付方式所取代。

(2)在账号支付模式下,支付者可以通过网上支付账号直接进行交易。目前大多数商户首选这种支付方式,同时,这种支付方式包含数字证书安全手段,并提供多种配套服务,符合人们的习惯,使它占领了中国 B2B 和 B2C 领域的大部分市场。

(三)第三方支付平台的交易流程

第三方支付模式使商家看不到客户的信用卡信息,避免了信用卡信息在网络多次公开传输情况下被盗的状况。假设商户和消费者均已注册为第三方平台账号,以 B2C 的交易为例说明第三方支付模式的流程，如图4-4所示。

第三方支付交易流程的具体内容如下。

（1）消费者浏览检索商户网页，选择商品，并在商户网站下订单。

（2）消费者选择第三方支付平台，直接链接到其安全支付服务器上，在支付页面上选择自己适用的支付方式，之后进入银行支付页面进行支付操作。

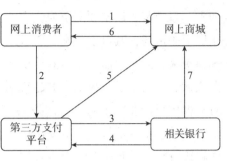

图4-4 第三方支付的交易流程

（3）第三方支付平台将网上消费者的支付信息，按照各银行支付网关的技术要求，传递到各相关银行。

（4）由相关银行（银联）检查消费者的支付能力，实行冻结、扣账或划账，并将结果信息传至第三方支付平台。

（5）第三方支付平台通知商家，消费者已经付款。

（6）商家向消费者发货或提供服务

（7）各银行通过第三方支付平台完成资金清算。

（四）第三方支付的现状与发展

前瞻产业研究院统计的数据显示，2013—2018年互联网支付规模持续增长，但增速逐年放缓；2018年中国第三方互联网支付交易规模达到29.1万亿元，同比增长3.9%；2019年一季度中国第三方互联网支付交易规模为6.6万亿元，与去年同期相比略有减少，如图4-5（a）所示。互联网支付呈现寡头垄断局面。虽然互联网支付在第三方支付市场中占比逐渐下滑，但从市场份额来看，互联网支付市场仍呈现寡头垄断的局面。支付宝、银联商务、财付通分别以30.4%、18.6%和13.9%的市场份额占据市场的前三位。

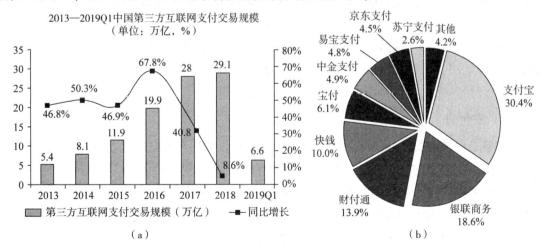

图4-5 第三方支付相关数据

(a) 第三方支付交易规模；(b) 第三方支付核心企业市场份额

中国互联网支付行业伴随着各细分业务的监管措施相继出台和落地实施，监管压力不断加大。以网购、航旅和网游为代表的传统互联网支付市场正在逐步走向成熟，支付企业积极拓展新兴市场，其对于盈利的要求逐步提升。教育、制造、能源、保险、基金、股市等交易规模更大、信息化需求更高的传统行业将逐步成为第三方支付企业争相拓展的领域。从支付方式来看，线上线下相结合的趋势明显，部分企业在保持线上支付高效性和便捷性优势的同时借助传统行业电子商务化的发展契机，利用自身优势打通产业上下游，为航空旅行、直销、连锁、物流等传统企业提供包括收付款、分账、对账、担保、结算等诸多服务在内的整体解决方案。支付企业从提高客户对中国网络新经济的认知与应用水平及自身的盈利能力和综合竞争力等方面，推动中国网络新经济行业的整体发展。

二、第三方支付平台

（一）支付宝

支付宝最初是淘宝网为解决网络交易安全所设的一个支付功能，该功能首先使用"第三方担保交易模式"。它是由买家将货款打到支付宝账户，由支付宝通知卖家发货，买家收到商品确认后，支付宝将货款发放给卖家，至此完成一笔网络交易。支付宝最初由阿里巴巴公司创办，在2004年12月独立为浙江支付宝网络技术有限公司，成为全球最大电子商务公司阿里巴巴集团的子公司，定位于电子商务支付领域。

（二）财付通

财付通是腾讯公司于2005年9月正式推出的专业在线支付平台，致力于为互联网用户和企业提供安全、便捷、专业的在线支付服务。财付通作为综合支付平台，业务覆盖B2B、B2C和C2C各领域，提供网上支付及清算服务。它为个人用户提供在线充值、提现、支付、交易管理等功能；为企业用户提供安全、可靠的支付清算服务和极富特色的QQ营销资源支持。

腾讯旗下的微信支付是集成在微信客户端的支付功能，用户可以通过手机完成快速的支付流程。微信支付以绑定银行卡的快捷支付为基础，向用户提供安全、快捷、高效的支付服务。

（三）安付通

安付通是由易趣联合贝宝PayPal，向买卖双方提供的一种促进网上安全交易的支付手段。作为值得信赖的交易第三方，安付通会监控整个交易流程。安付通目前集成了十多家商业银行的网上银行及贝宝等在线支付渠道，买家可以极为便捷地通过网上银行实时支付安付通货款。易趣eBay推出交易安全金、卖家保障金、身份证认证、安付通、网络警察五重安全防线，力图从制度上、技术上提供安全保障。

（四）首信易支付

首信易支付是首都电子商城的网上支付平台，创建于1999年3月，是国内首家第三方网上支付平台，开创了跨银行、跨地域、多种银行卡、实时交易模式、二次结算模式及信任机制。首信易支付目前支持国内23家银行卡及4种国际信用卡在线支付，拥有国内外800余家企事业单位、政府机关、社会团体的庞大客户群。在公共支付、教育支付、会议支付等服务领域发展尤为突出，在银行合作和银行卡交易数量等方面均大举超越竞争对手，已成为支付领域的资深专家。首信易支付向教育、科研、政府部门提供支付服务，使其回归到"首都电子商务工程"的初衷上来。

（五）云网

云网成立于1999年，作为国内首家实现在线实时交易的电子商务公司，一直致力于在线实时支付系统的研发与推进，为在线买家提供平滑的实时购物体验。云网是中国建设银行第一家正式授权开通的网上银行B2C商户，是中国工商银行电子银行部最早实现接入且业绩最好的电子商务合作伙伴，还是招商银行、农业银行、民生银行等国内知名银行中网上支付交易量最大的合作商户。云网在线支付平台与全国多家主流银行及通信集团独立连接，在网上支付领域积累了丰富的经验。

（六）贝宝

贝宝是由上海网付易信息技术有限公司与世界领先的网络支付公司PayPal公司通力合作为中国市场量身定做的网络支付服务。贝宝利用PayPal公司在电子商务支付领域先进的技术、风险管理与控制及客户服务等方面的能力，通过开发适合中国电子商务市场环境的产品，为电子商务的交易平台和交易者提供安全、便捷和快速的交易支付支持。

（七）快钱

快钱公司是独立的第三方支付企业，最早推出基于E-mail和手机号码的综合电子支付服务，拥有千万级注册用户。快钱致力于为各类企业及个人提供安全、便捷和保密的电子付款平台及服务。作为快钱的基础服务，快钱账户提供了充值、收款、付款、提现、对账、交易明细查询等功能。以"快钱"为品牌的支付产品包括人民币网关、外卡网关和神州网关等众多产品，支持互联网、手机等多种终端，满足各类企业和个人的不同支付需求，其人民币网关支持银行卡支付、快钱账户支付、电话支付、线下汇款等多种支付方式。同时，快钱还为商家提供众多实用的交易工具，包括快钱钮、快钱链、多笔交易付款、电子优惠券等，协助商家广泛深入地开展电子商务。

（八）网汇通

网汇通是提供互联网现金汇款、支付的服务提供商，2005年成立以来，作为在线支付市场的主力军，集联天下公司致力于互联网新经济和传统行业相结合的研究，为电子支付的商业应用开创性地推出了新的电子金融服务产品——网汇通。由于中国邮政的网络遍布城乡，网汇通产品更加具备服务于普通民众的特性。集联天下公司兼蓄国内外先进资源、建造的大型计算机处理系统，可以遵照消费者的指令，将资金安全、可靠、实时地送达。

★课堂思考

1. 上网查询我国实名注册使用人数最多的第三方支付平台名称。

2. 你认为支付宝网上支付与手机支付有哪些方式是相同的？

◆课堂案例

支付宝将"联姻"Apple Pay 移动支付格局生变？

日前，据《电脑报》报道，Apple Pay 将正式支持支付宝，以后购物，Apple Pay 可以不只"刷卡"了。

目前还没得到官方正式发布，但是比较合理的说法是，支付宝的真正上线，恐怕还要等到 iOS 14 正式推出，iOS 14 流出的部分代码也证实了这一观点。虽然还没正式发布，但是可借此机会，探讨 Apple Pay 集成支付宝后，将擦出怎样的火花，将给移动支付格局带来怎样的影响？

Apple Pay 的水土不服

自从 Apple Pay 从 2016 年 2 月 18 日高调进入国内市场以来，几天内绑卡数量就突破了 3 000 万，让不少人惊呼"支付宝危险了"。在 4 年后的今天重新审视 Apple Pay 的同时，曾讨论热火朝天的"改变中国用户的移动支付方式"并没有到来。

Apple Pay 遇到的最大问题就是"水土不服"，Apple Pay 可以说就是一张银行的电子卡，每达成一笔消费，苹果从中抽取一笔手续费，而且 Apple Pay 付款是需要 POS 机的。

但支付宝相比于 Apple Pay 就不是同一个理论了，它是彻彻底底的第三方服务，无论在哪里消费，收手续费的都是支付宝而不是银行。对于银行而言，这种转用本行用户大量资金的行为是无法接受的。而且支付宝采用的扫码付款等方式，不需要经过 POS 机及银行等，对于用户来说更方便快捷。如今，支付宝向银行卡转账收手续费、转账最大限额，以及余额宝的金融限制，都是支付宝和银行角逐的产物。

支付宝全球化将进一步加快

对于支付宝来说，如果 Apple Pay 集成支付宝，用户可以直接用苹果相机完成支付宝扫码支付，支付宝功能也会直接被集中在 iPhone 的卡包当中，就像网上流传的那张宣传图所说一样："无缝接入；双击认证；扫码支付；隐私安全。"之前支付宝发布新的战略，将整体转型升级为数字生活开放平台，让更多支付宝用户享受到个人深度定制化的数字生活服务，那么与苹果结盟，和 Apple Pay 对接，自然也是该战略的一环。

如果能够跟 Apple Pay 顺利达成合作，支付宝相当于其在全球化进程中迈出了关键一步。要知道，iPhone 用户遍布世界各地，而 Apple Pay 则是海外 iPhone 用户最常用的支付方式之一。此外，可能某些国家目前并不支持支付宝，但大概率支持 Apple Pay。

来自伯恩斯坦研究公司的数据显示，目前苹果 Apple Pay 已经占据了全球刷卡交易量的 5%，如果保持现有的发展趋势，预计到 2025 年，这个占比还会上升至 10%。而据 Juniper 研究公司数据显示，到 2020 年年底，全球数字钱包用户的数量可能会翻一番。

近年来，支付宝大力开发海外市场，虽然开拓了一定市场，但是也波折重重，甚至遭到一些国家的强制下架，比如尼泊尔和越南等，都颁布了禁止使用微信和支付宝支付的相关条例。而有了 Apple Pay 这扇门之后，支付宝海外市场将顺利很多，全球化速度势必会进一步加快。

支付宝将坐稳龙头位置

目前，国内移动支付形成以支付宝、微信支付双寡头格局。独立第三方机构易观发布2019年第3季度移动支付市场监测报告显示，支付宝市场份额为53.58%，第二名的财付通（含微信支付）为39.53%，两者已经占据了中国移动支付市场的93.11%。

在国内移动支付市场中，支付宝和微信之间的竞争一直没有停止过，支付宝背后依靠着淘宝这个强大的购物平台；而微信则依靠着京东和拼多多这两大国内第二和第三的购物平台，两大支付平台在国内市场的地位不遑多让。而这次支付宝突然宣布，与苹果公司联合，微信确实措手不及。

据统计国内拥有2.43亿iPhone的忠实用户，虽然这些用户基本也会使用微信或者支付宝，但是需要打开相应的App进行操作，这显然步骤有些烦琐。如果苹果与支付宝强强联合，使用iPhone自带相机就可以扫描支付宝的二维码进行支付，这无疑缩短了用户的支付时间，这波操作将会为支付宝吸引大批用户。

此外，支付宝和微信支付都在积极加速海外移动支付的布局，通过开放自身移动支付平台的积累、技术、经验，与合作伙伴一起开拓新的合作市场，服务好更多的移动支付人群，未来移动支付的发展方向将国际化。

（案例来源：通信信息报，2020年3月25日）

思考题：

Apple Pay与支付宝的支付方式的区别表现在哪里？

第五节　移动支付

一、移动支付的定义

移动支付是指交易双方为了某种货物或者服务，使用移动终端设备为载体，通过移动通信网络实现的商业交易。移动支付所使用的移动终端可以是手机、掌上电脑等。

二、移动支付的特征

移动支付属于电子支付方式的一种，因而具有电子支付的特征，但因其与移动通信技术、无线射频技术、互联网技术相互融合，又具有自己的特征。

（一）移动性

随身携带的移动性，消除了距离和地域的限制，可随时随地获取所需要的服务、应用、信息和娱乐。

（二）及时性

不受时间、地点的限制，信息获取更为及时，用户可随时对账户进行查询、转账或购物消费。

（三）定制化

基于先进的移动通信技术和简易的手机操作界面，用户可定制自己的消费方式和个性化服务，账户交易更加简单、方便。

（四）集成性

以手机为载体，通过与终端读写器近距离识别进行的信息交互，运营商可以将移动通信卡、公交卡、地铁卡、银行卡等各类信息整合到以手机为平台的载体中进行集成管理，并搭建与之配套的网络体系，从而为用户提供十分方便的支付及身份认证渠道。移动支付业务是由移动运营商、移动应用服务提供商（MASP）和金融机构共同推出的构建在移动运营支撑系统上的一个移动数据增值业务应用，移动支付系统将为每个移动用户建立一个与其手机号码关联的支付账户，其功能相当于电子钱包，为移动用户提供了一个通过手机进行交易支付和身份认证的途径。用户通过拨打电话、发送短信或者使用 WAP 功能接入移动支付系统，移动支付系统将此次交易的要求传送给 MASP，由 MASP 确定此次交易的金额，并通过移动支付系统通知用户。在用户确认后，付费方式可通过多种途径实现，如直接转入银行、用户电话账单或者实时在专用预付账户上借记，这些都将由移动支付系统或与用户和 MASP 开户银行的主机系统协作来完成。

三、移动支付的技术支持

移动支付技术的实现方案主要有五种：双界面 CPU 卡、SIM Pass 技术、RFID-SIM、NFC 技术和智能 SD 卡。

（一）双界面 CPU 卡（基于 13.56MHz）

双界面 CPU 卡是一种同时支持接触式与非接触式两种通信方式的 CPU 卡，接触接口和非接触接口共用一个 CPU 进行控制，接触模式和非接触模式自动选择。

双界面 CPU 卡包括一个微处理器芯片和一个与微处理器相连的天线线圈，具有信量大、防伪安全性高、可脱机作业、可多功能开发、数据传输稳定、存储容量大等优点。

（二）SIM Pass 技术（基于 13.56MHz）

SIM Pass 是一种多功能的 SIM 卡，支持 SIM 卡功能和移动支付的功能，SIM Pass 运行于手机内，为解决非接触界面工作所需的天线布置问题给予了两种解决方案：定制手机和低成本天线组方案。

SIM Pass 有非接触和接触两个界面，接触界面上可以实现 SIM 应用，完成手机卡的通信功能；非接触界面可以同时支持各种非接触应用。

（三）RFID-SIM（基于 2.4GHz）

RFID-SIM 是双界面智能卡技术向手机领域渗透的产品，REID-SIM 既有 SIM 卡的功能，又可实现近距离无线通信。

（四）NFC 技术（基于 13.56MHz）

NFC 是一种非接触式识别和互联技术。NFC 手机内置 NFC 芯片，组成 RFID 模块的一部分，可以当作 RFID 无源标签来支付使用，也可以当作 RFID 读写器进行数据交换和采集。

（五）智能 SD 卡

在 SIM 卡的封装形势下，EEPROM（一种只读存储器）容量已经达到极限，通过使用智能 SD 卡来扩大的容量，可以满足业务拓展的需要。

四、移动支付的实现条件

要实现移动支付，除了要有一部能联网的移动终端以外，还需要移动运营商提供网络服务，银行提供线上支付服务的移动支付平台，以及商户提供商品或服务的平台。

五、移动支付的支付流程

移动支付的支付流程包括购买请求、收费请求、认证请求、认证、授权请求、授权、收费、支付，以及发送商品，如图 4-6 所示。

图 4-6　移动支付流程

六、移动支付的支付方式

移动支付的支付方式有短信支付、扫码支付、指纹支付和声波支付等。

（一）短信支付

手机短信支付是手机支付的最早应用，将用户手机 SIM 卡与用户本人的银行账号建立一种一一对应的关系，用户通过发送短信的方式在系统短信指令的引导下完成交易支付请求，操作简单，可以随时随地进行交易。

（二）扫码支付

扫码支付是一种基于账户体系搭起来的新一代无线支付方案。在该支付方案下，商家可把账号、商品价格等交易信息汇编成一个二维码，并印刷在各种报纸、杂志、广告、图书等载体上发布。

用户通过手机客户端扫描二维码，便可实现与商家支付账户的支付结算，最后商家根据交易信息中的用户收货资料，就可以进行商品配送，完成交易。

（三）指纹支付

指纹支付一般指纹消费，是采用目前已成熟的指纹系统进行消费认证，即顾客使用指纹注册成为商家会员，通过指纹识别即可消费或打折的一种消费行为。

(四) 声波支付

声波支付是利用声波的传输，完成两个设备的近场识别。其具体过程是：在第三方支付产品的手机客户端里内置"声波支付"功能，用户打开此功能后，用手机麦克风对准收款方的麦克风，手机会播放一段"咻咻咻"的声音，售货机听到这段声波之后就会自动处理，用户在自己手机上输入密码，售货机就会吐出商品。

七、支付种类

(一) 按用户支付的额度分类

按用户支付的额度可以分为微支付和宏支付。

1. 微支付

微支付是指在互联网上进行的一些小额的资金支付，通常是指购买移动内容业务，如游戏、视频下载等。

2. 宏支付

宏支付是指交易金额较大的支付行为，也称为常规支付，如在线购物等。

(二) 按完成支付所依托的技术条件分类

按完成支付所依托的技术条件可以分为远程支付和近场支付。

1. 远程支付

远程支付指通过移动网络，利用短信、通过分组无线服务等空中接口和后台支付系统建立连接，实现各种转账、消费等支付功能。

2. 近场支付

近场支付是指通过具有近距离无线通信技术的移动终端实现本地化通信、进行货币资金转移的支付方式。

(三) 按支付账户的性质分类

支付账户的性质可以分为银行卡支付、第三方支付账户支付和通信代收费账户支付。

1. 银行卡支付

银行卡支付就是直接采用银行的借记卡或贷记卡账户进行支付的形式。

2. 第三方支付账户支付

第三方支付账户支付是指为用户提供与银行或金融机构支付结算系统接口的通道服务，是实现资金转移和支付结算功能的一种支付服务。第三方支付机构作为双方交易的支付结算服务的中间商，需要提供支付服务通道，并通过第三方支付平台实现交易和资金转移结算安排的功能。

3. 通信代收费账户支付

通信代收费账户是移动运营商为其用户提供的一种小额支付账户,用户在互联网上购买电子书、歌曲、视频、软件、游戏等虚拟产品时,通过手机发送短信等方式进行后台认证,并将账单记录在用户的通信费账单中,月底进行合单收取。

(四)按支付的结算模式分类

支付按结算模式的不同可以分为及时支付和担保支付。

1. 及时支付

及时支付是指支付服务提供商将交易资金从买家的账户及时划拨到卖家账户。一般适用于"一手交钱一手交货"的业务场景,如商场购物;或信誉度很高的 B2C 及 B2B 电子商务,如首信、易宝、云网等。

2. 担保支付

担保支付是指支付服务提供商先接收买家的货款,但并不马上支付给卖家,而是通知卖家货款已冻结,在卖家发货、买家收到货物并确认后,支付服务提供商将货款划拨到卖家账户。支付服务商不仅负责资本的划拨,同时还要为不信任的买卖双方提供信用担保。担保支付业务为开展基于互联网的电子商务提供了基础,特别是对于没有信誉度的 C2C 交易及信誉度不高的 B2C 交易。支付宝就是担保支付的典型例子。

(五)按用户账户的存放模式分类

支付按用户账户的存放模式不同可分为在线支付和离线支付。

1. 在线支付

在线支付是指用户账户存放在支付提供商的支付平台,用户消费时,直接在支付平台的用户账户中扣款。

2. 离线支付

离线支付是用户账户存放在智能卡中,用户消费时,直接通过 POS 机在用户智能卡的账户中扣款。

八、移动支付的发展趋势

(一)替代纸币虚拟化

在未来人们可以抛却烦琐的现金交易和各种名目繁多的银行卡,只需一部手机或平板电脑即可完成付款,整个交易过程无现金、无卡片、无收据。NFC 支付技术正带领我们走向一个无纸质货币时代。

(二)银行服务移动化

随着移动互联网的快速发展,智能手机很有可能会代替钱包。传统商业银行可以借助移动互联技术接触到那些有手机但没有银行账户的"无银行账户"或"未能享受银行服务"的人群，从而改变金融服务。金融机构通过移动网络不但可以提供掌上银行服务，还能通过为消费者、小企业提供小额贷款和理财顾问服务来刺激经济活动。

（三）理财工具贴身化

个人理财应用是主流需求，却不受人们欢迎，因为它们需要输入用户的银行账号。但大多数人又需要知道自己有多少钱，并且需要有个"顾问"告诉他哪些钱该花、哪些钱不该花。仍在继续发展完善的个人理财工具就将成为这个"顾问"，并通过实时数据、历史交易、线上/线下支付等帮助人们做出更正确的理财决策。

（四）虚拟货币

虚拟货币，类似于Q币，它以文件的形式储存在电脑里，可以用它购买一些虚拟物品，如果对方接受，也可以用虚拟货币购买现实物品。虚拟货币和现实货币最大的不同点在于，它不属于国家或任何组织和个人，任何人只需有一台联网的电脑就能参与其中；在虚拟货币的世界里，货币的自由度达到空前高度。而因为系统产生虚拟货币的速度和数量有限，许多急着使用虚拟货币的用户就宁愿用现实货币与其他人兑换，如此一来，虚拟货币就开始流通，有了价值。

九、移动支付的发展存在的问题

（一）运营商和金融机构间缺乏合作

国内移动支付不与商业模式并存，运营商、金融机构、第三方移动支付虽然已经在不同程度上建立起合作关系，但总体来看，主导者、合作方及运营模式都不统一。此外，不同主导方所采用的技术方案有差别，实现移动支付功能的载体及工作频段也不统一，通常工作于13.56MHz和2GHz频点上。上述两方面的差异，增加了国内移动支付推广的成本，为国内移动支付更快地普及带来了一定的障碍。

（二）交易的安全问题未能妥善解决

移动支付的安全问题一直是移动支付能否快速推广的一个瓶颈。信息的机密性、完整性、不可抵赖性、真实性、支付模式、身份验证、支付终端（手机）的安全性、移动支付各环节的法律保障不健全。

（三）行业标准尚未能完善统一

从国内移动支付业务的开展情况看，仍然缺乏统一的被广泛认可的支付安全标准。第一，应加强用于移动支付安全保障的信息安全基础和通用标准的研制，为移动支付的安全保障提供基础技术支撑；第二，加强支撑移动支付业务应用的RFID标准的研制，突破RFID空中接口安全保障技术，加快具有自主知识产权的RFID空中接口协议的制订；第三，国内移动支付产业链中各部门应加强合作，制定通用的移动支付安全保障流程、协议、安全管理等标准，保障移动支付业务系统的互联互通，促进移动支付产业安全、快速、健康的发展。只有一个相对完善的行业标准才能给用户提供一个诚信的支付环境。

复习思考题

1. 电子支付的方式主要有哪些？
2. 什么是第三方支付？
3. 网上银行有哪些特征？能为我们提供哪些服务？
4. 移动电子支付的方式主要有哪些？展望未来移动电子支付可应用的商业领域。
5. 网络支付工具主要有哪些？

案例分析题

刷脸支付触底反弹　行业发展现状如何？

刷脸支付作为生物支付的一种，已经悄无声息地走进人们的生活。然而，在刷脸支付略有小成之时，一场突如其来的疫情打乱了很多行业的节奏，刷脸支付就是其中之一。除此之外，各种应用弊端初现端倪，在各种因素的影响下，刷脸支付举步维艰。

一、刷脸支付已经悄然兴起

随着人工智能的发展和生物识别等技术的成熟，中国移动支付行业在经历了现金支付、刷卡支付、扫码支付的变迁后，人们对支付有了更高的要求。

刷脸支付作为支付行业的又一变革，它简单、快捷，节省了交易时间；它酷炫、时尚，提高了交易趣味；它十分方便，可以替代手机支付解放双手。它以这种让人耳目一新的便捷支付方式，逐渐融入了人们的日常生活。

2018年12月，支付宝领先推出刷脸支付程序"蜻蜓"，次年3月，微信支付正式推出刷脸支付程序"青蛙"。刷脸支付一经面世，就以它新型、便捷、节省人力、会员优惠等众多优点获得年轻消费者和商家的青睐。

此后一年间，支付宝和微信又陆续推出多款程序，分别在显示器厚度、重量、功能等方面做出大力改进。两大支付巨头曾计划年的人脸支付营销投入高达百亿元。仅这些数字，就能感受到刷脸支付战场上的硝烟滚滚。而刷脸支付之所以能迅速抢占市场，和巨头们的大力推广密切相关。

2019年9月6日，央行正式发布的《金融科技发展规划（2019—2021年）》中明确提出："推动条码支付互联互通"以及"鼓励持牌机构探索人脸识别线下支付安全应用"等任务，这一规定一经发出，支付宝和微信两大支付巨头将资金和技术更多地投入到刷脸支付这一新型支付方式中。

如今，北京、上海、广州、深圳等一线城市的刷脸支付越来越常见，除了老字号餐饮、商圈、园区、农贸市场外，公交系统也将上线刷脸支付。另外，在武汉、佛山等超过11个城市，近1 000家门店都用上了刷脸支付机。据相关数据统计，全国上百个城市的超过百万消费者已经率先体验了刷脸支付的便捷。

自刷脸支付商业化以来，刷脸这一技术在医疗、零售、商超、旅游、餐饮、车站、酒店等多个行业得到了普及。越来越多的行业为提升商业效率和用户体验，均开始了传统实体新零售的数字化转型，一时之间，刷脸支付成为购物消费的新风尚。

据中国支付清算协会统计：2018年以来，人脸识别在手机解锁、身份验证、支付等方面广泛应用，并已成为国内主流趋势。预计2020年，85%的用户愿意使用刷脸支付等生物识别技术进行支付。刷脸支付更是让支付方式又一次实现了"颠覆"，被业内普遍预测会呈现井喷式的增长。

二、刷脸支付弊端初显

即便刷脸支付发展势头猛烈，但市场正处于磨合期，受限于成本和性能的影响，刷脸支付的安全性依然是人们非常关注的话题。

一家人工智能公司曾宣称，他们使用的3D面具欺骗了支付宝、微信等支付软件中的人脸识别系统。复旦大学信息学院凌教授也表示，以目前的技术，基于活体识别的人脸识别确实仍有一定概率会被面具突破。

在信息爆炸的时代，数据的处理、分析、应用等都是由计算机算法来实现的，越来越多的决策正被大数据算法所取代，而人脸识别的算法很有可能被破解，从而导致我们隐私的泄露。

而2019年年底突然暴发的新冠疫情，更是让在2019年迅速打开市场的刷脸支付因为"口罩"而遇到不小的阻力。

疫情终将会过去，等市场复苏之后，刷脸支付将何去何从？是偃旗息鼓还是厚积薄发？无论如何，刷脸技术存在安全性隐患、系统兼容性较差、成本过高、代理商骗局较多等诸多核心问题仍亟待解决。

不过，归根结底这些技术和运营上的问题随着市场主体的积极改进，将来也会被逐一克服，而刷脸支付也将在支付市场占有一席之地。

三、刷脸支付加速普及

面对潜力巨大的刷脸支付市场，微信与支付宝都在蓄势发力。这两大巨头已经在组建更加专业的技术开发团队，研发成熟的兼容系统，在系统稳定、性能安全等方面进行改进。缩减研发和材料成本，满足商家和消费者的需求。规范市场，严格考察并选择优质的代理团队。

支付巨头在努力做好技术和运营方面的改进，为行业发展保驾护航的相关政策规范也在及时跟进，积极引导行业走上良性发展道路。

2020年1月21日，中国支付清算协会为规范人脸识别线下支付应用创新，防范刷脸支付安全风险，组织制定了《人脸识别线下支付行业自律公约（试行）》，建立人脸信息管理安全机制，明确告知用户信息使用目的、方式和范围，并获得用户授权，避免与需求无关的特征采集。

有相关数据显示,自支付宝宣布刷脸支付大规模商业化后,与刷脸支付相关的上下游产业链催生的研发、生产、安装调试人员就已经达到 50 万人。不可否认的是,随着人脸识别的相关技术不断成熟,刷脸支付也会是支付领域的一大趋势。在各支付平台积极推动下,未来的交易行为或将会有刷脸支付的更多参与。

(案例来源:网经社)

第五章

电子商务物流

学习目标

1. 了解电子商务物流管理的概念。
2. 理解和掌握电子商务物流的特征。
3. 掌握电子商务物流管理的内容和职能。
4. 了解电子商务物流模式的类型。
5. 掌握电子商务下物流模式的选择方法，能够结合企业实际选择合适的物流模式。
6. 理解电子商务环境下现代物流的发展趋势。

案例导入

快递物流协作联动，为百姓送货到家

2020年年初，在遭遇新型冠状病毒侵袭的特殊时期，电商和物流发挥了重要作用。位于北京郊区亦庄派送站的京东负责人孙某表示：此前，京东在北京的快递员平均每人每天递送140～150个包裹，而现在快递员每天的订单量已经超过200个。自2019年12月下旬新型冠状病毒暴发以来，中国政府及时采取管控措施。为防止病毒扩散，企业延期开工，学校延期开学，北京市政府大力鼓励远程办公。人们在网上订购每天的生活必需品，许多电商平台提供"一到两小时送货上门""春节不打烊"服务，为人们提供了极大的便利，也刺激了订单的增长。例如，为沃尔玛和其他连锁商店提供配送服务的京东子公司达达表示，截至2月2日，10天春节假期，达达销售额同比增长逾3倍。京东也表示，春节期间，其生鲜产品品销量同比增长逾3倍，京东平台销出了1.5万吨生鲜产品。2月2日，达达还宣布，为充分保障疫情防控期间全国居民生鲜品的线上供应，正式启动"到家新鲜菜场"项目。京东到家、达达快送平台深度协作联动，形成从供给到即时配送的全面保障，让市民足不出户也能买到新鲜食材。

（案例来源：国际在线）

第一节　电子商务物流概述

在电子商务时代，电子工具和网络通信技术的应用，拉近了交易各方的时空距离，有力地促进了信息流、商流、资金流、物流的有机结合。对于某些可以通过网络传输的商品和服务，可以做到"四流"的同步处理，如通过上网浏览、查询、挑选、点击，用户可以完成对某一电子软件的整个购物过程。

一、物流及物流管理的概念

物流的概念起源于 20 世纪 30 年代的美国，原意为"实物分配"或"货物配送"。1963 年被引入日本，日文意思是"物的流通"。20 世纪 70 年代后，日本用"物流"一词逐渐取代了"物的流通"。中国的"物流"一词是从日文资料引进来的，源于日文资料中对"Logistics"一词的翻译。

国家标准《物流术语》（GB/T 18354—2006）对物流的定义为：物品从供应地向接收地的实体流动过程。根据实际需要，将运输、储存、装卸、搬运、包装、流通加工、配送、信息处理等基本功能实施有机结合。

物流管理（Logistics Management）是指在社会生产过程中，根据物质资料实体流动的规律，应用管理的基本原理和科学方法，对物流活动进行计划、组织、指挥、协调、控制和监督，使各项物流活动实现最佳的协调与配合，以降低物流成本，提高物流效率和经济效益。现代物流管理是建立在系统论、信息论和控制论的基础上的。物流以满足一定的经济、军事、社会要求为目的，并通过创造时间价值和场所价值来实现目的。

二、电子商务与物流的关系

（一）物流对电子商务的影响

由于电子商务的服务对象不受时间、空间限制，所以对企业来说，如何以最快的速度、最低的成本把商品完整、安全地送达顾客手中，是吸引顾客的一个十分重要的条件。因此电子商务时代，建设一个高效率、低成本的物流管理体系，是电子商务发展的迫切需要。物流在电子商务的发展中有如下几点作用。

1. 物流是实施电子商务的根本保证

电子商务中的任何一笔实体货物交易，都包含着信息流、商流、资金流和物流。在电子商务条件下，前面三种"流"的管理过程都可以通过计算机和网络通信设备实现。物流作为"四流"中最为特殊的一种，是指物质实体（商品或服务）的流动过程，包含运输、储存、配送、装卸、保管、物流信息管理等各种活动，而实体流的过程必然涉及渠道的物流管理。

2. 协调电子商务的目标，提升客户的满意度

电子商务的目标是让买家快捷、便利地找到需要的东西，让卖家非常迅速地完成订单、达成销售目的，从而促进经济的发展，给人们的生活带来便利。这一目标的实现要依赖物流的发展。

电子商务发展的高速、高效和不受时间、空间限制的特点改变了传统的消费方式，进而影响了企业的经营管理方式。电子商务的服务性发挥着越来越重要的作用。要实现"以顾客为中心"的理念在电子商务中得到根本贯彻，就必须保证从订购→生产→销售→配送等一系列环节的顺畅，确保商品按照客户的需求实现流转。

物流还直接影响着顾客的满意度。顾客只有满意了才能对卖家忠诚，以京东商城为例，京东商城在 B2C 电子商务中的地位越来越重要，其中很关键的一个原因是受京东的自建物流的影响。京东的自建物流不仅将商品快速、安全的送达消费者手中，而且商品在配送途中有保障，同时还能实现货到付款，当商品退换货的时候，京东还能上门取货物。

3. 物流扩大了电子商务的市场范围

传统商务受到地域的限制，其贸易伙伴通常是固定的。在电子商务时代下，物流使贸易伙伴不受地域限制变得可能。互联网是电子商务的信息载体，凡是互联网覆盖的地区是否都是电子商务的销售区域呢？答案当然是否定的，只有互联网和物流同时覆盖的地方才能是电子商务的销售区域。因此，物流管理越发达，物流体系覆盖面越广，电子商务的市场份额就越大。

4. 物流促进电子商务的发展

物流是实施电子商务的根本保证，电子商务的任何一笔完整交易都离不开"四流"。而物流在电子商务中的功能是实现商品的空间转移，是将商品送达客户手中，完成整个交易的根本保证。因此，完善的物流体系将大大缩短商品到达客户手中的时间，同时提升商品运输途中的效率。物流发展更完善，势必将吸引更多的商家和消费者走进电子商务的大军，进而促进电子商务的进一步发展。

（二）电子商务对物流的影响

物流在电子商务的发展中有着举足轻重的地位，物流的发展促进了电子商务的发展。反过来，电子商务的发展促进了物流技术的发展，同时对物流的发展也提出了更高的要求，两者相辅相成。电子商务活动对物流的影响，主要表现在以下几个方面。

1. 电子商务改变传统物流观念

电子商务作为一种新兴的商务活动，为物流创造了虚拟的运动空间。可以通过各种组合方式，寻求物流的合理化，使商品实体在实际的运动过程中，实现效率最高、费用最低、距离最短、时间最少。

2. 电子商务改变物流的运作方式

传统的物流和配送过程是由多个业务流程组成的，受人为因素和时间影响很大。网络的

应用可以实现整个过程的实时监控和实时决策,而且这种物流的实时控制是以整体物流来进行的。新型的物流和配送的业务流程都由网络系统连接,当系统的任何一个环节收到一个需求信息时,该系统就可以在极短的时间内做出反应,并拟订详细的配送计划,通知各相关环节开始工作,这一切工作都是由计算机根据人们事先设计好的程序自动完成的。

3. 电子商务改变物流企业的经营

第一,电子商务将改变物流企业对物流的组织和管理。第二,电子商务将改变物流企业的竞争状态。

4. 电子商务促进物流改善和提高

首先,电子商务将促进物流基础设施的改善;其次,电子商务将促进物流技术的进步;最后,电子商务将促进物流管理水平的提高。

三、电子商务物流及电子商务物流管理的概念

电子商务物流是基于传统物流概念的基础上,结合电子商务中信息流、商流、资金流的特点而提出的,是电子商务环境下,物流的新的表现方式。因此,电子商务物流的概念可以表述为"基于信息流、商流、资金流网络化的物资或服务的配送活动,包括软体商品(或服务)的网络传送和实体商品(或服务)的物理传送"。

所谓电子商务物流管理是指在社会再生产过程中,根据物质资料实体流动的规律,应用管理的基本原理和科学方法,对电子商务物流活动进行计划、组织、指挥、协调、控制和决策,使各项物流活动实现最佳协调与配合,以降低物流成本,提高物流效率和经济效益。简而言之,电子商务物流管理就是研究并应用电子商务物流活动规律对物流全过程、各环节和各方面的管理。

四、电子商务物流管理的主要内容

(一)物流战略管理

物流战略管理是为了达到某个目标,物流企业或职能部门在特定的时期和特定的市场范围内,根据企业的组织结构,利用某种方式,向某个方向发展的全过程管理。物流战略管理具有全局性、整体性、战略性和系统性的特点。

(二)物流业务管理

物流业务管理主要包括物流的运输、仓储保管、装卸、搬运、包装、协同配送、流通加工及物流信息等基本过程。

(三)物流企业管理

物流企业管理主要有合同管理、设备管理、风险管理、人力资源管理和质量管理等。

(四)物流经济管理

物流经济管理主要涉及物流成本费用管理、物流投资融资管理、物流财务分析及物流经

济活动分析等。

（五）物流信息管理

物流信息化是现代物流的重要特征，物流信息技术是支撑物流活动提高效率和快速反应能力的基础，主要包括条码技术、电子数据交换技术（EDI）、电子订货系统（EOS）、地理信息系统（GIS）与全球定位系统（GPS）、运输管理信息系统（TMS）、仓储管理信息系统（WMS）、配送中心信息系统和网络与电子商务技术在物流中的应用等。

（六）物流管理现代化

物流管理现代化主要是物流管理思想和管理理论的更新，以及先进物流技术的发明和采用。现代物流是伴随着社会化大生产进程产生和发展的，随着科学技术的进步、贸易范围的扩大，其功能在不断拓展，服务领域也在不断延伸。因此现代物流的发展呈现出一体化、网络化、智能化、专业化、社会化、国际化等趋势。

五、电子商务环境下物流的特点

电子商务时代的来临，给全球物流带来了新的发展，使物流具备了一系列新的特点。

（一）信息化

电子商务时代，物流信息化是电子商务的必然要求。物流信息化表现为物流信息的商品化、物流信息收集的数据库化和代码化、物流信息处理的电子化和计算机化、物流信息传递的标准化和实时化、物流信息存储的数字化等。因此，条码技术、数据库技术、电子订货系统、电子数据交换、快速反应及有效的客户反馈、企业资源计划等技术与观念在我国的物流行业中将会得到普遍的应用。信息化是一切的基础，没有物流的信息化，任何先进的技术设备都不可能应用于物流领域。信息技术及计算机技术在物流中的应用将会彻底改变世界物流的面貌。

（二）自动化

自动化的基础是信息化，自动化的核心是机电一体化，自动化的外在表现是无人化，自动化的效果是省力化，另外还可以扩大物流作业能力、提高劳动生产率、减少物流作业的差错等。物流自动化的设施非常多，如条码/语音/射频自动识别系统、自动分拣系统、自动存取系统、自动导向车、货物自动跟踪系统等。这些设施在发达国家已普遍用于物流作业流程中，而在我国由于物流业起步晚，发展水平低，自动化技术的普及还需要相当长的时间。

（三）网络化

物流领域网络化的基础也是信息化，这里指的网络化有两层含义。一是物流配送系统的计算机通信网络，包括物流配送中心与供应商或制造商的联系要通过计算机网络，另外与下游顾客之间的联系也要通过计算机网络，如物流配送中心向供应商提出订单这个过程，就可以使用计算机通信方式，借助增值网上的电子订货系统（EOS）和电子数据交换技术（EDI）来自动实现。物流配送中心通过计算机网络收集下游客户订货的过程也可以自动完成。二是组织的网络化，即所谓的企业内部网（Intranet）。例如，我国台湾的电脑业在 20 世纪 90 年代创造出了"全球运筹式产销模式"，这种模式的基本点是按照客户订单组织生产，生产采取分散形式，即将全世界的电脑资源都利用起来，采取外包的形式将一台电脑的所有零部件、元器件、芯片外包给世界各地的制造商去生产。然后通过全球的物流网络将这些零部件、元器件和芯片发往同一个物流配送中心进行组装，由该物流配送中心将组装的电脑迅速发给客户。当然，这一过程需要有高效的物流网络支持。

物流的网络化是物流信息化的必然，是电子商务下物流活动的主要特征之一。全球网络资源的可用性及网络技术的普及为物流的网络化提供了良好的外部环境，物流网络化不可阻挡。

（四）智能化

智能化是物流自动化、信息化的一种高层次应用，物流作业过程需要大量的运筹和决策，如库存水平的确定、运输（搬运）路径的选择、自动导向车的运行轨迹和作业控制、自动分拣机的运行、物流配送中心经营管理的决策支持等问题都需要借助于大量的知识才能解决。在物流自动化的进程中，物流智能化是不可回避的技术难题。好在专家系统、机器人等相关技术在国际上已经有比较成熟的研究成果。为了提高物流现代化的水平，物流的智能化已成为电子商务物流发展的一个新趋势。

（五）柔性化

柔性化本来是为实现"以顾客为中心"的理念而在生产领域提出的，但要真正做到柔性化，即真正地能根据消费者需求的变化来灵活调节生产工艺，没有配套的柔性化的物流系统是不可能达到的。20 世纪 90 年代，国际生产领域纷纷推出弹性制造系统、计算机集成制造系统、制造资源系统、企业资源计划（ERP）及供应链管理的概念和技术，这些概念和技术的实质是要将生产、流通进行集成，根据需求端的需求组织生产，安排物流活动。因此，柔性化的物流正是适应生产、流通与消费的需求而发展起来的一种新型物流模式。这就要求物流配送中心要根据消费需求"多品种、小批量、多批次、短周期"的特色，灵活组织和实施物流作业。另外，物流设施、商品包装的标准化，物流的社会化、共同化也都是电子商务下物流模式的新特点。

六、电子商务物流的职能

电子商务物流的职能主要包括运输管理、储存、配送、装卸搬运、包装、流通加工、物流信息等几个方面。

（一）运输管理

在物流的诸多环节中，运输环节处于中心地位。运输功能是借助运输工具通过一定的线路，实现货物空间移动，克服生产和需要的空间分离，创造空间效用的活动。运输虽然不产生新的物质产品，但却能实现产品在空间上的转移或时间上的转移，创造场所性与时间性的价值。运输是物流网络构成的基础，运输系统影响着物流其他构成要素。选择的运输方式决定着装运货物的包装要求，使用不同类型的运输工具决定着其配套使用的装卸搬运设备以及接收和发运站台的设计。运输是物流系统的核心，是物流合理化的关键。运输功能在物流系统中处于核心地位，是影响物流费用的一项主要因素。因此，开展合理运输，对于提高物流经济效益和社会效益，起着重要作用。

（二）储存

储存活动，也称为保管活动，是为了克服生产和消费在时间上的不一致所进行的物流活动。物品通过储存活动以满足用户的需要，从而产生了时间效用。保管活动借助各种仓库、堆场、货棚等，完成物资的保管、养护、堆存等作业，以便最大限度地减少物品使用价值的下降。储存管理要求组织者确定仓库的合理库存量，建立各种物资的保管制度，确定仓储作业流程，改进保管设施和提高储存技术等。储存的目的是"以与最低的总成本相一致的最低限度的存货来实现所期望的顾客服务"。物资的储存，是社会再生产过程中客观存在的现象，也是保证社会再生产连续不断运行的基本条件之一。

（三）配送

配送是指在经济合理区域范围内，根据用户要求，对物品进行拣选、加工、包装、分割、组配等作业，并按时送达指定地点的物流活动。配送是处于物流过程末端的、短距离的物流活动。配送完善和优化了运输及整个物流系统，提高了末端物流活动的经济效益，提高了客户的满意度。配送功能是物流系统中由运输派生出的功能。配送处于"二次运输""末端输送"的地位，与运输相比，更直接并靠近用户，体现了物流的最终效应，满足了用户的各种需要。因此，物流成果主要通过配送来实现，通过合理化管理，促使物资流通的社会化，改善生产创造企业的外部环境，提高物品的保证程度，改善支线输送条件，使整个运输过程得以完善和优化。配送功能包括以下七个要素。

1. 备货

备货是配送的准备工作或基础工作，备货工作包括筹集货源、订货或购货、集货、进货及有关的质量检查、结算、交接等。备货是决定配送成败的初期工作，如果备货成本太高，会大大降低配送的效益。

2. 储存

配送中的储存主要有以下两种形态。一种是储备，它是按一定时期的配送经营要求形成对配送的资源保证。这种类型的储备数量较大，储备结构也较完善，视货源及到货情况，可以有计划地确定周转储备及保险储备结构及数量，配送的储备保证有时在配送中心附近单独设库解决。另一种储存形态是暂存，是具体执行配送时，按分拣配货要求，在理货场地所做的少量储存准备。由于总体储存效益取决于储存总量，所以这部分暂存数量只会对工作方便与否造成影响，而不会影响储存的总效益，因而在数量上控制并不严格。还有另一种形式的暂存，即是分拣、配货之后，形成的发送货物的暂存，这个暂存主要是调节配货与送货的节奏，暂存时间不长。

3. 分拣及配货

分拣及配货是不同于其他物流形式的功能要素，也是配送成败的一项重要支持性工作。分拣及配货是完善送货、支持送货的准备性工作，是不同配送企业在送货时进行竞争和提高自身经济效益的必然延伸，所以，也可以说是送货向高级形式发展的必然要求。有了分拣及配货就会大大提高送货服务水平，所以，分拣及配货是决定整个配送系统水平的关键要素。

4. 配装

在单个用户配送数量不能达到车辆的有效载运负荷时，就存在如何集中不同用户的配送货物，进行搭配装载以充分利用运能、运力的问题，这就需要配装。通过配装送货可以大大提高送货水平及降低送货成本。所以，配装也是配送系统中有现代特点的功能要素，也是现代配送不同于传统送货的重要区别。

5. 配送运输

配送运输属于运输中的末端运输、支线运输。配送运输和一般运输形态的主要区别在于：配送运输是较短距离、较小规模、额度较高的运输形式，一般使用汽车做运输工具。配送运输与干线运输的区别是：配送运输的路线选择问题是一般干线运输所没有的，干线运输的干线是唯一的运输线，而配送运输由于配送用户多，一般城市交通路线较复杂。如何组合成最佳路线、如何使配装和路线有效搭配等，是配送运输的特点，也是难度较大的工作。

6. 送达服务

配好的货运输到用户还不算配送工作的完结，这是因为货物送达和用户接货往往还会出现不协调的情况。因此，要圆满地实现货物的移交，并有效地、方便地处理相关手续并完成结算，还应讲究卸货地点、卸货方式等，送达服务也是配送独具的特殊性。

7. 配送加工

配送加工这一功能要素不具有普遍性，但往往是能起重要作用的功能要素，主要原因是通过配送加工可以大大提高用户的满意度。配送加工是流通加工的一种，但配送加工有不同于一般流通加工的特点，即配送加工一般只取决于用户要求，其加工的目的较为单一。

（四）装卸搬运

在同一地域范围内（如车站范围、工厂范围、仓库内部等）以改变物的存放、支承状态的活动称为装卸，以改变物的空间位置的活动称为搬运，两者合称装卸搬运。有时候或在特定场合，单称"装卸"或单称"搬运"也包含了"装卸搬运"的完整含义。在实际操作中，装卸与搬运是密不可分的，两者是伴随在一起发生的。因此，在物流科学中并不过分强调两者的差别，而是作为一种活动来对待。搬运的"运"与运输的"运"，区别之处在于，搬运是在同一地域的小范围内发生的，而运输则是在较大范围内发生的，两者是量变到质变的关系，中间并无一个绝对的界限。

装卸搬运在物流活动中起承上启下的作用，是提高物流系统效率的关键，在物流合理化中占有重要的地位。装卸搬运是伴随运输和仓储等活动而产生的必要的物流活动，但是和运输创造空间价值不同，它本身不具有明确的价值。物流的主要环节（包括运输和仓储等）是靠装卸搬运连接起来的，物流活动其他各个阶段的转换也要通过装卸搬运连接起来。由于装卸搬运发生次数频繁、作业频繁，又是劳动密集型，其消耗的费用在物流成本中占有相当大的比重。通过装卸搬运合理化管理、降低装卸搬运成本、提高物流效率是实现现代物流管理的一项重要内容。

（五）包装

包装是在物流过程中为了保护产品、方便储运、促进销售，按一定技术方法采用容器、材料及辅助物等将物品包封并予以适当的包装和标志的工作总称。简而言之，包装是包装物及包装操作的总称。在社会再生产过程中，包装处于生产过程的末尾和物流过程的开头，既是生产的终点，又是物流的始点。在现代物流观念形成以前，包装被天经地义地看成生产的终点，因而一直是生产领域的活动。包装的设计主要从生产终结的要求出发，因而常常不能满足流通的要求。物流的研究认为，包装与物流的关系比其与生产的关系要密切得多，其作为物流始点的意义比其作为生产终点的意义要大得多。因此，包装应进入物流系统之中，这是现代物流的一个新观念。包装的三大特性：保护性、单位集中性及便利性。包装有四大主要功能：保护商品、方便物流、促进销售、方便消费。包装一般可分为商业包装和运输包装，其中商业包装是以促进销售为主要目的包装。这种包装的特点是外形美观，有必要的装潢，包装单位适于顾客的购买量及商店陈设的要求。在流通过程中，商品越接近顾客，越要求包装有促进销售的效果。运输包装是指以强化输送、保护产品为目的的包装。运输包装的重要特点是在满足物流要求的基础上使包装费用越低越好。此外，按包装的保护技术可分为防潮包装、防锈包装、防虫包装、防腐包装、防震包装、危险品包装等。

（六）流通加工

流通加工是一种特殊的物流功能要素，是物品从生产领域向消费领域流动的过程中为了促进销售、维护产品质量和提高物流效率对物品进行的加工。流通加工可以分为增值性流通加工和增效性流通加工。其中增值性流通加工是为了弥补生产领域加工不足的深加工，为了满足需要进行的多样性加工，为提供原材料利用率的流通加工，为提高流通效率的流通加工；增效性流通加工是为保护产品所进行的加工，为提高物流效率、方便物流的加工，为促进销售、衔接不同运输方式的流通加工。流通加工分为以下几种：剪板加工，集中开木下料，燃料性能加工，冷冻加工，分选加工，精选加工，分装加工，组装加工，定制加工。流通加工可以弥补企业、物资部门、商业部门生产过程中加工程度的不足，更有效地满足用户的需求，更好地衔接生产和需求环节，使流通过程更加合理化，是物流活动中的一项重要增值服务，也是现代物流发展的一个重要趋势。

（七）物流信息

物流活动中大量信息的产生、传送和处理为合理地组织物流提供了可能。物流信息对上述各种物流活动的相互联系起着协调作用。物流信息包括与上述各种活动有关的计划、预测、动态信息，以及相关联的费用情况、生产信息、市场信息等。对物流信息的管理，要求组织者建立有效的情报系统和情报渠道，正确选定情报科目，合理进行情报收集、汇总和统计，以保证物流活动的可靠性和及时性。现代物流信息以网络和计算机技术为手段，为实现物流的系统化、合理化、高效率化提供了技术保证。

七、电子商务环境下物流企业的主要运营模式

随着电子商务行业竞争的白热化，物流这个电子商务中的瓶颈环节，已经成为电商巨头们决心打造的新的核心竞争力，甚至有人喊出"得物流者得天下"。

（一）轻公司轻资产模式

轻公司轻资产模式是指电子商务企业做自己最擅长的，如平台、数据，而把其他业务如生产、物流都外包给第三方专业企业去做，最终把公司做小，把客户群体做大。电商物流中的轻公司轻资产模式，即电商企业着重管理好业务数据、管理好物流信息，而把配送环节全部外包，也就是说，电商企业要真正实现"归核化"和"服务外包"。轻公司轻资产模式减轻了电商企业在物流体系建设方面的资金压力，但对与其合作的第三方依赖度很高，如果第三方的服务出现问题，势必连累电商企业本身。曾有统计数据称：第三方物流的投诉率是电商企业自建物流的12倍。因此，这种合作模式需要具备较高的合作风险管控能力。国内最早的轻公司代表企业是PPG。

（二）垂直一体化模式

垂直一体化也称为纵向一体化，是指从配送中心到运输队伍，全部由电商企业自己整体建设，这是完全相反于轻公司轻资产模式的物流模式，它将大量的资金用于物流队伍、运输车队、仓储体系建设。典型企业有京东商城、苏宁电器等。垂直一体化模式，改变了传统电子商务企业过于注重平台运营而轻视物流配送的状况，将较多的资金和精力转投物流体系建设，希望以在物流方面的优势加大在电商业务上的竞争力。

（三）半外包模式

相对于垂直一体化模式的复杂和庞大，半外包是比较经济而且相对可控的模式，它也被称为半一体化模式，即电商企业自建物流中心和掌控核心区域物流队伍，而将非核心区物流业务进行外包。这种半外包模式，仍然需要电商企业自己投入大量资金进行物流体系建设。垂直一体化也好、半外包也好，实际上是电商企业将业务扩展到了物流业。虽然对于做好顾客的物流服务有较高的保障，但是，需要电商企业投入较多的资金和精力，以及需要电商企业具备较大的物流管理经验，可以说，这实际上存在很大的经营风险。

（四）云物流模式

借鉴目前热门的云计算、云制造等概念，云物流模式就是指充分利用分散、不均的物流资源，通过某种体系、标准和平台进行整合，达到为我所用、节约资源的目的的一种模式。相关的概念还有云快递、云仓储。从理论上讲，云物流实现了"三化"：一是社会化，即快递公司、派送点、代送点等成千上万的终端都可以为我所用；二是节约化，即众多社会资源

集中共享一个云物流平台，实现规模效应；三是标准化，即改变物流行业的散、乱现象，建立统一的管理平台，规范服务的各个环节。

云物流模式旨在利用订单聚合的能力来推动物流体系的整合，包括信息整合、能力整合。目前，云物流只是提供了一个信息交换的平台，解决了供给能力的调配问题，但不能从根本上改变行业配送能力的整合问题、服务质量问题、物流成本及物流效率的控制问题。如何整合和管理好云资源，也是云计算、云制造面临的共同问题。换个角度说，如果一个电商企业，把物流服务整成全国老大，那它就可能已经不再是电商企业了。因此，合作才是电商企业和物流企业亘古不变的主题。不在合作中共同发展，就可能在竞争中相继衰落。

在电子商务时代，物流发展到集约化阶段，一体化的配送中心不单单提供仓储和运输服务，还必须开展配货、配送和各种提高附加值的流通加工服务项目，也可按客户的需要提供其他服务。现代供应链管理即通过从供应者到消费者供应链的综合运作，使物流达到最优化。企业追求全面的、系统的综合效果，而不是单一的、孤立的片面观点。

作为一种战略概念，供应链也是一种产品，而且是可增值的产品；其目的不仅是降低成本，更重要的是提供用户期望以外的增值服务，以产生和保持竞争优势。从某种意义上讲，供应链是物流系统的充分延伸，是产品与信息从原料到最终消费者之间的增值服务。

在经营形式上，供应链采取合同型物流。这种配送中心与公用配送中心不同，它是通过签订合同，为一家或数家企业（客户）提供长期服务，而不是为所有客户服务。这种配送中心有由公用配送中心来进行管理的，也有自行管理的，但主要是提供服务；也有可能所有权属于生产厂家，交专门的物流公司进行管理。

供应链系统物流完全适应了流通业经营理念的全面更新。因为以往商品要经制造、批发、仓储、零售各环节间的多层复杂途径，最后才能到消费者手里。而现代流通业已简化为由制造经配送中心而送到各零售点。它使未来的产业分工更加精细，产销分工日趋专业化，大大提高了社会的整体生产力和经济效益，使流通业成为整个国民经济活动的中心。

另外，在这个阶段有许多新技术，例如，销售时点信息管理系统，即商店将销售情况及时反馈给工厂的配送中心，有利于厂商按照市场调整生产，以及配送中心调整配送计划，使企业的经营效益跨上一个新台阶。

★课堂思考

了解京东物流、顺丰物流、德邦物流的概况。

★课堂案例

京东打造智能供应链，助力抗疫情保民生

累计承运医疗应急物资约 5 000 万件，累计向全国消费者供应超过 29 万吨米、面、粮油等生活用品；在线开通免费医生咨询和心理疏导服务平台，累计接诊超过 530 万人次；联合超过 1.3 万家线下药房提供 30 分钟药品配送上门服务……自 2019 年年底的新型冠状病毒暴发以来，京东打造的智能供应链和智能物流为支撑医疗机构正常运营、满足居民生活需求提供了有力保障。

京东集团副总裁、京东零售集团生态业务中台负责人林琛表示：作为以供应链为基础的交易平台，京东充分发挥在供应链和物流等领域的优势和成果，及时响应和保障了防疫及民生。

"智能大脑"指挥，物资高效送达

在距离武汉市第九医院约600米的京东物流武汉仁和配送站，一台智能配送机器人载着医疗和生活物资从这里出发，驶向医院院区。"在一定条件下，使用智能配送机器人不仅能减少人际接触，还能减少医疗物资配送时间。"京东物流事业部自动驾驶研发部负责人孔旗介绍，目前京东智能配送站已在长沙、贵阳等地提供机器人配送服务。

同时，京东还与自营合作供应商在货源、仓储、配送、平台管控等供应链全环节进行优化，在快速响应的背后，则是"智能大脑"的高效指挥。京东物流华中区域分公司总经理任广乐表示："疫情发生以来，与武汉地区关联的仓储、分拣、运输等物流环节均受到明显影响。京东物流借助技术能力，综合评估进出武汉交通情况，通过智能规划、智能计划、智能调度，快速组织全网运力，保障各地医疗物资运抵武汉。"

此外，京东还与湖北省政府合作，正式承建其应急物资供应链管理平台，针对防护服、口罩等物资的生产、库存、调拨、分配进行全程可视追踪和高效集中管控，促进采购信息与物流高效交互，实现供需快速匹配。

满足购药需求，推出在线问诊

2020年2月10日，京东健康面向湖北地区推出慢性病患者断药求助登记平台，为患者和药房及时对接用药信息，上线一周就收到1.4万余条慢性病患者的断药求助信息。

今年66岁的胡女士家住武汉市武昌区，因身患疾病连续服用特定药物超过10年。疫情发生后，由于社区封闭管理、药房存货紧张，胡女士一度为即将断药感到担心。2月13日，胡女士在朋友推荐下通过求助平台提交了用药信息。胡女士表示："没想到第二天就接到了客服电话，告诉我可以在京东平台的一家药房旗舰店购买，没几天药就送到了，真是救了急。"据统计，目前该平台已为超过90%的断药求助者解决了药品需求。

1月26日，京东推出免费在线问诊服务。2月10日，问诊范围扩大至全部科室覆盖的所有疾病领域，超过3万名医生在线问诊。截至3月17日，京东健康在线问诊平台累计服务用户超过530万人次。

助农举措贴心，复工保障到位

2月10日，京东开通"全国生鲜农产品绿色通道"。截至2月底，京东平台累计接收全国2 000条滞销农产品求助信息，累计销售滞销生鲜农产品超过11万吨。

办公物资采购难、远程线上操作协同难、琐碎流程整合难……为解决复工企业日常运营通用物资供应问题，2月12日，京东携手合作伙伴，面向企业客户开放"京东慧采SaaS专属采购平台"。目前，该平台已有超过3万个京东企业业务合作伙伴加入。

采购有保障，技术共分享。京东物流积极发挥全供应链服务与技术优势，出台创新服务措施，涉及快递、快运、国际供应链等领域，助力中小企业复工复产。2月17日，京东物流宣布将旗下四大供应链物流管理软件系统全部开放,免费提供给小微企业使用。

"更加开放的供应链基础设施一方面提升了京东自身服务水平,满足更多用户需求,另一方面还为更多行业和产业链上下游企业提供帮助。"林琛表示,在推进以智能供应链和智能物流为代表的新一代基础设施建设过程中,京东将促进产业链全环节广泛合作与高效联结,在帮助企业和商户克服疫情影响的同时,在未来还会提供多场景数字化解决方案。

(案例来源:人民日报,2020年2月)

思考题:
1. 分析当代物流发展趋势。
2. 思考物流方式的改变对社会生活的影响。

第二节 电子商务物流配送模式

一、电子商务物流配送的含义

电子商务物流配送是指物流配送企业采用网络化的计算机技术和现代化的硬件设备、软件系统及先进的管理手段,针对社会需求,严格、守信地按用户的订货要求,进行一系列分类、编码、整理、配货等理货工作,定时、定点、定量地交给没有范围限度的各类用户,满足其对商品的需求。这种新型的物流配送模式带来了流通领域的巨大变革,越来越多的企业开始积极搭乘电子商务快车,采用电子商务物流配送模式。

二、电子商务物流配送的特征

与传统的物流配送相比,电子商务物流配送具有以下特征。

(一)虚拟性

电子商务物流配送的虚拟性来源于网络的虚拟性。通过借助现代计算机技术,配送活动已由过去的实体空间拓展到了虚拟网络空间,实体作业节点能以虚拟信息节点的形式表现出来。实体配送活动的各项职能和功能可在计算机上进行仿真模拟,通过虚拟配送,找到实体配送中存在的不合理现象,从而进行组合优化,最终实现实体配送过程,达到效率最高、费用最少、距离最短、时间最少的目标。

(二)实时性

虚拟性不仅能够辅助决策,让决策者获得高效的决策信息支持,还可以实现对配送过程的实时管理。配送要素数字化、代码化之后,配送业务运营商与客户均可通过共享信息平台获取相应配送信息,从而最大限度地减少了各方之间的信息不对称,有效地降低了配送活动过程中的运作不确定性与环节间的衔接不确定性,打破了以往配送途中的"失控"状态,做到全程的"监控配送"。

（三）个性化

个性化配送是电子商务物流配送的重要特性之一。作为末端运输的配送服务，所面对的市场需求是多品种、少批量、多批次、短周期的，小规模的频繁配送将导致配送企业的成本增加，这就必须寻求新的利润增长点，而个性化配送正是这样一个开采不尽的"利润源泉"。电子商务物流配送的个性化体现为"配"的个性化和"送"的个性化。"配"的个性化主要指通过配送企业在流通节点（配送中心）根据客户的指令对配送对象进行个性化流通加工，从而增加产品的附加价值；"送"的个性化主要是指依据客户要求的配送习惯、喜好的配送方式等为每一位客户确定"量体裁衣"式的配送方案。

（四）增值性

除了传统的分拣、备货、配货、加工、包装、送货等作业外，电子商务物流配送的功能还向上游延伸到市场调研与预测、采购及订单处理上，向下延伸到物流咨询、物流方案的选择和规划、库存控制决策、物流教育与培训等附加功能上，从而为客户提供具有更多增值性的物流服务。

三、电子商务物流配送模式

（一）企业自营配送模式

企业自身经营的物流称为自营物流。在电子商务刚刚萌芽的时候，电子商务企业规模不大，企业多会选用自营物流的方式。企业自营物流模式意味着电子商务企业自行组建物流配送系统，经营管理企业的整个物流运作过程。在这种方式下，企业也会向仓储企业购买仓储服务，向运输企业购买运输服务，但是这些服务都只限于一次或一系列分散的物流功能，而且是临时性的纯市场交易的服务，物流公司并不按照企业独特的业务流程提供独特的服务，即物流服务与企业价值链是一种松散的联系。如果企业有很高的顾客服务需求标准，物流成本占总成本的比重较大，而企业自身的物流管理能力较强时，企业一般不应采用外购物流，而应采用自营方式。

目前，采取自营物流模式的电子商务企业主要有两类：一类是资金实力雄厚且业务规模较大的电子商务公司，电子商务在中国兴起的时候，国内第三方物流的服务水平远不能满足电子商务公司的要求；第二类是传统的大型制造企业或批发企业经营的电子商务网站，由于其自身在长期的传统商务中已经建立起初具规模的营销网络和物流配送体系，在开展电子商务时只需将其加以改进、完善，就可满足电子商务条件下对物流配送的要求。

选用自营物流，可以使企业对物流环节有较强的控制能力，易于与其他环节密切配合，全力服务于该企业的运营管理，使企业的供应链更好地保持协调与稳定。此外，自营物流能够保证供货的准确和及时，保证顾客服务的质量，维护了企业和顾客间的长期关系。但自营物流的投入非常大，建成后对规模的要求很高，大规模才能降低成本，否则将会长期处于不盈利的境地。自建庞大的物流体系，需要占用大量的流动资金，更重要的是，自营物流需要较强的物流管理能力，建成之后需要工作人员具有专业化的物流管理能力。

(二) 第三方物流配送模式

第三方物流（Third-Party Logistics，简称 3PL 或 TPL）是指独立于买卖双方之外的专业化物流公司，长期以合同或契约的形式承接供应链上相邻组织委托的部分或全部物流功能，因地制宜地为特定企业提供个性化的全方位物流解决方案，实现特定企业的产品或劳务快捷地向市场移动。在信息共享的基础上，实现优势互补，从而降低物流成本，提高经济效益。

第三方物流是相对"第一方"发货人和"第二方"收货人而言的第三方专业企业来承担企业物流活动的一种物流形态。第三方物流公司通过与第一方或第二方的合作来提供其专业化的物流服务，它不拥有商品，不参与商品买卖，而是为顾客提供以合同约束、以结盟为基础的系列化、个性化、信息化的物流代理服务。服务内容包括设计物流系统、EDI 能力、报表管理、货物集运、选择承运人、货代人、海关代理、信息管理、仓储、咨询、运费支付和谈判等。在国内，第三方物流企业一般都是具有一定规模的物流设施设备（库房、站台、车辆等）及专业经验、技能的批发、储运企业。

第三方物流是物流专业化的重要形式，它的发展体现了一个国家物流产业发展的整体水平。第三方物流是一个新兴的领域，企业采用第三方物流模式对于提高企业经营效率具有重要作用。首先，企业将自己的非核心业务外包给专业公司去做；其次，第三方物流企业作为专门从事物流工作的企业，有丰富的专门从事物流运作的专家，有利于确保企业的专业化生产，降低费用，提高企业的物流水平。目前，第三方物流的发展十分迅速，有几方面是值得关注的。第一，物流业务的范围不断扩大，商业机构和各大公司面对日趋激烈的竞争，不得不将主要精力放在核心业务上，而将运输、仓储等相关业务环节交由更专业的物流企业进行操作，以求节约和高效；另一方面，物流企业为提高服务质量，也在不断拓宽业务范围，提供配套服务。第二，很多成功的物流企业根据第一方、第二方的谈判条款，分析比较自理的操作成本和代理费用，灵活运用自理和代理两种方式，提供客户定制的物流服务。第三，物流产业的发展潜力巨大，具有广阔的发展前景。

(三) 物流联盟模式

物流联盟也称共同配送，是企业为提高物流效率对某一地区的用户进行配送时，由许多个物流企业联合在一起进行的配送，它是在配送中心的统一计划、统一调度下展开的。

物流联盟是制造业、销售企业、物流企业基于正式的相互协议而建立的一种物流合作关系，参加联盟的企业汇集、交换或统一物流资源以谋取共同利益；同时，合作企业仍保持各自的独立性。物流联盟为了达到比单独从事物流活动更好的效果，在企业间形成了相互信任、共担风险、共享收益的物流伙伴关系。企业间不完全采取导致自身利益最大化的行为，也不完全采取导致共同利益最大化的行为，只是在物流方面通过契约形成优势互补、要素双向或多向流动的中间组织。联盟是动态的，只要合同结束，双方又变成追求自身利益最大化的单独个体。

选择物流联盟伙伴时，要注意物流服务提供商的种类及其经营策略。一般可以根据物流企业服务的范围大小和物流功能的整合程度这两个标准，确定物流企业的类型。物流服务的范围主要是指业务服务区域的广度、运送方式的多样性、保管和流通加工等附加服务的广度。物流功能的整合程度是指企业自身所拥有的提供物流服务功能的多少，必要的物流功能是指包括基本的运输功能在内的经营管理、集配、配送、流通加工、信息、企划、战术、战略等各种功能。一般来说，组成物流联盟的企业之间具有很强的依赖性，物流联盟的各个组成企业明确自身在整个物流联盟中的优势及担当的角色，分工明晰，使供应商把注意力集中在提供客户指定的服务上，最终提高了企业的竞争能力和竞争效率，满足企业跨地区、全方位物流服务的要求。

（四）第四方物流配送模式

第四方物流公司应物流公司的要求为其提供物流系统的分析和诊断，或提供物流系统优化和设计方案等。所以第四方物流公司以其知识、智力、信息和经验为资本，为物流客户提供一整套的物流系统咨询服务。它从事物流咨询服务就必须具备良好的物流行业背景和相关经验，但并不需要从事具体的物流活动，更不用建设物流基础设施，只是对于整个供应链提供整合方案。

第四方物流的关键在于为顾客提供最佳的增值服务，即迅速、高效、低成本和个性化服务等。第四方物流有众多的优势：第一，它对整个供应链及物流系统进行整合规划。第三方物流的优势在于运输、储存、包装、装卸、配送、流通加工等实际的物流业务操作能力，在综合技能、集成技术、战略规划、区域及全球拓展能力等方面存在局限性，特别是缺乏对整个供应链及物流系统进行整合规划的能力。而第四方物流的核心竞争力就在于它能对整个供应链及物流系统进行整合规划，也是降低客户企业物流成本的根本所在。第二，它具有对供应链服务商进行资源整合的优势。第四方物流作为有领导力量的物流服务提供商，可以影响整个供应链，整合最优秀的第三方物流服务商、管理咨询服务商、信息技术服务商和电子商务服务商等，为其创造超额价值。第三，它具有信息及服务网络优势。第四方物流公司的运作主要依靠信息与网络，其强大的信息技术支持能力和广泛的服务网络覆盖支持能力是客户企业开拓国内外市场、降低物流成本所极为看重的，也是取得客户的信赖、获得大额长期订单的优势所在。第四，具有人才优势。第四方物流公司拥有大量高素质国际化的物流和供应链管理专业人才和团队，可以为客户企业提供个性化、多样化的供应链解决方案，在解决物流实际业务的同时实施与公司战略相适应的物流发展战略。

发展第四方物流可以减少物流资本投入、降低资金占用。通过第四方物流，企业可以大大减少在物流设施（如仓库、配送中心、车队、物流服务网点等）方面的资本投入，降低资金占用，提高资金周转速度，减少投资风险，降低库存管理及仓储成本。第四方物流公司通过其卓越的供应链管理和运作能力可以实现供应链"零库存"的目标，为供应链上的所有企业降低仓储成本。同时，第四方物流大大提高了客户企业的库存管理水平，从而降低库存管理成本。发展第四方物流还可以改善物流服务质量，提升企业形象。

（五）物流一体化配送模式

物流一体化是指以物流系统为核心，由生产企业、物流企业、销售企业直至消费者的供应链整体化和系统化，它是在第三方物流的基础上发展起来的新的物流模式。20世纪90年代，西方发达国家如美、法、德等国提出物流一体化现代理论，并应用和指导其物流发展，取得了明显效果。在这种模式下物流企业通过与生产企业建立广泛的代理或买断关系，使产品在有效的供应链内迅速移动，使参与各方的企业都能获益，使整个社会获得明显的经济效益。这种模式还表现为用户之间的广泛交流供应信息，从而起到调剂余缺、合理利用、共享资源的作用。

在电子商务时代，这是一种比较完整的物流配送模式，它是物流业发展的高级和成熟阶段。物流一体化的发展可进一步分为三个层次：物流自身一体化、微观物流一体化和宏观物流一体化。物流自身一体化是指物流系统的观念逐渐确立，运输、仓储和其他物流要素趋向完备，子系统协调运作，系统化发展。微观物流一体化是指市场主体企业将物流提高到企业战略的地位，并且出现了以物流战略作为纽带的企业联盟。宏观物流一体化是指物流业发展到这样的水平：物流业占到国家国民生产总值的一定比例，处于社会经济生活的主导地位，它使跨国公司从内部职能专业化和国际分工程度的提高中获得规模经济效益。物流一体化是物流产业化的发展形式，它必须以第三方物流充分发育和完善为基础。物流一体化的实质是一个物流管理的问题，即专业化物流管理人员和技术人员充分利用专业化物流设备、设施，发挥专业化物流运作的管理经验，以求取得整体最优的效果。同时，物流一体化的趋势为第三方物流的发展提供了良好的发展环境和巨大的市场需求。

第三节　跨境电子商务物流

全球经济一体化与电子商务的发展，带来跨境电子商务这一新型模式，从而带动了跨境电子商务物流业兴起。如今的跨境电子商务物流已渐渐过渡到发展阶段。与传统电子商务物流模式不同，跨境电子商务对物流依赖性很强。

一、跨境电子商务物流相关概念

跨境电子商务（Cross-border Electronic Commerce）指的是电子商务应用过程中一种较为高级的形式，是指不同国家或地区的交易双方通过互联网以邮件或者快递等形式通关，将传统贸易中的展示、洽谈和成交环节数字化，实现产品进出口的新型贸易方式，具有全球性、无形性、匿名性、即时性、无纸化、快速演进等特点。其贸易过程必然产生物流、现金流、信息流的流动。

跨境电子商务物流是指分属不同关境的交易主体通过电子商务平台达成交易，进行支付结算，并通过跨境物流送达商品、完成交易的一种国际商业活动。

二、跨境电子商务物流的特点

随着国内电商市场趋于饱和，越来越多的电商人开始转战国外市场。跨境物流不同于国内电商物流，在形式和特点上都有所差异，跨境物流的特点表现在五个方面。

（1）物流程序复杂，风险大。距离远、时间长、成本高、流程复杂、可控性差，是跨境物流与国内物流的标志性差异。除了基本的产品配送之外，其中还涉及清关、报关等一系列的税务问题。

（2）形式多样化。由于跨境物流所涉及的环节比较多，大部分跨境物流企业只能提供海运物流或者空运物流服务，而能提供多式联运（如海空联运）和满足客户其他不同需求的跨境物流企业较少；跨境物流企业在提供跨境物流服务时，受报关、订舱等传统服务的影响，在提供运输方案优化设计、综合物流服务方面较少。因此在各个层级也诞生了诸多形式，如头程清关就可分为海运、陆运、空运、专线等。

（3）竞争集中在东南沿海地区，中西部地区竞争较少。由于渤海地区、长江三角洲、珠江三角洲等东南沿海地区经济发达，跨境运输需求旺盛，该地区的航空运输等基础设施相对完善，因此，对交通资源的供应和竞争最为激烈。在中西部地区，由于经济相对不活跃，跨境运输需求低，运输成本高，该地区的国际货运服务资源投入较少。

（4）竞争表现为地域性和行业单一性。随着跨境电商的崛起带动物流行业的发展，竞争程度日益激烈，但受其自身财务实力、管理和技术能力的限制，以及国家物流市场相互分离等因素，竞争特点表现为某区域、某行业企业之间的竞争，如长三角地区跨境物流公司之间的竞争；3C行业、电子产品制造业等之间的资源竞争；跨地区和跨行业之间的竞争反而较少。

（5）由单一服务走向多元化的服务。随着跨境电商需求的增多，大多数跨境物流公司从单一的提供运输服务开始转向多元化服务，如海外仓储公司之间的合作就是鲜明的代表。在跨境物流这一链条上，跨境物流企业提供头程清关、仓储、配送，以及与FBA（亚马逊物流服务）相关的诸多衍生和替代服务，如海外仓贴标换标、一件代发等。

三、跨境电子商务物流的选择模式

跨境物流早已存在，传统的表现形式为国际邮政包裹（如各国邮政）与国际快递（如UPS、FedEx等）。无论跨境电子商务还是跨境物流，都在强调跨境。跨境物流不仅涉及海关、商检、汇率、国际金融等，还受到国际政治、经济、社会等因素的制约。跨境电子商务的发展，推动了一些新兴物流模式，且呈现出快速发展的态势，跨境电商物流包括六种物流模式。

（一）传统物流模式

传统的物流模式包括国际邮政小包与国际快递，它们在跨境电子商务之前就已经存在并历经长期的发展。国际邮政小包包括中国邮政小包、中国香港邮政小包和新加坡邮政小包等，特点是运输时间长。国际快递有DHL和EMS等，特点是成本较高。这两种是最为传统且最简单、直接的物流方式。对于众多未上规模的企业而言，国际小包和国际快递几乎是唯一可选择的物流方式。

(二) 海外仓

海外仓是近几年兴起的物流模式，具体指在输入国预先建设或租赁仓库，采用国际运输提前将商品送达该仓库，然后通过跨境电子商务实现商品的销售，再采用输入国物流直接从仓库发货与配送。与传统物流模式比较，海外仓能有效解决物流时间、成本、海关、商检、退换货等诸多传统物流模式难以解决的难题，但海外仓也存在建设、租赁、运营所需要的资金、人员的投入风险。

(三) 国际物流专线

国际物流专线指针对特定国家或地区推出的跨境专用物流线路，其起点、终点、线路、运输工具、时间、周期基本固定，物流专线的时效比国际邮政小包快，成本比国际快递低，能够规避清关与商检风险。针对特定区域的跨境电子商务而言，国际物流专线是一种有效的跨境物流方案，但是物流专线具有区域局限性，只能用于特定的跨境物流需求或者作为跨境物流的周转与衔接环节。

(四) 自贸区或保税区物流

自贸区或保税区物流指预先将商品送至自贸区或保税区仓库，通过跨境电子商务实现商品的销售，再通过自贸区或保税区的仓储实现分拣、包装等，通过集中运输实现商品的物流与配送，这是依托自贸区或保税区的物流新兴服务模式。它能够实现规模经济效益、降低成本、缩短时间，还利于享受自贸区或保税区的优惠政策，尤其是在物流、通关、商检、收付汇、退税等方面可简化流程。

(五) 集货物流

集货物流是跨境电子商务飞速发展的一种产物，指先将商品运输到本地或当地的仓储中心，达到一定数量或形成一定规模后，通过与国际物流公司合作，将商品运到境外买家手中。集货物流有两种类型，一种是企业自身集货运输，这种物流运输模式主要适用于 B2C 平台本身，企业自己从国内供应商处采购商品，通过自身的 B2C 平台出售给国外买家，通过买入卖出赚取利润差价。另一种是通过外贸企业联盟集货，主要是利用规模优势和优势互补的原理，将一些货物相似的小型外贸企业联合起来，组成 B2C 战略联盟，通过协定成立共同的外贸 B2C 物流运营中心，这种类型的缺点是有较长的运输周期和复杂的物流程序，并且企业在前期需要投入大量的资金，对于许多中小型外贸企业，这笔费用是难以承受的。

(六) 边境仓

边境仓是指在临近国境线的邻国一侧设置或租赁仓库，事先将货物运送到仓库内，在网上接受订单之后，再在仓库组织发货。根据仓库选址位置，可以将边境仓分为绝对边境仓和相对边境仓。其中前者是指电子商务企业所在国与目的国接壤，并将仓库设置在邻国靠近两国边境线的附近，例如中俄跨境电子商务交易，在俄罗斯距离边境较近的地方设置物流仓库。相对边境仓是指跨境电商活动在两个不接壤的国家之间进行时，在买方国家边境附近设置物流仓库，例如中阿跨境电子商务活动，在与阿根廷接壤的国家边境线附近设置物流仓库,对买方来说,属于边境仓,对卖家来说属于海外仓。海外仓需要投入较高的管理成本,同时还可能存在库存积压风险,商品一旦送达后很难返回到国内,因为会产生较高的运输成本和时间成本,这就为边境仓的出现提供了机会。目前,有些国家经济发展走势不明朗,税收、金融、汇率政策波动较大,这对边境仓的设立都会产生推动作用。例如,巴西的税率较高,海外仓运营成本较高,为了解决这个成本管理问题,可以将仓库设置在其邻国境内,根据南美自由贸易协定开展跨境电子商务活动。

四、我国跨境电子商务物流发展现状

2014年国家先后开放上海、杭州、宁波、郑州、重庆、深圳、广州7个跨境电商试点城市,国家在政策层面上开始对跨境电商进行扶持,并且进入实质性试行阶段。目前7大试点城市都已经开始了试运行,试点城市内的跨境电商都可以开展正常报关、结汇、出口退税的相关工作,国家也可以对跨境电商的交易进行正常监管。伴随着中国政府大力支持跨境电子商务等新型贸易方式,国际快递业务仍将稳定增长,并且所占份额会进一步扩大,跨境电商物流现状会越来越好。

在跨境电商贸易中,物流企业扮演着重要角色,作为第三方物流的快递企业,与电子商务平台、网商企业的合作日趋密切,包括企业处理、货件管理、服务创新、运输网络、海关通关、人力资源等诸多方面。但跨境电商物流也存在种种弊端,这些弊端包括配送时间长、包裹无法全程追踪、不支持退换货,甚至会出现清关障碍和破损、丢包的情况。此外,消费者最关心的问题是运输成本和交货时间,由此可见,从客户需求出发,物流依然是跨境电商运营中的关键环节。

(一)跨境电子商务与国际物流发展不协调

跨境电子商务对国际物流有很强的带动作用,随着跨境电子商务的不断发展,其需要更加优质的国际物流服务,从传统货物的位置移动到更高效、更安全、更快捷、更多服务增值方向的发展,是现代电子商务对物流业发展提出的新要求。跨境物流反过来又会推动跨境电子商务发展,跨境物流服务质量会直接影响到电子商务客户服务满意度,跨境物流服务质量越高,跨境电子商务发展环境就越好。相反,国际物流成本居高不下、服务质量较低、增值服务较少,将会直接制约跨境电子商务的健康发展。因此,跨境电子商务与跨境物流之间需要保持协调发展关系,只有这样才能够实现二者共同健康发展。但是从当前情况来看,我国跨境物流发展严重滞后于跨境电子商务。

(二)跨境物流内部产业链各环节之间缺乏协调统一

跨境物流涉及多个运营环节,如仓储、运输、报关、检疫检验、质检、配送等。从上述可以看出,跨境物流比国内物流多了报关、检疫检验等国际物流环节。在海关与报关环节,更是涉及不同业务标准和法律法规,不同国家的海关、检疫检验执法和工作流程存在较大区别,因此跨境物流更加复杂、烦琐,存在更多不确定性因素的影响。目前,国际物流主要采用国际多式联运模式,其中可能会运用到多种交通运输工具,而不同货物种类、性质、质

量、体积等存在较大差异，因此对货运工具和方式的选择也存在明显区别。不同运输工具转换过程中也面临着各种风险和突发情况。另外，不同国家物流配套设施和行业法律标准存在较大差异，各国海关、质检、仓储业务流程不一，这都会导致物流环节之间存在不匹配的风险，从而制约跨境物流的发展。

（三）国内外物流环节之间缺乏协调统一

根据商品运动的特点和方向，可以将跨境物流分为三种类型，即国内物流、国际物流和目的国物流。虽然上述三大物流模块具有较强的互补性，但是在实际操作中存在缺乏协调统一性问题，导致跨境物流内部协同性水平偏低。国内物流与目的国物流由于受到物流配套设施、行业政策、行业标准差异的影响，因此二者之间缺乏有效衔接和协调；国际物流主要采用海陆空联运的方式，不同国家之间的物流服务质量和行业环境也存在较大差异，因此与前两者之间的衔接也存在较大障碍。除此之外，三大物流模块在信息共享方面缺乏完善的沟通机制，例如，客户可以查询国内物流进度信息，但是国外物流进度却没有提供相应信息。当前国内物流信息化已发展到了较高水平，但是国际物流与目的国物流信息化建设严重滞后，使国内外物流信息对接存在不同步、不统一的问题，严重制约了跨境物流服务质量的提高。

（四）跨境物流与文化、政策、风俗、宗教等环境缺乏协调统一

跨境物流需要与物流环境保持协调一致，这是保证其健康发展的重要前提条件。从当前情况来看，跨境物流在海外开展业务过程中，容易受到所在国风俗习惯、传统文化、宗教信仰、法律政策等因素的影响，不同国家通信、金融、运输、安保、技术等存在较大差异，这使跨境物流在不同国家衔接和对接方面可能遇到多种不利因素的影响。目前，不同国家的税收、法律、政策、贸易标准、产业保护政策等存在较大差异，这对跨境物流业的发展形成了巨大阻力。

物流在跨境电商业务中扮演着越来越重要的角色，将决定着未来各个公司的服务水平和市场竞争力。因此，包括阿里、京东等巨头在内，跨境电商企业均会在这一领域继续加大投入，提升服务。而除了现有的物流体系外，各大公司未来还会通过合作进行更多的尝试，以此创新跨境物流模式，提升物流效率。

★ 课堂案例

新冠病毒疫情期间的跨境电商

2019年的新型冠状病毒暴发以来，邮政快递企业在保障国内防疫物资、生活必需品、邮件、快件运输的同时，也积极支援国际疫情防控的工作。针对有消费者反映国际邮件、快件滞留海外的问题，国家邮政局给出了回应，国家邮政局政策法规司司长金京华介绍，疫情发生以来，国家邮政局组织邮政快递企业，通过境外中转、增加包机、开辟航线等方式来积极应对，努力构建国内和海外的防疫物资寄递运输的"绿色通道"。下一步，国家邮政局将在万国邮联等多边框架下，会同有关部门与相关国家和地区加强信息沟通、政策协调和行动配合，努力维护国际邮政网络的畅通。

顺丰航空公司已增开了到欧洲、印度和美国的航线，执行防疫物资包机210班，其中3月1日到14日承运从我国发往海外的口罩、防护服、手套等防疫物资108吨，涉及39个国家和地区。邮政航空公司增开了到俄罗斯、比利时的航线，执行防疫物资包机24班，运输邮件4.2万件、292吨，其中3月19日通过两趟专线航班，将江苏省捐赠的40万只口罩运到了日本和韩国。圆通航空公司执行防疫物资包机84班，承运物资超过了422吨，菜鸟网络也计划投入200架包机，努力打通中外双向物流，保障防疫物资和跨境电商物品的运输。

2019年，我国国际快递网络覆盖不到全球1/3的国家及地区，快递国际业务量占整个快递业务量的比例也不高。针对此问题，金京华表示，国家邮政局提出了"快递出海"工程，着力优化国际邮件交换站的布局，加快推进国际快件监管中心建设，进一步提升邮件、快件进出境效率；同时引导快递企业发展面向日韩、东南亚、俄罗斯等周边重点地区的服务，拓宽连接西欧、中亚、美洲等地区的寄递通道，推动进出口寄递业务量的双向提升。

国家邮政局支持快递企业与境外当地企业在仓储管理、落地配送等环节加强业务合作；支持快递企业与制造企业加强国际发展规划的有效对接，强化境外资源共享；加强与"一带一路"国家快递主管部门的政策沟通，营造良好的"走出去"环境，支持快递企业在海外扩大投资、创造就业、改善民生，为推动当地经济的发展贡献力量。

（案例来源：新浪网）

思考题：
分析2020年新冠病毒疫情对我国跨境电子商务发展的影响。

第四节　电子商务物流技术的应用

一、条码技术及其应用

（一）条码技术

条码由一组排列规则的条、空和相应的字符组成。条码一词来源于英语"Bar Code"，人们根据其构成图形的外观结构称其为"条码"或"条形码"等，我国国家标准统一使用"条码"一词。目前使用频率最高的几种码制是：EAN、UPC、三九码、交叉二五码和EAN128码。这里主要介绍商品条形码中的EAN码。

EAN码为国际物品编码协会规定的国际通用商品代码格式。EAN码有标准版的EAN-13码与EAN-8码。标准EAN-13码由13位数字构成，其结构为：$P_1+P_2+P_3+M_1+M_2+M_3+M_4+I_1+I_2+I_3+I_4+I_5+C$，其中的四个字母分别代表标识码、厂商代码、商品代码和校验码。其中，P_1-P_3是国际物品编码协会分配给其成员的标识代码，实际上就是国家或地区代码，如我国大陆为"690"，香港特别行政区为"489"。M_1-M_4为厂商代码，由4位阿拉伯数字组成，我国的厂商代码是由中国物品编码中心来分配的。I_1-I_5为商品项目代码，由5位阿拉伯数字组成,用以标识具体的商品项目,即相同价格和包装的同一种商品,商品项目代码由企业分配。C 为校验码,由 1 位阿拉伯数字组成,用以校验编码的正误,以提高条码的可靠性,校验码是根据标准算法计算得出的。如图 5-1 所示,"690"代表中国大陆,1-4 是厂商代码,5-9 是商品代码,2 为校验码。

图 5-1 EAN 码示意标准

(二)条码技术的应用

条码技术是在计算机的应用实践中产生和发展起来的一种自动识别技术。它是为实现对信息的自动扫描而设计的,是实现快速、准确而可靠地采集数据的有效手段。条码技术的应用解决了数据录入和数据采集的瓶颈问题,为供应链管理提供了有力的技术支持。从企业生产的角度来讲,企业为了满足市场需求多元化的要求,生产制造从过去的大批量、单调品种的模式向小批量、多品种的模式转移,给传统的手工方式带来更大的压力。手工方式效率低,由于各个环节的统计数据的时间滞后性,造成统计数据在时序上的混乱,无法进行整体的数据分析,进而给管理决策提供真实、可靠的依据。利用条码技术,建立对企业的物流信息进行采集跟踪的管理信息系统,通过对生产制造业的物流跟踪,满足企业针对物料准备、生产制造、仓储运输、市场销售、售后服务、质量控制等方面的信息管理需求。

1. 物料管理

现代化生产物料配套的不协调极大地影响了产品生产效率,杂乱无序的物料仓库、复杂的生产备料及采购计划的执行几乎是每个企业所遇到的难题。条码技术的解决思想如下。

(1)对需要进行标识的物料打印条码标签,以便于在生产管理中对物料的单件跟踪,从而建立完整的产品档案。

(2)通过将物料编码并打印条码标签,不仅便于物料跟踪管理,而且有助于做到合理的物料库存准备,提高生产效率,还便于企业资金的合理运用。对采购的生产物料按照行业及企业规则建立统一的物料编码,从而杜绝因物料无序而导致的损失和混乱。

(3)利用条码技术对仓库进行基本的进、销、存管理,有效降低库存成本。

(4)通过产品编码,建立物料质量检验档案、产品质量检验报告,与采购订单挂钩建立对供应商的评价体系。

2. 生产管理

条码生产管理是产品条码应用的基础,在生产中应用产品识别码监控生产,采集生产测试数据，采集生产质量检查数据，进行产品完工检查，建立产品识别码和产品档案，有序安排生产计划，监控生产及流向，提高产品合格率。

（1）制定产品识别码格式。根据企业规则和行业规则确定产品识别码的编码规则，保证产品规则化和唯一标识。

（2）建立产品档案。通过产品标识条码，在生产线上对产品生产进行跟踪，并采集生产产品的部件、检验等数据作为产品信息，当生产批次计划审核后建立产品档案。

（3）通过生产线上的信息采集点来控制生产的信息。

（4）通过产品条码，在生产线采集质量检测数据，以产品质量标准为准绳判定产品是否合格，从而控制产品在生产线上的流向及是否建立产品档案。

3. 物流条码及其应用

（1）物流条形码。物流条形码是在物流过程中以商品为对象、以集合包装为单位使用的条形码。它是用在商品装卸、仓储、运输和配送过程中的识别符号，通常印在包装外箱上，用来识别商品种类及数量，也可用于仓储批发销售现场的扫描结账。物流条形码的编码标准包括14位标准码与16位扩大码两种，主要介绍DUN-14码。

DUN-14码由14位数字组成，除第1位数字外，其余13位数字代表的意思与商品条码相同。物流条形码第1位表示物流识别代码，如物流识别代码中的"1"代表集合包装容器装6件商品，"2"表示装12件商品等。

（2）物流条码技术的应用：自动分拣、仓储保管、机场行李管理、运动中称量、货物跟踪查询。

二、射频识别技术应用

（一）射频识别技术概述

射频识别技术（Radio Frequency Identification，RFID）是利用无线电波对记录媒体进行读写。射频识别的距离可达几十厘米至几米，且根据读写的方式，可以输入数千字节的信息，同时，还具有极高的保密性。

射频识别技术适用的领域有物料跟踪、运载工具和货架识别等要求非接触式数据采集和交换的场合，要求频繁改变数据内容的场合尤为适用。如我国香港的车辆自动识别系统——驾易通，采用的主要技术就是射频技术，装有电子标签的车辆通过装有射频扫描器的专用隧道、停车场或高速公路路口时，无须停车缴费，大大提高了行车速度，提高了效率。射频技术在其他物品的识别及自动化管理方面也得到了较广泛的应用。

（二）射频技术的应用

RFID收转发装置通常安装在运输线的一些检查点上，接收装置收到射频标签信息后，连同接收地的位置信息上传至通信卫星，再由卫星传送给运输调度中心，送入企业的信息数据库中。

三、全球卫星定位系统应用

（一）全球卫星定位系统介绍

全球卫星定位系统（Global Positioning System，GPS），也叫同步测距全球定位系统，它是一个以空间为基地的导航系统，可以在全球范围内，全天候地为海上、陆地、空中和空间的各类用户连续不断地提供高精度的三维位置、三维速度和时间信息，是目前世界上精确度最高的一种太空无线电导航系统。

全球卫星定位系统由空间部分、地面部分和用户部分组成。空间部分是全球卫星定位系统的主体，由24颗卫星在距地球表面20 183千米的轨道上运行。地面部分的主要作用是监测、控制导航卫星的工作，它由中心控制站、地面监控站、数据发送站组成。全球卫星定位系统的用户要有一个卫星定位系统接收器，它重约500克，香烟盒大小。接收器随时可接收多个卫星传送过来的信号，提供经度、纬度和高度三项数据。用户可以精确地知道自己所处的位置、时间和速度，精确度可达一二十米。

全球卫星定位系统应用于军事遥测定位、飞机和轮船的时空信息提供、帮助登山运动员和出租车司机确定位置和方向。

（二）全球卫星定位系统的作用

（1）跟踪车辆、船舶。为了随时掌握车辆和船舶的动态，可以通过地面计算机终端，实时显示车辆、船舶的实际位置。

（2）信息传递与查询。利用GPS，一方面，管理中心可以向车辆、船舶提供相关的气象、交通、指挥信息；另一方面，也可以将运行中的车辆、船舶的信息传递给管理中心，实现信息的双向交流。

（3）利用GPS报警。及时掌握异常情况，接收求助信息和报警信息，迅速传递到管理中心，从而实施紧急救援。

（4）支持管理。GPS提供的信息可以实施运输指挥、监控、规划和选择路线，向用户发出到货预报等，有效地支持大跨度物流系统管理。

第五节　我国电子商务物流的现状及发展目标

一、我国电子商务物流的现状

随着国民经济全面转型升级和互联网、物联网发展，以及基础设施的进一步完善，电子商务物流需求将保持快速增长，服务质量和创新能力有望进一步提升，渠道下沉和"走出去"趋势凸显，将进入全面服务社会生产和人民生活的新阶段。

（一）电商物流需求保持快速增长

随着我国新型工业化、信息化、城镇化、农业现代化和居民消费水平的提升，电子商务向经济、社会和人民生活各领域渗透，与之对应的电商物流需求将保持快速增长。同时，电子商务交易的主体和产品类别愈加丰富，移动购物、社交网络等将成为新的增长点。

（二）电商物流服务质量和创新能力将显著提升

产业结构和消费结构升级将推动电商物流进一步提升服务质量。随着网络购物和移动电商的普及，电商物流必须加快服务创新，增强灵活性、时效性、规范性，提高供应链资源整合能力，满足不断细分的市场需求。

（三）电商物流"向西、向下"成为新热点

随着互联网和电子商务的普及，网络零售市场渠道将进一步下沉，呈现出向内陆地区、中小城市及县城渗透的趋势。这些地区的电商物流发展需求更加迫切，增长空间更为广阔。电商物流对促进区域间商品流通、推动形成统一大市场的作用日益突出。

（四）跨境电商物流将快速发展

统计数据显示，截至2018年年底中国跨境电商交易规模超9万亿元，达到9.1万亿元，2019年中国跨境电商交易规模已突破10万亿元，物流作为跨境电商中的重要组成部分，近年来跨境电商物流现状发展极快。另外，新一轮对外开放和"一带一路"倡议的实施，为跨境电子商务的发展提供了重大历史机遇，这必然要求电商物流跨区域、跨经济体延伸，提高整合境内外资源和市场的能力。

二、我国电子商务物流的发展目标

（一）建设支撑电子商务发展的物流网络体系

围绕电子商务需求，构建统筹城乡、覆盖全国、连接世界的电商物流体系。依托全国物流节点城市、全国流通节点城市和国家电子商务示范城市，完善优化全国和区域电商物流布局。根据城市规划，加强分拨中心、配送中心和末端网点的建设。探索"电商产业园+物流园"融合发展新模式，加强城际运输与城市配送的无缝对接，推动仓配一体化和共同配送，发展多式联运、甩挂运输、标准托盘循环共用等高效物流运作系统。

（二）提高电子商务物流标准化水平

在快速消费品、农副产品、药品流通等领域，重点围绕托盘、商品包装和服务及交易流程，做好相关标准的制定和应用推广工作。形成以托盘标准为核心，与货架、周转箱、托盘笼、自提货柜等仓储配送设施，以及公路、铁路、航空等交通运输载具的标准相互衔接贯通的电商物流标准体系。

（三）提高电子商务物流信息化水平

推动大数据、云计算、物联网、移动互联、二维码、射频识别技术、智能分拣系统、物流优化和导航集成系统等新兴信息技术和装备在电商物流领域的应用。重点提升物流设施设备智能化水平，物流作业单元化水平，物流流程标准化水平，物流交易服务数据化水平，物流过程可视化水平。引导发展智慧化物流园区（基地），推动建立深度感知的仓储管理系统、高效便捷的末端配送网络，科学有序的物流分拨调配系统和互联互通的物流信息服务平台。鼓励和支持电商物流企业利用信息化、智能化手段，加强技术和商业模式创新，推动电子商务与物流的融合发展、良性互动。

（四）推动电子商务物流企业集约绿色发展

鼓励传统物流企业充分利用既有物流设施，通过升级改造，增强集成服务能力，加快向第三方电商物流企业转型；鼓励电商企业和生产企业将自营物流向外部开放，发展社会化第三方物流服务。支持具有较强资源整合能力的第四方电商物流企业加快发展，更好地整合利用社会分散的运输、仓储、配送等物流资源，带动广大中小企业集约发展。支持电商物流企业推广使用新能源技术，减少排放和资源消耗，利用配送渠道回收包装物等，发展逆向物流体系。

（五）加快中小城市和农村电商物流发展

积极推进电商物流渠道下沉，支持电商物流企业向中小城市和农村延伸服务网络。结合农村产业特点，推动物流企业深化与各类涉农机构和企业合作，培育新型农村电商物流主体。充分利用"万村千乡"、邮政等现有物流渠道资源，结合电子商务进农村、信息进村入户、快递"向西、向下"服务拓展工程、农村扶贫等工作，构建质优价廉产品流入、特色农产品流出的快捷渠道，形成"布局合理、双向高效、种类丰富、服务便利"的农村电商物流服务体系。

（六）加快民生领域的电商物流发展

支持电商物流企业与连锁实体商店、餐饮企业、社区服务组织、机关院校等开展商品体验、一站式购物、末端配送整合等多种形式合作。加快以鲜活农产品、食品为主的电子商务冷链物流发展，依托先进设备和信息化技术手段，构建电子商务全程冷链物流体系。支持医药生产和经销企业开展网上招标和统一采购，按照 GSP（《药品经营质量管理规范》）要求，构建服务医药电子商务的网络化、规范化和定制化的全程冷链及可追溯的物流体系，确保药品安全。

（七）构建开放共享的跨境电商物流体系

加快发展国际物流和保税物流，构筑立足周边、辐射"一带一路"、面向全球的跨境电商物流体系。鼓励有实力的电商物流企业实施国际化发展战略，通过自建、合作、并购等方式延伸服务网络，实现与发达国家重要城市的网络连接，并逐步开辟与主要发展中国家的快递专线。支持优势电商物流企业加强联合，在条件成熟的国家和地区部署海外物流基地和仓配中心。促进国内外企业在战略、技术、产品、数据、服务等方面的交流与合作，共同开发国际电商物流市场。

复习思考题

1. 简述电子商务对物流产生的影响。
2. 简述物流在电子商务中的地位和作用。

案例分析题

2020年实现"千县万镇"24小时达

高品质物流服务，没有最快只有更快。京东物流正式发起"千县万镇24小时达"时效提速计划，该计划重点针对低线城市、城区、县城及周边乡镇，预计2020年年底实现，是京东物流引领整个物流行业时效升级的又一项重要行动。

众所周知，"快"是京东物流的重要服务标签，特别是在一、二线及三线城市"当日达"早已成为常态。京东物流网络规划相关负责人表示，此次"千县万镇24小时达"时效提速计划多措并施，包括仓储投入，将商品部署在距离乡镇客户更近的地方，运用消费大数据精准备货，提升商品满足率，提升低线城市服务体验；建设中转场地及投入智能设备，实现商品的高频率快速集散；通过运力与配送班次的加密，将偏远地区订单升级为每日一送或每日两送，提高当地配送时效，使24小时配送服务触达更多人群。

京东物流在低线市场的布局由来已久，现正迎来持续收获。从2007年自建物流开始，京东物流用10年时间完成了大件和中小件物流在中国大陆地区所有区县的全覆盖，有速度、有温度的高品质物流服务成为行业标杆。从多元化服务和时效来看，从最初的5~7天送达到如今的分钟级配送，京东物流面向消费者提供包括211限时达、次日达、京准达、京尊达、极速达等在内的多元化时效产品。

2019年"618"期间，京东物流低线城市的业务量同比增速远超一、二线城市，超过91%的仓配一体服务订单实现当日或次日送达，刷新行业记录。此前京东物流曾表示，随着低线城市布局完善，特别是开放物流后大量外部订单进入，订单密度大大提升，物流成本大幅下降，推动了京东物流在2019年第二季度实现盈亏平衡。随着低线市场巨大的消费潜力被充分挖掘，作为零售下沉和产业上行的载体，京东物流此次时效升级将大大提升消费体验。

通过"24小时达"，一方面将为全国消费者尤其是四至六线城市人群提供同等时效的极致物流服务，加快京东丰富、优质的商品送达；另一方面通过基础设施完善和物流服务渗透，将大大激发低线市场消费活力，同时拓宽当地农产品上行渠道，助力消费升级和区域经济发展。

物流是支撑国民经济发展的基础性、战略性、先导性产业，此前国家多部门出台政策推进物流基础设施建设，包括到2022年实现村村通快递，建制农村电商寄递配送全覆盖；加快完善县、乡、村三级农村物流网络节点体系，为实施乡村振兴战略、打赢脱贫攻坚战、决胜全面建成小康社会提供更加坚实的运输服务保障。在终端创新和场景搭建方面，京东物流基于不同配送范围创新了多种末端分布式配送场景，如送货到家、快递柜、便民点、星配站、校园派、智配中心和前置仓等，服务低线市场消费者的多样化需求；同时在超过6 000家社区门店提供便民代寄代收服务，预计2019年年底超过10 000家，全面覆盖低线城市用户。除了配送覆盖和时效提升，为给低线城市用户提供无差别服务，京东物流早在2015年就开创了京东帮的服务模式，与配送中心互为补充，以"一县一店"的方式，为低线城市用户提供大家电"营销、配送、安装、维修"一站式服务，并在县域基础上把服务下沉到辖区的所有村庄。京东物流还发挥技术优势，通过无人机常态化运送包裹，已经在陕西、江苏、海南、青海等多地的农村地区落地。

目前，京东物流在完善低线城市基础设施布局的同时，整合社会物流资源，提供一体化供应链服务能力，包括多行业定制化供应链解决方案、京东冷链网络搭建、京东云仓技术赋能等，通过多样化的模式创新为低线市场提供物流服务。随着24小时配送服务覆盖到大陆地区所有行政区县及周边乡镇，京东物流将在推动高品质物流普惠亿万消费者的同时，引领整个物流行业服务升级，为推动消费升级、激发中国经济活力发挥重要作用。

（案例来源：驱动中国）

思考：
1. 根据上述案例，分析京东物流的优势表现在哪些方面？
2. 分析电子商务物流的发展趋势有哪些？

第六章

跨境电子商务

学习目标

1. 了解跨境电子商务的概念和模式。
2. 掌握跨境电子商务支付手段。
3. 掌握跨境电子商务风险和纠纷管理办法。

案例导入

京东海囤全球更名京东国际，跨境电商竞争加剧

面对阿里收购网易考拉后在跨境电商领域占据半壁江山，京东希望通过整合平台资源来分割进口市场这一大蛋糕。

2019年11月22日，京东集团宣布旗下进口业务"海囤全球"正式更名为"京东国际"，并将推出百亿补贴计划。市场人士预计，未来跨境电商行业将成为阿里、京东的两强赛事，竞争进一步加剧。

据京东集团副总裁、京东国际业务负责人韩瑞介绍，区别于此前进口商品分布在各个品类和海囤全球的场景，京东国际将京东平台上的进口商品全部涵盖。

在2019的进博会上，京东提出未来3年采购4 000亿元进口品牌商品的计划，而阿里则提出5年实现2 000亿美元的进口额，可见各平台对进口商品市场均是"虎视眈眈"。

事实上，我国扩大进口利好政策不断出台，并且国内消费者对进口商品的需求日益强烈。据网经社电子商务研究中心发布的报告显示，2018年中国跨境电商交易规模达9万亿元，同比增长11.6%，其中进口跨境电商规模为1.9万亿元，同比增长26.7%。

虽然跨境电商交易规模不断增长，但目前国内海淘业务还存在着环节复杂、售价虚高、转运仓及层层代理等问题。

同时，2019年跨境电商的市场竞争格局已出现巨大变化。根据艾媒咨询数据显示，

2019年上半年，考拉以27.7%的市场份额排名跨境电商的首位，天猫国际、京东国际和唯品国际分别以25.1%、13.3%和9.9%的市场份额位列其后。

目前京东国际频道产品覆盖美妆、生鲜、奢侈品、日用品等全品类的进口商品，并且很多进口商品详情页面已注有"京东国际"字样。京东方面介绍称，未来将给所有进口商品进行标注，方便消费者选购。

（案例来源：《财经》新媒体）

第一节　跨境电子商务概述

21世纪以来，以互联网为代表的新技术席卷全球，新产业、新模式、新业态层出不穷，生产柔性化、消费定制化、流通网络化、贸易终端化正逐步成为发展潮流，以中小微企业及消费者个人作为贸易主体的跨境电子商务，正在引发全球经济贸易的深刻变革。

近年来，我国跨境电子商务一直保持高速增长，据海关统计，2019年我国跨境电子商务零售进出口总额达到1 862.1亿元，同比增长38.3%。跨境电子商务已经成为国际贸易领域极具竞争力的新业态、新模式和新引擎，是落实"一带一路"倡议的重要抓手，也是推进贸易强国建设、提升国际地位和影响力的重要选择。跨境电子商务作为推动经济一体化、贸易全球化的技术基础，具有非常重要的战略意义。跨境电子商务不仅冲破了国家间的障碍，使国际贸易走向无国界贸易，同时它也正在引起世界经济贸易的巨大变革。

对企业来说，跨境电子商务构建的开放、多维、立体的多边经贸合作模式，极大地拓宽了进入国际市场的路径，大大促进了多边资源的优化配置与企业间的互利共赢；对于消费者来说，跨境电子商务使他们非常容易地获取其他国家的信息并买到物美价廉的商品。

一、跨境电子商务的基本概念

跨境电子商务，简称为跨境业务，是指不同关境的交易主体通过电子商务平台达成交易，进行支付结算，并通过跨境物流送达商品、完成交易的一种国际贸易活动。跨境电子商务是基于网络空间的发展，网络空间是相对于物理空间的一个新的空间，是一个虚拟但在客观世界存在的站点。网络空间的独特价值和行为模式对跨境电子商务产生了深刻的影响，使其与传统的交易方式不同，并呈现出其自身的特点。

联合国于2000年就已经关注到了国际贸易和电子商务的关系，2010年国际邮政组织（IPC）在《跨境电子商务报告》中分析了2009年的跨境电子商务状况，但对跨境电子商务的概念也没有明确地界定，而是出现了"Internet Shopping""Online Shopping""Online Cross-border Shopping"等多个不同的说法。在eBay、尼尔森等著名公司及诸多学者的表述中也运用了不同的名词表达，如跨境在线贸易、外贸电子、跨境网购、国际电子商务等。阿里巴巴电子商务研究中心在2016年报告中对跨境电子商务概念的界定：广义的跨境电子商务是指分属不同关境的交易主体通过电子商务手段达成交易的跨境进出口贸易活动。狭义的跨境电子商务概念特指跨境网络零售，指分属不同关境的交易主体通过电子商务平台达成交易，进行跨境支付结算，通过跨境物流送达商品并完成交易的一种国际贸易新业态。跨境网络零售是互联网发展到一定阶段所产生的新型贸易形态。

总体来看，这些概念虽然表达不同，但还是反映了一些共同的特点：一是渠道上的现代性，即以现代信息技术和网络渠道为交易途径；二是空间上的国际性，即由一个经济体成员境内向另一个经济体成员境内提供的贸易服务；三是方式上的数字化，即以无纸化为主要交易方式。

二、跨境电子商务的分类

根据中国跨境电子商务企业在跨境商品交易流通环节中所处的地位和作用及商业模式的不同，跨境电子商务可以分为很多种类。本书采用两种分类方法，即按交易主体划分和按运营方式划分。

（一）按交易主体划分

按交易主体不同划分，跨境电子商务可以分为以下五类。

（1）B2B 跨境电子商务模式，该模式是指企业与企业之间通过互联网进行数据信息的交换、传递、共享，开展交易活动的跨境商业模式。

（2）B2C 跨境电子商务模式，该模式是指企业直接面向消费者的一种跨境电子商务模式，该模式一般以网络零售业为主。

（3）M2C 跨境电子商务模式，该模式是生产厂家直接为消费者提供产品或服务的一种跨境电子商务模式，在某些情况下，M2C 模式也是 B2C 模式的一种。

（4）C2C 跨境电子商务模式，该模式是现代跨境电子商务的一种交易模式，即个人与个人之间的跨境电子商务。

（5）O2O 跨境电子商务模式，该模式将线下的商业机会与互联网相结合，使互联网成为线下交易平台支撑的一种跨境电子商务模式。

（二）按运营方式划分

根据运营方式不同，跨境电子商务分为七种应用较为广泛的组合模式：跨境自营模式、跨境直营模式、导购返利模式、SNS 模式、闪购模式、"三直"模式和保税进口模式。

（1）跨境自营模式：在跨境自营模式下，大多数商品都需要平台自己备货，因此这是所有跨境进口电子商务经营模式里压力最大的一类。跨境自营模式可分为综合型自营跨境模式和垂直型自营跨境模式，目前综合性自营跨境 B2C 平台有亚马逊和 1 号店，它们所出售的商品以保税进口或者海外直邮的方式入境；垂直型自营跨境是指平台在选择自营品类时会集中于某个特定的范畴，如食品、奢侈品、化妆品、服饰等。

（2）跨境直营模式：该模式又称为 Dropshopping 模式。电商平台将接收到的消费者订单信息发给品牌商、批发商或厂商，它们则按照订单信息以零售的形式对消费者发送货物。由于供货商是品牌商、批发商或厂商，因此直发/直运是一种典型的B2C模式。直发/直运平台的部分利润来自商品零售价和批发价之间的差额。

（3）导购返利模式：该模式由引流部分和商品交易部分构成，优势是对信息流进行整合。引流部分可在较短时期内为平台吸引到不少用户，可以比较好地理解消费者前端需求。劣势是规模不易做大。

（4）SNS模式：该模式也称为社交电子商务，是商家基于店铺与买家之间的关系进行内容展示，关注店铺的买家可以收到卖家发布的动态信息，包括产品上新、买家秀、粉丝专享活动、导购文章等。此外，获得了直播权限店铺的直播视频也会同步展示到粉丝群，并且支持买家对相关的内容进行点赞和评论。

（5）闪购模式：该模式又称限时抢购，是以限时特卖的形式，定期、定时推出国际知名品牌的商品，以特别折扣供专属会员限时抢购。闪购模式起源于法国，一直是国外一些时尚电商比较推崇的商业模式。由于跨境闪购所面临的供应链环境比境内更复杂，因此在很长一段时间里，我国都处于小规模试水阶段。

（6）"三直"模式："三直"是指品牌厂商直接销售、消费者直接购买、产品从国外直邮到消费者手中，这样相当于消费者跟厂商直接签约，省去了中间商环节，销售成本会大幅降低，国外有的商品折扣也会第一时间到达国内。

（7）保税进口模式：该模式采用货物暂存模式，消费者在平台下单之后，货物直接从保税仓发出，节约了国际运输的时间，能够较快取到货物；对消费者而言也能够有较好的消费体验。保税进口模式能享受进口环节税的税收优惠政策，集中采购能够大幅降低商品的采购成本和物流成本，为进口产品带来更高的利润和更具竞争力的价格。

三、跨境电子商务的特点

跨境电子商务是基于网络发展起来的，不同于传统的交易方式而呈现出自己的特点。

（一）全球性

网络是一个没有边界的媒介体，具有全球性和非中心化的特征。依附于网络而发生的跨境电子商务也由此具有全球性和非中心化的特性。网络的全球性特征带来的积极影响是信息的最大程度的共享，消极影响是用户必须面临因文化、政治和法律的不同而产生的风险。任何人只要具备了一定的技术手段，在任何时候、任何地方都可以让信息进入网络，相互联系并进行交易。

（二）无形性

网络的发展使数字化产品和服务的传输盛行。数字化传输是通过不同类型的媒介如数据、声音和图像在全球化网络环境中集中进行的，这些媒介在网络中是以计算机数据代码的形式出现的，所以是无形的。传统交易以实物交易为主，而在电子商务中，无形产品可以替代实物成为交易的对象。以书籍为例,传统的纸质书籍,其排版、印刷、销售和购买被看作是产品的生产、销售。然而在电子商务交易中,消费者只要购买网上的数据权便可以使用书中的知识和信息。

(三) 匿名性

由于跨境电子商务的非中心化和全球性的特性,因此很难识别电子商务用户的身份和其所处的地理位置。在线交易的消费者往往不显示自己的真实身份和自己地理位置,重要的是这丝毫不影响交易的进行,网络的匿名性也允许消费者这样做。在虚拟社会里,隐匿身份的便利导致自由与责任的不对称。人们在这里可以享受最大的自由,却只承担最小的责任,甚至干脆逃避责任。这显然给税务机关制造了麻烦,税务机关无法查明应当纳税的在线交易人的身份和地理位置,也就无法获知纳税人的交易情况和应纳税额,更不要说去审计核实。电子商务交易的匿名性导致了逃税、避税现象的恶化,网络的发展,降低了避税成本,使电子商务避税更轻松易行。

(四) 即时性

对于网络而言,传输的速度和地理距离无关。传统交易模式,信息交流方式如信函、电报、传真等,在信息的发送与接收间,存在着长短不同的时间差。而电子商务中的信息交流,无论实际时空距离远近,一方发送信息与另一方接收信息几乎是同时的,就如同生活中面对面交谈。某些数字化产品(如音像制品、软件等)的交易,还可以即时清结,订货、付款、交货都可以在瞬间完成。电子商务交易的即时性提高了人们交往和交易的效率,免去了传统交易中的中介环节,但也隐藏了法律危机。

(五) 无纸化

电子商务主要采取无纸化操作的方式,这是以电子商务形式进行交易的主要特征。在电子商务中,电子计算机通信记录取代了一系列的纸面交易文件。用户发送或接收电子信息,由于电子信息以比特的形式存在和传送,整个信息发送和接收过程实现了无纸化。无纸化带来的积极影响是使信息传递摆脱了纸张的限制,但由于传统法律的许多规范是以规范"有纸交易"为出发点的,因此,无纸化带来了一定程度上法律的混乱。电子商务以数字合同、数字时间取代了传统贸易中的书面合同、结算票据,削弱了税务当局获取跨国纳税人经营状况和财务信息的能力,且电子商务所采用的其他保密措施也将增加税务机关掌握纳税人财务信息的难度。

跨国电子商务具有不同于传统贸易方式的诸多特点,而传统的税法制度却是在传统的贸易方式下产生的,必然会在电子商务贸易中漏洞百出。网络深刻地影响着人类社会,也给税收法律规范带来了前所未有的冲击与挑战。

第二节　跨境电子商务模式

一、B2B 模式

B2B 模式是在传统国际贸易基础上，借助互联网技术发展起来的电子商务模式，是电子商务中历史较长、发展较为完善的商业模式。传统企业间的交易，无论是销售、采购还是买卖双方之间的洽谈，往往都会消耗企业大量的资源和时间，而 B2B 模式的产生从交易流程上解决了这些问题。B2B 模式的应用使买卖双方可以在互联网上完成整个业务流程，使企业间的交易流程变得简单、清晰，从而降低企业的经营成本，扩大企业的活动范围，加快企业的业务发展。按运营方式的不同，B2B 模式可分为以下四种类型。

（一）垂直型 B2B 模式

面向制造业或面向商业的垂直型 B2B 模式，也称行业型 B2B，可分为上游和下游两个方向。生产商或商业零售商与上游的供应商形成供货关系，与下游的经销商形成销货关系。垂直型 B2B 模式通过专注某一行业，全力宣传相关产品，使用户能全面了解产品，从而促进交易的达成。

（二）水平型 B2B 模式

面向中间交易市场的水平型 B2B 模式，也称综合型 B2B 模式。该模式将各个行业中相近的交易过程进行资源整合，为企业的采购方和供应方提供一个更为宽泛的沟通机会和信息共享媒介。水平型 B2B 模式，一般借助第三方交易平台，整合销售商和采购商信息。采购商在此平台上不仅可以查找到销售商的相关信息，也可以搜索到同行竞争者的相关信息。

（三）自建型 B2B 模式

自建型 B2B 模式，指大型行业龙头企业基于自身的信息化建设的需要，搭建以自身产品供应链为核心的行业化电子商务平台。行业龙头企业通过自身的电子商务平台，串联起行业整条产业链，供应链上下游企业可以通过该平台获得资讯，进行交流沟通，最终实现交易。但此类电子商务平台过于封闭，缺少产业链的深度整合，并且一个独立网站的运营需要企业投入大量的资源成本，一般规模的企业难以达到最初建立平台所预想的效果。

（四）关联型 B2B 模式

关联型 B2B 模式是相关行业为了提升电子商务交易平台信息的广泛程度和准确性，整合垂直型 B2B 模式和水平型 B2B 模式建立起来的跨行业电子商务平台。此种模式投入少、见效快，是大部分中小企业进行网络推广的首选形式。

二、B2C 模式

随着信息技术的快速发展，跨境电商贸易的商业模式受到深刻影响，传统的商业模式被新兴管理理念不断冲击。随着大数据概念的提出，在新兴管理模式中，消费者的主导地位日益显现，商家愈来愈多地关注消费者的需求，迫切希望通过互联网线上数据的支撑，找寻到消费者本质的需求，以帮助商家通过"先需求后产品"的观念在纷繁复杂的国际市场中得到长足的发展。跨境电商 B2C 模式，使企业可以有针对性地研发匹配客户需求的产品，更加高效、准确地服务消费者，缩短商品中转时间，减少流通环节，降低商品价格，使双方在交易过程中互利共赢。B2C 模式有以下四种常见类型。

（一）综合型 B2C 模式

综合型 B2C 模式利用自身的品牌影响力，积极寻找跨境电商盈利点，培养核心业务竞争力。其行业跨度广、流量大，产品结构、种类都较为丰富，拥有广泛、忠诚的注册用户和众多合作伙伴。另外，综合型 B2C 模式拥有专业营销管理团队，以企业入驻为主，网站页面操作简单易行，只需根据销售情况及时补充库存即可完成企业端线上业务流程。例如，天猫国际商城，依托阿里巴巴品牌知名度，借助天猫国际化的背景，现已超过 5 400 个海外大牌入驻，包括母婴、美妆、个人护理、食品、保健、服饰等众多进口品类，是众多海外品牌旗下的中国地区官方旗舰店。

（二）垂直型 B2C 模式

垂直型 B2C 模式专注跨境电商某一领域的专业业务，与业内相关知名品牌生产商进行合作，拓宽线上销售渠道，使企业在垂直细分领域上做出特色。跨境电商垂直型 B2C 模式，使企业具备专业化竞争力，形成品牌影响力，通过精准营销，满足消费者的根本需求。例如聚美极速免税店，该网站专注跨境美妆产品，向消费者提供正品、极速、便宜的海外美妆商品，严格控制货品来源，海外采购后放置于由进口国官方政府海关监管的保税区内，消费者下单后，实行国内物流送货，提供 7 天包退、国内售后等多项服务。由于专注美妆行业，聚美极速免税店已成为中国地区跨境美妆行业前列品牌。

（三）第三方交易平台型 B2C 模式

第三方交易平台型 B2C 模式，是指中小型企业在人力、物力、财力等资源条件有限的情况下，借用第三方平台进行线上销售活动的一种商业运营模式。第三方交易平台型 B2C 模式行业跨度广、流量来源稳定，以企业入驻平台为主，入驻企业根据平台规则进行营销推广活动。在整个交易过程中，企业所选择的第三方交易平台对用户收取货款，待用户确认收货且无售后问题后，平台才会将货款支付给卖方企业，在最大程度上保障交易双方的利益。

第三方交易平台型 B2C 模式具有订单额度小、批次多、企业投入资金少等优点。企业在选择第三方交易平台时，会关注平台知名度和访客流量情况。在后期运营时，企业需要聘请清楚平台规则、熟悉网络营销策略、精通线上店铺运营的专业管理人员，而仓储物流则多由入驻企业自主负责。

（四）企业自主型 B2C 模式

企业自主型 B2C 模式，指企业为满足自身的个性化功能要求，根据公司发展需要，制定适合自身的营销策略，自主设计、研发平台功能的一种模式。此种模式可以实现线上销售业务。

企业通过自建网站，将丰富的销售经验与电子商务技术进行整合，在不影响企业原有线下产品利益的前提下，为线上销售专门设计相关产品系列，实行线上线下差异化销售。线下销售渠道继续保留，但通过改变产品性能等吸引线上用户交易，以减少商品中间流通环节，最大程度保障公司和消费者双方利益。

三、M2C 模式

在 M2C 模式下，产品直接由生产厂家销到消费者端，最大程度减少了商品流通环节，降低了销售成本，没有代理商与生产厂家间的交易差价。因为消费者所购买的产品就是由生产厂家提供的，所以可以购买到更加优惠的商品。除此之外，消费者在 M2C 平台购买产品后，可以直接享受厂家提供的各项售后服务，缩短了中间各环节的交涉时间，快速为消费者解决售后疑难问题，有效提高了购物体验。M2C 模式下，生产厂家可以通过售后渠道了解消费者的用户体验反馈，根据消费者的需求研发创新产品，而消费者可以快速感受到由生产厂家提供的前沿创新技术。总之，生产厂家与消费者可以形成良好的互动，一方面，生产厂家可以更加明确地了解消费者的需求；另一方面，M2C 也更有利于产品的创新和研发设计。M2C 具有以下特点。

1. 价格优势明显

M2C 模式下，生产厂家直接将产品销售给终端消费者，绕开了中间商，大幅削减了渠道费用，消费者所购买产品的提供者是生产厂家，在产品质量相同的情况下，其价格更具竞争力。

2. 与终端消费者形成互动

M2C 模式下，生产厂家将渠道终端消费者掌控在自己手中，将订单处理、物流运输、产品配送、消费者反馈等环节进行有效整合，建立一套完整、高效的销售渠道信息系统。通过这一系统，生产厂家建立消费者售后服务中心，及时处理消费者订单，解决消费者疑难问题，建立完善高效的服务和反馈机制，有效地与终端消费者形成互动，进一步提高消费者满意度和忠诚度。

3. 提供定制化服务

随着互联网应用的日益普及，消费者的需求呈现出多样化趋势，消费市场亦向着个性化演进。在个性化需求时代，传统营销手段已难以满足新型商业模式，而更多的是需要围绕消费者的需求展开产品的营销推广，从产品设计、开发、制造、推广等方面针对消费者的需求特点，提供个性化的产品和服务。

四、C2C 模式

1995 年由耶尔·奥米迪亚创办的线上拍卖网站——eBay 是最早的以 C2C 模式运营的网

站。独立个人可以以卖方身份在 eBay 上发布商品、出售商品。近年来，随着新兴科学技术的飞速发展和互联网的迅速普及，C2C 商业模式日益兴盛。在 C2C 模式中，电子交易平台供应商扮演着举足轻重的角色。

首先，互联网的涉及范围非常广泛，如果没有一个知名的、受买卖双方信任的供应商提供平台，将买卖双方聚集在一起，那么双方仅依靠在网络上漫无目的的搜索是非常难以发现彼此的存在的，并且也会失去很多商业机会。

其次，电子交易平台提供商往往还承担着监督和管理的职责，负责对买卖双方的诚信进行监督和管理，负责对交易行为进行监控，最大限度地避免欺诈等行为的发生，保障买卖双方的权益。

再者，电子交易平台提供商还需为买卖双方提供技术支持服务，具体包括帮助卖方建立个人店铺、发布产品信息、制定定价策略等；帮助买方比较和选择产品及电子支付等。正是由于有了这样的技术支持，C2C 模式才能够在短时间内迅速为广大普通用户所接受。

最后，随着 C2C 模式的不断成熟发展，电子交易平台供应商还需为买卖双方提供保险、借贷等金融类服务，更好地为买卖双方服务。而平台一般以会员费、交易提成费、广告费、排名竞价费等为主要盈利内容。

在跨境 C2C 模式下，一般运作流程为：首先，卖方将产品发布在 C2C 平台上；其次，买方通过平台得到产品资料和卖方的信用资料后选择欲购买的产品；然后，卖方通过交易平台受理订单，买卖双方通过支付平台进行货款收付；最后，卖方通过网站的物流运送机制将产品配送到买方处。

五、国内跨境电商平台介绍

近年来，我国跨境电子商务行业发展十分迅速，一方面由于国内电子商务市场竞争愈加激烈、市场容量日趋饱和，而国际市场对中国境内企业而言需要进一步开拓；另一方面，"中国制造"产品在世界上具有明显的产品竞争优势，中国企业通过跨境电商走出国门，直接参与国际市场竞争已成为必然趋势。

本节主要介绍阿里巴巴国际站和网易考拉海购两个国内跨境电商平台。

（一）阿里巴巴国际站

1. 阿里巴巴国际站简介

1999 年正式上线的阿里巴巴国际站（Alibaba.com）是由阿里巴巴集团创立的，是目前全球领先的跨境 B2B 电子商务平台。该平台现服务于全球数以千万计的采购商和供应商，是出口企业拓展跨境贸易业务的首选线上推广媒介。阿里巴巴是帮助中小企业拓展跨境贸易的出口营销推广平台，通过向海外买方展示、推广供应的企业和产品，进而使国内卖方获得贸易商机和出口订单。在这个平台上，买卖双方可以快速、便捷地进行企业搜索、商品筛选，可以更加高效、放心地达成协议。除此之外，阿里巴巴外贸综合服务平台亦提供一站式通关、退税、物流等服务，使外贸企业在出口流通环节上可以更加便利、顺畅。

2016年4月12日，阿里巴巴集团以10亿美元拿下东南亚第一大电商平台Lazada的控股权，这是中国电商企业在海外的最大单笔投资，引起了中国、东南亚甚至全世界电商行业的广泛关注。2018年5月，阿里以1.94亿美元的现金对价收购南亚领先的电商平台Daraz 100%的股权，在南亚、中亚地区定下了重要布局。2018年7月，阿里以7.28亿美元的现金对价收购了Trendyol约85%的股权。2018年12月，阿里以200万美元的现金对价收购了Trendyol额外的股权。2018年，阿里以4.45亿美元现金对价完成对印尼本国领先的电商平台Tokopedia注资；2018年12月，又以现金5亿美元对价购入Tokopedia新发行的优先股，投资完成后，累计持有Tokopedia约29%的股权。阿里巴巴首页详情如图6-1所示。

图6-1　阿里巴巴首页

2. 阿里巴巴国际站的优势

（1）知名度高。阿里巴巴作为全球性的商务交流社区和线上交易市场，在全球B2B电子商务领域具有较高的知名度，也是目前中国境内三大主流B2B外贸平台（Alibaba、Made-in-China、Global Sources）中业务容量、用户访问量上升最快的一个平台。另外，其服务对象主要针对国内中小型企业，业务辐射面较大，因此广告宣传推广力度也相应较大，加之国内淘宝网、诚信通等阿里巴巴旗下网站间的相互业务、口碑支撑，无形中扩大了阿里巴巴在国内外的影响力和知名度。

（2）功能完善。阿里巴巴以会员制的管理模式，帮助网站会员寻找买方、供应商等业务合作伙伴，并提供在线营销推广和销售服务等网站技术支持。同时，除了为网站用户提供最新的宏观行业详情信息，阿里巴巴也为用户提供大量的微观信息，如产品库、公司库及供应、求购、代理、合作、投资融资、招聘等相关资讯，方便注册会员寻到有用的商业信息，做出正确的企业经营决策。总之，阿里巴巴是一个综合型、功能完善的应用型跨境B2B电商平台，不仅帮助中小型企业树立品牌形象，拓展商务合作，也为注册会员提供了一个即时交流的媒介。

（3）帮助企业成长。阿里巴巴为了帮助中小型企业在跨境贸易业务中快速成长，在国际市场中占有一席之地，经常提供在线培训和在线咨询服务，帮助企业打造专属的电子商务运营执行方案。客服人员根据企业需要，会采用"一对一"对接形式，与企业深入探讨运营中出现的问题，提出解决方案，以帮助企业实现盈利。

（二）网易考拉海购

1. 网易考拉海购简介

网易考拉海购（Kaola.com）是网易旗下以跨境业务为主的综合型电商平台，于2015年1月9日公测，销售品类涵盖母婴、美容彩妆、家居生活、营养保健、环球美食、服饰箱包、数码家电等。考拉海购提供给消费者100%正品及质美价优、无忧退货、快捷配送等优质服务，为消费者提供海量海外商品购买渠道，并帮助用户"用更少的钱过更好的生活"，助推消费和生活的双重升级。

考拉海购主打自营直采的理念，在美国、德国、意大利、日本、韩国、澳大利亚和中国香港地区设有分公司或办事处，深入产品原产地直采高品质、适合中国市场的商品，从源头杜绝假货，保障商品品质的同时省去诸多中间环节，直接将产品从原产地运抵国内，在海关和国检的监控下，储存在保税区仓库内。除此之外，考拉海购还与海关联合开发二维码溯源系统，对产品质量进行严格把控。

2015年6月，考拉海购被授予"杭州跨境电商综试区首批试点企业"。鉴于其在经营模式、营销方式、诚信自律等方面取得的成绩，2016年1月，考拉海购获得由中国质量认证中心认证的"B2C商品类电子商务交易服务认证证书"，认证级别为四颗星，是国内首家获此认证的跨境电商企业，也是国内首家获得最高级别认证的跨境电商平台。

为将考拉海购打造成战略级媒体驱动型电商，网易集团投入了大量的优质资源，网易帮助考拉海购解决了商家和消费者之间信息不对等的现状。考拉海购凭借自营模式、定价优势、全球布点、仓储、海外物流、资金和保姆式服务七大优势，仅用一年时间就跻身跨境电商第一梯队，成为增长速度最快的电商企业之一。

2. 网易考拉海购优势

（1）自营模式。考拉海购主打自营直采模式，成立专业采购团队深入产品原产地，对所有供应商的资质进行严格审核，并设置了严密的复核机制，从源头上杜绝假货，从而保证商品的安全性。目前，考拉海购已与全球数百个优质供应商和一线品牌达成战略合作伙伴关系。

（2）定价优势。考拉海购主打的自营模式拥有自主定价权，可以通过整体协调供应链及仓储、物流、运营的各个环节，根据市场环境和竞争节点调整定价策略。考拉海购降低采购成本，控制定价，做到不仅尊重品牌方的价格策略，更重视中国消费者对价格的敏感和喜好。

（3）全球布点。考拉海购在旧金山、东京、首尔、悉尼、中国香港等10多个地区成立了分公司和办事处，采用大批量规模化集采的模式，实现更低的进价，甚至做到"海外批发价"。

（4）仓储。网易考拉加速跨境仓储布局，已率先在福州、合肥、唐山等15个跨境综合试验区和试点城市进行了仓网布局，保税仓面积超过100万平方米。在线下，考拉全球工厂线下店计划开设到15家，目前已经入驻杭州、上海、成都、郑州等8个城市。

（5）海外物流。考拉海购虽然没有自建物流，但与中外运、顺丰等物流公司建立了良好的合作伙伴关系，还采用了更好的定制包装箱服务，使用户享受标准化的物流服务。此外，考拉海购已建立一套完善的标准，通过与中国外运合作整合海外货源、国际运输、海关国检、保税园区、国内派送等多个环节，打通整条产业链。

（6）资金。考拉海购借助网易集团的雄厚资本，可以在供应链、物流链等基础设施上投入建设，同时也能持续采用低价促销策略，吸引更多用户。

（7）保姆式服务。考拉海购能够向海外厂商提供从跨国物流仓储、跨境支付、供应链金融、线上运营、品牌推广等一整套完整的保姆式服务，解决海外商家独自开拓中国市场所面临的语言、文化、运输等商业障碍。考拉海购的目标就是使海外商家节约成本，使中国消费者享受低价。

七、国外跨境电商平台介绍

美国作为全球较大的电子商务市场，线上交易频繁，优质品牌众多。由于通胀率较低，美国的跨境电子商务网站成为各国在线采购的主要网站之一，这也使美国成了跨境电子商务网站的发源地。本节主要介绍Amazon（亚马逊）、eBay（易贝）两个具有代表性的国外跨境电子商务交易平台。

（一）亚马逊

1. 亚马逊简介

成立于1995年的亚马逊，是美国目前最大的网络电子商务公司，总部位于华盛顿州西雅图。作为互联网上最早开始的电子商务公司之一，亚马逊早期只专注于书籍的网络销售业务，随着公司规模的激增及全球业务的扩张，亚马逊现已成为全球商品品种最多的网上零售商和全球第二大互联网企业。

亚马逊及其销售商为用户提供数百万种独特的全新、翻新及二手商品，如图书、影视、音乐和游戏、数码下载、3C数码、家居园艺用品、玩具、婴幼儿用品、食品、服饰、鞋类和珠宝、健康和个人护理用品、体育及户外用品、汽车及工业产品等。

2004年8月，亚马逊全资收购中国卓越网，使亚马逊这一全球领先的网上零售网站与中国卓越网深厚的国内市场经验碰撞结合，为中国跨境电子商务的发展翻开崭新一页。随着亚马逊商业帝国的逐步成型，2019年，亚马逊在全球100大最具有价值品牌中位居榜首。亚马逊中国首页如图6-2所示。

图 6-2　亚马逊中国首页

2. 亚马逊平台优势

（1）亚马逊物流。亚马逊物流（Fulfillment By Amazon，FBA），是由亚马逊提供的包括仓储、拣货打包、派送、代收款、客服与退货处理在内的一条龙式物流服务。亚马逊拥有遍布全球各地的仓储中心，系统会自动根据用户收货地址安排最近的仓库进行发货，从而提高配送时效。FBA 还能帮助卖方提高产品排名，抹掉由物流引起的差评，进而提高用户满意度和忠诚度，从而增加产品销售量。

（2）平台功能强大。亚马逊公司内大约 20% 的员工是做软件研发相关工作的，从商品检索系统、产品交易系统到支付结算系统，每一部分都经过亚马逊工程师的精心设计和反复测试，最大程度上保证了亚马逊网站服务的安全性、可靠性、友好性及功能性。无论是买方入口还是卖方入口，均可实现快捷、高效、顺畅的商品交易。

（3）成本较低。亚马逊采用网络 B2C 营销推广模式，减少了传统营销方式所必需的店铺和营销人员相关费用，为企业节约了成本。此外，亚马逊使用先进、便捷的订单处理系统以降低人工错误率，并且在财务管理上削减成本，最大程度上降低运营成本，较低的企业运营成本也是亚马逊促销成功的保证。

（4）优质服务。一方面，亚马逊在站内免收货物运费及接受消费者无条件退货，向广大消费者提供了非常便捷和人性化的服务。另一方面，亚马逊在服务和建立用户关系上投入了大量时间、金钱和精力。当一个顾客想要得到帮助时，会有客服人员接管顾客咨询，并及时回复顾客的信息。

（二）eBay（易贝）

1. eBay 简介

eBay 于 1995 年 9 月成立于美国加州圣荷西，是全球电子商务与在线支付的领先者，为不同规模的商家提供了公平竞争与发展的机会。eBay 旗下的主要业务包括全球领先的在线交易平台 eBay、在线支付工具 PayPal，以及为全球企业提供在线零售渠道和实体经营模式的商务服务 eBay Enterprise。同时，eBay 还拥有其他专门的交易平台来服务数以百万的全球用户，其中包括全球最大的票务市场 Stub Hub 和社区分类广告网站 eBay Classifieds。eBay 在全球范围内拥有 1.2 亿活跃用户，并上线了超过 4 亿件个人或商家的商品，其中以全新的"一口价"商品为主。eBay 可提供个性化的购物体验，网站通过移动应用程序实现消费者与全球商品的无缝连接。而 eBay 旗下的在线支付工具 PayPal，在全球范围内拥有超过 1.32 亿活跃用户，服务遍及全球 193 个国家及地区，共支持 26 种货币付款交易。数据显示，通过 PayPal 提供的跨地区、跨币种、跨语言的支付服务，用户可以在全球范围内开展电子商务业务，日处理交易量达到 760 万笔。可以说，支付工具 PayPal 的快速发展为 eBay 线上业务的迅速扩张提供了有力保障。eBay 首页如图 6-3 所示。

图 6-3　eBay 首页

eBay 在中国境内致力于推动中国跨境电子商务的发展，为中国跨境业务开辟直接面向海外市场的销售渠道。几十万的中国企业和个人用户，通过 eBay 在线交易平台和 PayPal 支付解决方案，将年销售规模高达两百多亿美元的产品和服务售往世界各地。

为了更好地帮助中国卖家在 eBay 平台上进行销售，"eBay 中国"成立了专业的跨境交易服务团队，为中国境内卖家提供专业的跨境交易认证、业务咨询、疑难解答、外贸专场培训、洽谈、物流优惠等一系列服务，帮助中国卖家顺利开展全球业务。PayPal 则利用广阔的海外渠道和合作网络帮助中国企业迅速开拓全球市场，建立品牌认知度和信任度。PayPal 针对中国市场，着力于为中小商户提供"一站式"在线外贸解决方案，帮助中国企业解决从网店搭建、营销推广、在线支付到跨境物流等一系列难题。

2. eBay 平台优势

（1）网站访问量大。eBay 拥有美国、德国、英国、法国、澳大利亚等 40 多个国家或地区站点，市场成熟，是遍布全球最广的购物平台和全球最大的电子商务外贸平台。平台拥有全球近 3 亿买家，以及每天 10 亿次的浏览量。

(2) 支付系统功能强大。PayPal 是目前全球使用最为广泛的网上交易工具，是国际贸易中最常用的支付工具。PayPal 支持快捷支付，并接收包括美元、加元、欧元、英镑、澳元和日元等 25 种国际主要流通货币，是集国际信用卡、借记卡、电子支票等为一体的国际支付方式，帮助买卖双方解决各种交易过程中遇到的支付难题。在跨国交易中超过 95% 的卖家和超过 85% 的买家认可并正在使用 PayPal 电子支付业务。

第三节　跨境电子商务支付

在跨境贸易中，作为支付工具的有货币和票据两种。票据是指出票人约定自己或委托付款人见票时或在指定的日期向收款人或持票人无条件支付一定金额，并可以流通转让的有价证券。目前在国际货款结算中，货币较少使用，主要的支付工具为票据。票据是各国通行的结算工具和信用工具，主要包括汇票、本票和支票，在实际交易中，汇票使用最多。

一、汇票

汇票（Bill of Exchange/Draft）作为一种典型的票据，是一种有价证券，能够准确无误地表达当事人债权债务关系，并得到法律的有效保障，可以集中体现票据的基本功能。

（一）汇票的概念

根据我国 1996 年 1 月 1 日施行的《中华人民共和国票据法》（以下简称《票据法》）第十九条规定：汇票是出票人签发的，委托付款人在见票时或者在票据指定日期无条件支付确定的金额给收款人或持票人的票据。简而言之，它是一方开给另一方无条件支付的书面命令。汇票涉及三个基本当事人，即出票人（Drawer）、付款人（Payer）和收款人（Payee），收款人也称受票人（Drawee）。汇票进入流通领域后，会出现流通当事人（Remote Party），即背书人（Endorser）、被背书人（Endorsee）和持票人（Holder）。

(1) 出票人：开立和签发汇票并向其他人交付汇票的人。

(2) 付款人或受票人：接受支付命令付款的人。在进出口业务中，通常是进口人或其指定的银行。

(3) 收款人：收取票款的人，即汇票的受益人。在进出口业务中，通常是出口人或其指定的银行。

(4) 背书人：收款人不拟凭票取款，而在汇票背面签章并交付给受让人转让票据权利的情况下，收款人成为第一背书人，以后若汇票继续转让，会出现第二、第三背书人。

(5) 被背书人：接受背书的人。当他接受背书的汇票而再将汇票转让时，就称为另一背书人。背书人若不转让汇票，则称为持票人。

(6) 持票人：拥有票据的人，包括收款人和被背书人。

（二）汇票的主要内容

根据各国票据法的规定，汇票的必要项目必须齐全，否则，受票人有权拒付。汇票一般包括如下几项基本内容。

（1）注明"汇票"字样，通常以"Exchange"或"Draft"表明，以与其他票据（如本票、支票）加以区别。

（2）无条件支付命令，即汇票的支付命令不加任何限制，不带任何附加条件。若附加，则汇票无效，这有利于保障汇票付款的切实、可靠，有利于保护票据权利人的票据权利。

（3）出票地点和出票日期，出票地点对国际汇票具有重要意义，因为国际惯例遵循行为的法律原则，出票行为在某地发生，就以所在地国家的法律为依据，并以此来确定汇票必要项目是否齐全，汇票是否成立和有效。

（4）付款时间和付款期限，付款时间和期限是付款人履行付款义务的日期。常见的有：即期付款、定期付款和延期付款。

（5）一定金额的货币，汇票是以支付一定金额货币为目的的金钱证券，因此确定的金额在全国票据法中都被视为绝对必要项目。

（6）收款人名称，收款人是指出票人在汇票上记载的受领汇票金额的最初票据权利人，汇票上收款人的记载通常称为"抬头"。根据抬头的不同写法，可确定汇票的可流通性和不可流通性。

（7）付款人名称和付款地点。

（8）出票人签章。

我国《票据法》第二十三条作了以下规定："汇票上记载付款日期、付款地、出票地等事项的，应该清楚、明确。汇票上未记载付款日期的，为见票即付。汇票上未记载付款地的，付款人的营业场所、住所或者经常居住地为付款地。汇票上未记载出票地的，出票人的营业场所、住所或者经常居住地为出票地。"

以上八项为任何一张汇票都需具备的项目，另外各国票据法还允许汇票载有一些其他内容，如汇票号码、利息和利率、禁止转让、对成套汇票的说明、出票条款、无追索权的声明等。

（三）汇票的种类

1. 按照出票人的不同，可分为银行汇票和商业汇票

（1）银行汇票（Bank's Draft）。银行汇票的出票人和付款人都是银行。在国际结算中，银行汇票签发后，一般交汇款人，由汇款人寄交国外收款人，向指定的付款银行取款。出票行签发汇票后，必须将付款通知书寄到国外付款行，以便付款行在收款人持票取款时进行核对。票汇中使用的就是银行汇票，银行汇票一般为光票，不随附货运单据。

（2）商业汇票（Commercial Draft）。商业汇票的出票人是工商企业或个人，付款人可以是工商企业或个人，也可以是银行。在国际结算中，商业汇票通常由出口人开立，向国外进口人或银行收取货款时使用的汇票。商业汇票的出票人不必向付款人寄送付款通知书。商业汇票大多附有货运单据。

2. 按照是否附有货运单据，可分为光票和跟单汇票

（1）光票（Clean Draft）。光票指在流通过程中不附带货运单据的汇票。光票的出票人既可以是工商企业或个人，也可以是银行。付款人同样也可以是工商企业、个人或银行。光票的流通全靠出票人、付款人或出让人（背书人）的信用。在国际结算中，一般仅限于贸易的从属费用、货款尾数、佣金等的托收或支付时使用。银行汇票在使用中多采用光票。

（2）跟单汇票（Documentary Draft）。跟单汇票指在流通过程中附带货运单据的汇票。跟单汇票的付款以交付货运单据，如提单、发票、保险单等单据为条件。汇票的付款人要取得货运单据提取货物，必须付清货款或提供一定的保证。跟单汇票体现了钱款与单据对流的原则，为进出口双方提供了一定的安全保证。因此，在国际货款结算中大多采用跟单汇票为结算工具。

3. 按照付款时间的不同，可分为即期汇票和远期汇票

（1）即期汇票（Sight Bill）。即期汇票指在提示或者见票时立即付款的汇票。即期汇票无须承兑，汇票上没有明确表示付款日期，也没有注明到期日，即可视为见票即付的汇票。

（2）远期汇票（Time Bill）。远期汇票是指一定期限或在将来一个可以确定的日期付款的汇票。远期汇票的付款时间有如下四种。

①见票后若干天付款：如 At 60 days after sight。

②出票后若干天付款：如 At 45 days after date of draft。

③提单签发日后若干天付款：如 After 30 days after date of bill of lading。

④指定日付款：如 15th, Dec. 2019。

上述四种表示方法中，第一种"见票后若干天付款"使用最多，"提单签发日后若干天付款"次之，其他两种较少采用。

4. 按照承兑人不同，远期汇票可分为商业承兑汇票和银行承兑汇票

（1）商业承兑汇票（Commercial Acceptance Bill）。商业承兑汇票指由一家工商企业开立的，以另一家工商企业为付款人的远期汇票，在另一家工商企业承兑后，该汇票即为商业承兑汇票。商业承兑汇票是建立在商业信用基础上的一种汇票。

（2）银行承兑汇票（Bank's Acceptance Bill）。银行承兑汇票是指由一家工商企业开立的，以一家银行为付款人的远期汇票，在银行承兑后，该汇票即为银行承兑汇票。一张汇票，银行承兑后即称为该汇票的主债务人，而出票人则称为从债务人，或称次债务人。所以，银行承兑汇票是建立在银行信用的基础之上的，方便在金融市场上流通。

5. 按汇票适用地区不同，可分为国内汇票和国外汇票

（1）国内汇票（Inland Draft）。国内汇票的出票地和付款地在同一国境内，汇票的流通也在国内。

（2）国外汇票（Foreign Draft）。国外汇票指汇票出票地和付款地的一方或双方均在国

外，汇票的流通涉及两国以上。根据我国《票据法》规定，国外汇票的票据行为既有发生在我国境内的，也有发生在我国境外的。

一张汇票可以同时具备以上几种性质。如一张商业汇票同时又可以是即期的跟单汇票；一张远期的商业跟单汇票同时又是商业承兑汇票。

（四）汇票的使用

汇票因为有即期和远期之分，所以其使用程序略有差异。即期汇票的使用程序一般为：出票→提示→付款。远期汇票的使用程序一般为：出票→提示→承兑→付款。

1. 出票

出票是指出票人在汇票上填写付款人、付款日期、付款金额、付款地点及收款人等项，经签字后交给受票人的行为。出票应包括两个方面的内容：一是要编制汇票并签字；二是要提交汇票。只编制而不提交不叫出票，该汇票也没有生效。出票人签发汇票后，即承担该汇票被承兑或付款的责任。当汇票得不到承兑或付款时，持票人可以向出票人追索。

2. 提示

提示是指持票人将汇票提交给付款人要求承兑或付款的行为。提示分为付款提示和承兑提示。不论付款提示，还是承兑提示，均应在规定的有效期内进行，否则会丧失对其的追索权，特别是远期汇票的承兑提示和即期汇票的付款提示。我国《票据法》规定：即期和见票后定期付款汇票自出票日后一个月内执行；定日付款或出票后定期付款汇票应在到期日前向付款人提示承兑；已经承兑的远期汇票的提示付款期限为自到期日起10日内。

3. 承兑

承兑是指付款人对远期汇票表示承担到期付款责任的票据行为。承兑包括两个动作：一是付款人在汇票上写"承兑"字样，并注上日期和签名；二是把承兑的汇票交还持票人或另制承兑通知书交给持票人。远期汇票一经承兑，付款人称为承兑人，是汇票的主债务人，而出票人则退居为从债务人。持票人可将汇票在市场上背书转让，使其流通。

4. 付款

付款是即期汇票的付款人和远期汇票的承兑人接到付款提示时，履行付款义务的行为。持票人获得付款后，应在汇票上签收，并将汇票交给付款人查存。汇票一经付款，汇票上的债权债务即告结束。

5. 背书

国际市场上，汇票是一种流通工具，可以流通转让。背书是转让票据权利的一种法定手续，是由持票人在汇票背面签上自己的名字，或再加上受让人即被背书人的名字，并把汇票交给受让人的行为。经背书后，汇票的收款权利便转移给受让人。汇票可经过背书不断转移下去。对于受让人来说，所有在他以前的背书人及原出票人都是他的"前手"。对出让人来讲，在他后面所有的受让人都是他的"后手"。前手对后手负有担保汇票必须被承兑或付款的责任。汇票转让次数越多，为汇票权利进行担保的人就越多。

6. 拒付

拒付是指持票人提示汇票要求承兑或付款时拒绝承兑或付款的行为，也称为退票。无论即期汇票，还是远期汇票，均有可能遭到拒付。

拒付包括拒绝付款和拒绝承兑两个内容。付款人或承兑人死亡、逃匿、被依法宣告破产或因违法被责令停止业务活动等情况下，付款行为实际上已不可能，所以这种行为也属于拒付。在付款人对票据虽不明示拒付，但是迟迟不付款或不承兑时，持票人也可以认为票据已被拒付。遭到拒付后，持票人有权通知其前手，直至通知到出票人，这种行为被称为拒付通知。同时由公证人出具一份证明拒付事实的文件，这个文件被称为拒绝证书。

二、本票

本票是一种支付承诺，是出票人签发的，承诺自己在见票时无条件支付确定金额给收款人或持票人的票据。本票的当事人，分别为出票人与收款人。

（一）本票的基本内容

按照我国《票据法》第七十六条规定，本票需要记载下列几项内容。

（1）注明"本票"字样。

（2）无条件支付的承诺。

（3）收款人名称或其指定人。

（4）出票日期和地点。

（5）出票人签章。

本票上未记载规定以下事项之一的，视为无效。

（1）本票上未记载付款地，出票人的营业场所为付款地。

（2）本票上未记载出票地，出票人的营业场所为出票地。

（二）本票的种类

本票按出票人的不同分为一般本票和银行本票。

（1）一般本票：出票人是企业或个人，也称为商业本票，有即期和远期之分。

（2）银行本票：出票人是银行，只有即期。

在国际贸易结算中使用的本票，应该送至银行处核对，防止假票或透支。

（三）本票的特点

与汇票相比，本票具有以下特点。

（1）性质：本票承诺由自己付款，而不是命令他人付款。

（2）当事人：本票只有出票人和收款人两个当事人，出票人就是付款人。

（3）承兑：本票的出票人就是付款人，无须承兑。

(4) 付款责任：本票的出票人即主债务人，因而承担在规定期限内付款的责任。

(5) 份数：本票只能一式一份，不能多开。

三、支票

支票指存款人向银行开立的无条件支付一定金额的委托或命令，是一种特殊的汇票，是以银行为付款人的即期汇票，是替代现金的一种支付工具。

（一）支票的基本内容

根据我国《票据法》，支票应包含以下几项内容。

(1) 注明"支票"字样。

(2) 无条件的支付委托。

(3) 出票日期和地点。

(4) 出票人签章。

(5) 付款银行名称、地址。

(6) 须写明"即付"字样。如未写明即期，视为即期支付。

(7) 收款人或其指定人。

（二）支票的种类及注意事项

支票分为一般支票、划线支票、记名支票、不记名支票、保付支票和银行支票。使用支票要注意以下几点。

(1) 支票金额不能超过实际存款额。

(2) 支票到手并不意味着货款到手，有时也会出现突发状况，例如客户的银行账户被冻结，买方向出票银行称支票丢失等，银行都会停止付款。

(3) 因为支票付款后一般有 7~10 天的退单期，在这期间出票人都有权要求退回支票款，所以支票付款即使到账也不能算资金收妥。

（三）支票的特点

与汇票相比，支票具有以下特点。

(1) 当事人：支票的出票人一定是银行存款用户，付款人一定是其开户行。

(2) 承兑：支票都是即期的，不需要经过承兑。

(3) 权利：出票人可以向付款银行发出办理支票止付手续的通知。

(4) 付款责任：支票的主债务人是出票人。

(5) 保存：银行对支票可以保存。

(6) 份数：支票只能开出一张。

四、普通银行电汇

电汇指本地银行（汇出行）根据债务人提出的请求，以电报或电传等信息工具委托债权人所在地的分行或代理行（汇入行）付款给债权人的行为。采用电汇方式，收款人可以快速收款，安全性高，有利于资金的合理流转，但是费用较高。

实际跨境电商进出口业务中，电汇 T/T（指本地银行根据债务人提出的请求，以电报或电传等信息工具委托债权人所在地的分行或代理行付款给债权人的行为）分为预付、即期和远期。通常情况下，电汇常用的是预付 30% 货款作为定金，余下 70% 见提单付款复印件支付。定金的比例越大，出口商的风险越小。T/T 付款有以下三种方式。

（1）前 T/T：先收款，后发货。在发货前付款，也就是预付货款，对买方来说风险比较大。

（2）后 T/T：先发货，后收款。全部发货后付款，对卖方来说风险较大。

（3）先定金，再余款。

五、线上支付公司

PayPal 是目前全球最大的网上支付公司，直属 eBay 旗下，通过打造第三方支付平台，使个人或企业借助电子邮件可以更加安全、简单、便捷、高效地实现在线付款和收款。PayPal 集国际流行的信用卡、借记卡、电子支票为一身，帮助买卖双方解决各种交易过程中的支付难题。PayPal 是从买方角度出发考虑问题，倘若在交易当中，买方有任何不满意都可以提出申诉，一旦落实，卖方将无法拿到钱款。

（一）支付流程

如果付款人欲通过 PayPal 向收款人支付一笔款项时，可以分为如下几个步骤。

（1）当需要付款时，付款人需要有一个电子邮件地址以注册 PayPal 账户，并提供信用卡或者银行卡等相关资料完成注册，通过验证成为其用户。

（2）付款人启动向第三方付款流程时，需先进入 PayPal 账户，填写汇出金额，然后向 PayPal 提供收款的相关电子邮件账号。

（3）随后，PayPal 会向商家或收款人发出电子邮件，告知会有款项入账。

（4）如果商家或收款人也是 PayPal 用户，在决定接收款项后，款项就会转移给收款人；如果商家或收款人不是 PayPal 用户，收款人需要根据邮件提示内容进入 PayPal 网站进行账户注册，收款人也可以选择由他人代收款项。

PayPal 采用的销售模式是一种"邮件病毒式"的商业拓展模式，如果收款人已经是 PayPal 用户，那么款项会转入其账户内。如果不是 PayPal 用户，就需要按照邮件内容提示，按照步骤注册 PayPal 账户，此种模式使 PayPal 越滚越大，占有更多的市场。

（二）PayPal 提现

PayPal 不仅可以作为第三方帮助账户拥有者保管资金，同时在特定情况下也可以实现资金的提取。

（1）提现至中国的电汇银行账户。此种方法提现周期短，有固定费用，一般建议用户在有较多余额时一次性大额提取，可以减少手续费用。

（2）提现至中国香港的银行账户。此种提现方式需要到香港地区办理银行账户，但是提现周期短，费用相对较低。不过，对于不是香港地区的用户而言，会有较高的汇率转换损失。通常，对于 1 000 港币以下的款项，收取 3.5 港币的手续费，而 1 000 港币以上的款项会免收手续费。除此之外，提现至香港地区的银行账户内币种为港币，银行方还会收取 2.5% 的币种转换费用。

（3）提现至美国的银行账户。对于一些美国地区或者可以办理美国银行账户的用户来讲，提现至美国的银行账户具有提现周期短、没有其他费用的优势。

（4）提现至支票。在提现金额小而且资金周转不紧张的情况下可以向 PayPal 申请支票提现。虽然此种提现方式费用较低，但是提现周期较长，并且支票在邮寄过程中可能丢失。每次提现需要 5 美元手续费，若支票重发需要支付 15 美元。

（三）PayPal 冻结

PayPal 冻结指的是账户的某笔交易被临时冻结，账户使用者不能对账户内款项进行相关退款或提现等操作。

（1）首次冻结。由 PayPal 账户从注册到收款都未曾要求过用户提供任何资料，所以每个账户从开通到提现都必然经历一次账户冻结的过程，然后用户需要向 PayPal 官方提供相关身份证明、具体地址等以证明使用者是真实存在的、遵纪守法的国家公民。

（2）提取金额过高。一般情况下，PayPal 认为提现金额在总账户余额的 80% 左右是比较安全的。剩余的 20%，一方面是为了防止买方退单，另一方面也是为了让 PayPal 放心。如果商家收款后，马上需要资金周转，选择全额提现，那么很有可能会被 PayPal 冻结。

（3）投诉、退单较多。当卖方投诉率超过 3%，退单率超过 1%，PayPal 就会考虑与商家终止合作。

（4）所售产品存在知识产权争议。PayPal 公司对知识产权的保护非常重视，因此一旦商家涉及销售有知识产权争议的商品，也就是有销售仿牌或冒牌的可能性，PayPal 就会冻结相关商家的 PayPal 账户。

（四）补偿申请

对于非 eBay 交易，PayPal 通常不介入调查，但会保留 180 天的处理权限。因此，建议卖方主动联系买方协商沟通处理问题，以免引起不必要的麻烦。

六、信用证

信用证支付方式产生于 19 世纪后期，旨在利用银行的介入，一方面保证出口方安全迅速地收到货款，一方面保证进口方按时收到货运单据，通过第三方的担保，解决进出口双方互不信任的矛盾，同时提供资金融通服务。

信用证，以银行信用基础为担保，由进口地银行向出口商提供付款保证，使出口商的收款风险降低；同时，出口商须提交与信用证相符的单据才能获得付款，从而进口商的收货风险也相对降低。由于信用证的出现，使收、付款双方的风险都得到控制，因此，此种支付方式发展迅速，并在跨境贸易当中被广泛应用。

（一）信用证方式的当事人

信用证支付方式所涉及的当事人比较多，通常涉及的当事人如下。

1. 开证申请人、受益人、开证行、通知行

信用证方式涉及四位基本当事人，即开证申请人、受益人、开证行、通知行。

（1）开证申请人（Accountee）。开证申请人指向银行书面申请开立信用证的一方，一般为进口商。开证申请人需要在合同规定的期限内开立信用证，并交付开证押金或者提供其他形式的担保、缴纳开证所需费用。

（2）受益人（Beneficiary）。受益人指信用证上所指定的有权使用信用证的一方，一般为出口商，是信用金额的合法享受人。

（3）开证行（Issuing Bank）。开证行是开立信用证的银行，一般是进口地银行。开证行有权收取开证手续费，并正确、及时开证。

开证行与开证人之间是以开证申请书的形式建立起来的一种自主的合同关系。开证行与受益人之间是以信用证建立起来的一种关系。

（4）通知行（Advising Bank）。通知行是受开证行委托，将信用证通知给受益人的银行，一般是出口地银行，通常是开证行在出口地的代理行或分行。卖方可以指定自己的开户行作为通知行，负责鉴别来证的表面真实性，如果无法鉴别，应告知受益人。

2. 保兑行、付款行、议付行、偿付行、承兑行、转让行

信用证还涉及其他几位当事人，如保兑行、付款行、议付行、偿付行、承兑行、转让行等。

（1）保兑行（Confirming Bank）。保兑行是应开证行请求在信用证上加具保兑的银行，具有与开证行相同的责任和地位。它对受益人独立负责，在付款或议付后不能向受益人追索。

（2）付款行（Paying Bank）。付款行是开证行的付款代理，代开证行验收单据，付款后无权向受益人追索。

（3）议付行（Negotiating Bank）。议付行是根据开证行的授权买入或贴现受益人提交的符合信用证规定的票据的银行。如遭拒付，它有权向受益人追索垫款。

（4）偿付行（Reimbursement Bank）。偿付行也是开证行的付款代理，但不负责审单，只是代替开证行偿还议付行垫款的第三方。当开证行收到单据发现不符而拒绝付款时，可向索偿行（一般是议付行）追索。

（5）承兑行（Accepting Bank）。承兑行是开证行在承兑信用证中指定并授权向受益人承担（无追索权）付款责任的银行。承兑行可以是开证行本身，也可以是信用证所指定的

其他银行。

(6) 转让行（Transferring Bank）。转让行是应受益人的委托，将信用证转让给信用证的受让人，即第二受益人的银行。它一般为通知行、议付行、付款行和保兑行。

(二) 信用证的主要内容

信用证虽然至今无统一格式，但是包含的内容大致是相同的。总的来说，就是货物买卖合同的有关条款与要求受益人提交的单据，再加上银行的保证等内容。

(1) 信用证本身的说明。该说明主要包括信用证名称、形式、号码、开证日期、受益人、开证申请人、信用证金额、有效期限。

(2) 信用证的相关当事人。该内容包括开证人、受益人、开证行、付款行和议付行等。信用证开立后，开证行负有第一位的付款责任。因此，开证行的资信和付款能力等成为关键性的问题。所以，有的信用证会显示开证行的资信。

(3) 信用证的汇票条款。该条款包括汇票中的出票人、付款人、汇票期限、出票条款。

(4) 信用证的单据条款。该条款包括货物单据中的商业发票、提单、保险单、装箱单及其他单据。

(5) 信用证对货物的描述。这其中包括货物的名称、品种规格、地址、包装、价格等。

(6) 信用证的运输条款。该条款包括装货港、卸货港或目的地、运输方式、装运期限、可否分批装运、可否转运等。

(7) 开证行对议付行的指示条款。该条款包括议付金额、背书条款、索汇方法、寄单方法等。

(8) 开证行保证付款的责任文句。这其中包括开证行对受益人及汇票持有人保证责任的文句，以及遵守《跟单信用证统一惯例 UCP600》（以下简称《UCP600》）的文句等。

(三) 信用证的一般收付程序

信用证结算的基本程序如图6-4所示。

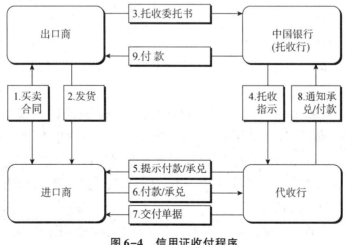

图6-4 信用证收付程序

（四）信用证的种类

1. 跟单信用证和光票信用证

以信用证项下的票是否附有货运单据划分，信用证可分为跟单信用证和光票信用证。

（1）跟单信用证（Documentary L/C）指开证行凭跟单汇票或仅凭单据付款的信用证，跟单中的单据即货运单据。据《UCP600》中的解释，此处"单据"泛指任何根据信用证规定所提供的，用以记录或证明某一事实的书面文件，如运输单据、商业发票、保险单、商检证书、产地证明书、装箱单等单据，汇票则可有可无。跨境贸易中所使用的信用证绝大部分都是跟单信用证。

（2）光票信用证（Clean L/C）指开证行仅凭不附单据的汇票付款的信用证。有的信用证要求汇票附有非货运单据，如发票、垫款清单等，也属光票信用证。

2. 不可撤销信用证和可撤销信用证

以开证行所负的责任为标准，信用证可分为不可撤销信用证和可撤销信用证。

（1）不可撤销信用证（Irrevocable L/C）指信用证一经开出，在有效期内未经受益人及有关当事人的同意，开证行不得随意片面修改和撤销信用证，只要受益人提供的单据符合信用证规定，开证行必须履行付款义务。不可撤销信用证对受益人有利，在跨境贸易中使用较为广泛。凡是不可撤销信用证，在信用证中应注明"不可撤销"（Irrevocable）字样，并载有开证行保证付款的文句。

（2）可撤销信用证（Revocable L/C）指开证行对所开信用证不必征得受益人或有关当事人的同意就有权随时撤销或修改的信用证。凡是可撤销信用证，应在信用证上注明"可撤销"（Revocable）字样，以资识别。可撤销信用证对出口商极为不利，因而出口商一般不接受这种信用证。

按照《UCP600》的规定，如果信用证中没有注明"可撤销"的字样，即使它没注明"不可撤销"，该信用证也应视为不可撤销信用证。另外需要注意的是，有些信用证标注为"不可撤销"信用证，但另有文句说明，开证行在某种条件得不到满足时，可随时单方面解除其保证付款责任，这实际上是一种变相可撤销的信用证。

3. 保兑信用证和不保兑信用证

按有没有另一银行加以保证兑付为标准，信用证分为保兑信用证和不保兑信用证。

（1）保兑信用证（Confirmed L/C）指开证行开出的信用证，由另一银行保证对符合信用证条款规定的单据履行付款义务。信用证的"不可撤销"是指开证行对信用证的付款责任，而"保兑"则指开证行以外的银行对信用证的付款责任。不可撤销的保兑信用证，就意味着该信用证不但有开证行不可撤销的付款保证，而且有保兑行的兑付保证。两者的付款人都负有第一性的付款责任，所以这种双重保证的信用证对出口商最为有利，但保兑行要收取较高手续费，所以要慎重考虑选择保兑。

（2）不保兑信用证（Unconfirmed L/C）指开证行开出的信用证没有经另一家银行保兑，当开证银行资信良好、成交金额不大时，一般都是用不保兑的信用证。

4. 即期信用证和远期信用证

根据付款时间的不同，信用证可分为即期信用证和远期信用证。

（1）即期信用证（Sight L/C）指开证行或付款行收到符合信用证条款的跟单汇票，或无汇票仅凭货运单据立即履行付款义务的信用证。即期信用证使出口商收汇迅速安全，有利于资金周转。

在即期信用证中，有时还加列电汇索偿条款，即开证行允许议付行用电传通知开证行或指定付款行，说明各种单据与信用证要求相符，开证行或指定付款行接到电报或电传通知后，有义务立即用电汇将货款拨交议付行。

（2）远期信用证（Usance L/C）指开证行或其指定付款行收到受益人交来的远期汇票后，并不立即付款，而是先行承兑，等汇票到期再行付款。远期信用证可分为承兑远期信用证和延期付款信用证。

5. 可转让信用证和不可转让信用证

根据受益人对信用证的权利可否转让，信用证分为可转让信用证和不可转让信用证。

（1）可转让信用证（Transferable L/C）指信用证的受益人（第一受益人）可以要求授权付款、承担延期付款责任，承兑或议付的银行，或当信用证是自由议付时，可以要求信用证中特别授权的转让银行将信用证全部或部分转让给一个或数个受益人使用的信用证。

（2）不可转让信用证（Non-transferable L/C）指受益人不能将信用证的权利转让给他人的信用证。凡信用证中未注明"可转让"字样的，就是不可转让信用证。

6. 付款信用证、承兑信用证和议付信用证

按照付款方式的不同，信用证分为付款信用证、承兑信用证、议付信用证。

（1）付款信用证（Payment L/C）指开证行保证受益人向开证行或其指定的付款银行提交符合信用证规定的单据时即行付款的信用证。

（2）承兑信用证（Acceptance L/C）指在使用远期汇票的跟单信用证下，开证行或其指定的付款行在收到符合信用证规定的汇票和单据时，先行履行承兑手续，等到汇票到期时再行付款。

（3）议付信用证（Negotiation L/C）指开证行允许受益人向某一指定银行或其他任何银行交单议付的信用证。

7. 循环信用证（Revolving L/C）

循环信用证指可多次循环使用的信用证，当信用证金额议付后仍恢复到原金额自由使用，直至用完规定的金额为止。买卖双方订立长期合同分批交货时，进口方为了节省开证手续和费用，即可开立循环信用证。循环信用证可分为按时间循环的信用证和按金额循环的信

用证。

8. 对开信用证（Reciprocal L/C）

对开信用证指信用证双方互为进口方和出口方，互为对开信用证的申请人和受益人。为实现双方货款之间的平衡，采用互相开立信用证的办法把出口和进口联系起来。第一张信用证的受益人就是第一张信用证（也称回头证）的开证申请人；第一张信用证的开证申请人就是回头证的受益人。第一张信用证的通知行，常常就是回头证的开证行，两证的金额略相等。

9. 对背信用证（Back to Back L/C）

对背信用证指受益人要求原证的通知行或其他银行以原证为基础，另开一张内容相似的新信用证。对背信用证的受益人可以是国外的，也可以是国内的。对背信用证的开证行只能根据不可撤销信用证来开立。

10. 预支信用证（Anticipatory L/C）

预支信用证指开证行授权代付行向受益人预付信用证金额的全部或部分，由开证行保证偿还并负担利息的信用证。预支信用证与远期信用证相反，是开证人付款在先，受益人交单在后。预支信用证可分为全部预支或部分预支。

11. 备用信用证（Stand by L/C）

备用信用证指不以清偿商品交易的价款为目的，而以贷款融资或担保债务偿还为目的所开立的信用证。开证行保证在开证申请人未能履行其应履行的义务时，受益人只要凭备用信用证的规定向开证行开具汇票，并随附开证申请人未履行义务的声明或证明文件，即可得到开证行的偿付。备用信用证只适用《跟单信用证统一惯例》（50号）的部分条款，现在为《UCP600》的部分条款。

12. SWIFT 信用证

SWIFT 是全球银行金融电信协会（Society for Worldwide Interbank Financial Telecommunication）的简称。该组织设有自动化的国际金融电信网，该协会的成员银行可以通过该电信网办理开立信用证及外汇买卖、证券交易、托收等业务。凡是依据国际商会制定的申信信用证格式设计，利用 SWIFT 系统设计的特殊格式，通过 SWIFT 系统传递信用证的信息，即通过 SWIFT 开立或通知的信用证称为 SWIFT 信用证，也称全银电协信用证。

七、结汇与退税

（一）结汇

我国出口结汇的方式上要有买单结汇、收妥结汇和定期结汇三种。

1. 买单结汇（出口押汇）

买单结汇指议付银行在审单无误的情况下，按信用证的条款买入受益人（出口企业）

的汇票和单据，但从票面金额中扣除从议付日到收到票款之日的利息，将货款净额按议付日外汇牌价折成人民币，划入受益人的账户。

议付银行向受益人垫付资金买入跟单汇票后，即成为汇票持有人，再向付款银行索取票款。银行做出口押汇，可以给出口方融通资金，有利于外贸企业在交单议付时即可取得货款，加速资金周转，扩大出口业务。如果汇票遭到拒付，议付银行有权处理单据或向受益人追索票款。

2. 收妥结汇

收妥结汇指议付行收到外贸公司的出口票据后，经审核无误，将单据移交国外付款行索取货款，待收到付款行将货款拨入议付行账户的汇款通知书时，即按当日外汇牌价折成人民币拨付给外贸公司，银行并不垫付资金。这种方式虽然不利于促进外贸企业扩大出口，但对议付行来讲相对安全，因此经常被使用。

3. 定期结汇

定期结汇指出口地的议付银行按照向国外付款银行索偿所需的时间，加上银行处理工作的必要时间，预先确定一个固定的结汇期限，到期后无论是否收到货款都自动将票款金额折成人民币，划入受益人的账户。不同地区的邮电往返时间不同，所定的期限也随之略有差异。

（二）退税

出口退税是指在国际贸易中，货物供应方对输出境外的货物免征其在国内销售时所需要缴纳的税金，或退还其按本国税法规定已经缴纳的税金，包括增值税、消费税等。办理出口退税手续的流程如下。

1. 申请

出口企业需要在货物报关出口之日（以出口货物报关单上注明的出口日期为准）起90日内，向退税部门申报办理出口货物退（免）税手续。申报出口货物退（免）税手续时，出口企业在提供有关出口货物退（免）税申报表及相关资料的同时，应附送退税部门要求的其他纸质凭证，如出口货物报关单（出口退税单）、出口收汇核销单（出口退税专用联）、增值税专用发票（抵扣联）、出口货物外销发票。

2. 上报

由出口企业所在地主管出口退税业务的税务机关进行审核，符合条件和要求的，按照税收退税审批权限逐级上报税务机关。对提供的申报资料不准确、纸质凭证不齐全的相关退税申请，退税部门有权不予接受，并可以当即向申报人提出改正、补充资料的要求。

3. 批复

当企业所在地主管出口退税业务的税务机关接到上级税务机关批准的退税通知后，签发"税收收入退回书"，交申请出口退税企业，以此作为账务处理凭证。

第四节　跨境电子商务中的知识产权与交易风险

一、认识知识产权

知识产权（Intellectual Property），原意为知识（财产）所有权或智慧（财产）所有权。知识产权一词出现在17世纪中叶，由法国学者卡普佐夫提出，而后由比利时著名法学家皮卡第发展，1967年《建立世界知识产权组织公约》签订以后，该词逐渐被国际社会使用。

（一）知识产权概念

知识产权也称知识所属权，指权利人对其所创作的智力劳动成果所有的专有权利，一般只在有限时期内有效。各种智力创造，如发明、文学、艺术作品及在商业中使用的标志、名称、图像、外观设计等，都可被认为是某一个人或组织所拥有的知识产权。

知识产权有以下几个特点。

（1）知识产权是一种无形财产权。

（2）大部分知识产权的获得需要依照法定程序，如商标权的获得需要经过登记注册。

（3）知识产权具有专有性。权利人以外的任何人，未经权利人的同意或者法律的特别规定，都不能享有或者使用这种权利。这表明权利人独占或垄断的专有权利受严格保护，不容他人侵犯。

（4）知识产权具有地域性。除签有国际公约或双边优惠协定外，某一国家法律所确认和保护的知识产权，只在该国领域内发生法律效力。知识产权既具有地域性，在一定条件下又具有国际性。

（5）知识产权只在规定期限受保护，具有时间性。法律对各项权利的保护，都规定有一定的有效期，各国法律对保护期限的长短，也可能不完全相同，只有参加国际协定或进行国际申请时，才对某项权利有统一的保护期限。

（二）知识产权分类

《建立世界知识产权组织公约》规定知识产权包括以下几类：文学、艺术和科学著作或作品，表演艺术家的演出、唱片或录音片或广播，人类经过努力在各个领域的发明，科学发现，工业品外观设计，商标、服务标志和商号名称及标识，以及所有其他在工业、科学、文学或艺术领域中的智力活动产生的产权。

根据上述规定，知识产权主要分为两大类：一类是以保护在文化、产业各方面的智力创作活动为内容的；一类是以保护产业活动中的各项专有权利为内容的。所以，一般把知识产权分为著作权与工业产权两大类：著作权分为著作人身权与著作财产权；工业产权分为商标权、专利权等。

1. 著作权

著作权又称版权，指自然人、法人或者其他组织对文学、艺术和科学作品依法享有的财产权利和精神权利的总称。著作权分为著作人身权与著作财产权。

著作人身权指作者对其作品所享有的各种与人身相联系或者密不可分而又无直接财产内容的权利，是作者通过创作表现个人风格的作品，依法享有获得名誉、声望和维护作品完整性的权利。该权利为作者终身享有，不可转让、剥夺和限制。

著作财产权指作者对其作品的自行使用和被他人使用，享有的以物质利益为内容的权利，包括复制权、发行权、出租权、展览权、表演权、放映权、广播权、信息网络传播权、摄制权、改编权、翻译权、汇编权、追续权，以及应由著作权人享有的其他权利。

综上，著作权包括但不限于以下权利。

（1）发表权，即决定作品是否公之于众的权利。

（2）署名权，即表明作者身份，在作品上署名的权利。

（3）修改权，即修改或者授权他人修改作品的权利。

（4）保护作品完整权，即保护作品不受歪曲、篡改的权利。

（5）复制权，即以印刷、复印、拓印、录音、录像、翻拍等方式将作品制作一份或者多份的权利。

（6）发行权，即以出售或者赠予方式向公众提供作品的原件或者复制件的权利。

（7）出租权，即有偿许可他人临时使用电影作品和以类似摄制电影的方法创作作品、计算机软件的权利。

（8）摄制权，即以摄制电影或以类似摄制电影的方法将作品固定在载体上的权利。

（9）信息网络传播权，即以有线或者无线方式向公众提供作品，使公众可以在其个选定的时间和地点获得作品的权利。

（10）著作权人享有的其他权利。

我国著作权采取自动取得的政策，作品创作完成时自动产生，无须履行任何审批或登记手续。在中国境内，凡是中国公民、法人或非法人单位的作品，不论是否发表都享有著作权；外国人的作品首先在中国境内发表的，依法享有著作权；在中国境外发表的，根据其所属国家与中国签订的协议或者共同参加的国际条约享有著作权。

2. 工业产权

工业产权指人们依法对应用于商品生产和流通中的创造发明和显著标记等智力成果，在一定地区和期限内享有的专有权。按照《保护工业产权巴黎公约》的规定，工业产权包括发明、实用新型、外观设计、商标、服务标记、厂商名称、货源标记、原产地名称，以及制止不正当竞争的权利。在我国工业产权主要是指商标权和专利权。

（1）商标权。商标权是商标专用权的简称，是指商标主管机关依法授予商标所有人对其注册商标受国家法律保护的专有权。商标注册人拥有依法支配其注册商标并禁止他人侵害的权利，包括商标注册人对其注册商标的排他使用权、收益权、处分权、续展权和禁止他人侵害的权利。商标是用以区别商品和服务不同来源的商业性标志，由文字、图形、字母、数字、三维标志、颜色组合、声音或上述要素的组合构成。

商标权的获得必须履行商标注册程序，实行申请在先原则。根据《中华人民共和国商标法》（以下简称《商标法》）规定，商标权有效期为10年，自核准注册之日起计算，期满前6个月内申请续展注册；商标权还是种无形资产，具有经济价值，可以进行转让。

（2）专利权。专利权简称专利，指对一项发明创造向国家专利局提出专利申请，经依法审查合格后，向专利申请人授予的在规定时间内对该项发明创造享有的专有权。它主要分为发明专利、实用新型专利和外观设计专利。

发明专利是对产品、方法或其改进所提出的新技术方案而享有的专有权利。授予发明专利权一般有三个条件：新颖性、创造性、实用性。实用新型专利通常是指对产品的形状、构造所提出的实用的、新的技术方案。实用新型的创造性要求不太高，而实用性较强，实用价值大。

外观设计专利是指对产品的形状、图案或者结合色彩与形状、图案所做出的富有美感并适于工业应用的新设计。

根据《中华人民共和国专利法》第十一条第二款规定：外观设计专利权被授予后，任何单位或者个人未经专利权人许可，都不得实施其专利，即不得为生产经营目的制造、许诺销售、销售、进口其外观设计专利产品。

二、电子商务交易风险管理

随着跨境电子商务的快速发展，交易欺诈行为日益严重，制约着行业的健康发展。与普通的商业欺诈行为不同，跨境电商欺诈具有方式多样化、欺诈行为隐蔽性强、风险管控难度大等特点。因此，在跨境电商运营中，要时刻警觉和辨识欺诈行为，以防陷入欺诈陷阱，造成经济损失。

（一）跨境电商欺诈

跨境电商欺诈是以非法占有他人财产为目的，通过互联网信息系统向受骗人虚构事实或者隐瞒真相，骗取他人财物的行为，泛指在跨境电子商务领域的各种欺诈犯罪行为。跨境电商欺诈的类型主要分为三种：卖家欺诈、买家欺诈和第三方欺诈。卖家欺诈包括卖家身份欺诈、虚假宣传欺诈、价格欺诈；买家欺诈包括买家身份欺诈、退款欺诈；第三方欺诈包括账户盗窃欺诈、网络钓鱼欺诈、虚假信息欺诈，某些欺诈网站通过发布虚假信息，打着"免费"或"低价"等口号吸引消费者眼球，并承诺提供某些售后服务，从而在消费者充分相信其信息的真实性后实施欺诈行为。

（二）跨境电商欺诈预防

网络欺诈行为严重扰乱了电子商务市场秩序，如果不对这些欺诈行为采取有效的防范措施，将影响消费者的信任程度，直接对电子商务的信用体系造成打击，阻碍电子商务的发展。那么，如何预防跨境电商欺诈的发生？建议从控制交易环节、提升监管和加强监督三方面着手。

1. 从交易环节预防跨境电商欺诈

在跨境电商欺诈类型中，存在于交易环节的欺诈行为尤其损害买卖双方利益。因而，买卖双方都应提高欺诈防范意识，在交易环节中预防跨境电商欺诈，降低贸易风险。首先，要提高买卖双方防范意识；其次，加强设备及网络的日常维护；最后，做好交易过程安全防范。

2. 提升监管预防跨境电商欺诈

目前，社会信用体制尚未完善，电子商务贸易中各个平台制定的信用等级评价体系还属于个人或行业行为，并没有得到政府的支持和认可，评价等级依据也并未得到法律认可，没有法律效力。如何通过提升监管水平预防跨境电商欺诈，在此给出以下三点建议：首先，健全社会信用体制；其次，完善跨境电子商务法律法规；最后，要针对交易环节立法，保证交易环节的安全性，一旦出现问题便有法可依。要明确买家的知情权、隐私权、监管权、投诉权等内容，减少网络欺诈的发生。

3. 加强监督并加大对欺诈的惩罚力度

在跨境电子商务交易中，不仅要发挥社会信用体制、法律法规的作用，还要克服现有条件的缺陷，加强监督机制并加大对欺诈行为的惩罚力度。买卖双方提高警惕，正确认识行骗人的各种手段，平台方要积极优化监管机制，做到有效防范。只有这样，才能有效降低欺诈行为发生的概率。

（三）跨境电商纠纷

在跨境电商中，纠纷是指交易双方在交易过程中产生误会或一方刻意隐瞒导致交易无法顺利完成而需要借助平台方介入调解的事件。跨境电商的产品、促销、物流和售后等环节构成了完整的贸易闭环。在贸易闭环的一系列活动中，买卖双方均有可能因为某些环节出现问题致使交易过程难以顺利进行，导致纠纷发生。跨境电商贸易中发生在各个环节的纠纷归纳为：买家未收到货物，买家收到的货物与约定不符，卖家未收到货款，买卖双方恶意行为。

1. 买家未收到货物的纠纷

（1）卖家未发货。卖家未发货是指买家下单付款之后，直至买家投诉之前，卖家没有发货。

（2）卖家虚假发货。虚假发货是指买家在付款后，卖家虽点击发货，但买家在网上查询不到物流信息,即卖家对交易操作了"发货",但是实际上未进行"发货"的行为。

(3) 货物在运输途中。货物在物流公司的运输途中,其物流追踪信息介于"收件"和"妥投"之间的情况。

(4) 货物被海关扣留。货物被海关扣留时,物流跟踪信息显示货物在海关。一般而言,海关扣留货物的原因有以下几种:进口国对进口货物品类的限制;买家因关税问题不愿清关;货物为假冒伪劣产品或违禁品等;货物价值与实际价值不符。

(5) 货物已妥投(买家仍未收到货)。物流跟踪信息显示货物已妥投,但买家却没有收到货物,可能有两种情况:一是卖家将买家下单地址信息填写错误,导致物流投递地址和买家下单地址不一致,物流虽已正常投递,但并没有送到真正的买家手中;二是物流投递的地址与买家下单地址一致,物流跟踪信息显示已妥善投递,但买家的下单地址并不是买家实际的收货地址,这种情况是买家填写信息错误导致的。

2. 买家收到的货物与约定不符

买家收到的货物与约定不符的纠纷主要有以下几种类型。

(1) 货物与描述不符。

(2) 货物质量问题。

(3) 卖家销售假货。

(4) 货物数量不符。

(5) 货物破损。

3. 卖家未收到货款

买家已经收到货物,并且货物完好无损,数量无误,没有任何问题。但是在约定时间内,卖家并没有如数收到买家支付的所有货款。

4. 买卖双方恶意行为

恶意行为的纠纷是指被投诉方出于某种目的干扰投诉方的行为。买卖双方恶意行为包括恶意下单、恶意评价、恶意投诉和恶意骚扰。

(四) 跨境电商纠纷处理

一般情况下,跨境电商贸易中的交易双方和平台方都希望交易顺利进行。任何一方(除特殊情况外)都不会在交易中故意制造纠纷。但在实际情况中,纠纷仍然在所难免。恰当、及时的纠纷处理能减少很多不必要的麻烦。

1. 买家未收到货物的纠纷

(1) 卖家未发货或虚假发货造成的纠纷。卖家工作不细致或存在故意行为容易导致此类纠纷的发生。建议卖家立刻联系买家进行协调,马上发货或退款。

(2) 货物在运输途中或被海关扣留的纠纷。物流跟踪信息更新不及时,买家着急收货,或货物因其他原因被海关扣留,买家很长时间没有收到货物,以上几种问题容易导致此类纠纷的发生。建议卖家先确定货物的具体去向，然后根据具体情况与买家沟通，可以让买家继续等待并提供一定的延迟收货赔偿，也可选择重新发货，尽量降低买家的不满意度。

（3）货物已妥投，但买家仍未收到货的纠纷。此类纠纷一般是因为卖家填错信息或买家留错收货信息导致的。建议卖家首先要确定已投递货物的具体去向，然后及时联系买家协商重新发货或退款，如需重新发货，要与买家再次确认收货地址信息，保证无误后再发货。

2. 买家收到的货物与约定不符的纠纷

（1）货物与描述不符的纠纷。当买家收到货物之后，认为真实货物的颜色、尺寸、品牌等方面与约定不符。这可能是由于网站信息过度修饰导致买家误解引起的。卖家首先要明确该批货物确实与描述偏差大，还是买家的主观感觉，根据实际情况采取与买家协商退货退款、更换其他款式、重新发货等处理方法。

（2）货物质量问题。货物存在严重质量问题而影响正常使用会引发此类纠纷。建议卖家首先确认货物发货前就是残次品，还是发货之后人为损害造成的质量问题，物流方、买方都可能负有一定责任。在取得一定证据后与买家协调，提出合理的解决方案。

（3）卖家销售假货。买家在收到货物之前不知道该产品为假冒伪劣产品，收货后通过多方观察研究或其他方式确认其为假货，进而提起纠纷。由于各大跨境电商平台对销售假货行为的处罚非常严格，如确实存在销售假货行为，卖家没有任何胜诉机会。因此，如果卖家确实销售了假货，建议在处理此类纠纷时一定注意不要激怒买家，尽量满足买家要求，同时要马上停止出售假货。

（4）货物数量不符或破损的纠纷。此类纠纷一般是由卖家发货有误、暴力物流、运输问题导致的，严重影响买家购物体验。建议卖家及时与买家取得联系，并确定货物缺失或破损的数量，选用时效快的物流尽快补发给买家。

3. 卖家未收到货款的纠纷

此类纠纷一般是卖家提起的投诉。买家收到投诉后，应及时向卖家协商付款，并取得付款凭证，提交平台方作为处理纠纷的证据。

4. 买卖双方恶意行为的纠纷

交易中的一方处于某种目的对另外一方发出恶意交易、恶意评价、恶意投诉或恶意骚扰的行为，受害方提出投诉并提交恶意行为的证据。每个跨境电商平台都会设置专门的调解中心来处理交易纠纷。调解中心会根据其所掌握的证据和事实情况进行判决。在最终的调解结果中，如果卖家败诉，不但要进行相应的赔偿，还会受到平台相应的处罚。因此，卖家在处理纠纷时，尽量选择协议解决纠纷。

（五）跨境电商纠纷预防

对于跨境电商贸易的卖家来说，纠纷率过高会影响生意的正常运营。在交易过程中发生的一大部分纠纷可能仅仅是因为信息传达不明确、买卖双方沟通不顺畅或者物流信息错误引起的。卖家可以通过一些预防手段来尽量减少甚至避免这些纠纷的发生。以下从贸易过程中的订单环节、产品环节、客服环节来讲解卖家预防纠纷的措施。

1. 订单环节

第一，订单洽谈期是签订合同的早期。这个阶段买卖双方应积极沟通，做到合同条款细致翔实。首先，卖家应通过网站信息让买家详细了解产品的属性、款式、功能等基本信息，并如实向买家告知产品的使用范围，确保该产品是买家的采购对象。其次，卖家应了解出口国相关行业进口所需认证、监测、许可、登记等特殊要求，并充分沟通。最后，买卖双方签订订单合同，明确合同条款，包括货物的交付期、货款支付方式、发货方式、特殊要求等。

第二，订单进入备货期，卖家应与公司内部各部门沟通，确认订单内容，如颜色、款式等，避免备货出错。如买家需要提供样品，卖家在制作样品的每一环节都要做好留样。卖家要定期与买家保持沟通，汇报备货情况，以便买家知晓进展程度。最后，订单按预定发货方式发出后，应当及时告知买家物流信息，并提供相关货运单；物流信息显示即将到达时，提醒买家注意查收货物；买家顺利收货后，主动与买家沟通，了解对货物的反馈情况。

2. 产品环节

第一，卖家应在选品阶段就有预防纠纷的意识，尽量选择适合在电子商务平台上销售并能够赢得买家喜欢的产品。严格把控产品质量，在没有品牌溢价的情况下，尽量销售性价比高的产品。另外，注意选择的产品不要侵犯他人的知识产权。卖家在产品的图文设计环节要注意产品图片尽量减少无关信息，避免误导；图片颜色应接近真实，尽量减少色差，严禁过度美化；切忌盗用他人图片，尽量上传原创、真实图片；产品属性、款式、尺寸、功能等基本信息要使用图文配合的方式全面展示出来，让买家能够多角度、全方面了解产品并谨慎下单；产品的使用说明要全面、细致，做到让买家可以自行使用的程度；产品文案要准确、具体，避免夸大其词，过度承诺；产品图文信息可适当提供运输方式、关税、售后服务信息，使买家了解详情，以防引起误会而发生纠纷。

第二，卖家在发布产品时，有可能因为用词不当、关键词与产品相关度低等问题，导致买家产生误解。建议卖家在发布产品之前，针对产品所在类目的特点，把产品信息完整、如实地描述出来。因此在产品发布环节，卖家应注意标题用词要准确、关键词与产品信息高度相关；标题表达的产品信息内容要与所销售产品保持一致。例如，标题中写到该产品重量为5千克，那么销售的产品一定足5千克，不能是其他重量，否则容易引起纠纷；属性信息、产品基本信息与产品的图文信息要一致，即页面描述要前后一致；合理设置发货时间，避免时间过短造成延迟发货的情况。

3. 客服环节

从交易开始至结束的每一个环节，客服都是最重要的参与者。如果客服能做到细致引导和及时沟通，将会减少很多不必要的纠纷。从客服环节预防纠纷的措施包括：主动积极沟通，提升客户服务水平，优质的客户服务水平有助于提升买家购物体验；让买家在购物过程中保持愉悦的心情，减少负面情绪发生；调整情绪，学会换位思考，在买家提出质疑时，卖家应先调整自己的情绪，并从买家角度思考问题，找出买家不满意的根本原因；尽可能安抚买家情绪，让买家理智思考，当买家情绪稳定后，再选择合适的语言和处理方案，找到买卖双方平衡点，引导买家打消质疑。

复习思考题

1. 思考未来跨境电商会以哪一种或哪几种商业模式为主导，并简述理由。
2. 如果做母婴类产品的跨境电商业务，你会选择哪个跨境平台入驻？为什么？

案例分析题

疫情下的跨境电商产业：进口额逆势增长，民生类产品火爆

"疫情期间，我们依然保持了较快增长势头，人员全面复工后，销量有望进一步上涨。"位于浙江宁波保税区的宁兴优贝国际贸易有限公司副总经理曹旭东表示，2020年1月至2月，该企业进口额突破5亿元（人民币，下同），仓库发货单量达340多万单。不惧新冠肺炎疫情影响，宁波保税区跨境电商进口业务继续保持快速增长态势。

据宁波保税区2020年3月5日发布数据显示，2020年1月至2月该区累计验放跨境电商进口申报单突破1 180万票，同比增长27.8%；跨境进口额24亿元，同比增长42.5%。

据介绍，宁波保税区跨境电商增长主要来自两方面，一是跨境电商企业开启"全球买"模式带来的防疫急需物资进口快速增长；二是得益于"过年不打烊"的跨境电商网购模式恰好满足了疫情防控期间民众消费需求。

在民生消费领域，"过年不打烊"的跨境电商在疫情期间充分发挥了网购优势，成为民众线上购买民生消费品的热门渠道。

"消费者出不了门，很多人选择'云购物'模式，跨境商品货源丰富、品质保证，成为越来越多消费者的新选择。"位于宁波保税区的考拉海购1号仓负责人表示，由于春节前物流不曾中断，再加上疫情期间推出的"无接触配送"服务，既大大提升消费者的跨境购物体验，反过来又进一步扩大了进口商品销量的增长。

据宁波保税区海关统计数据显示，疫情发生以来，民生类跨境商品的销量增长明显，其中，杀菌洗涤剂增长1.6倍，食品、母婴用品等成为"爆款"。

与此同时，在特殊时期，宁波海关出台了支持企业复工复产十条举措，从通关"零延时"、物资"零滞留"、担保"零额度"、滞报滞纳金"零征收"等十个方面为企业复工复产助力。

目前，宁波保税区跨境电商企业复工率达100%。"我们对国内不断升级的消费市场充

满信心,相信这次疫情也让不少消费者更加体验到跨境网购消费的优势,跨境线上消费需求将进一步释放。"宁波保税区管委会副主任夏群表示,接下来跨境电商企业更多的是考虑进一步拓展进口商品渠道,在原有食品、母婴用品、居家日用、美妆个护等基础上不断丰富商品品类,创新物流配送方式,进一步提升跨境电商运营管理效率。

(案例来源:中国新闻网)

思考:

民生消费领域为什么会成为跨境电商的热门领域?

第七章

移动电子商务与物联网

\学习目标

1. 了解移动电子商务的概念和特点。
2. 了解移动电子商务的发展趋势。
3. 掌握移动电子商务的关键技术和应用。
4. 掌握物联网的概念及基本特征。
5. 了解物联网的体系结构及关键技术。

\案例导入

出行大混战：美团进入打车市场之后，高德推出顺风车服务

在美团进入打车市场之后，高德地图成为出行市场的新参与者。2018年3月27日，高德地图宣布推出顺风车业务，成都、武汉两地率先上线，同时开启北京、上海、广州、深圳、杭州等城市的车主招募，之后逐步扩展到全国更多城市。

对于上线顺风车项目，高德地图表示，高德公益顺风车坚持不以营利为目的，撮合的是高德平台上现有的自驾出行用户及有真实出行需求的用户，坚决不打补贴战，不会刺激运力额外增加。高德顺风车也坚决不会抽取用户佣金，甚至目前还为用户补贴短信通知、保险等第三方服务费，保证乘客花多少钱车主就能拿到多少钱。

高德地图此前发布的一份报告显示，以北京五环范围内为例，有16.4%的出行需求高度重合。若充分发展顺风拼车，预计每年可减少驾车里程约1.11亿千米，相当于减少3万吨的碳排放。

而这背后，高德已经搭建了一站式公共出行服务平台——易行。高德易行App于2017年7月上线，目前已经接入了滴滴快车、神州专车、首汽约车、曹操专车、摩拜单车和飞猪旅行等众多的出行服务商，可为用户提供十多种不同的出行方式。

移动电子商务的出现，让人们体验到了一种全新的生活方式。移动电子商务已经融合在人们的日常生活中。那么，移动电子商务在哪些领域有着广泛应用？移动电子商务的发展现状和趋势又是怎样的呢？

（案例来源：人民日报，2018年3月17日）

第一节　移动电子商务概述

21世纪是移动互联的世纪，伴随着智能手机和其他移动智能终端的飞速发展，移动电子商务已经深刻影响了人们的生活方式、企业的生产经营方式、管理方式等。中国互联网信息中心发布的报告显示，截至2019年6月，中国的手机网民达到了8.47亿，网民中使用手机上网的占比达到99.1%，中国网民的周上网时长达到27.9小时，也就是说平均每天接近4小时。这一组数据足以说明中国民众的生活已经与移动网络密不可分了，移动电子商务已经成为绝大多数企业无法回避的现实需求。

一、移动电子商务的含义

移动电子商务（M-Commerce），它由电子商务（E-Commerce）的概念衍生而来，电子商务以个人电脑为主要界面，是有线的电子商务；而移动电子商务，则是通过手机、PDA（个人数字助理）这些可以装在口袋里的终端实现。移动电子商务就是利用手机、PDA及掌上电脑等无线终端进行的B2B、B2C、C2C或O2O的电子商务。它将互联网、移动通信技术、短距离通信技术及其他信息处理技术完美的结合，使人们可以在任何时间、任何地点进行各种商贸活动，实现随时随地、线上线下的购物与交易、在线电子支付，以及各种交易活动、商务活动、金融活动和相关的综合服务活动等。

二、移动电子商务的特点

（一）便利性

移动终端既是一个移动通信工具，又是一个移动POS机，一个移动的银行ATM机。用户可在任何时间、任何地点进行电子商务交易和办理银行业务。无线接入、随身携带的特点使人们利用闲散时间来进行上网娱乐，处理日常事务和开展商务活动。例如，利用排队等待时间进行购物、支付货款、浏览新闻和收听在线音乐等。移动服务的便利性可以带给消费者更加舒适的生活体验，提高顾客的忠诚度。

（二）不受时空限制

移动电子商务是电子商务从有线通信到无线通信、从固定地点的商务形式到随时随地商务形式的延伸，其最大优势就是移动用户可随时随地获取所需的服务、应用、信息和娱乐。

(三)用户规模大

我国已经成为移动互联网用户的第一大国。中国互联网信息中心发布的《第 44 次中国互联网络发展状况统计报告》显示,截至 2019 年 6 月,我国手机网民规模达 8.47 亿,较 2018 年年底增长 2 983 万,我国网民使用手机上网的比例达 99.1%,如图 7-1 所示。

图 7-1 手机网民规模

(四)服务更加个性化

办理手机业务需要身份信息,移动服务商可以建立客户信息数据库。客户信息数据库除了可以包括年龄、性别、生日、住所等基本信息外,还可以包括客户的其他信息,如兴趣爱好、社会地位、收入情况、前期购买行为等。商家能完全根据消费者的个性化需求和喜好定制服务,而选择及提供服务的方式可由用户自己决定。

(五)信息的安全性

移动电子商务具有四个特征:数据保密性、数据完整性、不可否认性及交易方的认证与授权。移动电子商务的信息安全涉及的新技术包括加密技术、动态验证、数字签名、无线公钥基础设施和手机本身具有的生物识别技术等,这些新技术的使用能够满足电子商务对安全性方面的需求。

(六)移动支付方便、快捷、成本低

移动支付是移动电子商务的一个重要目标,用户可以随时随地完成必要的电子支付业务。移动支付的分类方式有很多种,按照交易对象所处的位置可以分为远程支付、面对面支付、场所支付等,按照支付发生的时间可以分为预支付、在线即时支付、离线信用支付等。

(七)具有开放性、包容性

移动电子商务因为接入方式无线化,使任何人都更容易进入网络世界,从而使网络范围更广阔、更开放;同时,使网络虚拟功能更带有现实性,更具有包容性。

三、移动电子商务的优势

与传统电子商务相比,移动电子商务具有如下优势。

(一)不受时空限制的移动性

同传统的电子商务相比,移动电子商务一个最大优势是移动用户可随时随地获取所需的服务信息和娱乐。

(二)潜在用户规模大

目前我国三家基础电信企业的移动电话用户已接近16亿,从电脑和移动电话的普及程度来看,移动电话远超电脑。而从消费用户群体来看,手机用户中基本包含了消费能力强的中高端用户,而传统的上网用户中以缺乏支付能力的年轻人为主。由此不难看出,以移动电话为载体的移动电子商务不论在用户规模上,还是在用户消费能力上,都优于传统的电子商务。

(三)信息认证,更好地确认用户身份

传统的电子商务一直存在用户的消费信用问题,而移动电子商务在这方面显然拥有一定的优势。手机号码具有唯一性,手机SIM卡片上存储的用户信息可以确定一个用户的身份,随着手机实名制的普遍推行,身份确认越来越容易。对于移动电子商务而言,这就有了信息认证的基础。

(四)信息的获取将更为及时

移动电子商务中移动用户可实现信息的随时随地访问,这本身就意味着信息获取的及时性。但需要强调的是,同传统的电子商务相比,移动电子商务的用户终端更加具有专用性。

(五)提供基于位置的服务

移动电子商务可以提供与位置相关的交易服务,这是移动电子商务的特有价值,并成为移动电子商务领域中的一个重要组成部分,如旅游景点移动广告、自我定位服务等,这些都是传统的电子商务无法比拟的。移动电子商务与传统电子商务的比较如表7-1所示。

表7-1 移动电子商务与传统电子商务的比较

分类	移动性	用户规模	信用问题	信息获取速率	基于位置的服务
传统电子商务	无法实现移动	规模较小	信用体系不健全	获取较慢	无法实现
移动电子商务	随时随地	规模很大	具有信息认证基础	及时获取	获取和提供移动终端的位置信息

四、移动电子商务的商业模式

(一)O2O模式

O2O(Online to Offline)即线上到线下,线上平台通过与线下商家沟通,针对商品或服务及开展经营活动的时间达成协议。线上平台通过各种渠道和推广手段将准备开展的经营活动向自身的用户进行推介,用户则向线上平台付款,从而获得线上平台提供的商品或服务消费"凭证",用户持"凭证"到线下商家获取商品或享受服务。用户获得商品或享受服务

后，线上平台与线下商家进行结算，平台获得一定比例的佣金，商家获得提供商品或服务的款项，完成交易。O2O 模式如图 7-2 所示。

图 7-2　O2O 模式示意

按照 O2O 平台在线下服务上的介入程度，可以分为轻型 O2O 和重型 O2O。轻型 O2O 平台在线下服务上介入程度浅，不具体提供产品或服务，如大众点评、布丁优惠券、美团等。优势是资产相对较轻，易于跟踪数据，流量购买相对容易，团队构成单一，产品在投放时面临的地域文化冲突较少；缺点是平台对服务体验缺乏有效的控制。重型 O2O 平台在本地服务上的介入程度较深，如神州租车等，对服务体验有较强的控制和保障，在和商家合作时有较强的议价能力，可以很快收到佣金，还能提供个性化服务，而且不易被竞争对手复制。

（二）平台模式

平台模式是生产者在平台上进行价值创造，消费者进入平台，选择自己所需的相关产品或服务。平台模式最核心的功能就是连接多个参与方（供应商和消费者），通过价值传递和价值创造让双方产生交互。平台模式的结构有三层，如图 7-3 所示。

图 7-3　平台模式结构示意

（1）网络/市场/社区层：大多数生产者（供应商、自媒体）创造价值的地方。

（2）基础设施层：基础设施本身没有多少价值，除非用户与合作伙伴在上面创造价值。生产者就是在基础设施之上创造活动价值的。

（3）数据层：通常的作用是提供相关性，把最相关的内容、商品或服务与最合适的用户进行匹配。

（三）免费模式

在中国的移动电子商务市场中，大多数企业都会首先使用免费模式留住客户，再考虑如何在用户身上挣钱。另外，免费商业模式还是提高网络效应的有效手段。网络效应是指一个产品的网络价值取决于该产品网络用户的数量，用户数量越大，该产品的网络价值就越大，即越受到人们的欢迎，人们对其评价就越高，需求量也就越大。

（四）软硬件融合模式

现在，越来越多的移动互联网企业，不仅要靠卖终端赚钱，还要在控制操作系统的基础上靠开放聚集大量应用和服务来赚钱，这种构建"终端+软件+服务"全产业链的业务体系称为软硬件融合商业模式。这是终端、操作系统、应用和服务一体化的生态系统，它们相辅相成、不可分割，从而使企业更有竞争力，在产业链中拥有更多的话语权。

第二节 移动电子商务的技术基础

移动电子商务超越时间和空间的限制，只用一个手机或其他无线终端，使人们通过移动通信设备获得数据服务，通信内容包括语音、数字、文字、图片和图像等，在移动中进行电子商务。移动电子商务的发展主要取决于移动通信技术的空前发展，移动电子商务是伴随着信息技术的发展，特别是依托互联网技术的应用而发展起来的电子商务，是一种完全崭新的商务手段，它从根本上改变了传统商务活动中的交易方式和流通技术，对社会经济发展和商务活动产生了深远的影响。

一、移动网络技术

（一）WAP 协议

无线应用协议（Wireless Application Protocol，WAP）是由摩托罗拉（Motorola）、诺基亚（Nokia）、爱立信（Ericsson）等公司最早倡导和开发的，它的提出和发展基于在移动设备中接入互联网的需要。WAP 是开展移动电子商务的核心技术之一，它提供了一套开放、统一的技术平台，使用户可以通过移动设备很容易地访问和获取以统一的内容格式表示的互联网或企业内部网信息和各种服务。通过 WAP，手机可以随时随地、方便快捷地接入互联网，真正实现不受时间和地域约束的移动电子商务。

（二）移动 IP

移动 IP（Mobile IP，其中 IP 是 Internet protocol 的缩写，表示网际互联协议）是由互联网工程任务小组（IETF）在 1996 年制定的一项开放标准。它的设计目标是能够使移动用户在移动自己位置的同时无须中断正在进行的互联网通信。移动 IP 现在有两个版本，分别为 Mobile IPv4（RFC 3344）和 Mobile IPv6（RFC 3775）。目前广泛使用的仍然是 Mobile IPv4。移动 IP 主要使用三种隧道技术（IP 的 IP 封装、IP 的最小封装和通用路由封装）来解决移动节点的移动性问题。

（三）蓝牙技术

蓝牙（Bluetooth）是一种短距离无线电技术，它是由爱立信、国际商用机器公司、英特尔、诺基亚和东芝五家公司于 1998 年 5 月联合推出的一项短程无线连接标准。该标准旨在取代有线连接，实现数字设备间的无线互联，以确保大多数常见的计算机和通信设备之间可方便地进行通信。蓝牙作为一种低成本、低功率、小范围的无线通信技术，可以使移动电话、个人电脑、个人数字助理、便携式电脑打印机及其他计算机设备在短距离内无须使用线缆进行通信。蓝牙支持 64kb/s 实时话音传输和数据传输，传输距离为 10～100m，其组网采用主从网络。蓝牙技术主要应用在以下几个方面。

（1）手机与手机的蓝牙连接。

（2）蓝牙耳机代替手机的有线耳机。

（3）手机借助蓝牙无线连接电脑。

（四）无线局域网（WLAN）与 Wi-Fi

无线局域网（Wireless Local Area Networks，WLAN）是利用射频（Radio Frequency，RF）技术取代旧式双绞铜线（Coaxial）所构成的局域网络。

WLAN 必须有无线 AP（Access Point），即接入点，又称无线局域网收发器，是无线网络的核心。目前笔记本电脑 PDA 及智能手机都带有无线模块，只要在 AP 覆盖的区域内，进行适当的设置，就能连接无线网络。WLAN 以其灵活性、移动性、规划容易、易扩充、费用低等优点得到了广泛应用。但是比起有线网络，无线网络有易受干扰、距离有限等缺点。

无线保真（Wireless Fidelity，Wi-Fi）技术是一个基于 IEEE 802.11 系列标准的无线网络通信技术的品牌，目的是改善基于 IEEE 802.11 标准的无线网络产品之间的互通性，由 Wi-Fi 联盟（Wi-Fi Alliance）所持有。简单来说，Wi-Fi 就是一种无线联网的技术，以前通过网线连接电脑，而现在则是通过无线电波来连接网络。

（五）通用分组无线业务

通用分组无线业务（General Packet Radio Service，GPRS）是欧洲电信标准化组织（ETSI）在 GSM 系统的基础上制定的一套移动数据通信技术标准。它是利用"包交换"的概念所发展出的一套无线传输方式。GPRS 是 2.5G 移动通信系统主要的联网方式，具有数据传输率高、永远在线和仅按数据流量计费的特点，但是它传递的速率有限，随着 4G 的普及，这种上网方式会逐步退出。

（六）第四代移动通信技术（4G）与第五代移动通信技术（5G）

1. 第四代移动通信技术

第四代移动通信技术（4th Generation，4G）集 3G 与 WLAN 于一体，且能够传输高质量视频图像，它的图像传输质量与高清晰度电视不相上下，功能比 3G 更先进。4G 系统能够以 100Mbps 的速度下载数据，比目前的拨号上网快 2 000 倍，上传的速度也能达到 20Mbps，并能够满足几乎所有用户对于无线服务的要求。

2. 第五代移动通信技术

移动通信网络联盟（NGMN）对 5G 的定义是："5G 是一个端对端的生态系统，可带来一个全面移动和联网的设备。通过由可持续商业模式开启的具备连贯体验的现有和新型的用例,它增强了面向消费者、合作者的价值创造。"5G 技术相比 4G 技术,其峰值速率将增长数 10 倍,从 100Mbps 提高到数 10Gbps。

5G 网络并不会独立存在,它将会是多种技术的结合,包括 2G、3G、LTE、LTE-A、Wi-Fi、M2M 等。换句话说,5G 的设计初衷是支持多种不同的应用,如物联网、联网可穿戴设备、增强现实和沉浸式游戏。不同于 4G,5G 网络有能力处理大量的联网设备和流量类型。如在处理高清视频在线播放任务时,5G 可提供超高的速度连接。而面对传感器网络时,它就只会提供低数据传输速率了。

二、移动应用开发技术

(一) 智能手机与操作系统

除上述的技术之外,移动电子商务的发展还和移动手机的功能密切相关,真正能开展移动商务活动的是智能手机。智能手机是指像个人电脑一样,具有独立的操作系统,可以由用户自行安装软件、游戏等第三方服务商提供的程序,通过此类程序来不断对手机的功能进行扩充,并可以通过移动通信网络来实现无线网络接入的这样一类手机的总称。目前主流的手机厂商(如苹果、华为、小米、HTC、联想等)都推出了自己的智能手机终端,很多移动电子商务的应用与使用的手机相关。除此之外,它还与安装的软件相关,通常使用的操作系统,有 Android、iOS、Windows Mobile、Palm OS 和 Black-Berry OS,其中 Android 所占的市场份额最大,iOS 是苹果手机专用的操作系统。因为可以安装第三方软件,所以智能手机有丰富的功能。目前除了手机制造商推出的应用平台外(如苹果的 App Store),更多的是第三方的开放平台(如 360 手机助手、91 无线等),为手机提供了丰富的应用软件,极大地拓展了手机的功能,并带给用户良好的体验。

(二) 手机二维码

手机二维码是二维码技术在手机上的应用。二维码是用特定的几何图形按一定的规律在平面(二维方向)上分布的黑白相间的矩形方阵记录数据符号信息的新一代条码技术,由一个二维码矩阵图形和一个二维码号及下方的说明文字组成,具有信息量大、纠错能力强、识读速度快、全方位识读等特点。

手机二维码的应用有两种:主读与被读。所谓主读,就是使用者主动读取二维码,一般是指手机安装扫码软件,其中比较知名的应用有易拍酷、快拍、我查查等。被读就是指电子回执之类的应用,如火车票、电影票、电子优惠券等。

(三) 手机定位技术

手机定位技术是指利用 GPS 定位技术或者基站定位技术对手机进行定位的一种技术。GPS 定位方式是利用手机上的 GPS 定位模块将自己的位置信号发送到定位后台来实现手机定位的。基站定位则是利用基站对手机距离的测算来确定手机位置的。后者不需要手机具有 GPS 定位能力,但是精度在很大程度上依赖于基站的密度,有时误差会超过 1 000 米,前者定位精度较高。随着带有 GPS 定位模块智能手机的发展和应用，GPS 实现精确定位将会成为主流，基于位置的服务正是基于手机定位技术的应用。

（四）手机识别技术

手机中的识别技术主要是利用人体生物特征的唯一性原理来保证识别的安全性、唯一性。目前手机中的识别技术主要是指指纹识别、虹膜识别和脸部识别三种。其中，指纹识别仍是主要应用。新突思科技（Synaptics）在 2017 年国际消费电子展（CES 2017）正式开幕之前宣布了一套新的综合性生物识别技术，将传统的指纹识别、面部识别整合在一起，可为智能手机、平板电脑、笔记本带来更大的便利和更高的安全性。用户可以就科技选择自己最喜欢或者使用最方便的方式解锁设备。相关生物识别技术公司也在朝这个方向发展。手机中的识别技术可以用来解锁设备加密和解密等，极大地提升了用户体验。

第三节　移动电子商务的典型应用

移动电子商务形式多样，除从传统电子商务中扩展而来的一些服务外，还有许多新的形式将会逐渐被开发出来。目前，主要的移动电子商务应用可分为下面几种类型。

一、移动电子支付

移动电子支付就是用户使用手机、掌上电脑或笔记本电脑等移动电子终端设备，通过手机短信息、互动式语音应答（Interactive Voice Response，IVR，是基于手机天线的无线语音增值业务的统称）、手机上网业务无线应用协议等多种方式，对所消费的商品或服务进行账务支付、银行转账等商务交易活动。

移动电子支付的实现流程如图 7-4 所示，整个支付过程可以分为以下几个步骤。

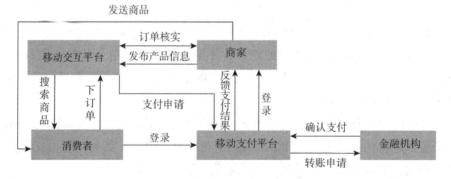

图 7-4　移动电子支付的流程示意

（1）顾客通过拨打电话、发送短信或者使用移动无线应用协议功能接入移动支付系统，移动支付系统将此交易的要求传送给移动应用服务提供商（MASP）。

（2）移动运营商确定此次交易的金额，并通过移动支付系统通知顾客，等待顾客进行确认并将确认信息返回。

(3) 移动运营商通过多种方式实现资金由顾客账户向商家账户的转移。

国内主要的移动支付方式有支付宝、微信钱包、Apple Pay 等，其中微信和支付宝采用的支付方式都是扫二维码支付，在国内占据移动支付的主要市场，而苹果公司联手中国银联及 19 家银行，于 2016 年 2 月 18 日在中国正式推出苹果支付（Apple Pay），它依托的技术是近场通信（NFC），即"刷手机"完成支付。

二、基于位置的服务

（一）基于位置的服务的内涵

基于位置的服务（Location Based Service，LBS）是通过电信移动运营商的无线电通信网络（如 GSM）或外部定位方式（如 GPS）获取移动终端用户的位置信息（地理坐标或大地坐标），在 GIS（Geographic Information System，地理信息系统）平台的支持下，为用户提供相应服务的一种增值业务。

（二）基于位置的服务应用现状

LBS 被视为 2012 年十大个人移动应用消费趋势之一，在近两年已有了多种创新应用。但总体来看，国内 LBS 应用发展的现阶段情况并不乐观，应用相对简单，用户量尚未暴发，黏性不大，难以维持长期活跃程度，有效的收入模式仍在探索中；国内 LBS 应用形式单一；LBS 与热门应用结合易成功。目前，从国内已经面市的 LBS 应用来看，还存在诸多问题：从设计上讲，简单的社交平台或是"签到"的应用，给用户带来的愉悦体验似昙花一现，并不持久；从优惠的展示方式来看，缺乏娱乐性，缺乏个性化定制，也没有突出位置服务的优势；从推广方式来看，事件性营销活动从策划到宣传再到实现，每个环节都容易出现问题；再从收入模式上看，没有固定且活跃的用户群，不能为商家带来好的宣传效果，自身也就无从考虑收费了。

三、移动营销

移动营销（Mobile Marketing）是指面向移动终端（手机或平板电脑）用户，在移动终端上直接向目标受众定向和精确地传递个性化即时信息，通过与消费者进行信息互动来达到市场营销的目的。移动营销方式主要有以下两种。

(1) 微信营销。微信营销主要又分两种方式：一是微信朋友圈广告，微信朋友圈广告是基于微信公众号生态体系，以类似朋友的原创内容形式在朋友圈中展示的原生广告；二是微信公众平台推广，如订阅号、服务号、小程序和企业微信。

(2) 移动社交营销。移动社交营销是指通过移动社交平台实现营销活动的过程，主要有社交电子商务、短视频营销和直播营销等类型。社交电子商务指企业通过打造高性价比的产品，吸引用户通过社交平台分享、拼团，降低电商引流成本，提升线上购物信任度，而社交平台则可获取流量变现，实现商业模式多元化。

四、移动商务广告

从手机诞生以来，垃圾短信和推销电话就一直是令人头疼的问题。但是，这并不是广告本身的错，而是投放手机广告的商家没有找对用户。如果广告的精准性提高，不是像原始的广告那样铺天盖地，那么收到广告的用户也就不一定那么厌烦了。如果一个移动用户的兴趣爱好和个性是明确的，那么广告商就会考虑给每个或者某一类用户（细分市场）提供一种推动式或拉动式的移动广告服务。根据用户的终端性质、所处位置及其偏好，定向性地向其投放广告，往往会取得不错的效果。例如，了解到一个客户经常往返于北京与广州之间，根据其终端判断他应该是商旅客户，根据其在北京的位置记录，他经常光临西餐厅，所以当他到达广州市的商业区时，他就有可能收到一条短信，告诉他附近有一家西餐厅，显示出菜单，并告诉他凭此短信去餐厅就餐，可以享受 85 折优惠。这类手机广告就有可能打动客户，达到理想的营销效果。

五、移动娱乐

娱乐是人类生活不可缺少的一部分，娱乐的内容随着时代的变化而发展。移动电子商务时代，娱乐的内容和方式均得到了进一步的扩展，同时随着 4G、5G 技术的成熟和应用，移动电子娱乐已经显示出传统的计算机游戏、电视游戏和网络游戏并驾齐驱的趋势。

（一）移动娱乐的内容种类繁多

移动娱乐涵盖了移动沟通、移动信息及纯娱乐服务等多种形式。

(1) 移动沟通服务的典型应用有移动 QQ、微信等。

(2) 移动信息服务的典型应用有天气预报、手机广播等。

(3) 纯娱乐服务则有移动游戏、移动音乐、移动彩铃与铃声、移动电视业务等。

（二）移动娱乐的接入方式趋向简单

传统的娱乐方式受场所和设备的约束。电子商务时代，移动娱乐的方式趋向简单，目前主要的接入方式为手机接入，其操作方式简单，不受时间和空间的限制，成为未来娱乐的方向。

六、移动购物

借助移动电子商务，用户能够通过移动通信设备进行网上购物，如订购鲜花、礼物、食品等。顾客利用智能手机等移动终端设备可以进行快速搜索、价格比较、使用购物车、订货等活动，还可以查看订单状态。传统购物也可通过移动电子商务得到改进，例如，用户可以使用无线电子钱包等具有安全支付功能的移动设备，在商店里或自动售货机上购物。

数据公司 Quest Mobile 发布的《2019 移动互联网全景生态报告》（如图 7-5 所示）显示，国内移动互联网用户总数达 11.34 亿。随着市场进入"存量竞争"时代，互联网巨头们纷纷布局小程序，深挖流量分发价值和用户价值，电商的头部聚集效应愈发明显。

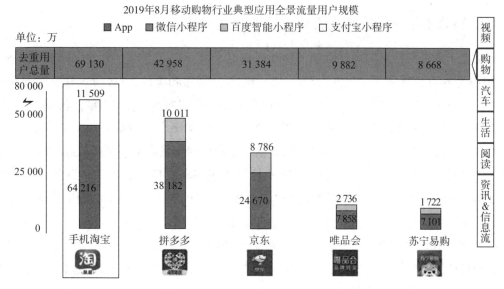

图 7-5　2019 移动互联网全景生态报告示意

2019 年 8 月，手机淘宝 App 用户规模约为 6.42 亿，淘宝—支付宝小程序用户数约 1.15 亿，去重后的全景用户规模约为 6.91 亿；拼多多 App 用户规模达 3.81 亿，拼多多—微信小程序用户数约为 1 亿，去重后的全景用户规模约为 4.29 亿；京东 App 用户规模约为 2.46 亿，京东—微信小程序用户数约为 8 700 万，去重后的全景用户规模约为 3.13 亿；其他包括唯品会、苏宁易购等在内的电商平台，全景用户规模在 1 亿以下。

由此可见，手机购物已经成为移动社交电子商务最广泛的应用场景之一。

七、移动办公

移动办公又称移动 OA（Office Automation），也就是移动办公自动化，是利用无线网络实现办公自动化的技术。它将原有 OA 系统上的公文、通信录、日程、文件管理、通知公告等功能迁移到手机，让用户可以随时随地进行掌上办公。对于突发性事件和紧急性事件有极其高效和出色的支持，是管理者、市场人员等贴心的掌上办公产品。

移动办公体现出 3A 的特征，也可称为"3A 办公"，即办公人员可在任何时间（Anytime）、任何地点（Anywhere）处理与业务相关的任何事情（Anything）。这种全新的办公模式，可以让办公人员摆脱时间和空间的束缚。

第四节　移动电子商务的发展过程及发展趋势

随着无线技术的发展，越来越多的无线设备用户实现了移动电子商务。新型移动电子商务由于其固有的特性，如普遍性、个性化、柔性化等，给传统商务带来了前所未有的潜在市场、高生产率及高利润，由此移动电子商务正以前所未有的速度在世界范围内发展。

一、移动电子商务的发展历程

移动电子商务与传统的通过电脑平台开展的电子商务相比，拥有更为广泛的用户基础。截至 2019 年 6 月，我国网民规模达 8.54 亿，较 2018 年年底增长 2 598 万，互联网普及率达 61.2%，较 2018 年年底提升 1.6 个百分点；我国手机网民规模达 8.47 亿，较 2018 年年底增长 2 984 万，网民使用手机上网的比例达 99.1%，较 2018 年年底提升 0.5 个百分点。与 5 年前相比，移动宽带平均下载速率提升约 6 倍，手机上网流量资费水平降幅超 90%。"提速降费"推动移动互联网流量大幅增长，用户月均使用移动流量达 7.2GB，为全球平均水平的 1.2 倍；移动互联网接入流量消费达 553.9 亿 GB，同比增长 107.3%。随着移动通信技术和计算机的发展，移动电子商务的发展已经经历了三个阶段。

（1）第一代移动商务系统是以短信为基础的访问技术，这种技术存在着许多严重的缺陷，其中最严重的问题是实时性较差，查询请求不会立即得到回答。此外，由于短信信息长度的限制也使一些查询无法得到一个完整的答案。这些令用户无法忍受的严重问题也导致了一些早期使用基于短信的移动商务系统的部门纷纷要求升级和改造系统。

（2）第二代移动商务系统采用基于 WAP 技术的方式，手机主要通过浏览器的方式来访问 WAP 网页，以实现信息的查询，部分地解决了第一代移动访问技术的问题。第二代的移动访问技术的缺陷主要表现在 WAP 网页访问的交互能力差，因此限制了移动电子商务系统的灵活性和方便性。此外，WAP 网页访问的安全问题，对于安全性要求极为严格的政务系统来说也是一个严重的问题。这些问题也使第二代技术难以满足用户的要求。

（3）新三代移动商务系统采用了面向服务的（SOA）架构、智能移动终端和移动 VPN（虚拟专用网络）技术相结合的第三代移动访问和处理技术，使系统的安全性和交互能力有了极大的提高。第三代移动商务系统同时融合了 3G 移动技术、智能移动终端、VPN、数据库同步、身份认证及 Web Service 等多种移动通信、信息处理和计算机网络的最新前沿技术，以专网和无线通信技术为依托，为电子商务人员提供了一种安全、快速的现代化移动商务办公机制。

二、我国移动电子商务发展现状

2016 年中国网络购物市场交易规模为 4.7 万亿元，占社会消费品零售 14.2%。网络购物对经济的贡献越来越大，仍是目前零售的主流渠道。2016 年中国移动网购在整体网络购物交易规模中占比达到 68.2%，比去年增长 22.8 个百分点，移动端已超过 PC 端成为网购市场更主要的消费场景；与此同时，2016 年，中国网络购物市场 Top10 企业移动端用户增速远超 PC 端，App 端用户增速达 27.1%，PC 端仅增长 9.6%。艾瑞分析认为，用户消费习惯的转移、各企业持续发力移动端是移动端不断渗透的主要原因。

截至 2019 年 6 月（见图 7-6），我国手机网络购物用户规模达 6.21 亿，较 2018 年年底增长 2 871 万，占总网民的 73.4%；我国网络购物用户规模达 6.39 亿（见图 7-7），较 2018

年年底增长 2 989 万，占手机网民的 74.8%。

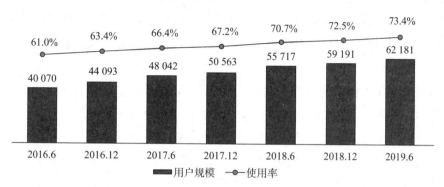

图 7-6　2016—2019 年手机网络购物用户规模及使用率

图 7-7　2016—2019 年网络购物用户规模及使用率

我国人口众多，并且随着近年来互联网技术的发展及移动电子产品的普及，移动终端的网民数量不断攀升。移动电子产品提供了移动电子商务的支持，无线网络和手机应用提供了移动电子商务的软件支持，网民数量的增长为移动电子商务创造了巨大的市场空间及发展潜力。虽然我国的移动电子商务已经取得了初步的进展，但是由于起步较晚，在实际的应用过程中我国还存在很多的问题，包括客观限制因素和主观限制因素。

（一）客观限制因素

首先，无线互联网的普及率较低，如美国等发达国家早在几年之前便实现了无线互联网络的普及，无论在店铺、家里、公司甚至是马路上都有免费的无线互联网络可以用。其次，无线互联网络服务器不稳定、数据传输的速度较慢，而用户想使用更快的网络便需要支付更多的网络费用，从而导致了很多网民更愿意用接入固定宽带的电脑进行网络购物等活动。最后，安全保障不完善，主要表现为无线网络安全性和应用软件的安全性两个方面，使制度和技术问题难以为用户提供更加全面的安全保障。

(二) 主观限制因素

首先，网民消费意识转变缓慢，大多数网民的消费观念还停留在传统的当面交易的阶段。在短时间内网民会对移动电子商务的安全性及物品的质量保障产生怀疑。其次，移动电子商务产品质量控制难。最后，移动电子商务店铺的加盟门槛低、数量繁多、产品质量参差不齐。

由此可以看出我国移动电子商务的发展现状并不是很乐观，还需要政府、社会、企业等多方共同努力，解决目前所面临的限制因素，才能够实现其进一步发展。

通过对移动电子商务发展现状的详细分析，得知随着国民经济快速发展，人民生活水平提高，各方面消费力量兴起。一方面，90后、女性等细分用户成为消费新动力；另一方面用户更加注重商品品质，更多选择符合自身特征的商品。在此基础上，基于特定品类和特定人群的垂直经济成为新的发展趋势。例如，2018年中国生鲜电商市场交易规模达到2 045.3亿，较2017年（1 308.3亿元）增长56.3%，如图7-8所示。预计未来几年，其市场将持续被资本市场看好，2020年其交易总额或将达到4 040.7亿元。随着生鲜电商市场资源进一步整合，行业发展进一步成熟，未来3年生鲜电商市场交易额年复合增长率将达到49%，电商渗透率将持续提升，预计在2020年，渗透率将达到64.6%。

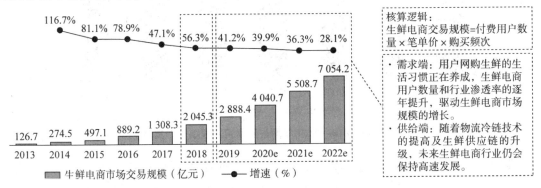

图7-8 2013—2022年中国生鲜电商市场交易规模及增速

在信息技术高度发展的今天，移动电子商务的出现为传统电子商务注入了新的生命力，其移动性、便利性和个性化的特点具有无可比拟的优势，极大地方便了人们的生活方式。未来，移动电子商务必将进一步发展，必须抓住机遇、迎接挑战，使移动电子商务发挥更大的作用。

三、发展趋势

(一) 企业应用将成为热点

互联网行业的从业者都深有体会，面向B用户（企业用户）的服务和应用是可以快速赚钱的业务，但一般来说成长性不会特别大，不会呈几何级数；而面向C用户（个人用户）的服务和应用则正好相反，虽然不能很快赚到钱，但只要业务对路，深受市场认可，则很有可能做成一笔大生意。

同理，移动电子商务的快速发展，必须是基于企业应用的成熟。企业应用的稳定性强、消费力大，这些特点是个人用户无法与之比拟的。而移动电子商务的业务范畴中，有许多业务类型可以让企业用户在收入和提高工作效率上得到很大帮助。企业应用的快速发展，将会成为推动移动电子商务的最主要力量之一。

（二）获取信息成主要应用

互联网公司的通常做法是在主营业务的周围增加一系列的辅助应用，为了获取更多的流量，或者为主营业务带去更多的机会。

在移动电子商务中，虽然主要目的是交易，但是实际上在业务使用过程当中，信息的获取对于带动交易的发生或是间接引起交易是有非常大的作用的。例如，用户可以利用手机，通过信息、邮件、标签读取等方式，获取股票行情、天气、旅行路线、电影、航班、音乐、游戏等各种业务的信息；而在这些信息的引导下，有助于诱导客户进行电子商务的业务交易活动。因此，获取信息将成为各大移动电子商务服务商初期考虑的重点。

（三）安全问题仍是机会

由于移动电子商务依赖于安全性较差的无线通信网络，因此安全性是移动电子商务中需要重点考虑的因素。和基于PC终端的电子商务相比，移动电子商务终端运算能力和存储容量不足，如何保证电子交易过程的安全，成了大家最为关心的问题。

在这样的大环境下，有关安全性的标准制定和相应法律出台也将成为趋势。同时，相关的供应商和服务商也就有了更多的市场机会。

（四）移动终端的机会

移动终端也是一个老生常谈的话题。移动电子商务中的信息获取、交易等问题都和终端息息相关。终端的发展机会在于，不仅要带动移动电子商务上的新风尚，还对价值链上的各方合作和业务开展有着至关重要的影响。

随着终端技术的发展，终端的功能越来越多，而且考虑人性化设计的方面也越来越全面，例如，显示屏比过去有了很大的进步，而一些网上交易涉及商品图片信息显示的，可以实现更加接近传统PC互联网上的界面显示。又如，智能终端的逐渐普及或成为主流终端，如此一来，手机更升级成为小型PC，虽然两者不会完全一致，也不会被替代，但是手机可以实现的功能越来越多，对于一些移动电子商务业务的进行，也更加便利。以后终端产品融合趋势会愈加明显，在很难清楚界定手上这个机器是手机、电子书还是iPad时，就看消费者的需求方向了。

（五）与无线广告捆绑前进

移动电子商务与无线广告在过去的发展过程中有些割裂，其实这是两条腿走路的事情，二者是相辅相成的，任何一方的发展，都离不开另外一方的发展。二者的完美结合，就是无线营销的"康庄大道"。

(六) 终端决定购物行为

据调查，47%的智能手机和56%的平板电脑用户计划利用他们的移动终端购买更多物品，如果企业能提供一些简便、易用的移动应用或者移动网站则更加有用。

(七) 虚拟电子钱包正流行

据调查，20%的智能手机用户曾经使用他们的手机当作虚拟钱包，28%的智能手机用户期望能利用手机当虚拟钱包做更多的事情，25%的平板电脑使用者非常希望能使用一些新技术。

(八) 移动优惠券和条形码

尽管虚拟电子钱包受欢迎，但更多的智能手机和平板电脑用户希望通过手机查看更多的产品信息（55%～57%），或者使用移动优惠券（53%～54%），几乎有一半的智能手机和平板电脑用户说他们计划会扫描商品条形码以获得更多的产品信息，这也显示出条形码的使用已逐渐成为主流。

(九) 用户体验急需改进

54%的智能手机用户和61%的平板电脑用户认为企业品牌提供的移动购物应用和网站用户体验非常的不友好，更别说购物了。

(十) 对移动电商发展有帮助的新技术

科技的发展催生出了一些新的技术，如物联网、LBS、二维码等，这些新技术的出现将有助于移动电商的发展。

(十一) 靠移动图像识别技术拍照购物

亚洲和欧洲的零售商已经将移动图像识别技术用于目标明确的移动商务应用。不久之后，人们将会看到众多零售商迅速采纳这一技术。他预测未来这一幕将司空见惯：通过某零售商的移动商务应用程序给路人的鞋子或手包拍下照片，以便迅速找到同样或类似的商品来进行选购。

LTU 科技最近发布了一款应用程序 LTU Mobile 以帮助各品牌将 MIR 技术嵌入自己的移动应用之中。法国某家庭用品零售商就采用了这项技术，让消费者对 40 000 件目录商品随便拍照，并立即购买。

第五节 物联网

物联网（Internet of Things，IOT）是新一代信息技术的重要组成部分，顾名思义，物联网就是"物物相连的互联网"。这有两层意思：第一，物联网的核心和基础仍然是互联网，是在互联网基础上延伸和扩展的网络；第二，其用户端延伸和扩展到了任何物体与物体之间。

一、物联网的概念

物联网概念最早出现于比尔·盖茨1995年出版的《未来之路》一书中，只是当时受限于无线网络、硬件及传感设备的发展，并未引起世人的重视。1998年，美国麻省理工学院（MIT）创造性地提出了当时被称为EPC系统的"物联网"的构想。

1999年，美国Auto-ID首先提出"物联网"的概念，主要是建立在物品编码、射频识别技术和互联网的基础上。在我国，物联网过去被称为传感网。而中科院在1999年就启动了传感网的研究，并已取得了一些科研成果，建立了一些适用的传感网。

2005年11月17日，在突尼斯举行的信息社会世界峰会（WSIS）上，国际电信联盟（ITU）发布了《ITU互联网报告2005：物联网》，正式提出了"物联网"的概念。根据国际电信联盟的描述，物联网是指通过在各种日常用品上嵌入一种短距离的移动收发器，使人类在信息与通信世界里将获得一个新的沟通维度，从任何时间、任何地点的人与人之间的沟通连接扩展到人与物和物与物之间的沟通连接。

2010年出台的《国务院关于加快培育和发展战略性新兴产业的决定》将物联网作为战略性新兴产业的发展重点。

物联网是基于互联网的一种高级网络形态，它们之间最明显的不同点是物联网的连接主体是从人向物延伸，网络社会形态是从虚拟向现实拓展，信息采集与处理从人工为主向智能化为主转化。可以说，物联网是互联网发展创新的伟大成果，是互联网虚拟社会连接现实社会的伟大变革，是实现泛在网络目标的伟大实践。

我国有学者认为，物联网是一种泛在网络，这种泛在网络就是利用互联网将世界上的物体都连接在一起，使世界万物都可以上网。因此，可以把物联网理解为：通过射频识别装置、红外感应器、定位系统和激光扫描器等种种装置与互联网结合成的一个全新的巨大网络，将现有的互联网、通信网、广电网及各种接入网和专用网连接起来，实现智能化识别和管理。

"物联网+互联网"几乎就等于泛在网络。泛在网络就是运用无所不在的智能网络、最先进的计算技术及其他领先的数字技术基础设施武装而成的技术社会形态，帮助人类实现在任何时间、任何地点、任何人、任何物都能顺畅地通信。从泛在的内涵来看，首先关注的是人与周边的和谐交互，各种感知设备与无线网络只是手段。泛在网络包含了物联网、传感网、互联网的所有属性，而物联网则是泛在网络实现的目标之一，是泛在网络发展过程中的先行者和制高点。

根据上述比较分析，本书关于物联网的概念是：通过各种感知设备和互联网，连接物体与物体的，全自动、智能化采集、传输与处理信息的，可实现随时随地和科学管理的一种网络。

二、物联网的基本特征

根据对物联网的理解，可得出网络化、物联化、互联化、自动化、感知化、智能化是物联网的基本特征。

（一）网络化

网络化是物联网的基础。无论是机器到机器（M2M）、专网，还是无线、有线传输信息，感知物体，都必须形成网络状态；不管是什么形态的网络，最终都必须与互联网相连接，这样才能形成真正意义上的物联网（泛在性的）。目前的物联网，从网络形态来看，多数是专网或局域网，只能算是物联网的雏形。

（二）物联化

人物相联、物物相联是物联网的基本要求之一。电脑和电脑连接成互联网，可以帮助人与人交流。而物联网，就是在物体上安装传感器、植入微型感应芯片，然后借助无线或有线网络，让人们和物体"对话"，让物体和物体之间进行"交流"。可以说，互联网完成了人与人的远程交流，而物联网则完成人与物、物与物的即时交流，进而实现由虚拟网络世界向现实世界的连接、转变。

（三）互联化

物联网是一个多种网络、应用技术的集成，也是一个让人与自然界、人与物、物与物进行交流的桥梁。因此，在一定的协议关系下，实行多种网络融合、分布式与协同式并存是物联网的显著特征。与互联网相比，物联网具有很强的开放性，具备随时接纳新器件、提供新服务的能力，即自组织、自适应能力。

（四）自动化

通过数字传感设备自动采集数据；根据事先设定的运算逻辑，利用软件自动处理采集到的信息，一般不需人为的干预；按照设定的逻辑条件，如时间、地点、压力、温度、湿度、光照等，可以在系统的各个设备之间自动进行数据交换或通信；对物体的监控和管理实现自动指令执行。

（五）感知化

物联网在各种物体上植入微型感应芯片，这样任何物品都可以变得"有感受、有知觉"，它主要依靠射频识别设备、红外感应器、定位系统、激光扫描器等信息传感设备来实现。在物联网中，这些传感设备发挥着类似人类社会中语言的作用，借助这种特殊的语言，人和物体、物体和物体之间可以相互感知对方的存在和变化，从而进行"对话"与"交流"。

（六）智能化

智能是指个体对客观事物进行合理分析、判断及有目的地行动和有效地处理周围环境事宜的综合能力。通过装置在各类物体上的电子标签、传感器和二维码等经过接口与无线网络相连，从而给物体赋予智能，实现人与物体的"沟通"和"对话"，也可以实现物体与物体间的"沟通"和"对话"。

三、物联网的体系结构

物联网应用广泛,它是继计算机、互联网与移动通信网之后的世界信息产业第三次浪潮。物联网概念的问世打破了之前的传统思维。过去的思路一直是将物理基础设施和 IT 基础设施分开:一方面是机场、公路和建筑物;另一方面是数据中心、个人电脑和宽带等。而在物联网时代,钢筋混凝土、电缆将与芯片、宽带整合为统一的基础设施。在此意义上,基础设施更像是一块新的"地球工地",世界的运转就在它上面进行,其中包括经济管理、生产运行、社会管理乃至个人生活。

物联网具备三个特征:一是全面感知,即利用射频识别技术、传感器、二维码等随时随地获取物体的信息;二是可靠传递,通过各种电信网络与互联网的融合,将物体的信息实时、准确地传递出去;三是智能处理,利用云计算和模糊识别等各种智能计算技术,对海量数据和信息进行分析和处理,对物体实施智能化的控制。因此,物联网的体系结构大致公认为有三个层次,如图 7-9 所示是典型的物联网体系架构:底层是用来感知数据的感知层,中间层是数据传输的网络层(传输层),最上层则是应用层。

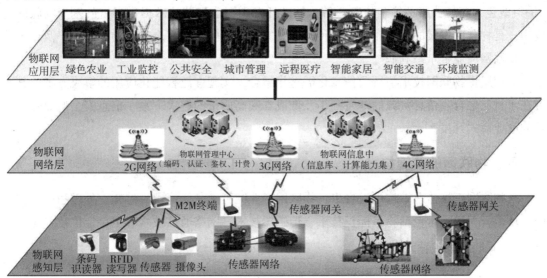

图 7-9 典型的物联网体系架构

(一)感知层

感知层的主要功能是信息感知与采集。感知层主要包括二维码标签和识读器、射频识别标签和读写器、摄像头、各种传感器、视频摄像头等,完成物联网应用的数据采集和设备控制。感知层是物联网发展和应用的基础。感知层设计的主要技术包括射频识别技术、传感和控制技术、短距离无线通信技术等,其中又包括芯片研发、通信协议研究、射频识别材料、智能节点供电等细分技术。

感知层是物联网中亟待突破的部分,包括关键技术、标准化和产业化等方面。感知层关键在于具备更精确、更全面的感知能力,并解决低功耗、小型化和低成本的问题。

(二) 网络层 (传输层)

物联网的网络层是在现有通信网和互联网的基础上建立起来的，综合使用2G/3G/4G网格、有线带宽、公用电话交换网、Wi-Fi通信技本、有线与无线的结合、宽带与窄带的结合、感知网与通信网的结合。网络层中的感知数据管理与处理技术是实现以数据为中心的物联网的核心技术，包括传感网数据的存储、查询、分析、挖掘、理解及基于感知数据决策和行为的理论与技术。云计算平台作为海量感知数据的存储、分析平台，是物联网网络层的重要组成部分，也是应用层众多应用的基础。

网络层是物联网三层中标准化程度最高、产业化能力最强、最成熟的部分。这部分的关键在于为物联网的应用进行优化和改进，形成协同感知的网络。

(三) 应用层

物联网的应用层由各种应用服务组成（包括数据库服务器），利用经过分析处理的感知数据为用户提供丰富的特定服务。应用层服务可分为监控型（物流监控、污染监控等）、查询型（智能检索、远程抄表等）、控制型（智能交通、智能家居、路灯控制等）、扫描型（手机线包、高速公路不停车收费）等。软件开发和智能控制技术提供丰富的基于物联网的应用，是物联网发展的根本目标。各种行业和家庭应用的开发将会推动物联网的普及，也给整个物联网产业链带来利润。

应用层将物联网技术与行业信息化需求相结合，实现广泛智能化应用的解决方案。其关键在于行业融合、信息资源的开发利用、低成本和高质量的解决方案、信息安全的保障及有效的商业模式开发。

四、物联网的关键技术

从物联网三层体系结构可以看出，物联网产业链可细分为标识、感知、处理和信息传送四个环节，关键技术包括物品标识技术、传感器技术、网络通信技术和卫星定位技术等。

(一) 物品标识技术

1. 二维码

二维码（2-Dimensional Bar Code）技术是物联网感知层实现过程中最基本、最关键的技术之一。从技术原理来看，二维码在代码编制上巧妙地利用构成计算机内部逻辑基础的"0"和"1"比特流的概念，使用若干与二进制相对应的几何形体来表示数值信息，并通过图像输入设备或光电扫描设备自动识读，以实现信息的自动处理。

与一维码相比，二维码具有如下特点：第一，二维码信息容量大，能够把图片、声音、文字、指纹等可以数字化的信息进行编码并表示出来，是一维码信息容量的几十倍；第二，二维码容错能力强，具有纠错功能，译码时可靠性高，当二维码因穿孔、污损等引起局部损坏时，仍可以正确识读，其译码错误率不超过千万分之一，远低于一维码百万分之二的错误率；第三，二维码还可以引入保密措施，其保密性较一维码强很多。而与射频识别相比，二维码最大的优势在于成本较低。

二维码具有储存量大、保密性高、追踪性高、抗损性强、备援性大、成本低等特性,所以特别适用于手机购物、安全保密、追踪、证照、存货盘点和资料备援等方面。

2. 射频识别技术

射频识别技术也是物联网中非常重要的技术,是一种非接触式的自动识别技术,它通过射频信号自动识别目标对象并获取相关数据,识别工作无须人工干预,可工作于各种恶劣环境。射频识别技术可识别高速运动物体,并可同时识别多个标签,操作快捷方便。

一套完整的射频识别系统,是由阅读器与电子标签及应用软件系统三个部分所组成,其工作原理是阅读器发射一特定频率的无线电波给电子标签,用以驱动电子标签电路将内部的数据送出,此时阅读器便依序接收解读数据,送给应用程序进行相应的处理。

射频识别技术可应用到社会各个领域,如安防、物流、仓储、追溯、防伪、旅游、医疗、教育等领域,主要实现产品的识别、追踪和溯源等。

(二) 传感器技术

人是通过视觉、嗅觉、听觉及触觉等感觉来感知外界信息的,感知的信息输入大脑进行分析判断和处理,大脑再指挥人做出相应的动作,这是人类认识世界和改造世界的最基本能力。但是通过人的五官感知外界的信息非常有限,例如,人无法利用触觉来感知超过几十甚至上千度的温度,也不可能辨别温度的微小变化,这就需要电子设备的帮助。在利用计算机控制的自动化装置代替人的劳动时,计算机类似于人的大脑,而仅有大脑而没有感知外界信息的"五官"显然是不够的,计算机也需要它们的"五官"——传感器。

传感器是一种检测装置,能感受到被测的信息,并能将检测感受到的信息按一定规律变换成为电信号或其他所需形式的信息输出,以满足信息的传输、处理、存储、记录和控制等要求。目前传感器技术已渗透到各个领域,在工农业生产、科学研究及改善人民生活等方面,发挥着越来越重要的作用。

(三) 网络通信技术

传感器依托网络通信技术实现感知信息的交换。传感器的网络通信技术分为两类:近距离通信技术和广域网络通信技术。在广域网络通信方面,互联网、2G 移动通信、3G 移动通信、4G 移动通信、卫星通信技术等实现了信息的远程传输,特别是以 IPv6 为核心的这一代互联网的发展,为每个传感器分配 IP 地址创造可能,也为物联网的发展创造了良好的网络基础条件。

(四) 卫星定位技术

目前,全球卫星定位技术有四大系统。

(1) 美国全球定位系统(GPS),由 28 颗卫星组成(其中 4 颗备用),分布在 6 条交点互隔 60°的轨道面上,民用精度约为 10 米,军民两用,1994 年布设完成了覆盖全球 98% 的 24 颗卫星。美国 GPS IIF 系列卫星比 GPS 卫星更精准,抗干扰性更强,其由 12 颗卫星组成，2020年8月5日发射了该系列第9颗卫星，这枚卫星入轨道运行后，专门为美国空军服务。

（2）俄罗斯的"格洛纳斯"系统，由30颗卫星组成（其中3颗备用），正式组网比美国全球定位系统早，2011年1月1日在全球正式运行，民用精度在10米左右，军民两用。

（3）欧洲的"伽利略"系统，是由欧盟主导发射的新一代民用全球卫星导航系统，预计将于2020年实现全部卫星组网。截至2016年12月，有8颗卫星升空，可以组成网络，实现地面导航及搜救功能。

（4）中国的"北斗"系统，2000年我国建成北斗导航试验系统，开始向中国及周边地区提供服务，2012年12月27日正式对亚太地区提供无源定位、导航、授时服务。2020年完全建成后将包括由5颗静止轨道卫星和30颗非静止轨道卫星组成，形成全球覆盖。2015年3月30日全球组网的首颗卫星发射升空（为第17颗在轨卫星），2020年7月31日，北斗三号全球卫星系统正式开通，标志着北斗系统由区域运行向全球拓展的开始。

除上述四大定位系统外，2014年印度也开始组建自己的卫星导航系统。

卫星定位系统的用途非常广泛，主要应用在以下几个方面。

（1）陆地应用，主要包括车辆导航、应急反应、大气物理观测、地球物理资源勘探、工程测量、变形监测、地壳运动监测、市政规划控制等。

（2）海洋应用，主要包括远洋船最佳航程和航线测定、船只实时调度与导航、海洋救援、海洋探宝、水文地质测量及海洋平台定位、海平面升降监测等。

（3）航空航天应用，主要包括飞机导航、航空遥感姿态控制、低轨卫星定轨、导弹制导、航空救援和载人航天器防护探测等。

虽然卫星定位系统可以实现全球覆盖，但在使用过程中，卫星信号可能在一些遮蔽物的阻挡下，无法正常接收，如地下停车场、地铁、建筑物内部、隧道、大桥等。而在这些地方，利用移动通信网络可以取长补短，弥补卫星定位的不足。基于全球卫星定位技术和移动通信网络发展起来的位置服务也越来越受到人们的关注。

五、物联网对移动电子商务的影响

物联网的出现无疑给移动电子商务的推广应用带来一次革命性机遇。物联网可以为每件货品提供单独的识别身份，然后通过无线数据传输让计算机网络随时掌握各式各样货品的详细信息。同时，物联网的出现也为移动电子商务的发展提供了良好的技术支持平台，在此基础上，这种全新的商务模式的优势才能得到充分的体现。

（一）RFID手机在移动电子商务中的应用前景

移动电子商务因其快捷、方便、无所不在的特点，已经成为电子商务发展的新方向。负责跟踪移动通信产业发展状况的特利菲亚公司总裁约翰·狄菲尔说："移动商务市场从长远看具有超越传统电子商务规模的潜力。"无线电子商务超过传统有线互联网电子商务的能力，是因为移动电子商务具有一些无可匹敌的优势。美国某公司移动电子商务产品管理总监认为:"只有移动电子商务才能在任何地方、任何时间真正解决做生意的问题。"此外,手机支付作为新兴的费用结算方式,由于其方便性而日益受到移动运营商、网上商家和消费者的青睐,全球采用手机支付的消费者不断增加。

巨大的市场前景和手机支付的迅速发展为 RFID 手机的发展提供了广阔的市场空间。RFID 技术及物联网的发展为手机支付解决了技术上的难题,两者的良好结合必然会促使移动电子商务更加优越于传统电子商务。

(二)发展限制因素及建议

目前,制约物联网发展的几个主要问题还都没有得到很好的解决,如成本过高、缺乏统一标准、识别率欠佳、隐私担忧等。

根据科尔尼公司的预测,使用 RFID 技术的成本会大大提高:每个配送中心 40 万美元,每个店铺 10 万美元,另需要 3 500 万~4 000 万美元用于整合系统。然而,RFID 手机用户产生的庞大数据流量才是真正的阻碍。据估计,如果零售业的 RFID 工程实施起来的话,每天会产生 7TB 以上的数据流量,现有的无线网络系统无法处理这些如同海啸般涌来的数据。而这些数据还必须条理清晰、及时有效,所以需要较大的资本的投入。

当今市场的竞争主要体现为标准之争,谁掌握了标准就等于攫取了产业链中最为丰厚的利润。RFID 技术作为 21 世纪最具发展潜力的技术之一,其标准之争正进入白热化阶段。然而消费者隐私权的潜在影响也阻得了 RFID 技术的发展进程。人们购买商品的情况很容易被一些机构或个人通过手机或其他无线读取器在远距离或不接触的情况下获取,这对于个人隐私无疑是一大威胁,解决这些问题还需要时间、技术、社会关注等多方面的支持和保障,也许会为此经历一个长期的过渡阶段。

实现 RFID 技术的大规模的应用,首先,要解决成本问题,只有 RFID 标签降到一定价格后才有可能应用于单件包装消费品。此外,RFID 阅读器也是一笔不小的开支,这都需要技术的不断进步。然后,就是制定标准问题,标准是利益分配的工具,是新的企业和国家的核心竞争力来源,涉及标准的拥有者、管理者和使用者,还会涉及企业利益、产业利益和国家利益。标准是一种产业和经济的秩序,往往也是产业存在的技术方案。我国要想在 RFID 产业应用中占有一席之地就必须尽快制定本土标准,并积极参与国际标准的研究和制定。

复习思考题

1. 移动电子商务的含义和特点是什么?
2. 移动电子商务的商业模式有哪些?
3. 移动电子商务相关的技术有哪些?
4. 移动电子商务应用的场景有哪些?

案例分析题

5G时代的到来，将对移动电商行业带来怎样的挑战？

2019年4月28日，淘宝某主播在浙江完成了全国首场5G电商直播，通过超清4K的直播画面，消费者看到了直播间的整体情况，消费者能够对局部细节进行放大，让商品实时展示更为清晰、直观。这意味着，在未来线上、线下在商品细节信息获取上的差别会大大缩小，主播不再需要过多赘述，通过镜头消费者就能看清细节，更好地实现了"所见即所得"。

伴随着5G时代的到来，利用其高带宽、低延迟的特点，还会出现一个互动性强、个性化高的新世界。那么，电商直播能否成为下一个站在风口的"猪"呢？

一、4G时代兴起的电商直播，5G或将带来新的商业机遇

得益于4G网络的成熟，像电视购物一样的电商直播闯进了人们的生活。相比于传统的图文展现方式，商家借助直播、短视频等形式，用更直观、互动性更强的方式唤起了消费者的购物欲望。这一切，随着5G时代的到来，或将带来更大的商业机遇。

据相关数据显示，2018年中国主流短视频平台均维持着较高的月活跃度，当时排名第一的快手与排名第二的抖音相差甚小，月活跃用户量分别为23 000.8万人及22 999.6万人，月活跃用户量最低的美拍也有1 466.0万人。随着5G时代的到来，过去在直播过程中常见的清晰度低、卡顿及跳转烦琐等情况均会消失，主播和粉丝能保证随时互动，不再受到网络延迟的影响，同时加深了用户与产品的深度接触，消费者也更容易在潜移默化中完成购买。

2018年，淘宝平台的日直播场次超过6万场，共有81名主播引导销售额过亿元；2018年"双十一"，网红张大奕的店铺在直播第28分钟的时候销量过亿；淘宝主播薇娅开播两小时销售额达到了2.67亿元，全天直播销售额超过3亿。

二、人、货、物关系化繁为简，数字化体验再次升级

目前直播市场的盈利方式大体上分为网红IP变现、打赏（礼物）、知识付费及电商直播四大类。

传统娱乐性质的短视频平台纷纷转型，凭借喊麦、娱乐的直播形式已经不再能够吸引大批用户，高质量的内容成为现在用户的主要需求。以往通过图文等形式引流的情况也在发生改变，所以对于广大主播及商家来说，电商直播将是最好的盈利方式，而5G时代的到来，将在以下三点带来利好消息。

首先，5G网络的商用，很可能使VR（虚拟现实）和AR（增强现实）融入购物中，大大提升购物体验。VR是一种可以创建和体验虚拟世界的计算机仿真系统，它利用计算机生成一种模拟环境，是一种多源信息融合的、交互式的三维动态视景和实体行为的系统仿真，能使用户沉浸到该环境中。这个概念虽然在很早以前就已经被提出来，但由于使用场景和技术的限制，一直没有得到广泛应用。在5G时代，这种方式或将成为购物的主流。

其次，5G加速物联网的落地，人、货、物的关系将化繁为简。5G时代，注定是一个快速的时代，这不仅意味着网速的提高，对于物流的快速便利，用户也有了新的追求。一是在

仓储物流环节的减压赋能，让整个配送环节变得更加高效。人们不会再每日盘算还有几天到货，如京东推出的"特瞬送"服务，可实现同城1小时达、跨城当日达，满足用户对时效的高要求。二是电商领域内，人、货、物的关系将发生重组，人将可以直接与货品进行连接和互动，不仅可以实时查看货物物流信息，还可以使它们联合起来为用户的日常起居服务。物联网将人物、物物紧紧相连，目前已经连接起智能音箱、电视、窗帘等智能家居，未来更将无处不在。

最后，5G推动云计算、大数据的普及，将有效降低跳转损失，尽早迎来新零售模式。

移动网络的高速发展将大大连通移动终端，在流媒体暴发的基础上，带有视频体系的电商展示将成为主流。或许在那时，移动电商的"好戏"才刚刚开始。

（案例来源：一拍一赚官方）

思考：
5G时代的到来，对移动电子商务的发展有何影响？

第八章

社交电子商务

学习目标

1. 掌握社交电子商务的概念。
2. 掌握社交电子商务的模式。
3. 了解社交电子商务的发展现状及趋势。

案例导入

拼多多是社交电子商务模式的新玩法

"3亿人都在用的拼多多"。拼多多这则广告，在2018年已深入人心。拼多多于2015年创立，2018年上市，只用了3年时间就做到了京东10年才做到的事，不得不说这是互联网时代的一个神话。

然而，伴随着拼多多崛起的有各种不同的声音，有好有坏，但不可否认的是，这些都没有妨碍拼多多的高速发展。

很多人都讲拼多多的成功，更多的是因为微信的导流，但也有人认为，更多的是社交电子商务的新玩法，通过这些新玩法赢得了用户的心。

在早期，很多人心目中的社交电子商务就是微商，觉得在朋友圈卖货、在公众号做商城，通过内容导流就是社交电子商务了，甚至一度因为微商泛滥遭受了质疑。

但不管怎么看，社交电子商务模式已经存在，甚至会成为未来的主流方式，因为整个社会的人际关系就是由社交组成的。同时，社交电子商务也具有传统电商不可比拟的优势，而这些优势被拼多多牢牢抓住了，所以成就了拼多多。

第一，最被大家看好的就是社交电子商务的裂变优势。通过微信入口，再通过拼多多的拼团、砍价模式，消费者为了拿到低价而自发地去影响身边的人。这样对于拼多多而言，用户增长很快；而对于商家来讲，东西也卖得更快。而用户、销量是影响成本的关键，于是更快的周转速度、更大的销量自然带来更低的价格,而更低的价格又带来更多的用户,这个正循环是拼多多成功的第一步。

第二,社交电子商务更利于在三、四线城市发展,而这些地方的传统电子商务难以下沉。电子商务发展至今天,对于广大的农村及三、四线或以下的城市而言,覆盖率并不高,并不完全是物流不够发达,还因为这一类用户的教育不够。

但这一类人却有一个特点,那就是容易受熟人的影响。尤其在微信已经达到10亿多活跃用户之后,这一类人的手机中可能没有京东、没有淘宝,但几乎都有微信,同时因为抢红包,也开通了微信支付。这时候通过熟人的介绍,帮他砍价,和他一起拼团,自己也受低价的影响,很容易就完成了一次购物,比起其他平台基本没有教育成本。

拼多多的定位非常明确,那就是拼多多并不想做全国人民的网购平台,而是精确的定位于农民购物、乡村电子商务、小镇青年,覆盖了大多数人群。

如果拼多多的定位再结合以上两点,就会发现,这些目标用户在社交电子商务的模式下,迸发出了无限的生机。

综上,拼多多之所以赢得用户的心,之所以这么火,最根本的原因就是对于特定目标人群进行了社交电子商务的新玩法,让这些人实现了消费升级。

(案例来源:个人博客"智能手机这点事",引文经编者整理、修改)

第一节 社交电子商务概述

2019年8月8日,国务院办公厅印发《关于促进平台经济规范健康发展的指导意见》,指出平台经济对建设现代化经济体系、促进高质量发展具有重要意义。2018年8月31日,第十三届全国人民代表大会常务委员会第五次会议通过了《中华人民共和国电子商务法》。在此背景下,社交电子商务作为一种新型的平台经济形式,也获得了长足的发展空间,显示出生机与活力。

根据艾瑞咨询指数报告,在2019年6月的移动App月度独立设备使用情况统计中,使用微信的独立设备达到11.211 4亿台,QQ达到7.021 8亿台,分别占据排行榜前两名,另外,使用新浪微博独立设备达到5.879 2亿台,抖音短视频达到4.070 7亿台。社交应用运营商手中拥有巨大流量,这些流量甚至有自己的标签,比如用户在微博关注了非常多的美妆博主,同时还给自己添加了"热爱旅游"的标签,那么微博将用户认定为一个关注美妆的旅游达人。

因此,一旦社交应用进军电子商务领域,他们自身便具备巨大定向流量的天然优势。目前,我国社交应用电商化的典型包括微信的微店,抖音的抖店等,此外粉丝经济和网红经济也是社交应用电商化的体现。根据2018年《中国网红经济发展洞察报告》显示,自2015年起签约网红数量呈暴发式增长,我国网红变现方式包括电商、广告、直播打赏、付费服务、演艺代言等,方式多样,数据亮眼。

一、社交电子商务的概念

社交电子商务是基于人际关系网络,利用互联网社交工具,从事商品交易或服务提供的经营活动,涵盖信息展示、支付结算及快递物流等电子商务全过程,是新型电子商务的重要表现形式之一。

社交电子商务是一种基于信任关系和内容推荐且能够激发消费者非计划性购物需求的新模式,而基于信任关系这一特点也使得社交电子商务拥有更高的客户忠诚度和客户黏性。购买前,通过看到他人分享和拼购信息等内容产生购物欲望,在产生购物欲望时通常已被"种草"某种特定的商品,购买效率提升。购买中,一方面,基于熟人关系和信任心理提高转化率;另一方面,通过社群标签能够对消费者进行划分,做到精细化营销。购买后,在优惠条件和佣金等元素的驱使下,消费者会主动在社群内传播分享,进行商品评价与展示甚至复购。与传统电子商务相比,社交电子商务能够很好地解决"什么值得买""在哪里买最好"等问题。

二、社交电子商务崛起的因素

(一)网民数量的增加

据中国互联网信息中心统计,截至 2019 年 6 月 30 日,中国网民总规模激增至 8.54 亿人,其中手机网民达到 8.47 亿人。截至 2018 年 12 月,网络购物用户规模达 6.10 亿,较 2017 年年底增长 14.4%;手机网络购物用户规模达 5.92 亿,占手机网民的 72.5%,年增长率为 17.1%。因此,移动互联网和移动购物的普及为基于互联网的社交电子商务的出现提供了技术基础。

(二)网民结构的变化

在网民规模上升的同时,网民结构也在发生变化。数据显示,截至 2018 年三季度末,全国行政村通光纤比例达到 96%,贫困村通宽带比率为 94%,城镇地区互联网普及率 74.6%,农村互联网普及率为 38.4%。目前,网民中 30~50 周岁人群占比超过 40%。

同时,中国网民的职业结构也在变化,其中学生、个体户、自由职业者和无业人员占比达到 54.2%,其中随着"二胎"的放开,越来越多的"宝妈"加入自由职业者阵营,她们有时间社交也有意愿在空闲之余赚钱。

(三)流量的成本变化

传统的电商模式是典型的双边模式,向 C 端免费而向 B 端收费,这种获客方式在互联网流量红利的后期使获客成本不断抬高,流量成本已经让电商平台不堪重负。

联商网零售研究中心认为,已经发展成熟的大平台携流量以自重,新的电商想靠这个模式发展起来几乎不可能,电商新势力们急需新的模式来摆脱流量困境,而流量成本的变化为社交电子商务的发展提供了流量基础。

（四）M型消费

M型消费指的是人们仍旧用便宜的价格大量购买消耗品、一般商品和耐久型消费品；但另一方面，愿意付昂贵的价钱，购买艺术品和有设计感的一般生活用品。随着农村居民可支配收入的增加和互联网向农村地区普及，小城镇及农村地区的线上消费需求被进一步释放，推动电商开始下沉。基于社交行为的熟人推荐、视频直播、知名人士推荐等方式符合下沉市场的消费习惯。联商网发布的《2019年新消费趋势报告》显示，中国进入M型社会，正在塑造一种全新的M型的消费结构，低价、高性价比和高价、精品的消费需求正在到来。以拼多多、云集为代表的主打低价的社交电子商务正满足了M型结构一端的消费需求。

（五）社交平台的暴发

数据显示，2018年我国个人互联网应用前五位分别是即时通信、搜索引擎、网络新闻、网络视频、网络购物。除了直接提供社交功能的即时通信以外，越来越多的产品也将其功能延伸到社交之内，特别是网络视频领域最为明显，其中短视频应用迅速崛起，使用率高达78.2%，2018年下半年用户规模增长率达9.1%。在各类应用中，具有社交属性的即时通信、网络视频、网络购物、网络直播、短视频的应用使用时长占比达到了45.1%。

微信、微博平台以用户为核心，注重用户之间的互动、分享、传播，契合了社交电子商务中对商品这类"内容"的分享、裂变、传播，实现了购物和社交的完美结合，为社交电子商务传播提供了最重要和最直接的土壤。

2018年，内容生产者在微博上的收入规模达268亿，其中网红电商是目前发展最快、最主要的变现方式，2018年，网红电商收入达254亿，占比为94.8%，同比增长36%，商业变现能力稳步提升。

三、社交电子商务的本质

从大的含义上来讲，社交电子商务也是"商"的一部分，无论是传统商业还是电子商务或者社交电子商务，其都是人类社会商业活动的一部分，是人类社会发展到一定阶段的必然产物。商业的闭环中需要获得客源以及运输两个过程，而电子商务和社交电子商务则在这基础上发生了变化，不仅获得数量更加多的客户，同时成本也得到了明显的降低，再加上现代物流行业的快速发展，更加为提升运输速度提供了保障，这也是提升用户体验的重要条件之一。

社交电子商务从本质上来讲是在电子商务基础上所发展起来的社交属性。在传统商业模式中发展起了较为完善的商业批发流通体系，主要以大的批发商为领导逐渐向下分支进行销售，这样的商业模式中不仅物流时间较长，同时成本也比较高，并且消费者体验度不高。随着电子商务开始兴起，这个阶段中的主导者主要为阿里巴巴和京东等大型电商平台，其主要通过网络方式来获取更多的客户，通过人工智能和大数据分析等方式来对客户进行更加针对化的商品推荐，不仅提升了货品的交易效率，更加为降低成本提供了可靠的保障。

而近几年社交圈层化开始逐渐兴起，并且成为发展的新趋势，这种模式下就形成了多个不同的小节点，每个节点又有着各自的专业领域及各自的价值，这对于吸引客户来说产生了一定的条件。这种模式的应用重点在于客户群体较为忠实并且成本比较低。从传统商业、电子商务和社交电子商务的分析中可以看出，虽然这些都属于商业的一部分，但是社交电子商务的本质却是以社交为基础的，与其他两者之间还是有着明显的差异性。

四、社交电子商务的发展价值

传统电商趋于稳定，新零售逐渐崛起，线上线下结合是大势所趋，社交电子商务存在诸多价值。

（一）引导"大众创业、万众创新"

伴随国家政策对"双创"的不断扶持，传统行业创新创业发展遇到瓶颈，社交电子商务成为诸多创业领域中实现度较高的领域，创新创业思维得到有效实践。

（二）共享与绿色经济

共享经济是互联网时代催生的新模式，而绿色经济是贯彻可持续发展原则的立足之本，社交电子商务能够在互联网大环境下将共享和绿色思维有机结合，带动多元化产业发展。

（三）促进消费，实现消费升级；推进供给侧结构改革，实现产业升级

社交电子商务通过社交媒介，有效利用社交资源，突破传统电商的固定销售形式，实现结构转型，进而带动电商行业发展。拼多多以主打"拼团更便宜"的方式闯入了消费者的视野，以渠道下沉和抓住长尾流量群体策略，有效实现消费升级和产业升级。

（四）网络社会电子商务模式促进了离线实体经济的发展

社交电子商务作为传统电商裂变出来的新形式，对实体产生冲击的同时可以做到：调整销售渠道，改善服务质量；加强设施投入，提供优惠；进行媒体宣传，提高知名度。

五、社交电子商务的特征

（一）从搜索式到发现式，快速促成交易，提高转换率

对于传统电商而言，用户的购买行为一般是搜索式的，即用户有了购物需求后，再到电商平台上搜索自己需要的商品，这个过程是有明确目标的计划式，用户一般只会浏览自己需要的商品品类，是买完即走的。而社交电子商务的购物模式是发现式的，即把商品推到用户的面前，用户的选择一般是有限的，同时通过低价、内容等方式，激发用户的购买欲望，是一种非计划式的购买行为，并通过信任机制快速促成购买，提高转化效率，最后通过激励机制激发用户主动分享意愿，降低获客成本。

（二）基于用户个体的去中心化传播网络，为长尾商品提供广阔空间

在商品供给极大丰富的情况下，搜索排名对用户选择几乎产生决定性影响。在马太效应下，流量不断向头部商品汇聚，传统电商表现出品牌化升级趋势，中小长尾商户在此过程容易淹没在海量的商品大潮之中。社交电子商务模式以社交网络为纽带，商品基于用户个体进行传播，每个社交节点均可以成为流量入口并产生交易，呈现出"去中心化"的结构特点。在他人推荐下，用户会减少对品牌的依赖，产品够好、性价比够高就容易通过口碑传播，给长尾商品提供了更广阔的发展空间。

> **拓展阅读**
>
> ### 云集：乡村振兴的社交电子商务探索
>
> 当前，社会各界都在积极思考如何参与促进乡村振兴、如何务实地发挥农村电商对传统农业的带动作用。社交电子商务平台云集在解决应季农产品短期快销的基础上，从培育农产品品牌和新型农业人才着手，初步探索形成了"育品+育人"的云集"双育"模式。
>
> **一、农产品上行难在哪儿**
>
> 2018年1月9日，一篇题为《全军覆没！3 000家农产品电商无一盈利》的文章在网上发布，困惑已久的农村产品上行难，再一次引发各界关注。中国已是全球规模最大的网上零售市场，究竟是什么原因导致农产品电商难？
>
> 1. 小农经济与大平台电商模式的错配
>
> （1）小农生产缺少计划性和商品化能力。一方面，国内农产品生产以小户为主，根据2017年第三次农业普查数据，我国规模农业经营户为398万户，占农业经营户比例不到2%，农产品生产分散、缺少计划性，无法形成稳定货源的同时，还容易在应收季节产生滞销。另一方面，很多地方有"好东西"，却不会加工、包装成"好产品"，对于利润率不高、易损耗的农产品而言，如果没有品牌赋值，不能通过产品分级、初加工、深加工来提升产品附加值，则很难保证规模化、商品化后的盈利。
>
> （2）基础设施和服务体系缺失。电商基础设施和配套服务的不足一直是农村电商的痛点，而影响最大的因素来自两方面：一是缺少营销推广手段，对于流量为王的平台电商而言，在缺乏营销推广支持的情况下很难产生销量；二是仓储物流的短板尤其严重，在配送时效、产品损耗、物流成本等方面，农村电商在全国市场竞争中一直处于弱势地位。
>
> （3）从业主体身份难转变。全国3亿多农业生产经营者，35岁以下占比不到20%，高中以上文凭不到10%。对于大多农户、小企业老板而言，很难实现从种植、生产到网店经营之间的角色转换，冲销量、冲店铺等级、冲排行榜等电商常规运营方法对于初入电商圈的农村卖家们来说太过陌生，这也导致很多早先试水电商的农村卖家碰壁，在电商平台上产生了大量"僵尸店铺"。

2. 寻找适应小农经济的电商模式

适应小农经济的农村电商模式应该具备两个特点：一是能够满足当前小农经济需要，能够帮助农民解决应季农产品销售问题；二是能够倒逼农产品生产加工实现集约化、标准化、品牌化，并提供配套服务和教育培训机会，帮助农民实现身份转变，承接现代化农业发展。

社交电子商务孵化单品爆款的快销能力与当季农产品短期大量出售的需求高度契合。以云集为例，2017年，就曾帮助界首市解决25 000斤滞销土豆，帮助广西百色地区销售30 000多斤滞销芒果。与传统电商渠道相比，社交电子商务流量成本几乎为零，减轻了农产品上行的成本压力，而其"人情"属性，也更容易与农村"乡土人情"产生共鸣，是农村电商的一个重要破局点。

二、云集的社交电子商务探索

云集成立于2015年，2017年年度销售额已突破100亿元，累计纳税超过1.5亿元，单日最高销售额2.78亿元，其成长速度在电子商务领域也属罕见。2017年，云集各类农产品销售额超过10亿元，占总销售额的比例超过10%。为优化其农产品供应链，云集依托平台销售能力和供应链服务能力，联合外部高校资源，着手培育农产品品牌和新农人人才，深耕农村电商。

1. 用活社交购物的需求弹性

云集能够在短期内销售大量农产品，首先得益于其平台强大的分销能力。云集的核心人群是店主，一方面，店主可以向身边朋友推荐平台上的产品以获得销售利润；另一方面，店主在购买时可以获得比其他平台更可观的折扣优惠，店主自身也成为云集的重要消费群体。到2017年年底，云集平台上的店主已经突破300万，由店主邀请在云集消费的VIP会员超过2 000万，为平台积累了规模庞大的消费群体。云集300万店主中，宝妈是重要的组成部分，作为家庭食品消费的决策者，宝妈群体对有机、生态、地标类农产品需求较其他平台更强，为农产品上行提供了销售空间。

区别于传统电子商务，社交电子商务在选品上倾向于热销品和高频消费产品，云集把平台SKU控制在3 000个左右，定期淘汰不符合平台需求的商品，摆脱了长尾效应。云集采用推荐商品的方式，在深入研究店主和会员需求的基础上进行选品推荐，可以满足店主自身大部分购物需求，呈现出高黏性、高复购、高转化特征。此外，社交模式下产生的情感信任，把300万店主的网购消费需求与云集紧密捆绑。而随着店主数量和个人网络消费的增长，平台交易规模有极大的上升空间。

2. 补齐农民兄弟的供应链短板

云集模式属于典型的S2B2C模式，选品、物流、客服、IT系统、营销方案都由云集统一提供，除了店主的推送外，其他环节都是靠云集来把关，可以最大限度保障用户体验。为此，云集与顺丰、亚马逊、EMS达成仓储物流合作，在全国设置了27个仓储，基本做到24小时就近发货。对于云集来说，能够最大程度控制上架产品的品质，从根本上杜绝假货问题，这是基于信任关系的社交电子商务平台长期发展的关键。对于店主，只需转发产品链接和营销文案即可，产生交易之后由云集统一发货并提供售中和售后服务，店主无须压货，降低了准入门槛、精力投入和资金压力。

除推荐商品获得利润外，店主也可以通过云集平台进行创业，将身边的好产品推荐给云集，由云集供应链团队审核后在平台上销售，并提供从前端的产品品控、包装设计到中端的营销策略，再到末端仓储物流、售后服务支持。这种方式尤其适合农产品上行，在我国农产品品牌化程度低、地方公共品牌标准不健全的情况下，云集通过与资源方合作，以社交电子商务的方式，补齐了从农民地里到消费者家里的所有中间环节。对于云集，通过店主推荐，能够快速锁定适合的农产品，也极大降低了选品成本。

3. 实践"育品+育人"双育模式

云集在农产品电商实践中，发挥平台的供应链优势，首先解决农产品销售问题，继而从培育农产品品牌和新型农业人才着手，促进农产品标准化种植、生产加工和现代化流通销售有机衔接，最后实现产业升级。

在培育品牌方面，2017年5月，云集联合浙江大学中国农业品牌研究中心（CARD）发起"百县千品"项目，计划在3年时间内，通过与地方企业、合作社、政府合作的方式，利用云集的供应链服务能力，打通农产品上行通道，培育孵化100个地理标志农产品品牌，并带动一部分宝妈、自由职业者、残疾人等群体就业。目前，"百县千品"项目已帮助陕西洛川苹果、临潼石榴、周至猕猴桃、富平柿饼等优质农产品获得市场认可，提升了地域品牌认知度。至2017年年底，该项目帮助全国各地卖出农产品54万件，销售额超2 500万元，直接惠农12.5万人，约3万家庭。

在培育人才方面，2017年3月21日，云集联合浙江大学全球农商研究院、浙江大学管理学院，推出"乡村振兴千人计划"。云集计划拨出1亿元专项扶持资金，用3年时间培育1 000名新农人，为入选的新农人提供农业品牌和农村电商运营、农产品标准化生产和品质溯源、产品设计和网红爆款打造、知识产权和商标注册、精准扶贫政策解读等方面的创业培训，并提供创业导师辅导。

品牌和人才是当前农村电商发展的最大短板，也是农村产业发展中的两类关键要素和能够长久留存的重要资产，云集"双育"模式正是抓住了这两个关键点。其中，培育品牌是转变农产品生产方式的过程，通过品牌标准，提高农产品生产的计划性和产品品质，并配套完善后期检验检疫、产品分级、包装设计、仓储物流及品牌宣传推广，提升乡村产业价值；培育人才是转变农业经营观念的过程，通过培育具备现代农业生产技能、管理能力和市场化思维的新农人，强化乡村产业的根基。

（案例来源：网经社讯）

第二节　社交电子商务模式

按照流量获取方式和运营模式的不同，目前社交电子商务可分为拼购类、会员制、社区团购及内容类四种典型的商业模式。其中拼购类、会员制及社区团购以强社交关系下的熟人网络为基础，通过价格优惠、分销奖励等方式引导用户进行自主传播。内容类社交电子商务则起源于弱社交关系下的社交社区，通过优质内容与商品形成协同，吸引用户购买。中国社交电子商务分类及模式对比如表8-1所示。

表8-1　中国社交电子商务分类及模式对比

	拼购类社交电子商务	会员制社交电子商务	社区团购	内容类社交电子商务
概念定义	聚集两人及以上的用户，通过拼团减价模式，激发用户分享形成自传播	S2B2C模式，平台负责从选品、配送和售后等全供应链流程。通过销售提成刺激用户成为分销商，利用其自有社交关系进行分享裂变，实现"自购省钱，分享赚钱"	以社区为基础，社区居民加入社群后通过微信小程序等工具下订单，社区团购平台在第二天将商品统一配送至团长处，消费者上门自取或由团长进行最后一公里的配送的团购模式	通过形式多样的内容引导消费者进行购物，实现商品与内容的协同，从而提升电子商务营销效果
模式特点	以低价为核心吸引力，每个用户成为一个传播点，再以大额订单降低上游供应链及物流成本	通过分销机制，让用户主动邀请熟人加入形成关系链，平台统一提供货、仓、配及售后服务	以团长为基点，降低获客、运营及物流成本；预售制及集采、集销的模式提升供应链效率	形成"发现—购买—分享"的商业闭环，通过内容运营激发用户的购买热情，同时反过来进一步了解用户喜好
流量来源	关系链（熟人社交）	关系链（熟人社交）	关系链（熟人社交）	内容链（泛社交）
目标用户	价格敏感型用户	有分销能力及意愿的人群	家庭用户	容易受关键意见领袖影响的消费人群或有共同兴趣的社群
适用商品	个性化弱、普遍适用、单价较低的商品	有一定毛利空间的商品	复购率高的日常家庭生活用品	根据平台内容的特征，适用的商品品类不同

（资料来源：综合公开资料及企业访谈，艾瑞咨询研究院绘制。）

一、拼购类社交电子商务

(一) 模式简介

拼购类社交电子商务主要指聚集两人及以上的用户,以社交分享的方式进行组团,用户组团成功后可以享受更大的优惠,通过低价的方式提升用户参与积极性,让消费者自行传播。拼多多是拼购类社交电子商务的代表。拼购类平台只需要花费一次引流成本吸引用户主动开团,用户为了尽快达成订单会自主将其分享至自己的社交关系链中,拼团信息在传播的过程中也有可能吸引其他用户再次开团,传播次数和订单数实现裂变式增长。拼购类社交电子商务模式如图 8-1 所示。

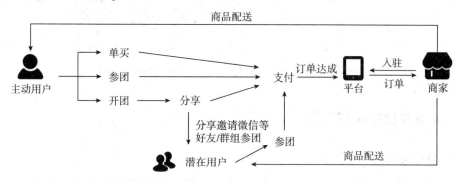

图 8-1 拼购类社交电子商务模式示意

(二) 模式分析

拼购类社交电子商务是基于社交关系的低价团购和分享导向型电商,其目标用户是低线城市的价格敏感性用户。2018 年拼多多平台整体平均客单价仅 42.5 元,远低于传统电子商务平台 300 元的平均客单价。

拼购类社交电子商务以生活用品、服饰等消费频次高、受众广的大众流通性商品为主,大部分商品价格不超过 100 元,低价是拼购类社交电子商务吸引用户进行分享传播的关键,而拼购类社交电子商务能够实现低价的主要原因体现在以下几个方面:通过拼团的方式引导用户进行分享,降低获客成本,并通过类游戏的方式增加用户黏性;拼购类社交体现出"发现式"购物的特点,在拼多多的首页甚至末尾处设置搜索框,平台通过反向推荐算法,将大量流量汇集到少数爆款产品,通过规模化带动生产成本降低;平台通过拼团集中大量订单,获取对上游的溢价权。同时,入驻平台的商家主要是工厂店,大大缩短了供应链,降低了中间成本。

(三) 模式发展趋势及未来面临的挑战

传统电子商务经过多年的发展,在消费升级的背景下进入了品牌升级阶段,流量逐渐向头部商家集中,大量低端产能被淘汰。这一部分过剩的产能与三线及以下城市用户的需求完美结合,借力微信社交渠道获客优势,拼购类社交电子商务迅速渗透三线及以下城市,实现暴发式增长。但随着行业逐渐发展趋向成熟，大量玩家进入市场，获客成本将迅速上升，拼购式社交电子商务的低价优势将逐步丧失，依然要面对品牌化转型的过程。而品牌商家的强溢价权、流量汇集能力，实际上都与此类平台低价取胜的思维相冲突。2015—2021 年拼购类社交电子商务行业规模如图 8-2 所示。

图 8-2　2015—2021 年拼购类社交电子商务行业规模

二、会员制社交电子商务

（一）模式简介

会员制社交电子商务指在社交的基础上，以 S2B2C 的模式连接供应商与消费者实现商品流通的商业模式。会员制电商是个人微商的升级版，在早期个人微商模式下，个人店主需要自己完成商品采购、定价、销售、售后全消费流程。而在会员制电商模式下，店主（小 B 端）不介入供应链，仅承担获客与用户运营的职责，由分销平台（S）提供标准化的全产业链服务，店主只需要利用社交关系进行分享和推荐就可以获得收入。

（二）模式分析

会员制电商的优势来自分销裂变带来的获客红利。一方面，平台通过有吸引力的晋升及激励机制让店主获益，推动店主进行拉新和商品推广，有效降低了平台的获客与维护成本。艾瑞咨询提供的数据显示，2018 年云集的单个用户维系成本为 41.2 元，显著低于阿里、京东、唯品会等头部传统电子商务平台。另一方面，店主在平台消费购买商品时也会享受优惠，有效地提升了平台会员的活跃度和忠诚度。艾瑞咨询提供的数据显示，截至 2018 年年底云集拥有 740 万付费会员，其中交易会员数（年度范围内至少成功推销或者自身消费一笔）达 610 万，占总会员比例为 82.4%，会员活跃度极高。交易会员人均年消费达 2 471.0 元，远高于平台整体 978.4 元的水平，会员的黏性和忠诚度显著高于普通消费者。会员制社交电子商务模式如图 8-3 所示。

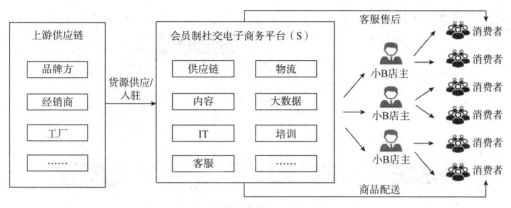

图 8-3 会员制社交电子商务模式

(三) 模式发展趋势及未来面临的挑战

会员制电商发展初期，大量原微商从业人员涌入，促使行业快速发展。众多品牌商与电商企业入局进行探索，借力小 B 端实现快速裂变。此阶段对小 B 端的争夺与培养是各大平台的主要任务。但随着行业走向成熟，一方面，会员制电商的分销模式有极大的政策风险，平台将向合规化转型，降低分销层级，专注带货能力将是关键。另一方面，拥有分销能力及意愿的小 B 端毕竟有限，当平台对这部分人的渗透到达一定程度后，平台的裂变能力将遇到"天花板"，此时行业的竞争又将回归到后端的供应链及服务能力上。

三、社区团购

(一) 模式简介

社区团购模式也是 S2B2C 的一种，社区团购平台提供仓储、物流、售后支持，由社区团长（一般是宝妈或社区便利店店主）负责社区运营，主要包括社群运营、订单收集、商品推广及货物分发。社区居民加入后通过微信小程序或 App 下单，社区团购平台将商品统一配送至团长处，消费者上门自取或由团长完成最后一公里配送。

(二) 模式分析

微信商业化带来电商红利，小程序兴起，商业功能逐步完善，为社区团购的发展奠定基础。社区团购模式的核心价值主要体现在以下几个方面：以团长为中心的轻熟人社交网络，便于产品在社区内自然传播，可以有效降低获客成本；社区居民在拼团时需提前在小程序或 App 上下单，并完成支付；平台通过预付制锁定订单，汇集大量订单以获取与上游供应商的议价权，以销定采，降低损耗与库存成本；在物流阶段，供应商将货物运送至平台的仓库，平台负责将货物运送到各社区团长处，由团长完成最后一公里配送或由用户自取，中间环节少，且有效地控制了终端配送成本。社区团购平台以生鲜引流，切入社区居民日常消费中，生鲜是高频、高复购的消费品，同时也是低毛利、高损耗、高物流成本的品类。社区团购通过预售制，集采集配，能有效降低周转资金、减少配送储存成本，提升了生鲜供应链的效率。社区团购模式如图 8-4 所示。

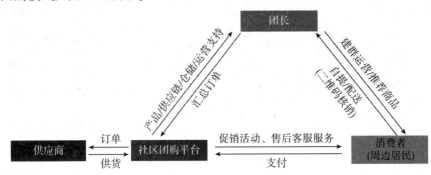

图 8-4　社区团购模式

（三）模式发展趋势及面临的挑战

社区团购模式较为简单，行业门槛不高，自 2016 年出现以来，已有上百家企业进入，行业发展迅速。集中化、规模化是提升对上游供应商议价权和降低物流成本的关键。行业发展初期，多数平台通过提高佣金抢夺团长资源，打价格战来抢夺市场。但实际上，在社区团购这种模式下，团长和用户的转移成本都不高，对平台并没有太高的忠诚度。吸引用户购买的关键还是物美价廉的商品，而订单的规模化增长也能反向推动成本的降低。因此归根结底比拼的还是供应链与精细化运营的能力，"烧钱"的模式不太可能长期持续。社区团购发展历程如图 8-5 所示。

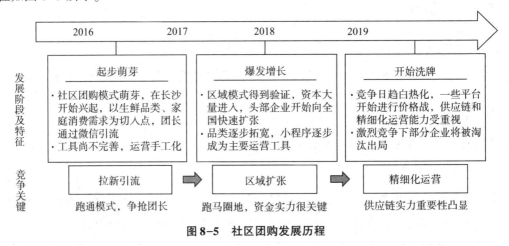

图 8-5　社区团购发展历程

四、内容电商

（一）模式简介

波士顿咨询公司（BCG）经过调查发现，近一半的消费者主要通过关键意见领袖（KOL）、品牌自有广告和社交广告为代表的社交媒体和其他数字媒体关注到品牌动态，30 岁以下的年轻人中有 70% 以上容易受到不同类型 KOL 的影响，而年轻人正逐渐成为网络购物消费的主力军，为了满足他们碎片化、个性化的消费需求，电商和内容产业链正逐渐走向融合，通过内容影响消费者决策，引导消费者的购物行为。内容社交电子商务指通过形式多样的内容引导消费者进行购物，实现商品与内容的协同，从而提升电商营销效果的一种电商模式。内容类社交电子商务供应链如图8-6所示。

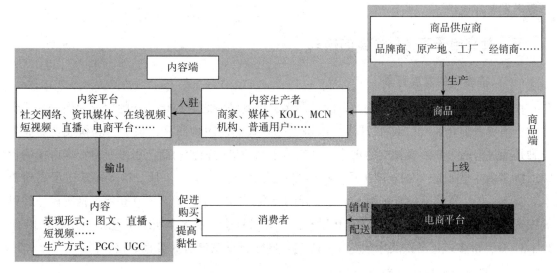

图8-6 内容类社交电子商务供应链

注：PGC表示专业生产内容；UGC表示用户原创内容；MCN表示多频道网络。

（二）模式分析

电商和内容产业链融合是一个互补的选择，对于电商平台而言，流量红利将尽，急需新的流量入口，以内容作为介质，在提升电商用户黏性和消费者体验上作用明显。在内容社区中，平台可通过帖子、直播、短视频等丰富的形式吸引用户，部分用户在购买后还会将自己的使用情况制作成内容再次发布到平台上，进一步丰富平台内容，形成从"发现—购买—分享—发现"的完整闭环，有效提高用户黏性与转换率。

而对内容生产方而言，坐拥大量流量后，也需寻求变现途径。近年来，用户对时尚穿搭内容、美妆内容的认可，让品牌方和零售商意识到时尚内容的传播效果，宣传渠道逐渐向PGC内容平台及自媒体转移，电商已成为内容方重要的变现途径。

（三）模式发展趋势

内容电商化与电商内容化，两者的融合是行业必然的发展方向。内容平台电商化为内容平台和内容创作者提供了良好的变现渠道，内容行业的商业化会更好地促进优质内容的产出，推动整个行业发展。而电商平台内容化则丰富了电商行业的营销方式，为平台提供了新的获客方式。

社交电子商务模式众多，每一个社交模式都有针对的目标，例如拼多多这类拼团模式触达更多三、四线蓝海市场，小红书类社交电子商务触达到更多年轻女性用户。

近年来，伴随传统电商行业用户增速大幅放缓，线上获客成本逐步攀升，而随着中国国民经济水平的提升，低线城市平均消费增速十分显著，"五环外"消费者正从线下走向线上，下沉市场用户开始觉醒。在此背景下，社交电子商务开始成为电商新流量的探索者和下沉市场的开拓者。拼多多、小红书、云集都是这个趋势下产生的社交电子商务，也都在这个趋势里发展神速。

五、社交电子商务拼多多的模式

（一）拼多多的发展背景

作为社交电子商务典型代表之一的拼多多，以其独特之处获得社会的广泛关注，该平台专注于消费者到企业（C2B），即用户以拼团的方式低价团购商品，该平台获得成功的商务思维是通过沟通分享形成社交的理念。社交电子商务借助独特的商业思维获得资本市场的青睐，拼多多亦是如此。2015年9月，拼多多正式上线。2016年7月，拼多多获得了高榕资本、腾讯、IDG资本等投资机构1.1亿美元的融资。2018年，拼多多又获得包括腾讯、红杉等投资机构30亿美金的投资。凭借拼团模式、熟人社交，拼多多实现了逆袭。截至2019年3月31日，拼多多年活跃买家数达4.433亿；同年，京东年活跃买家数仅3亿。

（二）拼多多的模式分析

1. 拼多多的社交电子商务模式

拼多多能够发展得如此迅猛离不开其新型电商模式——社交电子商务。社交电子商务可以定义为一种新的衍生模式，其借助各种传播途径，如社交网站、微博、SNS、社交媒介、网络媒介等，运用社交互动、用户自生内容等手段来辅助购买商品和销售商品的行为。拼多多就是利用社交电子商务平台的特性，打开市场并占据市场，通过各种社交媒介走进人们的视野。对于传统电子商务平台如京东，主要依靠自己的京东物流的迅速和售后服务的完善为优势，奠定了其在这个领域中的地位。而对于拼多多来说，想要在大佬云集的行业中崭露头角，改变电商模式刻不容缓。因此，拼多多另辟蹊径，成功成为社交电子商务的代表。拼多多和传统的电商平台的不同之处在于拼多多不会被动地等待消费者有需求后到购物平台去搜索购买，而是通过微信等渠道主动传播自己的产品，其实就是通过消费者为自己的产品做宣传。拼多多主动联合腾讯，使其能够利用微信群及朋友圈无障碍地分享链接，同时，拼多多积极开发微信小程序，上线仅两个月日活跃用户数量就超过百万，上线半年就超过千万。微信小程序实际上可以成为拼多多平台的入口，吸引微信用户进入其中购买商品，有过良好购买经验的用户可以再次在这里进行购买，从而保证了用户回流，可以说拼多多的宣传发展离不开腾讯的扶持。那么如何让消费者主动为自己的产品做宣传呢？这就需要通过拼团的方式来吸引消费者。

2. 拼多多的团购模式

消费者在传统的团购平台购买商品时，一个人购买和多数人购买该商品时是没有任何价格差别的，并且消费者也不清楚该商品的价格是否是打折后的最低价。而拼多多推出的团购模式则积极调动消费者的购买欲望。在拼多多的平台上，每件商品都会显示单价和团购价，通过两者之间显而易见的差价激励消费者选取团购价购买的方式。如果选取团购，那么需要消费者在一定时间内邀请一定的参团用户才能购买，在这种情况下消费者会产生一定程度的紧迫感，促使他们将链接发送到朋友圈和微信群中。如果消费者在规定时间邀请到足够多的用户购买，那么消费者不仅会兴奋于买到物美价廉的商品，还会产生完成任务的成就感。这种感受同样会激发消费者参与下次团购活动的兴趣。

3. 拼多多的消费者定位

很多人不理解拼多多为什么能在国内电商行业的激烈竞争中脱颖而出。拼多多创始人黄峥的智慧在于放弃中国小部分中高阶层用户群体，而面向中国大部分的普通用户群体。拼多多之所以与众不同，是因为其对准的是京东、淘宝、唯品会正在逐步放弃的价格敏感型消费者。拼多多的消费人群大部分是三、四线城市及广大城镇用户，再根据这部分人群的消费情况进行分析。拼多多的竞争对手不是京东、淘宝这些大电商平台，而是乡镇的电器城和街边的百货店。价格实惠、功能完备就可以满足消费者的需求。正是因为拼多多敏锐地瞄准了一群尚未被电商巨头覆盖但有庞大网购需求的群体，这种错位竞争为拼多多站稳市场赢得了非常完美的开局。

4. 拼多多的盈利模式

（1）通过低价模式实现盈利。拼多多在成立的第一年就获得了近 800 万的注册用户，是由一个垂直水果电商拼团商城逐渐演变成现在的模式，拼多多给予自己的定位是以全网最低价格来吸引消费者。淘宝当初的一元秒杀、9.9 元包邮策略随着淘宝逐渐壮大后被忽视，这样出现的巨大低消费市场给拼多多留下了发展空间。拼多多承接了淘宝升级后的价格敏感型消费群，通过低价商品吸引消费者聚集，发起团购行为。同时，拼多多的主要用户来自微信，淘宝无法获得微信巨大的社交流量红利，这样拼多多就有了得天独厚的优势。拼多多可以借助微信 10 亿用户的流量池来直接用微信进行拼团砍价，巨大的流量池也吸引海量商家入驻。低价打造爆款引入流量，然后商家各种主推高毛利产品，最终赢得商家获利、拼多多受益的双赢局面。

（2）通过降低成本实现盈利。拼多多给商家提供一个平台，商家先从平台上获得用户需要产品的订单信息，安排工厂根据实际数量去生产，生产完成后直接销往用户。控制成本结构的诀窍在于"定制产品+压缩供应链和销售环节"。这样就能省去中间很多环节，同时，节省了仓库租金等费用支出。生产产品的成本降低，价格也低廉，用户满意度上升，订单就会增加。拼多多就是通过这种用低价产品得到更高的销量来获得更多的利润，也就是"薄利多销"。

（3）通过建立人才团队实现盈利。当前，电子商务行业竞争激烈，拼多多如果想要继续保持其如今的地位并持续盈利的话，就需要组建一个属于自己的并且稳定的高端人才队伍。企业中的人才队伍才是拼多多与其他电商平台巨头竞争的核心能力。据了解，截至2018年拼多多工程师数量已达到全公司员工总数的一半，为了保留这些技术人才，拼多多采取发放员工股权的方式来防止人才流失。

（三）拼多多的发展现状分析

拼多多专注于C2B社交电子商务平台，在2019年，活跃用户数量高达4.4亿。创始人曾说拼多多的核心是基于分享和社交，不同于传统的搜索式购物，拼多多为用户提供更多的非目的性购物，通常采取的方式是用户向熟人发起拼团进而以低价获得满意商品，由用户找商机变成商品找用户，再加上背靠腾讯这棵大树，利用淘宝、京东等电商平台的"低消费市场"的资源，真正做到了"青出于蓝而胜于蓝"。拼多多平台上大部分商品比其他平台更便宜，这就可能导致某些商家为了追求利润、压缩成本，生产质量不合格的产品。拼多多开始为了开拓市场、吸引更多的商家入驻平台而实行"零保证金""零门槛"政策，也使大量的小商贩、不合格的小作坊甚至一些违规、违法的企业蜂拥而至，从而出现了假冒伪劣产品。如果拼多多的产品总是用质量差、假冒伪劣来形容，久而久之消费者会对拼多多失去信任。这样就很可能让用户在微信朋友圈和微信群中分享链接邀请好友时却发现无人参加拼团活动的尴尬局面。为了避免这种现象对拼多多的品牌形象造成不良影响，根据拼多多《2018年拼多多消费者权益保护年报》披露，在2018全年，通过严密的大数据风控系统与人工巡检，拼多多下架的涉嫌违规商品数量是投诉数量的150倍，并且关停超过6万家涉嫌违规的店铺，前置拦截超过3 000万个商品链接。

（四）拼多多的未来发展方向

拼多多想要实现长期的健康发展，必须要加大对假冒伪劣产品打击力度。因此，对入驻平台的商家要加强审核和监管，努力提高商品的质量，充分保护消费者权益，为广大消费者提供更多合格的商品和更完善的服务，并且积极通过平台升级来吸引更多品质优秀的商家。2018年12月，拼多多正式推出"新品牌计划"，扶持优质产品，构筑全能品牌通道，这样能在吸引更多新用户的同时，防止平台老用户的流失。

六、社交电子商务小红书的模式

（一）小红书简介

小红书是国内最大的生活方式分享社区，也是一个基于UGC（用户原创内容）社交的电商平台，在小红书上，用户可以通过短视频、图文等形式记录生活的点滴。截至2019年5月，小红书的用户数已突破2.5亿，社区每天产生数十亿次笔记，内容覆盖时尚、护肤、彩妆、美食、旅行、影视、读书、健身等各个生活领域，而90后和95后是平台上最活跃的用户群体。

小红书于2013年由瞿芳和毛文超创立。"随着中国年轻一代消费能力的提升，这部分群体希望找到一些更能匹配自己风格和符合自己生活认知的商品。但由于国内专柜商品品类有限、网络卖家鱼龙混杂、海淘难度大,这些年轻消费者的信息需求和消费需求难以得到满足。小红书就是希望解决国内外购物信息不对称的问题,最终成为85后和90后的生活消费入口。"联合创始人瞿芳在谈及创办小红书的初衷时说,"小红书的用户90%是女性,其特点是有'发现'的需求却没有'发现'的时间,我们需要快速满足其个性化需求。"

(二)小红书的模式分析

1. 口碑营销

口碑营销也就是用户之间对于自己所了解的信息进行传播。口碑传播更多的是朋友之间的相互推荐,所以信任度较高,成功率相较于其他的营销策略大大提高,传播的效果也是非常的可观。口碑营销是最省钱、省力的模式,企业不用花费高额的广告费用就可以达到超过预期的效果。小红书就采用了这一营销策略,打开小红书没有企业的广告宣传,平台有的是用户的使用分享笔记,让消费者感受到不是厂家推销的广告,所以消费者对文章推送的内容更加相信其真实性,同时也传递了一个美好的生活模式。

2. 自营电商模式

保证产品的正品无疑是电商能否生存下去的关键,为了保证小红书的正品货源,小红书选择了自营模式,设立了保税仓。从一开始就保障了商品的品质,让消费者更加放心地购买。品牌商都是和小红书进行直接对接合作,不存在第三方中介的参与,用户下单海外商品,有海外品牌商发货或者从保税仓直接发货两种方式。减少了顾客所要支付的税额和整体价格,也大大地提高了商品的市场竞争力。目前在29个国家都有小红书专门存放商品的海外仓库,它还成立了专门的海外物流系统,可以让用户清楚地追溯到海外物流的每一步,增加了顾客的忠诚度。

3. UGC创新营销

小红书从创立之初选择的就是一种创新的UGC社区模式,没有过多的商业推荐气息,用户可以在这里发布自己的购物心得、产品使用效果、旅游攻略等。小红书社区平台的内容十分丰富,只要是生活中所经历的都可以分享到小红书上,小红书还可以根据用户的点赞、评论及浏览时间为用户推荐感兴趣的版块,增加用户的黏度,刺激了用户的购物欲望。

(三)小红书盈利模式要素分析

1. 业务范围

小红书主要是"社区+电商"的经营形式,用户在平台上进行分享形成了一个大的社区。小红书主要经营的是一个用户可以分享的平台,从用户分享的产品及用户浏览、点赞、收藏的文章中进行商品推送,这样的商品往往销售量高,深受用户喜爱,不用担心压货的风险。它还会不定期地推出社区活动,以此来吸引用户、分享心得。它让用户分享心得成为一种习惯,更主要的是让用户感到有荣誉感。总结起来小红书是一个通过用户分享进行吃、喝、玩、乐、买的社交平台。

2. 客户选择

随着时代的发展，移动端用户一般以80后和90后为主，所以小红书针对的主要是年轻女性，女性的购买力比男性要高很多。小红书在许多的综艺和电视剧中有广告植入，许多明星也入驻了小红书进行护肤心得分享和好物推荐。明星的影响力非常大，这一营销措施使小红书吸引了大量的年轻用户，同时也造成了热销商品的断货现象，拉动了销量的增长，获取了大量的利润。

3. 价值获取

小红书的原则是为消费者提供有价值的信息，这一理念从2013年创立时到现在从未改变。小红书创造出用户笔记分享功能，在首页图文相结合的笔记处所展示的是独具特色、物美价廉的产品，在笔记下方插入商品购买链接，绝大多数小红书商品是打完折后的价格，对消费者的吸引力很大，对消费者的消费行为造成了一定的影响，同时小红书的商业价值和效率也更加充分地发挥出来了。

4. 战略控制

首先，小红书发家是以社区为起点，它也通过用户的分享积累了许多的客源，为后面进行商业转型奠定了非常好的基础。其次，每次选取的SKU都是从用户浏览的大数据中得出的，基本符合大众的消费需求，经过分析后的商品想卖不出去都很困难。每次小红书后台都会记录下用户上线浏览的时间、浏览的版块，以形成优质的个性化推荐版块给用户，平台一直在不断地改进，目的在于给用户提供更优质的服务和消费体验。

★课堂思考

2019年抖音火爆之后对于社交电子商务行业走向有何影响？

★课堂案例

社交电子商务：抖音15秒的商机

艺术家安迪·沃霍尔有句名言：在明天，每个人都能成名15分钟。

如今这一名言正在被一个叫抖音的短视频软件改写——如果你想成名，恐怕用不了15分钟，只需要15秒。

它宣称帮助大众用户表达自我，记录美好生活，但又时时备受媒体关注，各种恶搞、炫富、猎奇……扑面而来，它能让3岁的萌娃意外走红，也能让一些年轻人备受困扰，甚至出现了一些沉迷其中、无法自拔的现象。

吃饭、走路、撸猫、遛狗、睡觉，人们能想象的场景，抖音上几乎全部覆盖。对于部分精英群体而言，抖音是复杂的，一方面它是多元文化景观的真实体现，另一方面它又在不断打破传统生活的界限，让一切严肃的东西都可以通过娱乐的形式来消解。

每当一个新事物来临时，总能引起不少公众的恐慌，而对新生事物的恐惧比新生事物本身造成的破坏更严重。抛开那些争议的部分，从商业的角度分析，抖音电商在未来大有可为，甚至微信、微博都没能做好的社交电子商务，在抖音上或将会产生奇迹。

一、中心化的淘宝 VS 去中心化的抖音

虽然淘宝成就了很多爆款商家，但随着天猫的崛起，淘宝很大一部分的流量被分食到了天猫，导致 C 店越来越难做。商家不是抱怨没有流量就是推广成本太高，而要想获得好的展示，必须投入更多的费用，店铺装修、钻展、直通车……谁出的价格越高，店铺排名就越靠前，水涨船高。

不管怎样，只要淘宝的排名规则不变，哪家店铺的销量高、评价好、推广费用多，淘宝就改变不了它中心化的平台属性。

抖音打破了这一规则，如果我是品牌方，只要根据用户画像（地域、年龄、性别、爱好等）来定向投放广告，效果不比淘宝的直通车差。抖音上能看到各式各样的广告，一旦它和某个商家平台打通，至少可以获得不错的流量。

抖音还可以上线自己的自营产品，这种广告的魅力相当于朋友圈的信息流广告，不同于朋友圈的是，抖音的广告完全是以视觉效果来呈现，而且往往给人一种并没有被打扰的感觉。

二、抖音解决了社交电子商务的"转评赞"问题

很多电商平台想往社交电子商务靠拢，无论是小红书还是拼多多，最终都没有完全完成嫁接，除了本身缺乏社交基因之外，最大的问题在于他们很难与用户产生强关联的互动。

淘宝购物高度依赖于搜索，拼多多虽然基于大数据和算法推荐，但它给用户的直观感受依然是商品展示和价格触动，很少能通过产品、场景和用户产生互动。

除了求助朋友砍价、拼团和分享给周围的人购买外，基本上用户买完即走，这种互动多半是建立在利益的基础之上，用户的黏性并不强。如果不是特别有诱惑力，基本上也不会想着去社交媒体上传播。

在抖音上完全不同，如果对抖音稍微有点了解的话，就知道产品（内容）本身就是一种信息传播，很容易激发"转评赞"的欲望。

相对于其他电商平台的体验，这种体验更便捷。假如你是一位网红，在自己的抖音号上发布了某款产品，你的粉丝恰巧在刷抖音时刷到了，被这款产品打动，此时粉丝多半会做出两种选择：一种是立即购买，一种是先看其他用户的评价，再决定是否购买。前者不乏"冲动消费"。不管是哪一种，在线视频购物对于用户来讲都是一种崭新的体验。如果在用户购买后觉得很不错时，还会把它推荐给周围的人。

三、抖音电商重新定义了"再小的个体也有自己的品牌"

虽然，最早提出这句口号的是微信公众平台（它也的确做到了），但做得并不彻底。在微信的生态体系下，公众号已经步入了疲软的中年，打开率持续降低，阅读量继续下滑，马太效应和赢家通吃的效应越来越明显。

抖音继续将公众号这种精神理念发扬光大，如果说公众号是媒体精英和 90 后们长袖善舞的地方，那么抖音就是一个"五环"之外群体们的嘉年华，他们在意的是个体的表达和

满足能不能被其他人看到、有没有人点赞、有多少人关注自己。

（案例来源：人人都是产品经理网站）

思考题：

1. 抖音电商发展所具有的优势体现在哪里？
2. 思考社交电子商务未来发展趋势。

第三节　中国社交电子商务的发展趋势

　　社交电子商务逐渐引起了国家层面的重视，国家开始陆续出台一些相关措施和政策，比如 2015 年 11 月 6 日，国家工商行政管理总局发布《关于加强网络市场监管的意见》，明确提出将社交电子商务纳入监管体系；2016 年 11 月 29 日，国务院发布《"十三五"国家战略性新兴产业发展规划》指出，推动数字创业在电子商务、社交网络中的应用，发展虚拟现实购物、社交电子商务及"粉丝经济"等营销新模式；2016 年 12 月，商务部、中央网信办和国家发展改革委三部委联合发布《电子商务"十三五"发展规划》，鼓励社交网络发展，为消费者提供个性化电子商务服务，刺激网络消费持续增长等；在 2017 年 11 月颁布的《微商行业规范》对社交电子商务规范化、健康化发展提出要求，国家对社交电子商务的重视和肯定推动行业进入规范发展的上升轨道；2018 年 8 月 31 日，《中华人民共和国电子商务法》颁布，并于 2019 年 1 月 1 日正式实施，把以社交渠道为主阵地的微商列入电子商务经营者范畴，对主体登记、依法纳税、保护消费者合法权益等做出规定，标志着数以千万计的微商群体被正名；2019 年 8 月国务院办公厅印发《关于促进平台经济规范健康发展的指导意见》，用 3 个"新"字，即"生产力新的组织方式""经济发展新动能""数字经济新范式"对平台经济做出高度评价，并指出社交电子商务作为平台经济的一种新业态，在促进大众创业万众创新、推动产业升级、拓展消费市场、增加就业等方面的作用不可低估，这些政策都为社交电子商务的后续发展提供了保障。

　　2019 年 7 月，第十八届中国互联网大会发布《2019 中国社交电子商务行业发展报告——从引流模式创新到系统化运营升级的进化》，报告系统、客观、全面地阐述了中国社交电子商务行业升级进化、系统化运营现状及面临的问题等重要内容。社交电子商务作为一种基于社会化移动社交而迅速发展的新兴电子商务模式，自 2013 年出现后，经过 6 年高速发展，2019 年已经进入稳步发展阶段。2019 年是中国互联网协会微商工作组连续第 5 年发布社交电子商务行业发展报告，报告明确指出中国社交电子商务行业已经进入下半场，从引流模式创新到系统化运营升级的进化是 2019 年中国社交电子商务行业的主旋律。报告显示，2019 年社交电子商务保持高速增长，预计市场规模达 20 605.8 亿元，同比增长高达 63.2%。据统计，2019 年社交电子商务消费者人数已达 5.12 亿人，成为电子商务创新的主要力量。2019 年社交电子商务从业人员规模达到 4 801 万人，同比增长 58.3%，社交电子商务行业的参与者已经覆盖了社交网络的多个领域。

2018年中国网络零售市场规模90 065亿,社交电子商务市场规模12 624.7亿,占整个网络零售交易规模14%;2019年社交电子商务市场规模与网络零售规模占比超过20%;预计2020年社交电子商务市场规模占比超过30%。社交电子商务已成为电子商务不可忽视的规模化、高增长的细分市场。中国社交电子商务与网络零售规模如图8-7所示。

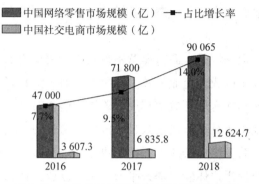

图8-7 中国社交电子商务与网络零售规模

近年来,我国社交电子商务发展方兴未艾,涌现了一批发展潜力巨大的企业。随着行业竞争加剧,社交流量投入带来的用户增长边际效应也在逐步降低,这对社交电子商务平台精细化运营及供应链能力提出了更多要求。随着"互联网+创业创新"的推进,5G等新一代信息基础设施加快建设,社交电子商务产业迎来了茁壮成长的春天。

国务院办公厅印发的《关于促进平台经济规范健康发展的指导意见》(以下简称《意见》),指出平台经济对建设现代化经济体系、促进高质量发展具有重要意义。《意见》用3个"新"字对平台经济做出顶层设计,并鼓励发展平台经济新业态,加快培育新的增长点,这是平台经济发展的重大机遇。作为平台经济的一种新业态,社交电子商务由此站上了茁壮成长的新风口。

作为一种新业态,社交电子商务是基于社交媒体或支持社会互动的网络媒体,是通过客户参与推动在线购销产品和服务的电商。中国互联网协会发布的中国社交电子商务行业发展报告显示,过去5年我国社交电子商务市场复合增长率为60%,2018年成交额达1.2万亿元。目前,我国社交电子商务消费人数已超过5亿人,从业人员规模超过4 000万人。通过分享、内容制作、分销等方式,社交电子商务实现了对传统电商模式的迭代,成为电商创新的主力军。

与传统电子商务相比,社交电子商务拥有体验式购买、用户主动分享、销售场景丰富等独特优势,深受年轻人喜爱,用户既是购买者,也是推荐者。社交电子商务的发展,在降低企业营销成本的同时,也使消费者得到了更多实惠。众所周知,在传统商品流通渠道中,营销环节市场推广费用占比较高,这些成本最终都由消费者买单。在移动社交应用普及的今天,依托消费者之间信息资源分享和发达的物流体系,商家在社交电子商务平台上不用打广告,直接靠社交媒体分享就可以把生意做大。

作为平台经济的表现形式，社交电子商务在品牌培育方面优势明显。过去，在传统市场培育一个全国性知名品牌，需要十几年乃至更长时间，社交电子商务的兴起则大大加快了这一进程。很多初创品牌、区域品牌"藏在深山人未识"，通过直播平台等新媒体传播后，短期内便"一举成名天下知"。鉴于包括社交电子商务在内的平台经济在优化资源配置、促进跨界融合发展方面的重要作用，国务院印发的指导意见提出，要加大政策引导、支持和保障力度，坚持包容、审慎监管，支持新业态、新模式发展，促进平台经济健康成长，用新动能推动新发展。

社交电子商务从本质上来说是电商行业营销模式与销售渠道的一种创新。但是这种模式创新并非无法复制，亦非难以成为企业的核心竞争力。对于消费者来说，无论企业采用何种营销模式，商品的性价比和配送服务效率都决定着用户能否对平台产生忠诚度、是否愿意持续购买。随着行业竞争加剧，社交流量投入带来的用户增长边际效应也在逐步降低，这对社交电子商务平台精细化运营及供应链能力提出了更多要求。因此，加强品牌管理、提高质量控制、提升服务水平、改善用户体验、提升平台形象，已成为社交电子商务平台高质量发展必须面对的问题。可以说，整个社交电子商务产业正经历从粗放式生长到精细化运营的转型。国务院指导意见的印发恰逢其时，为社交电子商务营造了适宜的发展环境。

一、社交化营销方式将成为电商企业标配

社交电子商务的快速发展，让产业链上下游各方都看到了社交流量的巨大价值。品牌方、商家、电商平台都开始尝试通过多样化的社交营销方式来降低获客成本、提升用户黏性。拼团、分销和内容都逐渐成为电商营销的一种常规手段。越来越多的参与者将迅速耗尽社交平台的流量红利，社交流量的投入带来的用户增长边际效应将逐步降低。

二、社交电子商务平台化与技术创新化发展

第三方社交电子商务平台通过建设示范社区，消费者找到和自己相同喜好的人群，形成"物以类聚、人以群分"的示范效应，利用第三方社交电子商务平台低成本、低门槛的优势吸引到一些规模比较小的电商企业，从而打造出一种新的盈利模式。这种颠覆性创新改变了传统模式，结合移动互联网与社交元素，以"流量在哪里，就去往哪里"思维引导电子商务裂变式的成长，创造巨大的互联网流量红利。

三、大数据创新优化，社交电子商务线上线下发展

互联网、云计算和物联网正在蓬勃发展，各种数据终端时刻都在产生数据信息。基于这些，电商产业通过对庞大的数据过程性和综合性的考量，采用数据挖掘和数据分析手段，帮助电商企业做更全面的决策，寻找最优化的解决方案和运营决策。基于这些，各平台采用包含国内和跨境等多渠道品牌的B2C模式、运用O2O模式与线下门店有机结合，满足线下会员购买需求。

四、精细化运营与供应链能力仍是核心

社交电子商务在本质上是电商行业营销模式与销售渠道的一种创新。凭借社交网络进行引流的商业模式在中短期内为高速发展提供了保证。但这种模式并非难以复制,无法成为企业的核心竞争壁垒。社交电子商务流量来源相对碎片化且不稳定,社交平台的政策或规则变化可能对其产生毁灭性打击。此外,消费者在平台产生的交易流水并不代表消费者对平台产生了黏性,后续如何将这些流量沉淀并激发其购买力,将对平台的精细化运营提出巨大考验。对于消费者来说,无论采用何种营销方式,商品的物美价廉和配送服务的快速高效是消费者对平台产生忠诚度、持续复购的关键。以流量起步的社交电子商务平台最终将演化成两种不同的路径:一类将仍以流量运营为核心关注点,与电商巨头进行合作,成为电商企业的导流入口,这种发展路径下企业对商品并无把控力,盈利空间相对受限。另一种则将不断深化供应链的建设和投入,增强自身的商品履约能力,这种发展路径下需要企业进行较大的投入,发展到一定规模后将不得不直面来自巨头的竞争压力。

复习思考题

1. 社交电子商务的含义是什么?
2. 社交电子商务都有哪些模式?不同模式的区别是什么?
3. 中国社交电子商务的发展趋势有哪些?

案例分析题

今日头条花7年造社交平台,推"创作者收益计划"

上线7年的今日头条首度公开其产品逻辑,并宣布推出新的"创作者激励计划":希望未来一年,帮助一万位创作者月薪过万。

2019年11月15日,《今日头条生机大会》在京举办。在当天"更大的世界"主题演讲中,今日头条CEO朱文佳表示:今日头条过去7年的发展,可以用"一横一竖"来概括,"一横"是尽可能丰富的内容体裁,"一竖"是尽可能多样的分发方式。

围绕内容体裁和分发方式两个维度,今日头条已建成标准意义上的通用信息平台,既涵盖图文、视频、问答、微头条、专栏、小说、直播和音频等内容体裁,也囊括内容运营、推荐引擎、关注订阅和搜索引擎等分发方式。

"一个现代人所能接触到的所有内容体裁和分发方式,几乎都在今日头条平台上得到了容纳和体现。"朱文佳说。

一、做搜索并非竞争思维,而是使命驱动

2012年被普遍认为是中国移动互联网发展元年,中国手机网民数量首次超过电脑上网网民数量。2012年8月,今日头条1.0版本上线,9月,推出第一版个性化推荐系统,解决了小屏幕容纳海量信息的行业难题。

此后，今日头条一系列产品举措，都围绕"连接人与信息，促进创作与交流"入手。2014年，推出头条号。2016年，大力投入短视频。2017年，上线问答和微头条。直至近期，正式推出头条搜索。

面对业界关注的头条搜索问题，朱文佳表示，做头条搜索并非竞争驱动，而是基于产品使命和用户需求。"头条是信息分发平台，搜索是信息分发的一种基础形式。"他说，经过对比测试，在用户体验方面，头条搜索已经进入了业界的第一梯队。

头条号、短视频、问答、微头条、搜索，这些举措聚拢而成的是一个通用信息平台。这有两层含义：一是普惠，人人都可以使用；二是丰富，支持多种分发方式和内容体裁。

朱文佳认为，要打破信息"茧房"，通用信息平台是当下最好的办法。因为，只有内容体裁足够丰富、分发方式足够多样，人们才能获得更多的信息、看到更大的世界。

二、流量、IP打造、多元变现，服务更多创作者

大会同时宣布推出"创作者收益计划"，今日头条内容生态总经理洪绯表示，希望未来一年，帮助1万位创作者月薪过万，计划将主要从百亿流量包、个性化IP打造和多元变现方式三方面助力优质创作者获得更多收益。

相比于2015年的"千人万元计划"（即至少1 000个头条号创作者，单月至少获得1万元的保底收入），此次计划加大了普惠力度，志在服务更多创作者。

洪绯在演讲中透露，今日头条平台内容生态呈现出三大趋势：一是垂直领域增长迅速，情感、数码、钓鱼等14个品类月消费增长超过100%；二是新作者冷启动友好，2019年9月有9 314位创作者首月创作即获10万多；三是短内容受欢迎，微头条、小视频、问答发布量同比增长50%，阅读量增长141%。

按照"创作者收益计划"，今日头条将继续加大优质内容扶持力度，上线微头条流量分成，扩大多体裁创作收益，并上线加油包、粉丝必达工具，百亿流量扶持优质创作者。此外，还将为优质创作者定制独家视频节目，打造创作者个性化IP。

"创作者的内容变现模式将更加丰富、多元。除了流量分成、现金激励，还有内容付费、内容电商、直播等方式。"洪绯说。

2018年以来，今日头条平台内容生态升级策略已经初见成效，优质创作者在平台上获得了更多的收入和粉丝。数据表明，过去一年，今日头条助力创作者营收46亿元，百万粉丝创作者的数量同比增长111%。

（案例来源：新华网）

思考：

今日头条为什么要做社交？

第九章

网络营销

学习目标

1. 了解网络营销的产生和发展。
2. 理解网络营销和传统营销的关系。
3. 熟悉网络营销调研的基本方法。
4. 掌握网络营销的常用方法。

案例导入

老字号如何翻身？

提起老字号，往往让人想起传统文化传承跟不上潮流这个矛盾点，在数字化经济如火如荼发展的今天，老字号该如何焕发"第二春"？

2019年9月20日，由中国商业联合会中华老字号工作委员会与美团点评集团共同发布的《餐饮老字号数字化经营现状报告》也指出，虽然目前有不少餐饮老字号在谋求转型，但整体而言，餐饮"老字号"在数字化经营过程中仍然存在很大提升空间。

一是不少老字号利用数字化手段进行营销和提升经营管理效率的水平不高，从餐饮老字号品牌数字化经营的模式来看，近49%的线上老字号门店开通了外卖业务，仅19.3%的门店开通了团购/预订业务。

二是部分品牌在消费者体验、服务水平、菜品创新等方面仍然存在短板，未能利用消费评价大数据推动产品和服务提升水平。

三是老字号品牌连锁化经营水平不高，门店数超过10家的老字号品牌仅占整体品牌数量的25%。一些有条件的品牌未能抓住"互联网+"的机遇加快连锁发展步伐。

报告认为，伴随着移动互联网时代的到来和国外餐饮品牌进入及本土餐饮创新品牌的强势崛起，传统餐饮老字号的经营发展遭遇多重挑战。如何利用好数字化浪潮带来的发展机遇，创新与破局、焕发生机成为摆在餐饮老字号品牌面前的重要课题。

为此，中国商业联合会中华老字号工作委员会与美团点评集团达成合作，共同发布《关于促进老字号数字化发展的倡议》（以下简称《倡议》），帮助餐饮老字号进一步适应消费升级趋势和市场化需求，助力老字号企业加快数字化建设步伐，实现线上线下融合发展，使老字号在传承经典的基础上实现高质量创新发展，不断提升品牌影响力。

《倡议》的内容包括：①支持老字号利用互联网平台开展数字化经营；②支持老字号实现管理数字化；③支持老字号在品质消费中发挥独特作用；④支持老字号提升供应链数字化水平；⑤支持老字号培养数字化人才；⑥支持老字号进行线上品牌保护；⑦支持老字号与城市文旅进行数字化融合；⑧开展"老字号新消费计划"。

在北京，庆丰包子铺是首批尝试转型的企业之一。庆丰包子铺根据外卖用户消费习惯推出了新品，包含了其自制的饮品和一些糕点。现在在庆丰包子铺，除了能吃到馅多皮薄的包子，还能享用下午茶。

与庆丰包子铺一样，老字号护国寺小吃也有同样的转变。护国寺小吃向来以堂食为主，一开始对互联网外卖这种新业态还是保持非常谨慎的态度，因为担心它会影响品牌的美誉度。但后来发现，不少年轻人打电话咨询能不能送外卖，这才在两年前选择上线美团外卖。北京华天京韵护国寺餐饮管理有限公司负责人表示，开展外卖业务带来的最大惊喜就是拓展了门店的覆盖范围，挖掘了很多潜在用户。据统计，护国寺小吃外卖在整个营收中的占比从2017年的2%左右，增长到2018年的12%左右。其中，北京广安门外分店的外卖占比甚至高达21%。

在上海，创立于1932年的大壶春是上海的特色小吃，作为第一个成为网红店的老字号小吃店，排队一直是大壶春的一个"甜蜜的烦恼"。每到饭点，门店的排队情况非常严重。此时，大壶春选择了美团小白盒和智能POS，使每位顾客在收银上花费的时间大大缩短，很好地提升了顾客的消费体验。

在四川，成都市地方老字号"张烤鸭"的80后老板张宇接手父亲的生意时，发现顾客群体严重断层，50岁以上的老顾客是餐厅主力，年轻食客青黄不接，餐厅活力不足。通过对互联网趋势的判断，张宇先上线团购，再开通外卖，逐渐吸引了更多年轻消费者。张宇的张烤鸭青石桥店还入选2018大众点评必吃榜，次月餐厅客流量创下30年来新高，成为当地的网红餐厅。

在苏州，朱鸿兴、东吴面馆、近水台面馆、荣阳楼等老字号是苏州人离不开的老味道，但是这些面馆作为采购单体没有足够的议价能力，传统的采购模式使得餐馆的利润越来越薄，为此他们选择了和餐饮供应链平台合作，批量网上采购食材。

结合以上例子，可以看到，作为中华传统文化传承与商业结合代表的老字号正在积极转变。而通过与美团点评这类互联网平台进行深度合作营销，实现了在食材进货、搭配堂食/外卖菜品、改变顾客支付方式等上面的优化。

从食材到制作，再到用户口中，这些老字号的一餐一饭看似简单，背后却凝聚着老字号们对美食文化的坚守。但与此同时，老字号能抓住数字转型的机遇，与互联网平台实现深度合作，将好味道传承与发扬。

（案例来源：观察者网）

第一节　网络营销概述

网络经济环境下全新的交易模式，改变了企业与企业、企业与消费者之间的关系，对消费者的购买行为也产生了极大的影响。因而营销学者和实践者们积极地探讨市场营销学在新环境中的发展，提出了新营销的焦点，那就是网络营销。

一、网络营销的概念

（一）市场营销的含义

市场营销（简称营销）是一种复杂的、涉及面十分广泛的企业行为。市场营销学作为一门学科，于20世纪初诞生于美国，至今经历了以生产为导向的营销观念、以产品为导向的营销观念、以企业为中心的推销观念、以消费者需求为中心的营销观念和以社会长远利益为中心的社会营销观念五个发展阶段。美国市场营销学专家菲利普·科特勒教授在其经典著作《营销管理》一书中将市场营销定义为：个人或集体通过创造并同他人交换产品和价值来满足需求和欲望的一种管理过程。

市场营销既不同于单纯的降低成本、扩大产量的生产过程，又不同于纯粹推销产品的销售过程。"市场营销是致力于通过交换过程满足需要和欲望的人类活动"。为了达到这个目的，企业必须不断地改进产品、服务和企业形象，提高产品价值，不断地降低生产与销售的成本，节约消费者耗费在购买商品上的时间和精力。因此，市场营销是一个涉及企业人、财、物、产、供、销、科研开发、设计等一切部门所有人员的系统工程。

（二）市场营销的基本功能

1. 满足市场需求

在现代市场营销观念指导下的营销过程是始于市场、终于市场的。只有从需求出发生产的产品，才能受到消费者的欢迎。企业在满足需求的同时还必须引导需求、激发和创造需求。

2. 创新企业生产

通过市场营销活动，可以将消费者的需求和市场竞争的信息反馈到企业决策的生产系统，对生产发挥引导作用，以最大限度地满足消费者的需求。

3. 实现企业目标

在市场分析的基础上，选择最有利于企业发展、最有利于发挥企业优势的产品生产。通过市场营销活动，满足和扩大现实需求，挖掘潜在需求，增加市场销售，使消费者接受企业的产品，实现企业目标。

（三）网络营销的含义

网络营销在英文文献中描述的词很多，汇总起来主要有：Cyber Marketing、Internet Marketing、Network Marketing、Online Marketing 和 e-Marketing 等，不同的单词词组有着不同的含义。其中 Cyber Marketing 主要是指网络营销，是在虚拟的计算机空间进行运作；Internet Marketing 是指在互联网上开展的市场营销活动；Network Marketing 是在网络上开展的营销活动，这里的网络不仅指互联网，还有其他一些类型的网络，如增值网 VAN。目前中国学者较常用的是 e-Marketing，e 表示电子化、信息化、网络化，简洁明了，而且与电子商务（e-Business）相对应。e-Marketing 目前尚未有完全确定的中文表达，有些文献中将其描述为互联网营销，主要是为反映出 21 世纪市场营销以互联网为基础这一重要特征，但 21 世纪营销的基础不完全局限于互联网，还有企业进行的内部信息化管理所依赖的企业内联网等。因此，国内学者大都将 e-Marketing 译为网络营销，本书也采纳网络营销的概念。

关于网络营销的概念，国内外尚无统一的描述，目前主要有以下几种：网络营销是指在虚拟的互联网基础上为目标顾客制造、提供产品或服务，与目标顾客进行网上沟通的一系列战略管理过程；网络营销是以互联网络为媒体，以新的方式、方法和理念实施营销活动，更有效地促成个人和组织交易活动的实现；网络营销是以互联网作为传播手段，通过对市场的循环营销传播，达到满足消费者需求和商家需求的过程。

由以上定义可以看出，网络营销不仅仅是营销部门在市场经营活动方面的业务，它还需要其他相关的业务部门（如采购部门、生产部门、财务部门、人力资源部门、质量监督管理部门和产品开发与设计部门等）的配合，根据市场需求通过计算机网络来对企业业务进行系统规范的重新设计和构造，以适应网络知识经济时代的数字化管理和数字化经营需要。

为了更好地理解网络营销的内涵，本书试图从传统营销角度出发界定网络营销的概念，即网络营销（e-Marketing）是指利用信息技术去创造、宣传、传递顾客价值，并且对客户关系进行管理，目的是为企业和各种利益相关者创造收益。简单地讲，网络营销就是将先进的信息技术手段应用于传统的营销活动中。

需要说明的是，网络营销不等同于网上销售，销售是营销到一定阶段的产物，销售是结果，营销是过程。另外，网络营销不仅限于网上，一个完整的网络营销方案，除了在网上做推广外，还有必要利用传统方法进行线下推广，线上和线下的融合才能构成完整的营销活动。

三、网络营销的特点和功能

（一）网络营销的特点

市场营销的本质是组织和个人之间进行的信息传播和交换。随着互联网技术发展的成熟及互联网成本的下降，互联网将企业、团体、组织及个人跨时空联结在一起。网络技术的属性，必然给营销带来某些影响，使网络营销呈现出一些特点。

1. 跨越时空的障碍，全球营销

互联网能够超越时间约束和空间限制进行信息交换，使营销突破时空限制进行交易变成可能，企业有了更多的时间和更大的空间进行网络营销，随时随地提供全球性营销服务。

2. 进行交互式和个性化营销

互联网为产品联合设计、商品信息发布及各项技术服务提供最佳工具。互联网上的沟通可以做到一对一的、消费者主导的、非强迫性的、循序渐进式的，而且是一种低成本与人性化的沟通。网络营销通过信息提供与交互式交谈，与消费者建立长期良好的关系，并以此为基础，有针对性地根据消费者的个人爱好、兴趣等提供相应的服务，实现个性化营销。

3. 运用多媒体，多维营销

网络能将文字、图像、声音和视频等有机地组合在一起，传递多种信息，让顾客身临其境感受商品或服务。网络营销的载体基本上是多媒体、超文本格式文件，广告受众可以对其感兴趣的产品信息进行更详细的了解，消费者还可以参考他人使用后的评论。这种图、文、声结合的广告形式，与其他消费者的交流将大大增强网络营销的实效。

4. 营销效果的可跟踪和可衡量性

网络营销能进行完善的统计，可以跟踪和衡量营销效果。有观点认为，"无法衡量的东西就无法管理"。网络营销通过及时和精确的统计机制，能够直接对广告的发布进行在线监控。而传统的广告形式只能通过并不精确的收视率、发行量等来统计投放的受众数量。通过监视网络广告的浏览量、点击量等指标，广告主可以统计多少人看到了广告，其中有多少人对广告感兴趣。如果能结合企业自己的数据库和顾客的网络浏览习惯，网络营销的效果及可预测性会更好。

（二）网络营销的功能

认识和理解网络营销的功能和作用，是充分利用网络营销功能和作用的基础和前提。网络营销主要具有以下八大功能。

1. 信息搜索功能

信息的搜索功能是网络营销进击能力的一种反映。在网络营销中，可以利用多种搜索方法，积极、主动地获取有用的信息和商机；主动地了解对手的竞争态势，获取商业情报，进行决策研究。搜索功能已经成为营销主体能动性的一种表现，也是提升网络经营能力的进击手段和竞争手段。

2. 信息发布功能

发布信息是网络营销的主要方法之一，也是网络营销的又一基本职能。网络营销可以把信息发布到全球任何一个地点，既可以实现信息的广覆盖，又可以形成地毯式的信息发布链；既可以创造信息的轰动效应，又可以发布隐含信息。需要指出的是，在网络营销中，网上信息发布以后，可以能动地进行跟踪，获得回复，并根据回复内容再交流和再沟通。因此,信息发布的效果明显。

3. 商情调查功能

网络营销中的商情调查具有重要的商业价值。对市场和商情的准确把握,是网络营销中不可或缺的方法和手段,是现代商战中对市场态势和竞争对手情况的"电子侦察"。在竞争激烈的市场条件下,主动地了解商情、研究趋势、分析顾客心理、研究竞争对手动态是确定竞争战略的基础和前提。

4. 销售渠道开拓功能

网络具有极强的进击力和穿透力。传统经济时代的经济壁垒、地区封锁、人为屏障、交通阻隔、资金限制、语言障碍、信息封闭等都阻挡不住网络营销信息的传播和扩散。新技术的诱惑力、新产品的展示力,图文并茂,声像俱显的昭示力,网上路演的亲和力,地毯式发布和爆炸式增长的覆盖力,将整合为一种综合的信息进击能力。快速打通封闭的坚冰,疏通种种渠道,打开进击的路线,实现和完成市场的开拓使命。

5. 品牌价值扩展和延伸功能

美国广告专家莱利·莱特预言:未来的营销是品牌的战争,拥有市场比拥有工厂更重要,拥有市场的唯一办法就是拥有占市场主导地位的品牌。随着互联网的出现,不仅给品牌带来了新的生机和活力,而且推动和促进了品牌的拓展和扩散。实践证明,互联网不仅可以创造品牌,而且对于重塑品牌形象、提升品牌的核心竞争力、促进品牌资产建设、具有其他媒体不可替代的效果和作用。

6. 特色服务功能

网络营销具有和能提供的不是一般的服务功能,而是一种特色服务功能。顾客不仅可以获得形式最简单的常见问题解答(FAQ)、邮件列表,以及网络论坛(BBS)、聊天室、微信等各种即时信息服务,还可以获取在线收听、收视、订购、交款,甚至产品售后等选择性服务。另外还有无假日的紧急需要服务、信息跟踪、定制和智能化服务,以及网上选购、试用、配送到家等服务。这些服务及服务之后的跟踪延伸,不仅极大地提高了服务的满意度,使以消费者为中心的理念得以实现,而且也让客户真正变成了企业(商家)最为重要的一种战略资源。

7. 顾客关系管理功能

顾客关系管理源于以客户为中心的管理思想,是一种旨在发展企业与客户之间关系的新型管理模式,是网络营销取得成效的必要条件。在网络营销中,通过客户关系管理,将客户资源管理、销售管理、市场管理、服务管理、决策管理集于一体,将原本疏于管理、各自为战的销售、市场、售前和售后服务与业务统筹协调起来,全面提升了企业的核心竞争能力。

8. 经济效益增值功能

网络营销提高了营销者的获得能力,使营销主体的增值效益得到了提升。这种增值效益的获得,不仅来自网络营销效率的提高、营销成本的下降和商业机会的增多,更来自网络营销中随着新信息量的累加,原有信息量的价值实现了增值。

四、网络营销的基本内容

网络营销作为新的营销方式和营销手段,它的内容非常丰富。一方面,网络营销要为企业提供有关网上虚拟市场的消费者的特征和个性化需求信息;另一方面,网络营销要在网上开展营销活动来实现企业的经营目标。网络营销的主要内容可以概括为以下几个方面。

(一)网络市场调研

通过在线调查表或者电子邮件等方式可以完成网上市场调研。相对传统市场调研,网上调研具有高效率、低成本的特点。因此,网上调研已经成为网络营销的主要职能之一。

(二)网上产品和服务策略

在网上进行产品和服务营销,必须结合网络特点重新考虑产品及品牌的设计、开发、包装和定价等营销策略。由于互联网技术创造了降低交易成本的机会,低价位和快速反应已经成为网上产品和服务的主要营销策略。

(三)网络公共关系

开展网络公共关系的目的是通过传播媒介,树立企业和产品的形象,提高企业或产品的品牌知名度,以增强产品对顾客的吸引力。

(四)网络广告

网络广告的最大特点是具有交互性和直接性,沟通双方可以突破时空限制直接进行交流,而且简单、高效、费用低廉。网络广告的目的是宣传推广自己的公司,树立起公司良好的商业形象,发布公司产品信息,逐步增加产品在市场上的占有率和销售额。

(五)网络营销渠道管理

网络营销渠道可以分为直接分销渠道和间接分销渠道。网络的直接分销渠道是由生产者到消费者,中间没有任何一级分销的销售模式;如果中间还存在着一个或一个以上信息中介,就是间接分销渠道。网上营销渠道的管理是为了在加速商品和资金流转、减少促销成本、扩大销售的过程中,最大限度地满足顾客的需求。

五、网络营销与传统营销

(一)网络营销对营销理论方面的冲击

1. 消费者从被动转向主动

传统的营销理论下,营销策略消极、被动地适应消费者,在众多的企业、产品信息中,交换过程是营销者而不是消费者认可并控制的互动关系,消费者被动接受销售者的营销;而在网络营销下,消费者在营销过程中的地位发生了根本性的改变,营销策略倾向于积极、主动地与消费者沟通、交流,在众多的企业、产品信息中,交换过程变成由消费者发动和消费者控制,是消费者而不是营销者认可并控制的互动关系。因此,在网络营销下,积极启动消费者控制的营销完全改变了营销实践,从而改变营销规划、实施、控制等理论。

2. 差异化营销理论更加深化

在网络营销理论下，通过互联网环境和技术的支持，消费者的个性化需求细分程度更细，除了使用传统的目标市场细分标准、注重营销环境和消费者行为外，还同时引进上网能力、是否上网、使用的语种、上网时间等新的细分标准对目标消费者进行分群，对个性营销的观念和规则更加深化。

3. 国际营销概念淡化

在传统营销理论里，国际市场营销在理论上是一个独立的研究领域，在企业营销实践中主要是以地理区域标准进行营销活动和营销管理的。而在网络经济和网络营销的条件下，信息传递的全球化使营销过程不仅仅局限于区域，还可以在全球环境下进行，也即网络营销选择从全球做起。

4. 市场调查研究网络化

在网络营销的条件下，企业通过网络环境能够加大市场调查所收集信息的广度，例如，可以通过统计网页访问频数、浏览时间、点击率、偏好等分析数据库和客户信息。同时，市场调查和研究方法也更加多样化，例如，将体现消费者参与营销的思想与新的营销变量结合起来，加强营销策略的互动性和整合性，以达到与广泛的利益相关者进行沟通。

5. 改写营销传播理论

因为出现了完全不同的新特征，营销传播的理论可能要改写。这些新特征主要包括：权利平等、个性化、多元化；消费者网上投诉威力强大；传播成本费用很低，甚至是免费的；网络的互动性可形成顾客互动策略制定过程；传播的实时性。传统的整合营销进化为整合网络营销，它整合了产品和服务、公共关系、口碑、流行文化、广告、个人体验、标志、雇员、氛围，甚至是电子垃圾等元素，提供了一种与众多利益相关者的沟通方法。

（二）网络营销对营销实践方面的冲击

网络营销对传统营销的冲击不仅仅表现在理论方面，更多的是从企业实施的营销战略、营销策略和营销方式等方面对营销实践的冲击。

1. 网络营销促使传统营销战略改变

在网络营销下，任何企业都可以通过网络信息分析研究竞争对手的产品信息与营销作为，进而采取相应的竞争战略及具体的实施策略，从而对企业的营销战略变革提出了更高要求。同时，在网络的跨时空等便利条件下，网络营销促成战略联盟成为网络时代的企业主要竞争形态，企业的营销战略必须实施差异化、个性化的全球营销战略。

2. 网络营销丰富了营销策略

在网络时代，企业的人员推销、市场调查、广告促销、经销代理等传统的营销策略与网络相结合，可以迅速获得关于产品概念和广告效果测试的反馈信息，也可以测试顾客的不同认同水平，从而更加容易地对消费者行为方式和偏好进行跟踪。同时，网络营销通过互联网增加了价格策略的透明度，降低了消费者对产品价格的不满情绪。不仅如此，在网络环境下，生产商可以通过互联网与最终用户直接联系、沟通、互动，传统的中间商、分销商、特约加盟店、连锁店等的重要性将有所降低，企业必须对营销渠道加以变革。再者，由于网络空间具有无限扩展性，企业通过互联网进行网络广告、网上销售，降低了空间的局限，进而提升了营销效应和销售效率。

（三）网络营销对传统营销方式的冲击

通过宽带化、智能化、个人化的网络技术，声音、图像、动画和文字一体化的多维信息共享和人机互动功能增强，消费者对信息选择将更加个性化，使企业营销走向"服务到个人"，加快了市场个性化形成，最终将会以每一个用户的需求来组织生产和销售。

1. 重新营造顾客关系

网络营销加强了生产商与消费者的信息互动，促成企业更能与分布在全球各地的顾客群保持紧密的接触。通过传播本企业形象对顾客的教育，准确把握顾客特性、分析顾客需求、创造顾客需求，进而使企业在争取新的顾客、留住老顾客、扩大顾客群、建立亲密的顾客关系方面有大幅提升。

2. 对跨国经营的影响

互联网所具有的跨越时空连贯全球功能，使进行全球营销的成本低于地区营销，因此企业将不得不进入跨国经营的时代。网络时代的企业，不但要熟悉不同国度的市场顾客的特性以争取他们的信任，并满足他们的需求，还要安排跨国生产、运输与售后服务等工作，并且这些跨国业务都是经由网络来联系与执行的。

3. 促使企业组织变革

在网络营销环境下，企业内部网建设和发展日益成熟，成为企业内外沟通的主要渠道与信息源，虚拟经销商、虚拟门市、虚拟部门数量得以提升，从而营销渠道缩短，减少了经销代理、分店门市、业务人员和直销人员，进而组织结构开始变革，向扁平化、虚拟化发展。

六、网络营销与电子商务的关系

电子商务和网络营销是两个相互交差的概念，两者既存在相同点，又有所区别。

（一）电子商务与网络营销的共同点

1. 技术基础相同

电子商务与网络营销都是借助计算机网络来进行的经济活动，两者都是依靠企业内联网来实现资源在企业内部的共享，完成管理信息在企业内部的上传下达，促进企业各部门之间的相互协调，实现企业内部高效率、低成本的信息化管理；都借助互联网的信息结构，实现与贸易伙伴、消费者之间的网络业务信息共享，有效地促进现有业务进程的实施，对市场等动态因素做出快速响应并及时调整当前业务进程，使网络交易顺利进行。而且，在这一过程中，两者都是基于网络信息技术，如文本、图像、声音等数据传输，遵循 TCP/IP 协议，遵循 web 信息交换标准，采用相应的安全标准，提供安全保密技术。

2. 商务活动内容相同

电子商务与网络营销都包括面向市场的、以市场交易为中心的活动,即都包括促成交易实现的各种商务活动(如网上商品展示、网上公关、网上洽谈等活动)和实现交易的电子贸易活动(主要是利用互联网实现交易前的信息沟通、交易中的网上订单传递与支付和交易后的售后服务等),以及利用企业内联网进行人事、财务等信息化管理等。

(二)电子商务与网络营销的不同点

1. 设定概念的角度不同

电子商务是从国家宏观的角度出发,着重于围绕商务活动而进行的基础设施建设、网络信息技术及各种配套技术设施的建设等活动的总体规划。而且这一概念在计算机技术领域应用较多。网络营销则多是从企业微观角度出发,着重于企业借助网络进行的市场营销活动,这一概念多用于市场营销研究领域与企业界,专业性更强。

2. 重点不同

由于全球已经进入买方市场,产品销售困难,因而企业要认真研究买方的需求,并通过满足顾客的需求来实现企业的利益目标。网络营销重点研究自己卖、别人买,而不是自己买。电子商务由于站在宏观的角度考虑问题,所以其研究重点既包括企业的销售,又包括企业的采购,即不但要借助网络努力实现企业的销售环节,同时还注重利用网络和相应的软件建立企业的采购系统和供应商数据库,根据历史资料对供应商的资信情况进行分析,不断地筛选供应商,保证企业能够利用其采购系统顺利地完成采购任务。

★ 课堂思考

互联网技术的发展对网络营销有哪些影响?

★ 课堂案例

我国网络消费者的基本特征及消费习惯

中国互联网络信息中心(CNNIC)于2019年8月30日发布了第44次《中国互联网络发展状况统计报告》,报告数据显示,截至2019年6月,我国网民规模达8.54亿,互联网普及率达61.2%。其中,我国手机网民规模达8.47亿,我国网民使用手机上网的比例达99.1%;而使用电视上网的比例为33.1%;使用台式电脑上网、笔记本电脑上网、平板电脑上网的比例分别为46.2%、36.1%和28.3%。我国网民的基本构成和网络消费特征如下。

1. 网民属性结构方面

(1)男女比例:截至2019年6月,我国网民男女比例为52.4∶47.6。

(2)年龄结构:10~39岁网民群体占网民整体的65.1%;40~49岁网民群体占比为17.3%;50岁及以上网民群体占比由2018年年底的12.5%提升至13.6%,互联网持续向中高龄人群渗透。网民年龄结构示意如图9-1所示。

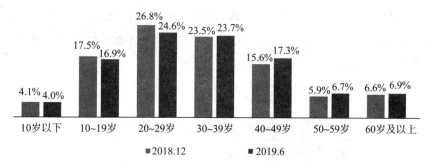

图 9-1 网民年龄结构示意

（3）学历结构：初中、高中/中专/技校学历的网民群体占比分别为 38.1%、23.8%；受过大学专科、大学本科及以上教育的网民群体占比分别为 10.5%、9.7%。网民学历结构示意如图 9-2 所示。

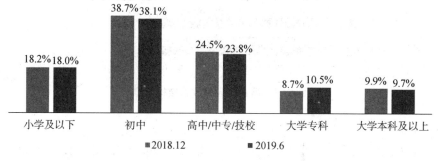

图 9-2 网民学历结构示意

（4）职业结构：我国网民群体中，学生最多，占比为 26.0%；其次是个体户/自由职业者，占比为 20.0%；企业/公司的管理人员和一般人员占比共计 11.8%。网民职业结构示意如图 9-3 所示。

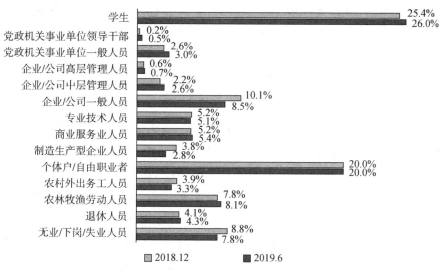

图 9-3 网民职业结构示意

（5）收入结构：无收入及月收入在500元以下的网民群体占比为19.9%；月收入在2 001~5 000元的网民群体合计占比为33.4%；月收入在5 000元以上的网民群体占比为27.2%。网民个人月收入结构示意如图9-4所示。

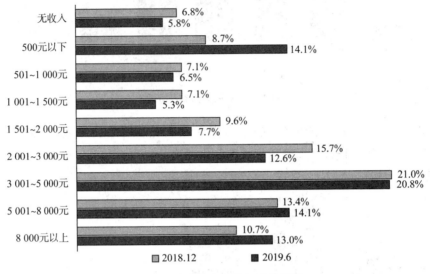

图9-4　网民个人月收入结构示意

2. 网络购物方面

我国网络购物用户规模达6.39亿，占网民整体的74.8%；手机网络购物用户规模达6.22亿，占手机网民的73.4%。另外，我国网上外卖用户规模达4.21亿，占网民整体的49.3%；手机网上外卖用户规模达4.17亿，占手机网民的49.3%。网络支付用户规模达6.33亿，占网民整体的74.1%；手机网络支付用户规模达6.21亿，占手机网民的73.4%。

3. 网络服务方面

我国网络视频用户规模达7.59亿，占网民整体的88.8%；其中，短视频用户规模为6.48亿，占网民整体的75.8%。网络出租车用户规模达3.37亿，占网民整体的39.4%；我国网约专车或快车用户规模达3.39亿，占网民整体的39.7%。在线政务服务用户规模达5.09亿，占网民整体的59.6%。

4. 网民上网习惯方面

2019年上半年，我国网民人均每周上网时长为27.9小时。手机网民经常使用的各类App中，使用即时通信类App的时间最长，占比为14.5%；使用网络视频、短视频、网络音乐、网络文学和网络音频类应用的时长占比分列二至六位，依次为13.4%、11.5%、10.7%、9.0%和8.8%。另外，手机网民较常使用的六类App中，即时通信类App与社交类App在9点至20点间用户使用时段分布较为均匀，占比均在5%以上；短视频类App在12点、21点分别出现两次使用小高峰，符合大部分网民闲暇娱乐时间的规律；网络购物类、网络新闻类App的用户使用时段分布趋势较为接近，8点到22点间使用时长合计占比超过80%；网上外卖类App使用时段分布峰值明显，与网民用餐时间关联度很高，分别在11点及 18 点出现使用峰值。六类应用使用时段分布示意如图 9-5 所示。

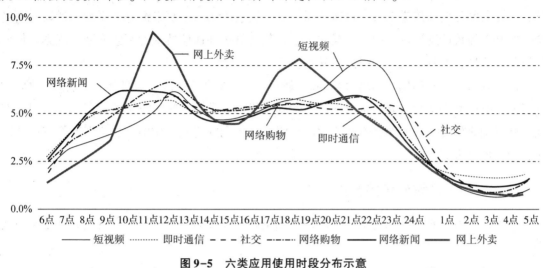

图 9-5　六类应用使用时段分布示意

（案例来源：中国互联网络信息中心（CNNIC）第 44 次《中国互联网络发展状况统计报告》，2019 年 8 月 30 日）

思考题：

我国网民的基本构成和网络消费特征对国内电子商务发展会产生哪些影响？

第二节　网络市场调研

市场调研是企业营销中不可或缺的内容，有助于企业快速把握市场。作为一种崭新的媒体，互联网优于传统媒体的特性在于其方便、即时的交互功能，这一特性是通过 Web 站点收集市场信息的有效手段。为适应信息传播媒体的变革，一种崭新的调研方式——网络市场调研随之产生。随着网络技术的发展和使用者的增加，使越来越多的企业开始利用网络开展市场调研活动。网络作为信息沟通渠道具有开放性、自由性、平等性、广泛性和直接性等特性，使网上市场调查具有传统的一些市场调查手段和方法所不具备的特点和优势。

一、网络调研法的概述

市场调研是指以科学的方法，系统地、有目的地收集、整理、分析和研究所有与市场有关的信息，特别是有关消费者的需求、购买动机和购买行为等方面的市场信息，从而提出解决问题的建议，以作为营销决策的依据。市场调研是企业了解市场的重要手段，通过市场调研可以对影响市场供求状况的因素及市场走势进行正确的判断，可以有针对性地制定营销策略，发挥本企业的优势，在竞争中不断提高经营管理水平，从而取得良好的营销效益。

网络市场调研是指利用互联网技术进行调研的一种方法，其大多应用于企业内部管理、商品行销、广告和业务推广等商业活动中。一般意义上理解，网络市场调研是指在网络环境下，以互联网为信息传递工具，进行调研设计、资料收集、分析咨询等一系列的活动。网络调研既基于传统的统计调研理论，又注入了现代计算机和通信技术的新鲜血液，既具有传统调研的一般性，又具有现代网络的特殊性。

同传统市场调研相比，网络市场调研具有信息收集的广泛性、信息的及时性和共享性、调研的便捷性和经济性及调研结果的准确性四大优势。随着计算机技术的发展和互联网的普及，网络调研作为新兴的调研方式，逐渐广泛应用于调查研究工作中，也逐渐改变着市场调研企业的生存方式。

二、网络市场调研法的分类

根据社会科学研究范式的不同，网络市场调研法可分为网络定量调查研究和网络定性调查研究。

（一）网络定量调查研究

网络定量调查研究主要是指利用互联网的信息传递和交换功能，通过让调查对象来填写多种格式的电子问卷的方式来收集数据的研究方法。在实际应用时，一般分为以下几种形式。

1. 电子邮件方式

电子邮件调查方式是指将调查问卷作为电子邮件的组成部分的一种调查方法，问卷数据的回收一般也采用电子邮件完成。在可以获得较完整的电子邮件列表的情况下，此种方法最适用于针对机构内部人员的调查，如对公司雇员、顾客、经销商等的调查。

2. 网站（页）问卷调查方式

网站（页）问卷调查方式，顾名思义，就是问卷以网页作为载体的网上调查形式，根据问卷格式和生成系统不同，可进一步分为纯超文本格式网页调查（Web Html Survey）、固定表格式互动网页调查（Web Fixed-Form Interactive Survey）和定制互动式网页调查（Web Customized Interactive Survey）三种形式。应用网页制作技术实现调查问卷，被访者一般只需轻松移动、点击鼠标即可实现问题的填答和提交，并且这样的问卷结合网页设计技巧，将配色、图片、表格应用进来，较为吸引人，从而提高问卷的填答率。

3. 定向弹出窗口方式

定向弹出窗口方式，当网民浏览到某网站时，可能会碰到弹出来的一个窗口，窗口中有邀请网民参与调查的说明、地址链接或直接进入调查的按钮；如果网民有兴趣参与，点击链接地址或按钮，会进入含有网页式调查问卷的窗口，填答过程同网站（页）式调查方式相近，调查数据同样线上提交。

4. 可下载的调查问卷

可下载的调查问卷，一般由被访者下载调查文件，用事先安装在自己计算机上的软件打开。因为事先安装了软件，所以只需下载很小的文件。问卷效果与固定格式的网页调查问卷相似，运行时会生成一个数据文件，当电脑下一次联网时，数据文件就会上传，完成数据回收。所有可下载调查问卷比其他形式的网上调查方法更费钱、费时间，而且由于需要安装软件，对被访者的计算机的操作技术要求也比较高，另外还容易造成调查周期延长、无应答率高，所以该方式通常应用于固定样本库和预先招募被访问者的调查项目中。

（二）网络定性调查研究

网络定性调查研究是以互联网为基础，通过各种同步或异步的网络通信工具（如聊天室、双向视频会议系统和邮箱等）来收集调查对象各种文本、音频和视频资料的研究方法。在形式上，网络定性调查研究又可分"一对一"的网上深层访谈、网上小组座谈、网上观察和网上文献资料分析等。

1. "一对一"的网上深层访谈

这种形式类似传统的面访调查，一般采用非结构式或半结构式的访谈方式，可通过电子邮件进行访问，或是利用即时通信软件如 MSN、QQ 等，通过网上聊天的方式进行访问，并且现在计算机技术又进一步发展，使用网络视频会议系统可进行网上面访调查，语音、视频同步交流，使调查更加形象生动，调查效果更佳。

2. 网上小组座谈

这是传统的定性研究的方法之一，主要特点就是强调小组内成员间的互动，通过互动以了解参加者想的是什么、为什么这样想，从而使研究者了解到参加者的观念、态度和意见等。小组座谈从某种意义上可以捕捉到人们意见的形成过程，这使小组座谈有别于其他的调查或访问方法。

3. 网上观察

通过观察来研究人类行为所体现和反映的社会意义，是定性研究者常用的方法之一。观察法的主要优点在于：关于人类行为的信息可以直接地记录下来；观察者有可能从平常、熟悉的环境或行为中看到不寻常的东西或特点；如果长期观察还可能找到一些模式或规律，并有可能得到一些通常难于接触的人的信息。

4. 网络文献资料分析

这是指从研究对象的一些电子文档资料中，补充和加深研究者对所研究问题或现象的理解。这些资料主要包括：记录每天活动或时间的日记或日志，个人的传记、博客等。收集这些资料的方法有两种：请示式和非请示式。

三、网络市场调研的特点

网络市场调研是以互联网为主要技术工具的研究方法，受信息技术、互联网的影响，与传统调研方式相比，网络调研有许多不同的地方，如表9-1所示。

表 9-1 各种调研法特点综合比较

特点	面访调研	电话访谈	传真调研	信函问卷	网络调研
沟通模式	一对一	一对一	一对一	一对一	一对多
交互方式	双向同步	双向同步	单向异步	单向异步	双向同步
样本分布	窄	广	广	广	全球性
回收速度	最慢	慢	一般	一般	最快
花费时间	最长	长	一般	一般	短
受暗示程度	高	一般	无	无	无
优点	有回馈反应,可反应复杂问题,面谈者高度参与,故有机会做进一步探问	可配合电脑来协助样本选取、访问和记录等动作,并且无面对面的尴尬	和邮寄问卷相比更快速,回答结束后直接透过传真的方式将结果传回	弹性比面谈调研大,并可以减少面谈调研所需花费的时间和费用	可突破时空的限制,成本低,受访者可选最方便的时机、地点回答,标准化问卷易获得,可立即快速回馈调查结果给受测者
缺点	成本高、无匿名性,有时受访者会害怕而拒绝,有时间压力	样本可能有偏差、缺少视觉观察	研究者无法引导受访者进行问卷调查	所需费用和时间极高	在针对普通群体时,目前样本代表性较差、反馈率较低

与传统调研方法相比,网络市场调研的具体特点可以概括为以下几点。

1. 选择和招募受访者时可以跨越地域限制

研究者在运用互联网选择和招募受访者时可以轻易地跨越地域范围限制,扩大研究范围,甚至可以是全球范围。同时,网络市场调研还可以 24 小时全天候进行,这与受区域和时间制约的传统市场调研方式有很大的不同。

2. 网络问卷以多媒体形式呈现,问题设置灵活多样

网络问卷的设计者能运用颜色、分割窗口、插件、动画、音乐等传统纸质问卷无法实现的独特设计,这种多媒体的呈现方式图文并茂,大大地改进了受访者体验,吸引受访者作答。网络问卷的问题也可以设置成多种多样,如按钮式选项、下拉菜单式选项、矩阵式选项等,还具有强大的逻辑跳转功能,从而降低受访者填写问卷时的认知负担和困惑,减少填写错误。

3. 网络市场调研的互动性强

网络的最大优势是交互性,这种交互性在网络市场调研中体现为以下两点:一是在网上调查时,受访者可以即时就问卷相关的问题提出自己的看法和建议,可以减少因为问卷设计

不合理而导致的调查结论出现偏差等问题；二是受访者可以自由地在网上发表自己的看法，同时没有时间的限制，而传统市场调研是不可能做到这一点的。

4. 网络调研时间短、反馈快，自动化程度高，可以降低调查成本

网络市场调研可以节省传统市场调研中所耗费的大量人力和物力。在网络上进行调研，只需要一台能上网的计算机即可。调查者在企业站点上发出电子调查问卷，网民自愿填写，然后通过统计分析软件对受访者反馈的信息进行整理和分析。网上市场调研在收集过程中不需要派出调查人员，不受天气和距离的限制，不需要印刷调查问卷，调查过程中最繁重、最关键的信息收集和录入工作将分布到众多网上用户的终端完成。网上调查可以无人值守和不间歇地接收调查表，信息检验和信息处理工作均由计算机自动完成，从而节省大量人力成本。

5. 网络市场调研减少受访者身份敏感性或问卷私密性的影响，能提高数据质量

在以计算机为基础的沟通环境中，人与人未直接接触，所以会减弱或消除外貌、个人特质、社会地位等一些社会线索，使受访者表达意见时更为开放、自由、平等。另外，网络的匿名性足以使受访者减少作答时的担忧，进而减少测量误差。问卷以电子文档形式传输，受访者和研究者未曾同处一地，参与者自我完成问卷，匿名调查的过程有助于回答一些敏感性和私密性的问题，提高问卷数据的质量。

四、网络市场调研的组织与实施

网络市场调研与其他科学形式一样，也是由一系列高度相关的活动组成。虽然每个网络调研过程和顺序不尽相同，但是总体来说可以划分为以下五个阶段：①确定调研目标；②设计调研方案和问卷；③组织和实施调研活动；④数据整理与分析；⑤撰写调研报告。

网络调研的过程与一般的调研一样，每一个阶段调研人员都必须在一系列备选方案中进行选择。没有最优或最佳路径，调研人员需要根据调研目标和资源条件的约束从备选方案中选择适宜的路径。

（一）确定调研目标

市场调研的首要工作就是要清楚地界定研究的问题，确定研究的目标。市场调研是一项有组织、有计划、有步骤的商业信息工作，市场研究的课题与产品营销业务直接有关，是为企业更好地组织产品推销工作及为企业管理部门提供决策的依据。例如，新产品的开发研究，制造什么东西才会被消费者接受，产品的规格和购买者的特性等。

准确定义调研目标或调研问题是决定开展调研活动及确定调研性质的关键，正确定义问题甚至要比解决问题更为困难。为此，研究者有必要进行一些探索性研究，比如与企业决策者进行充分的沟通交流，或者向产业专家咨询，并尽可能充分利用二手资料进行多方考证，如有必要也可以通过召开小型座谈会或专家座谈会等形式进行定性调研，以期明确企业经营管理所面临的真正问题，并以此确定市场调研的目标。具体的工作流程如图9-6所示。

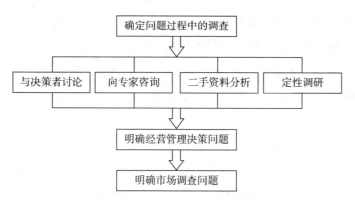

图 9-6　确定市场调研问题的工作流程

（二）设计调研方案和问卷

调研方案设计就是根据调查研究的目标，恰当地确定调查对象、调查内容，选择合适的调查方式和方法，确定调查时间，进行经费预算，并制订具体的调查组织计划。换而言之，就是在调查实施之前，调研机构及其工作人员依据调查研究的目的和调查对象的实际情况，对调研工作的各个方面和全部过程进行总体安排。

1. 确定网络市场调研目标

确定调研目标是调研方案设计的首要问题，只有确定了调研目标，才能确定调研的范围、内容和方法，否则有可能列入一些无关紧要的调查项目，而漏掉一些重要的调查项目，以致达不到整个调研的目的。具体地讲，确定调研目标，就是要明确客户为什么要进行调查，即调查的意义；客户想通过调研获得什么信息，即调查的内容；客户利用已获得的信息做什么，即通过调查所获得的信息能否解决客户面临的问题。

2. 确定调查对象和调查单位

明确整个调研目标之后，就要确定具体的调查对象和调查单位，即向谁调查和由谁来具体提供资料。调研对象的确定对网络市场调研方法的实施至关重要。调查对象决定着调研方法的选择，比如面向重要人物的调研多数会采用定性访谈的方式，而面向普通大众则多采用定量问卷的方式。

3. 确定调研内容

调研内容是指所要调研的主要内容。确定调研内容，就是要明确向受访者了解什么问题。它是调研课题的明确化和可操作化。但是，将调研课题转化为调研内容又是非常专业的问题，尤其对网络市场调研来说要求可能更高，必要时要辅助线下调研方式。

4. 确定调研方式和方法

调研内容和调查对象确定后就可以确定网络调研方案的具体实施方式和调研方法。

在调研方案中还要明确采用什么方式和方法收集调研资料。

（1）网络调研方式。传统收集调研资料的方式有普查、重点调查和抽样调查等。网络市场调研的抽样方式一般分为概率抽样调研和便利抽样调研,如图9-7所示。

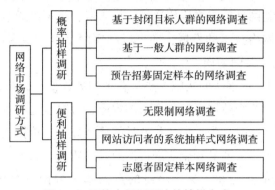

图9-7　网络市场调研法的抽样方式

概率抽样调研要求创建一个覆盖绝大多数人或全部目标人群的抽样框。比较容易做到的概率抽样是基于封闭目标人群的抽样。所谓"封闭目标人群"是指某个组织内部能够列出某种形式的成员名单的目标人群。在某个组织内部如果有名单或电子邮箱地址创建一个抽样框是相对容易的事。而基于一般人群的网络调查的抽样框获得难度相对较大,现在多采用预告招募固定样本的方式获取调查对象。

便利抽样调查的特点是运用一种无计划性的方式来选择调查对象,该方法允许任何一名潜在的调查对象自由选择是否参加调查,也就是说便利抽样无法计算样本成员被选择的概率,因此便利抽样不适用于总体与部分人群之间关系的估算。便利抽样的优点是所需要的时间短、工作量少、成本低。便利抽样中最常用的是"无限制式网络调查",所谓"无限制"是指任何登录问卷所在网站的人都可以自由填写问卷,但是通常要求同一个用户不能重复填写。便利抽样还包括"对网站访问者的系统抽样式调查"和"志愿者固定样本式网络调查"。其中,系统抽样即传统抽样调查的等距抽样方式,但由于面向调查对象的是一般人群,因而仍属于便利抽样方式。而志愿者固定样本一般是通过各种宣传方式招募而来的,许多互联网公司都建立了包括数百万网络问卷调查志愿者的固定样本数据库。

(2) 网络调研方法。调研方法的确定与资料来源有关,也就是要明确收集的是第一手资料还是第二手资料。第一手资料是调查人员通过发放问卷、面谈、抽样调查等方式收集到的原始资料;第二手资料是经别人收集、整理过的网上资料或是已经发表的资料。互联网不仅为获得第一手资料提供了良好的途径,也为获得第二手资料提供了方便、低成本的渠道。

传统市场调研方法主要包括文献法、访问法、网上观察法和实验法等,这些方法在网络市场调研中也经常用到,无非将应用的场景转换到了网上。

1) 网络文献调查法。文献调查法是网络市场调研中最经常用到的调查方法,也是首选的传统调研方法,不过通过网络查询得到的往往是二手资料,这些资料的收集主要通过搜索引擎搜索所需信息的网站内容获得。但是,想要获取一手资料的话,则要借助网络调查问卷或访谈提纲等工具,并用到网络访问法。

2) 访问法。访问法是获取第一手资料最常用的调研方法,不论是定量网络调研还是定性网络调研都要用到访问法。网络访问法可以借助网络聊天工具来进行，如通过 QQ 或者微信等社交媒体工具将问卷网址或二维码传递给目标人群，也可以通过电子邮件将网络问卷寄到受访者的邮箱。随着网络技术的发展，还可以利用网络电话或者网络可视电话进行"一对一"或"一对多"的面对面访谈。

3）网上观察法。网上观察法的实施主要是利用相关软件和人员记录上网者的活动。相关软件能够记录上网者浏览企业网页时所点击的内容，每次点击浏览内容的时间；在网上喜欢看什么商品页面，看商品时，先点击的是商品的哪些方面，价格、服务、外形还是其他人对商品的评价，是否有就相关商品和企业进行沟通的愿望等。另外，网上观察也能够记录不同商品的点击率、广告的点击率、文字信息的点击率等数据。网站还可以对本站的会员（注册者）和经常浏览本站的 IP 地址的记录进行分析，掌握他们上网的时间、点击的内容及浏览的时间，从而了解他们的兴趣、爱好和习惯，更好地为本网站的登录者提供更适合他们需要的信息和服务。在网上也可以派一些人在相关的论坛、新闻组和聊天室倾听他们的想法或意见。这些观察记录对于了解消费者的需要、地域分布、产品偏好和购买时间，改进商品服务及广告策略都是非常重要的。

4）实验法。设计几种不同的广告内容和形式在网页或者新闻组上发布，也可以利用电子邮件传递广告。广告的效果可以通过服务器端的访问统计软件随时监测，也可以利用查看客户的反馈信息量的大小来判断，还可借助专门的广告评估机构来评定。影响商品销售的相关因素的实验也能在网上进行，如在网上改变商品的外形、包装、设计和促销方式等，或改变网上商店的布置。新产品的试销也能通过网络进行，但是并非所有的新产品都适用，一些全新产品，由于上网者在网上不能看到实物，将会影响其购买行为的发生，对实验结果的准确性产生影响。目前与虚拟现实技术、云计算技术相关的新产品在网上试销的结果都比较理想。

5）专题讨论法。专题讨论法是最常用的网络定性调研方法，主要通过新闻组、电子公告牌或邮件列表讨论组进行。随着社交媒体技术的发展和普及，目前基于社交媒体的专题讨论法应用也越来越广泛。其实施步骤如下：确定目标市场；识别目标市场中要加以调查的讨论组；确定可以讨论或准备讨论的具体话题；登录相应的讨论组，通过过滤系统发现有用的信息；创建新的话题，让大家讨论，从而获得有用的信息。

5. 确定调研的时间和进度

调研时间是指完成整个调研活动所需的时间，一般表现为从调研开始到结束的具体日期。调研进度包括从调研方案设计到提交调研报告的整个工作时间，也包括各个阶段的起始时间，其目的是使整个调研活动能及时开展，按时完成。

通常情况下，基于网络问卷的调研项目进度大致分为以下几个阶段。

（1）总体调研方案设计、论证。

（2）抽样方案设计。

（3）网络问卷设计、测试、修改和定稿。

（4）网络问卷的发放及监测。

（5）数据下载和统计分析。

（6）调研报告的撰写。

（7）调研结果的鉴定、发布和出版。

6. 编制网络调研提纲和问卷

当调研项目确定后，可以将调研项目科学地分类、排列，设计编制调研提纲或调研问卷，方便调研资料的登录和汇总。通常情况下，网络调研提纲和问卷的内容和结构也要按照传统的线下调研提纲和问卷标准进行设计，与传统的市场调查没有太大的区别，只是在具体的实现形式上更为灵活多样。以网络问卷为例，可以将问卷拆分成若干问题分阶段进行，可以实现不同调查内容的组合，还可以根据受访者背景的不同，设计不同结构、风格的问卷，投其所好。问卷上也可以附加文字、图形、图像和声音等多种形式的背景资料。网上问卷调查的实施不受时间和空间的限制，节省了问卷的印刷费、访问员的调查费用、调查数据的录入费用。通过被调查者反馈的信息来及时对问卷的结构长度进行修改，甚至对调查问题的调整，并能实时得到调查结果，具有传统问卷调查无法比拟的优越性。

7. 确定调研经费预算

市场调研费用的多少通常视调研范围和难易程度而定。不管何种调研形式，费用问题总是十分重要和难以回避的，即使是费用相对较低的网络市场调研。

网络市场调研在进行经费预算时，一般需要考虑以下几个方面：调研方案策划费与设计费，抽样设计费，问卷设计费（包括测试费），调研实施费（包括培训费、调研人员劳务费、给受访者的礼品费、网络使用费等），数据整理与统计分析费，调研报告撰写费，资料费，相关文献和数据的复印费等其他费用，管理费、税金等。

8. 确定调研组织

调研的组织计划是指为了确保调研项目能顺利实施的具体组织工作计划，主要是指调研的组织领导、调研机构的设置、人员的选择和培训、调研的质量控制等。

（三）组织和实施调研

在传统的市场调研项目中，此阶段是整个调研活动中最繁忙的阶段，其主要工作内容是根据调研方案抽取样本、收集资料。能否收集到必要的资料，并加以科学的整理，是整个市场调研活动能否取得成功的最根本条件。传统线下市场调研实施阶段的主要工作步骤是：根据抽样方案和名单抽取样本；按照调研方案制定的调研方法，通过访问、观察、文献调查等方式，收集资料；将收回的资料过滤、整理、校对，并编码录入计算机，以备下一阶段的分析研究。但是，在网络市场调研中，这一阶段工作完全由计算机自动生成原始资料，研究人员只需要将原始资料下载至电脑即可完成数据收集。如果采用的是基于网上问卷的定量调研方法，不仅可以省去数据的录入和编码环节，而且可以直接查看调研数据的统计结果，极为方便和快捷。

(四) 数据的整理与分析

分析资料阶段的主要任务是在全面占有调查资料的基础上，对资料进行系统分析，其中包括统计分析和理论分析（验证解释）。市场调研不能只归结为搜集资料，它的目的是要对事实进行有科学根据的解释。

数据资料的分析包括两种不同的类型：第一种类型是第一手资料的统计分析；第二种类型是从理论上解释资料，从内容上分析正式整理过的市场经济事实，即第二手资料。这里分析的主要手段是与所研究的市场及经济生活领域有关的经济学理论及市场营销等有关的理论。

分析阶段要做好两方面的工作，即统计分析和理论分析。

统计分析包括两个方面的内容：一是描述统计，主要是依据样本资料计算样本的统计值，找出这些数据的分布特征，计算出一些有代表性的统计数字。描述统计主要是描述调查观察的结果，它包括频数、累积频数、集中趋势、离散程度、相关分析、回归分析等。二是推论统计，也有人叫统计推断，它是在描述统计的基础上，利用数据所传递的信息，通过局部对全体的情形加以推断，也就是说它以样本的统计值去推论总体的参数值，包括区间估计、假设检验等内容。经过统计分析就可以得出第二手资料，以供进一步理论分析。

理论分析是分析阶段的重要环节，它的任务是在资料整理汇总、统计分析的基础上进行思维加工，从感性认识上升到理性认识。这个程序是各种科学认识方法的结合，即从抽象上升到具体方法，分析综合方法、归纳法、演绎法、类推法、公理法、系统法及其他方法的综合。这里需要注意的问题是，要考虑验证研究结果与原有假设的关系。研究结果可能与假设是一致的，那时就可以顺理成章地予以解释；但有时研究结果与原来的假设不一致，有时会推翻原来的假设，这里一方面可能会有新的发明和发现，对市场调研是一个很大的推动；另一方面可能由其他种种原因造成，就需要寻找及说明为什么与原假设不一致。

(五) 撰写调研报告

不论哪种形式的市场调研，最后一步都是陈述调研人员对相关问题的研究发现。调研人员不应该只将大量的数字和复杂的统计技术提供给客户或管理层，否则会丧失他们存在的必要性。调研人员还应该向客户或管理层提供与营销决策有关的一些主要调查结果。

网络调研报告的写作主要依据网络市场调研的目的、网络调研的内容、网络调研的结果及主要用途来决定。网络调研报告没有固定不变的格式，各种网络调研报告在结构上都必须包含以下几个方面。

(1) 标题：网络调研报告的标题即网络调研的题目，要求简明扼要、高度概括，并具有较强的吸引力。

(2) 目录：专业性调研报告的目录还包含表格和插图清单。

(3) 摘要：又称为概要，通常不超过 2~3 页，它主要是为高层人员准备的，在报告中占有特别重要的地位。摘要应简要地描述调查的目的，调查的时间、地点，调查的主要结果、结论和建议等相关内容。

(4) 导言：导言的主要内容是为了说明网络调研的目的和意义，介绍网络调研工作的基本概况，包括网络调研的时间、地点、内容和对象及采用的调研方法、方式。如果为了增加调研报告的阅读兴趣，可以选择在导言中先引出调研结果或者直接提出调研的问题。

(5) 主体：这是网络调研报告中的主要内容。主体部分要客观、全面地阐述网络调研所获得的材料、数据，用它们来说明有关问题，得出有关结论，对有些问题、现象要做深入分析、评论等。如果内容较多，可根据不同的要求划分为若干章节，章节的安排应该层次清楚，逻辑性强。需要注意的是，在报告中，对于所有调查数据都应该进行反映；语言要简单明了，尽量少用专业性较强的术语，采用生动有趣的写作风格。总之，要能够抓住读者的注意力。

(6) 结尾：主要是形成网络调研的基本结论，也就是对网络调研的结果做一个总结。有的调研报告还要提出对策措施，供决策者参考。

(7) 附录：有的网络调研报告还有附录，附录的内容一般是网络调研的统计图表、材料出处、参考文献等。

★课堂思考

如何设计一份符合要求的网络市场调研问卷？

★课堂案例

小家电"爆单"难掩红海竞争隐忧

近期突然火热的小家电行业，引发了广泛关注。天眼查数据显示，2020年第二季度及第三季度，国内小家电行业企业注册量出现"井喷"，每个月的新增企业注册数量均超过1.5万家。大量新入局者的背后，火热的"爆单"还能否持续？

证券时报记者在采访佛山多家小家电企业时注意到，大部分企业都表示，由于疫情的影响，2020年行业淡旺季有所对调。原本的淡季出货量很大，但到了往年9、10月份的传统旺季，行情反而有所冷却。

小熊电器董事会秘书刘奎向证券时报记者表示，今年第三季度疫情影响逐步消退，社会秩序回归到比较正常的状态。"从品类销售来看，部分上半年爆发性品类的销售收入增速环比有所回落，或者说回归到比较正常的状态。但同时，上半年在疫情中表现并不突出的品类，环比增速出现回升，能看到恢复性增长。"

"今年是属于异常的一年，公司明年的业绩增长会有一些压力，维持今年的增长有较大难度，明年的增速会回归到较为正常的节奏。"刘奎说，公司明年的思路更多的是在新品类的开发、新渠道的拓展以及供应链体系的建设提升上。"公司也希望明年能保持除今年以外，前几年的增长节奏，不希望疫情打乱企业发展的节奏和规律。"刚刚上市的小家电企业北鼎股份在接受调研时也表示，疫情对小家电的整体利好能否持续很难判断，但对北鼎的利好影响有限。家博士电器外贸负责人徐莉也认为，今年部分外销订单增长有疫情这个特殊背景的影响，明后年可能会回归正常。但由于小家电的品类非常多，推陈出新的节奏很快，明年也许还会有新的产品成为爆款。

事实上，在本次疫情之前，小家电行业已经展现出勃勃生机。据前瞻产业研究院数据，2012年中国小家电行业市场规模为1 673亿元，到2019年这个数据达4 015亿元，短短7年时间市场规模翻了两倍多，年复合增长率高达13.3%。据预测，到2023年，中国小家电行业市场规模将超6 400亿元。而今年的新冠疫情，也无意间成为小家电市场的助推力量。疫情改变了人们的生活方式，部分小家电也顺势打开了陌生的市场。

"以我们所在的环境健康小家电为例，往年的出口主要集中在欧美日韩这些消费力比较强的国家，但是今年疫情发生，一些欠发达国家也产生了这方面的需求。过去这一部分市场需求不大，但疫情加速了消费者对空气净化产品的认知和接受程度，自然而然产生需求，我们也节约了很多教育成本。"诺比克创始人陈新表示，今年公司主要的外贸市场已由原先的发达国家拓展到全球。

内销方面，前段时间一则扫地机器人"出走"的"寻机启事"引爆网络，一定程度上折射出小家电在国内市场的热度。今年"双十一"系列活动首日（11月1日），天猫平台销售的华为、美的、海尔等品牌都在活动启动1分钟以内成交突破1亿元，共计1 142个小家电品牌成交额创下1000%的同比增幅，其中科沃斯及旗下小家电品牌成交额破亿，同比增长3000%。

对照发达国家家电消费的变迁史，我国民众这几年家电消费习惯也开始发生变化，一方面是从功能消费转向品质消费，另一方面是从刚需大家电转向非必需的品质小家电。在消费人群上，80、90后成为主要消费群体，年轻人对生活品质的追求大大推动了生活小家电产品的发展。

订单火热、发展势头良好，并不代表小家电行业背后没有隐忧。证券时报记者此行采访了解到，人才匮乏、集装箱缺口等成为当下制约部分企业发展的重要因素。

陈新向记者表示，企业发展至今，面临的最大问题是人才匮乏，特别是优秀的研发人才。"（佛山）顺德企业多，优秀的大学毕业生更愿意去一线城市，虽然近年佛山人才引进的力度加大，但力度仍然不及一线城市，我们现在也在想各种办法去省外吸纳人才。"除了人才方面，集装箱缺口也是小家电出口短期面临的棘手问题。另外，汇率波动风险也是小家电出口企业长期面临的问题。由于近几个月人民币兑美元汇率大涨，出口企业的利润也被摊薄。据新宝股份三季报显示，受汇率波动影响，公司汇兑损失比上年同期增加约1.29亿元。目前主要采取进口材料对冲、新产品即时报价、远期外汇合约等金融工具的运用等措施来降低汇率波动风险。

"小家电不同于大家电，你有一把螺丝刀就可以干了，进入门槛比较低，但是实际上要真正做好并不容易。"陈新表示。

在刘步尘看来，小家电行业存在两个低门槛：一是技术门槛低，二是资金门槛低。如此低的行业门槛，显然意味着行业会存在大量的红海竞争，价格战可能层出不穷。

记者顺手在某网购平台上进行了搜索，发现小家电产品确实种类奇多，个别功能比较简单的小家电产品，结合网购平台的一些补贴活动后，最便宜的只需要十几元钱，还能包邮。

家电行业观察人士荀玉也指出，目前我国小家电出口存在诸多问题：一是国内大多数小家电企业仍以代工模式实现生产和出口，自主品牌出口力度较低；二是小家电企业重营销轻研发，出口产品多为低端低价；三是缺乏完善的售后服务体系，只注重大批量生产和追求利润，而忽视了售后服务的重要性。

（案例来源：证券时报网，2020年11月6日）

第三节　网络营销的常用方法

从理论上讲，凡是互联网上能作为传播工具和方法的都有可能进行网络营销。例如"病毒"，这是一个让人感到恐惧的词，但也被引入到网络营销中。但这不是真正的传播病毒，而是利用了病毒的传播原理，让信息像病毒一样利用快速复制的方式向数以百万计的客户传播和扩散。

一、搜索引擎营销

（一）搜索引擎营销的概念

搜索引擎营销（Search Engine Marketing，SEM），即根据用户使用搜索引擎的方式利用用户检索信息的机会，尽可能地将营销信息传递给目标客户的一种营销方法。简单来说，搜索引擎营销就是基于搜索引擎平台的网络营销，利用人们对搜索引擎的依赖和使用习惯，在人们检索信息的时候将信息传递给目标用户。搜索引擎营销的基本思想是让用户发现信息，并通过点击进入网页，进一步了解所需要的信息。企业通过搜索引擎付费推广，让用户可以直接与公司客服进行交流，了解企业信息以实现交易。

由于大量网民在搜索过程中表达了真实的欲望和需求，对同一个关键词进行搜索的网民会呈现对特定信息强烈的兴趣倾向，推广商家可以通过购买特定的关键词来选取受众，并在不同的关键词上传达有针对性的信息。对于一个企业网站而言，平均80%的新流量都来自搜索引擎。

以下是三家知名调查公司的统计数据：全球最大的网络调查公司Cyber Atlas的调查表明，网站75%的访问量都来自搜索引擎的推荐；美国权威顾问公司IMT Strategies最新调查结果表明，搜索引擎在引导用户到达企业站点的比例占到85%，而由自由冲浪、口碑宣传、Banner广告及报纸、电视等媒体所带来的客户量仅有15%，全球每天有4亿人次使用搜索；中国互联网络信息中心发布的《2019年中国网民搜索引擎使用情况研究报告》显示，截至2019年6月，我国搜索引擎用户规模达6.95亿，而其中71.5%的搜索引擎用户对搜索结果表示信任。搜索引擎作为网站推广的首选媒介，有着不可忽视作用。

(二) 搜索引擎营销的特点

1. 受众广泛且针对性强

中文搜索引擎每天响应 50 亿次搜索请求，如此庞大的潜在顾客群体，即使搜索某个关键词的比例很小，并且产生较低的实际交易比例，由某个关键词带来的销售量也会是个很大的数量。

除了庞大的潜在顾客群，搜索引擎营销最大的特点是针对性强。搜索引擎可以通过关键词锁定有需求的顾客。当企业选定自己希望推广的关键词，企业的推广信息就会出现在搜索这些关键词的顾客面前。企业还可以通过地域筛选、时间筛选，帮企业锁定最需要的顾客，并将推广信息精准投放到这些特定地区和时间段的潜在顾客。整个营销过程就变为：由顾客主动搜索相关的信息到主动寻找企业，并最终转化为企业客户。

从庞大的潜在群体中精准地区分目标顾客群体，这是搜索引擎的价值所在，也是搜索引擎营销持续存在和成长的关键。

2. 方便快捷

从用户注册、咨询，到签订合同和上线推广，整个搜索引擎的开户流程方便快捷。企业只需要编辑好相关的广告内容和选择好关键词，然后为这些关键词购买排名即可。只要事先准备好，整个过程只需要几个小时，甚至几分钟就可以完成。同时，搜索引擎营销的更新也非常方便，只要添加一个全新的页面，然后添加指向该页面的链接即可。

3. 投资回报率高

搜索引擎营销的门槛低，几千元就可以做推广。平台的广告投放及竞价推广一般都是开户首冲+CPC 点击付费（CPC 是"Cost Per Click"的英文缩写，指每次点击付费广告，当用户点击某个网站上的 CPC 广告后，这个站的站长就会获得相应的收入）。如百度一般需要 6 000～20 000 元开户，不同地区政策不一样。消耗方式是点击付费，一般单次点击价格在 6～30 元，大部分普通企业客户月支出在 2 000～50 000 元，关键词自行设置，时间段也可设置。通过搜索引擎进行推广的企业还可以拥有海量的免费展现机会，从而帮助企业迅速提高销售额。

4. 可控性强

搜索引擎营销的可控性主要体现在对广告内容、广告时间、广告成本和无效点击的控制四个方面。搜索引擎营销的内容由搜索引擎广告商自己控制，广告商有自己修改和优化广告的权限；广告商可以选择最合适的时间投放自己的广告，像电视广告商选择黄金时间段投放广告一样；广告商对广告成本的控制是基于每次点击付费（CPC）的付费方式，广告商花在搜索引擎营销上的成本可以很简单地由点击量和 CPC 的价格得到；最后，对于无效点击，搜索引擎的过滤系统会自行予以过滤。

(三) 搜索引擎营销的主要模式

1. 搜索引擎优化

搜索引擎优化（Search Engine Optimization，SEO）是一种利用搜索引擎的搜索规则来提高网站在有关搜索引擎内的自然排名的方式，它的目的是为网站提供生态式的自我营销解决方案，通过搜索引擎获得更多的免费网站流量，为此，需要在网站结构、内容建设方案、用户互动传播、网站页面等几个方面进行合理规划，使网站更容易被搜索引擎"亲近"。

SEO 和 SEM 两者的目的相同，不同的地方在于实现方式上：SEO 仅能通过技术手段使网站获得在搜索引擎自然搜索结果中好的排名，从而完成营销目标；SEM 可以通过技术手段（SEO）、付费手段（竞价排名）等多种方法完成营销目标。

更进一步说，真正的搜索引擎优化不仅能"亲近"搜索引擎的抓取规则，更要符合用户的搜索习惯，搜索引擎优化的营销对象最终是用户而并非搜索引擎，所以其优化结果要获得搜索引擎和用户的双重信任度。

2. 免费登录分类目录

免费登录分类目录是最传统的网站推广手段，部分搜索引擎都是收费的，仍有少数搜索引擎可以免费登录。但网站访问量主要来源于少数几个重要的搜索引擎，即使登录大量低质量的搜索引擎，对网络营销的效果也没有多大意义。搜索引擎的发展趋势表明，免费搜索引擎登录的方式已经逐步退出网络营销舞台。

3. 收费登录分类目录

收费登录分类目录是指当网站交费之后才可以获得被收录的资格的一种收录方式。此类搜索引擎营销与网站设计本身没有太大关系，主要取决于费用。

随着搜索引擎收录网站和网页数量的增加，用户通过分类目录检索信息的难度也在增加，这也就意味着分类目录型的搜索引擎营销效果在不断降低，即使付费登录也避免不了这种状况。

4. 关键词广告

关键词广告就是利用搜索引擎平台进行网络广告营销，也可称为搜索引擎广告、付费搜索引擎关键词广告等，是 2002 年之后网络广告市场中增长最快的网络广告模式。当用户利用某一关键词进行检索时，检索结果页面会出现与该关键词相关的广告内容。由于关键词广告具有较高的精准性，其效果比一般网络广告形式要好，因而获得快速发展。

5. 关键词竞价名次

关键词竞价名次是一种按效果付费的网络推广方式，由百度在国内率先推出。企业在获得该项服务后，通过注册一定数量的关键词，其推广信息就会率先出现在网民相应的搜索结果中。每吸引一个潜在的用户，企业就需为此付出一定的广告费。

竞价名次属于许可式营销，它让客户主动找上门来，只有需要的用户才会看到竞价名次的推广信息，因此竞价名次的推广效果具有很强的针对性。此外，竞价名次按照效果付费，根据给企业带来的潜在访问数量计费，没有访问不计费，企业可以灵活控制推广力度和资金投入，投资回报率高。

6. 网页内容定位广告

基于网页内容定位的网络广告是搜索引擎营销中关键词广告模式的发展和延伸，广告载体不仅仅是搜索引擎搜索结果的网页，也延伸到这种服务的合作伙伴的网页。

通俗来讲，搜索引擎先从企业获得广告，然后把企业的广告投放到众多的与其相关的网站内容页面上。如果用户点击了广告，网站就会获得来自搜索引擎的佣金，这部分佣金是网站与搜索引擎对企业广告费的分成。搜索引擎在这里充当了一个媒体兼广告公司的角色。

搜索引擎的特点决定了搜索引擎营销是网络推广中最重要的一种应用。随着搜索引擎技术的不断发展，必然会出现更多新的搜索引擎营销方式和方法。

二、电子邮件营销

（一）电子邮件营销的定义

广义的电子邮件营销（E-mail Direct Marketing，EDM）指凡是给潜在客户或者客户发送电子邮件的都可以被视作电子邮件营销。

狭义的电子邮件营销就是指在客户事先许可的前提下，通过电子邮件的方式向目标客户传递价值信息的一种网络营销手段，因此又称为许可电子邮件营销。

电子邮件营销有三个基本因素：向哪些用户发送电子邮件，发送什么内容的电子邮件，以及如何发送电子邮件。三个因素缺少一个都不能称之为有效的电子邮件营销。

（二）电子邮件营销的分类

1. 按照电子邮件地址资源的所有权分类

从应用电子邮件地址资源的形式来看，电子邮件营销可分为两类，包括企业自行建立邮件列表所开展的电子邮件营销活动和利用专业邮件服务商的用户资源投放电子邮件广告。两者分别称为内部列表电子邮件营销和外部列表电子邮件营销，简称内部列表和外部列表。

2. 按照营销计划分类

按照营销计划的时间长短可以将电子邮件营销分为临时性电子邮件营销和长期性电子邮件营销。

3. 按照电子邮件营销的功能分类

一般而言，根据不同的营销功能，电子邮件营销又可以进一步细分为品牌形象推广电子邮件营销、产品促销电子邮件营销、社会调查电子邮件营销、用户服务电子邮件营销、网站推广电子邮件营销等。因此，企业应该结合不同阶段的营销目的，根据电子邮件营销计划，安排不同的电子邮件营销形式进行针对性的营销活动。

（三）电子邮件营销的特点

尽管电子邮件的使用率受到即时通信等互联网新型服务的影响而有所下滑，但到目前为止,电子邮件营销仍然是网络营销信息传递的主要方式之一,也是最常用的顾客服务手段。

具体来说,电子邮件营销除了拥有传递信息简单快捷、传播范围广泛、传播费用低廉等优点外,还具有以下几种特点。

(1) 精准有效:通过电子邮件营销可以精确筛选发送对象,将特定的推广信息投递到特定的目标社群,针对性非常强,营销效果好。

(2) 内容丰富:根据目标社群中个体的差异,还可以制订个性化内容,根据客户的需要提供最有价值的信息。电子邮件传递信息的形式非常多样,软文、图片、视频、音乐等都可以运用到邮件中来。

(3) 保密性好:电子邮件营销并不需要大张旗鼓地制造声势,营销信息直接发送到用户的电子邮件中,在进行市场竞争和争取客户时,不容易引起竞争对手的注意。

(4) 反馈率高:目标客户在通过电子邮件得到信息后,可以根据自己的喜好做出反应,电子邮件营销目标明确,其反馈率比无选择地发送网络广告要高很多。

(5) 效果可测:通过专业的电子邮件服务商提供的工具,企业通过计算邮件发送数量、打开数量、退信数量、退订数量,以及邮件有效流量还可以将营销效果数据化,以此改进营销策略。

(四) 开展电子邮件营销的一般过程

实施电子邮件营销的原理就是企业在推广其产品或服务之前,首先征得顾客的许可,得到许可之后,通过电子邮件的方式向顾客发送产品或服务信息。

为了将信息有效地发送到目标用户的电子邮箱,开展电子邮件营销活动时,首先应该明确向哪些用户发送信息、发送什么信息以及如何发送信息。在明确这些问题后可通过以下过程完成营销活动。

(1) 制订电子邮件营销计划,分析目前所拥有的电子邮件营销资源。

(2) 决定是否利用外部列表投放电子邮件广告,如果利用外部列表要选择合适的外部列表服务商。

(3) 针对内部和外部邮件列表分别设计邮件内容。

(4) 根据计划向潜在用户发送电子邮件信息。

(5) 对电子邮件营销活动的效果进行分析总结。

三、微博营销

(一) 微博营销的概念

微博是一种通过关注机制分享简短实时信息的广播式社交媒体网络平台。用户可以通过电脑、手机等多种终端接入,以文字、图片、视频等多媒体形式,实现信息的即时分享、传播互动。

微博营销是指通过微博平台为商家、个人等创造价值的一种营销方式,也是指商家或个人通过微博平台满足用户各类需求的商业行为方式。微博营销以微博作为营销平台，每一个观众（粉丝）都是潜在的营销对象，企业利用更新自己的微博向网友传播企业信息、产品信息，树立良好的企业形象和产品形象。每天更新内容跟大家交流互动，或者发布大家感兴趣的话题来达到营销的目的。

微博营销方式注重价值的传递、内容的互动、系统的布局、准确的定位。微博营销涉及的范围包括认证、有效粉丝、朋友、话题、名博、开放平台、整体运营等。2012年12月，新浪微博推出企业服务商平台，为企业在微博上进行营销提供了一定帮助。

（二）微博营销的特点

1. 发布门槛低，成本小

微博140个字发布信息，远比博客发布容易，对于同样效果的广告，微博则更加经济。与传统的大众媒体（报纸、流媒体、电视等）相比，微博受众同样广泛，前期一次投入，后期维护成本低廉。

2. 传播效果好，覆盖广

微博信息支持各种平台，包括手机、电脑及其他传统媒体。同时传播的方式有多样性，转发非常方便。利用名人效应能够使事件的传播量呈几何级放大。

3. 开放性

微博几乎对什么话题都可以进行探讨，而且没有什么约束，微博就是要最大化地开放给客户。

4. 传播速度快

微博最显著的特征之一就是其传播迅速。一条微博在触发微博引爆点后短时间内互动性转发就可以抵达微博世界的每一个角落，短时间内送到最多的浏览人数。

5. 便捷性

微博提供了这样一个平台：发布的内容一般较短，可以发布图片、分享视频等，发布信息快速，信息传播速度快。

6. 高技术性，浏览页面性

微博营销可以借助许多先进的多媒体技术手段，通过多角度展现形式对产品进行描述，从而使潜在消费者更形象、直接地接受信息。

7. 操作简单

一条微博140个字，只需要简单的构思，就可以完成一条信息的发布，操作简单。

8. 互动性强

微博能与粉丝即时沟通，及时获得用户反馈。

（三）微博营销的模式

经过不断的摸索和实践，业界提出了企业微博整合营销理论——PRAC 法则。PRAC 法则涵盖微博运营体系中的四个核心板块，分别是 Platform（平台管理）、Relationship（关系管理）、Action（行为管理）、Crisis（风险管理）。PRAC 法则是对微博运营思路的一个系统说明，具体到如何实施营销活动。一般来说有 10 个常用的操作模式。

1. 曝光品牌及产品

只要创意足够吸引人，企业可以利用微博迅速将品牌和产品推广给更多的消费者，使其品牌和产品在短时间内拥有极高的曝光度。一些企业希望通过微博营销与客户建立关系，以此维护品牌价值；另一些企业则积极尝试通过微博来曝光新产品，使新品能迅速打入市场并获得市场份额。

2. 互动营销活动

互动是社交媒体的核心价值之一。在微博上，人情味、趣味性、利益性、个性化是引发网友互动的要点。在广告和传播学中，有这样一个公式：人情味分数＝3.365×每百字中的人称词数目＋0.314×每百句中的人称词数目。人情味分数越高，广告或者新闻传播就越广泛、越迅速。所以，在微博上，企业一定要人格化，积极地与用户进行"朋友式的交流"。

3. 网上直销——微柜台

微博的出现，建立了一条全新的网上产品销售渠道。通过微博促销产品，使传统的价值链被大幅缩短或替代，企业发布的内容处处都可以蕴藏广告信息，这些信息本身就可以直接引导消费者进行消费活动。例如，在微博上建立一个专门以优惠价格出清存货的账号，通过这一渠道的宣传进而售出产品，这已经成为目前较为成熟的电子商务模式。

4. 在线客户服务

微博具备全天候、面对面、即时性、一对多等服务特性，所以微博非常适合作为企业客服的窗口。服务型企业进入微博后首先就需要建立一个客服账号，在微博上展开的微博服务可以说是企业存在的一个证明。利用客服账号企业可以进行售前咨询、售后咨询、产品调查。客服账号同时也是快速响应通道，企业的客服电话出现在何处，这个账号就要出现在何处。

5. 用户关系管理

较早将微博作为互联网新时代的客户关系管理系统的公司中就有 Zappos（美国最大的网上卖鞋网站），从 CEO 谢家华到每个客服员工都建立了属于自己的微博，公司规定所有的员工都要参与到 Twitter（推特）中来，而且并非简单地停留在口号上。为此，公司还专门向员工教授如何使用 Twitter，如何与客户建立联系、加强沟通、提高关注度、服务客户、提升用户体验等。除此之外，Zappos 甚至还扫描整个 Twitter 网站所有提到 Zappos 的信息，从中发现客户存在的疑问并积极响应。

6. 发布硬广告

就目前来说，新浪平台上的硬广告推送由平台自己把握，广告一般表现为出现在顶部图片或信息流上方的图文广告。虽然新浪微博手握庞大的用户数据，但是却不能够实现个性化推荐及针对性广告投放。虽然基于庞大的用户群体硬广告的发布能使品牌和产品拥有较好的曝光度，但是对客户的使用体验却造成了一定影响。当前，新浪微博正在积极地尝试通过在信息流中间推送有标识的企业营销账号信息来发布硬广告。

7. 搜索引擎优化

微博的内容可以出现在搜索引擎的结果页。相对于小型网站来说，吸引相同数量陌生访客的成本，微博营销比其他优化活动更为有效。

利用微博进行搜索引擎优化的方法是：首先把某则值得关注的新闻转载到需要营销的网站；然后提炼新闻点，做成一条微博；最后在微博里附上该篇新闻在目标营销网站上的链接，通过热门微博ID发出。企业在做微博营销时，要注意微博内容的阅读性或有重点地突出微博站内搜索当中的相关热门关键词；而在外部搜索引擎优化方面，要注意微博名称一定是企业名称或是拳头产品的名称。

8. 植入式营销

微博目前几乎是植入式广告最好的载体之一。在微博上进行植入式营销有两种方式，一种是内容植入，即将品牌或产品内容植入一个有趣的故事或场景中，通过网民对内容的关注和转发达到推广品牌或产品的目的。还有一种植入式广告的做法是创作大量的搞笑或者具有创意的图片和表情，打上自己公司的Logo水印，这样在传播图片的时候，自然也就将品牌信息传了出去。

9. 舆情监控

越来越多的企业将舆情监控的工作重心转向了微博平台，在微博上追踪网民对品牌的评价，监测舆情。微博可以帮助企业迅速触摸到消费者的消费心理对产品的感受，以及消费者最新的需求，获取市场动态乃至发觉公关危机的先兆。

微博平台如今已经成为最容易引发舆情的信息源，在企业的口碑监测和危机公关方面具有极大的价值。企业需要实时监控受众对品牌或产品的评论及疑问。

10. 危机公关

"当你的粉丝数超过了100个，你就是一本内刊；超过1 000个，你就是个布告栏；超过1万个，你就是一本杂志；超过10万个，你就是一份都市报；超过100万个，你就是一份全国性报纸；超过1 000万个，你就是电视台。"微博作为自媒体，其影响力丝毫不比传统公共媒体小，能够十分有效地帮助企业实施各类危机公关。

企业在进行危机公关时，可以凭借微博公布消息，将媒体和消费者的目光集中起来，通过密集和及时的回应，提供事实真相，可以很大程度上减少相关不良影响的传播，稳定消费者的情绪，减少企业损失。

四、微信营销

（一）微信营销的概念

微信营销是网络经济时代企业或个人营销模式的一种创新，是伴随着微信的火热而兴起的一种网络营销方式。微信不存在距离的限制，用户注册微信后，可与周围同样注册的"朋友"形成一种联系，用户订阅自己所需的信息，商家通过提供用户需要的信息，推广自己的产品，从而实现点对点的营销。

商家通过微信公众平台、微信会员管理系统展示商家微官网、微会员、微推送、微支付、微活动，已经形成了一种主流的线上线下微信互动营销方式。

（二）微信营销的特点

1. 点对点精准营销

微信拥有庞大的用户群，借助移动终端、天然的社交和位置定位等优势，每条信息都是可以推送的，能够让每个个体都有机会接收到想推送的信息，继而帮助商家实现点对点精准化营销。

2. 形式灵活多样

借助微信平台进行营销活动，其可使用的营销方式非常多样。

（1）漂流瓶：用户可以发布语音或者文字，然后投入"大海"中，如果有其他用户"捞"到则可以展开对话。

（2）位置签名：商家可以利用"用户签名档"这个免费的广告位为自己做宣传，附近的微信用户就能看到商家的信息。

（3）二维码：用户可以通过扫描二维码来添加朋友、关注企业账号；企业则可以设定自己品牌的二维码，用折扣和优惠来吸引用户关注，开拓O2O的营销模式。

（4）开放平台：通过微信开放平台，应用开发者可以接入第三方应用，还可以将应用的Logo放入微信附件栏，使用户可以方便地在会话中调用第三方应用进行内容选择与分享。

（5）公众平台：在微信公众平台上，每个人都可以用一个QQ号码，打造自己的微信公众账号，并在微信平台上实现与特定群体的文字、图片、语音的全方位沟通和互动。

3. 强关系的机遇

微信的点对点产品形态注定了其能够通过互动的形式将普通关系发展成强关系，从而产生更大的价值。通过互动的形式与用户建立联系，可以解答疑惑，可以讲故事等，用一切形式让企业与消费者形成朋友的关系。

（三）微信营销方法

微信营销既有即时通信工具的特点，又有某些论坛的特点，微信营销就是借助具有吸引力的话题让用户主动传播。

1. 分享热门话题

微信朋友圈主动转发最多的是热门话题，借助热门话题的分享可以增加品牌和营销活动的曝光度。热门话题多为头版头条、突发事件，以及养生、美景、美食、幽默搞笑等，可以从网上寻找这些类型的帖子，在不影响阅读效果的前提下，在转发前把营销信息编辑进去。

2. 打造品牌公众账号

企业进行微信营销，最重要的途径之一就是建立公众号。在申请公众账号并认证后，可在"设置页面"对公众账号的头像进行更换，建议更换为店铺的招牌或者 Logo，大小以不变形、容易辨认为准，"用户信息"一栏则填写店铺的相关介绍。建议企业对每天群发的信息做一个安排表，准备好文字素材和图片素材。

目前微信公众平台分为服务号、订阅号、企业号三种。订阅号，主要偏向于为用户传达资讯（类似报纸杂志），认证后每天只可以群发一次消息；服务号，主要偏向于服务交互（类似银行、114 提供服务查询），认证后每个月可群发四条消息；企业号，主要用于公司内部通信使用，需要先有成员的通信信息验证才可以成功关注企业号。

3. 传播专业知识

微信是知识营销最有效的传播途径，将企业所拥有的对用户有价值的知识（包括产品知识、研究成果、经营思路及优秀的企业文化等）传递给潜在用户，并使之逐渐形成对企业品牌和产品的认知，有利于将潜在用户最终转化为真实用户。

4. 提供创意推送

长期提供一种与众不同的服务，可以给客户留下特别的印象，从而提升品牌的知名度。特色服务的推送内容与主营业务不一定相关，如图片、音乐都可以。

5. 组织互动活动

绝大多数微信用户喜欢互动交流。商家通过交换、竞争、合作、冲突与强制等方式与用户进行双向沟通并实现双赢，其可以通过开展亲情服务、组织群体活动、组织客户俱乐部、团购促销、产品推荐等形式的互动活动来维系客户关系。

6. 即时的人性化客户服务

通过即时的人工客服，微信服务号给客户带来了真正的随时随地与企业进行零距离接触的体验。

7. 查看附件的人，发布签名栏广告

微信用户可以随时在签名栏更新自己的状态，可以是心情记录，也可以是广告，用户的好友都能够看到这些状态。而微信中基于位置服务的功能插件"附近的人"，还可以使更多的陌生人看到这种广告。

8. 线下线上同步营销

实体店面或者线下活动场景也是充分发挥微信营销优势的重要场所。

从线上的微信营销来说,在店面宣传资料中添加二维码并采用签到打折活动或关注赠送会员等优惠措施,鼓励到店消费的顾客使用手机扫描,一来可以为公众号增加精准的粉丝,二来也可积累一大批实际消费群体,对后期微信营销的顺利开展打下基础。

从线下的活动营销来说,二维码是O2O的关键入口。商家通过报纸、海报、商品广告、购物小票等提供的二维码供用户扫描,给予会员折扣或以其他优惠来吸引客源到店消费,这种营销方式早已在各个行业普及。

五、网络视频营销

(一) 网络视频营销的概念和特点

网络视频是一种正在兴起的网络新媒体形式,可表述为:以网络为载体,以网络新技术为基础,以流媒体为基本播放格式,用于信息交流的多种节目内容的影像。由于网络视频的应用范围多种多样,网络视频营销目前也没有一个清晰、完整的定义。简单归纳来说,就是建立在互联网及其技术基础之上,企业为了达到营销目的而借助网络视频传递营销信息、推广企业品牌和服务的所有活动。

网络视频营销是视频与互联网的完美结合,这种创新营销形式具备了两者的优点,如图9-8所示。

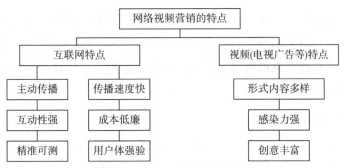

图9-8 网络视频营销的特点

无论是品牌传播性较强的微博,还是服务性更完善的微信,传播内容多以图文为主。在信息多元化的今天,可以说,图文信息已经无法再满足用户需要,相较而言,视频内容更容易得到用户的认可和传播。通过网络视频营销,企业可以立体化展示自己的产品和服务,用户也可以利用视频获取更直观的企业信息。对网民而言,分享视频或者在网络视频媒介上互动,正在成为人们在社交网络生活中的重要内容。

(二) 网络视频营销的表现形式

网络视频的表现形式主要分为广告片、宣传片和微电影。

1. 广告片

和电视广告一样，网络视频广告可以涉及产品、品牌、企业形象、企业服务等内容，两者区别不大，但由于在网络上传播，对广告片的创意要求更高一些，更重视故事性、趣味性和艺术性。

2. 宣传片

企业宣传片是企业自主投资制作，主要介绍企业主营业务、产品、企业规模及人文历史。它是新兴技术发展派生出来的一个广告行业，不属于新闻行业范畴。企业宣传片的直接用途主要有促销现场、项目洽谈、会展活动、竞标、招商、产品发布会、网络宣传推广等。

3. 微电影

微电影，即微型电影，是短片的一个类型，它是在电影和电视剧艺术的基础上衍生出来的小型影片，具有完整的故事情节和可观赏性。微电影是网络时代的电影形式，定制专属于品牌自身的微电影已成为广告行业的新趋势（如猴年春节前，可口可乐公司拍摄的关于六小龄童生平的微电影广告），把产品功能和品牌理念与微电影的故事情节巧妙地结合，以精彩的视听效果实现与受众的情感交流，使受众对品牌形成认同感。微电影具有十分鲜明的社交网络时代的特点。

（三）网络视频营销模式

1. 视频贴片广告模式

贴片广告指的是在视频片头、片尾或片中插入间隙播放的广告。作为最早的网络视频营销模式，贴片广告可以算是电视广告在网络上的延伸，其背后的运营逻辑依然是媒介的二次售卖原理。贴片广告直接照搬电视营销模式，显然不能符合用户体验至上的社交网络时代的精神，很容易被用户跳过或者屏蔽。

2. 视频病毒营销模式

视频病毒营销是一种十分重要的网络视频营销模式，借助好的视频广告片，企业的营销活动可以实现无成本地在互联网上的广泛传播。视频病毒营销的发生原理可以概括成"内容即媒介"。好的视频自己会在网络受众中传播，不需要依赖媒介渠道，它以每个受众为视频传播的中转站，以病毒扩散的方式蔓延。

如何找到品牌诉求的"病毒源"是企业营销者需要思考的问题，最好的办法就是在进行视频创意时尽量使广告更加软性化、幽默化、轻松化，这样才能更好地吸引消费者的眼球并实现病毒式营销。

3. UGC 营销模式

UGC 即是用户产生内容，简言之，这种模式就是调动民间力量参与视频创作的积极性，主动产生作品。其最简单的形式就是以征文的形式征集与企业相关的视频作品。UGC 营销模式超越了普通的单向浏览模式，实现了用户与品牌的高度互动，将品牌传递方式提升到用户参与创造的高度,增加了品牌黏性,深化了广告效果。

但是 UGC 这种网络视频营销模式也有一些潜在的风险,例如,那些希望借力网络视频的公司必须放弃对于一些言论的控制,而且必须对受众们可能有的负面回应做好准备。

4. 视频互动模式

视频互动模式类似于早期的 Flash 动画游戏。借助技术,企业可以让视频短片里的主角与网友真正互动起来,网友用鼠标或者键盘就能控制视频内容。这种好玩有趣的方式,往往能让一个简单的创意取得巨大的传播效果。随着移动互联网的发展,这种互动模式还在深入开发之中。

复习思考题

1. 什么是网络营销?它有哪些特点?
2. 网络营销的出现对传统营销带来了哪些冲击?
3. 网络市场调研的组织和实施可以分为哪几个步骤?
4. 常用的网络营销方法有哪些?
5. 微博营销与微信营销的区别是什么?
6. 视频营销的实施方式有哪些?

案例分析题

无人超市跌落神坛

"只有当潮水退去时,才知道谁在裸泳!"曾几何时,这句名言被用在共享单车身上。而如今,无人超市俨然成了互联网经济的又一个泡沫。在无数资本涌入这场烧钱大战之后,现在的无人超市,只剩下一地鸡毛。

无人超市,无人问津

让时光回到 2017 年 7 月 7 日,号称"不用掏钱包、不用掏手机"就能买单的无人超市"淘咖啡"正式开业。

作为马云的首家无人超市,淘咖啡一时间门庭若市、风光无限。各大媒体也争相报道,鼓吹起新零售:

"无人超市不只是酷炫,更是零售业的新机会。"

"无人超市来了,再不努力,你将无工可打!"

"无人超市是一场技术革命,未来 3~5 年,实体百货店将面临前所未有的大冲击!"

……

紧接着,躁动的资本开始涌入"无人零售"这个新噱头,京东、苏宁及各路资本纷纷卷入这一风口。缤果盒子、F5 未来店、小麦铺、猩便利、GOGO 等打着"无人零售"旗号的创业团队雨后春笋般地涌现,2017 年无人零售行业主要融资情况统计如表 9-2 所示。

表 9-2 2017 年无人零售行业主要融资情况

类型	名称	时间	轮次	金额	投资方
开放货架	每日优先	2017 年 3 月	C+	2.3 亿美元	Tiger 老虎基金、元生资本等
	七只考拉	2017 年 9 月	A	0.5 亿人民币	执一资本、经纬中国
	猩便利	2017 年 10 月	A	3.8 亿人民币	红杉资本、光速中国等
自动贩卖机	天使之橙	2017 年 10 月	B	4 亿人民币	君联资本、愉悦资本、云启资本
	友宝（上市）	2017 年 6 月	战略投资	5.3 亿人民币	海尔投资、凯雷亚洲基金
	饭美美	2017 年 7 月	A	0.5 亿人民币	东方资产
	魔盒 CITYBOX	2017 年 9 月	A	0.15 亿美元	GGV 纪源资本、真格基金等
无人便利店	便利蜂	2017 年 2 月	A	3 亿美元	斑马资本
	F5 未来商店	2017 年 6 月	A+	0.3 亿人民币	创新工场、创大资本
	缤果盒子	2017 年 7 月	A	1 亿人民币	GGV 纪源资本、启明创投等
	小麦铺	2017 年 9 月	A+	1.2 亿人民币	君紫资本

（来源：艾媒咨询）

在马云打响"第一枪"后，据市场机构统计，仅 2017 年，全国无人零售货架累计落地 2.5 万个，无人超市累计落地 200 家，无人零售市场累计融资超 40 亿人民币。

然而好景不长，没过多久，无人超市就暴发了关店潮。

2017 年 7 月，上海首家无人便利店"缤果盒子"开店仅仅一个月就宣布关门。要知道，缤果盒子在刚刚出现时，曾受到过诸多资本的青睐。

2018 年 1 月，作为西南首家无人超市，成都的"GOGO"无人超市宣告停业，同属一家公司的无人货架项目"GOGO 小超"也宣告停业。与此同时，该公司还曝出拖欠员工工资的消息。GOGO 无人超市成立于 2017 年 9 月，它仅仅运营了 4 个多月。

2018 年 3 月，长春市首家无人超市在吉林大街儿童医院附近落户。然而仅过了 1 年多的时间，2019 年 5 月，这家无人超市已停止营业并低调出兑。

不论是无人超市，还是无人便利店、无人货架，面临运营困难的企业远远不止上面这几家。从刚"出道"时的万众瞩目，到现在无人问津，无人超市的问题究竟出在哪儿？

无人超市错在哪？

无人超市刚刚出现的时候，各种高科技层出不穷，刺激人们的眼球。然而，随着时间的推移，无人超市逐渐走下了"神坛"，从"神话"变成"笑话"。

在马云推出无人超市不久，一个新闻曾引起市场广泛关注："无人超市，败给了中国大妈"。新闻主要是说由于天气炎热，一群大妈跑进无人超市避暑，大妈们在超市里席地而坐聊家常，几乎把超市围个水泄不通。这也足以反映无人超市作为一种新零售，其商业模式存在的种种问题。

1. 运营成本高

相比于实体百货商店，无人超市的运营成本并不低。看似没有店员值班，省去了员工佣金，但实际上，店员的薪酬只占运营成本很小的一部分。

就拿实体店来说，商铺的租金才是运营成本最大的一块。此外，条件好一点、店面大一点的超市，水电费也超过了人工成本。而作为无人超市，它不仅需要承担实体店面的租金费用、水电物业费用，还需要配备相关的技术设备和定期技术维护，一次性投入的成本巨大。

在资本的涌入下，所谓有着互联网思维的创业家们纷纷烧钱扩张，不计成本地提升自己的市场份额，那么一旦资金链断裂，无人超市大面积的停业倒闭就在所难免。

2. 与实体店竞争不具优势

从消费者的角度看，无人超市与实体店没有太多区别，有店员还是没店员，商品就是那些。在实体店面饱和的局面下，无人超市在设店位置上也很难占到什么便宜。试问现在哪个小区楼下没有小卖店呢？

3. 安全隐患得不到解决

由于无人超市"无人"的特殊性，其安全性得不到保障，容易成为不法分子犯罪的目标。不久前，广东湛江就发生了一起无人超市抢劫案。2019 年 5 月 23 日，几名男子持刀闯入湛江开发区某无人超市抢走大量商品。尽管案件迅速被当地警方侦破，7 名犯罪嫌疑人悉数落网，但这足以凸显无人超市因为"无人"而造成的安全隐患。

4. 有科技无人情

作为新零售炒作出来的一种商业模式，无人超市"有科技，无人情"可能是其失败的最主要原因。

尽管当下手机支付已经成为主流，但仍有相当一部分人习惯于现金线下支付。因为无人超市的"无人"，对消费者来说，唯一能使用的支付手段就是无现金支付，这点足以让很多人对无人超市望而却步。

此外，消费者在面对超市里琳琅满目的商品时，连一个问话的都没有，如何快速找到想要买的东西呢？这个东西如何使用、有什么注意事项也无人告知。无人超市鼓吹节省消费时间，让消费更便捷，实际上却像是在开倒车。只有科技，没有人情的商业模式，显然是不符合国人的消费品味的。

在一个注重"人气"的消费文化下，"无人"也许就注定了无人问津。

新零售还有什么花样？

围绕新零售的概念，各种线下店的新玩法层出不穷。无人超市也好，盒马鲜生也罢，这些光鲜亮丽的店面背后，真的改变了零售业的格局了吗？真的打通了线上与线下的界限了吗？

从一个普通消费者的角度看，新零售最直观的感受就是，商品的包装更华丽，手机的优惠券更多了，当然，商品的价格比其他实体店更高了。

无人超市跌落神坛，但资本和大佬们之中不乏讲故事的能手，未来新零售还有什么花样，人们不得而知。

对无数创业者来说，大谈未来已来之前，要知道路在脚下。

（案例来源：财经早餐《Femorning》）

思考：

1. 请结合身边实例分析，无人超市的问题在哪里？无人超市的未来在哪里？
2. 2016年10月的阿里云栖大会上，阿里巴巴马云在演讲中第一次提出了新零售，"未来的10年、20年，没有电子商务这一说，只有新零售。"请查阅相关资料分析，什么是新零售？新零售与传统商业有何区别？新零售是否代表了未来商业的主要发展方向？

第十章

大学生电子商务创业

学习目标

1. 掌握电子商务创业的含义。
2. 了解电子商务创业的准备工作。
3. 掌握电子商务创业商业计划书的撰写方法。
4. 掌握大学生电子商务创业的商务模式。

案例导入

张林芳：大学生创业中药奶茶店

奶茶遇到中药，会发生什么变化？在山西省中医学院，一位22岁的女大学生张林芳，学以致用，让二者相遇，呈现了一杯杯味道可口而又健康养生的中药奶茶，并带领着同学们创业，在校园开起了奶茶店。

自创中药奶茶

正在上大三的中西医结合临床专业的张林芳穿着工作服，在奶茶店操作间制作奶茶。来这打工的十多位学生都在忙碌，为客人准备甜点等。

清馨奶茶，有清热泻火、清心润肺功效；畅动奶茶能促进肠胃蠕动，有溶肠功效。瑰蜜如闺蜜，用玫瑰花和蜂蜜调制，适合爱美女士，可以美容养颜。

据张林芳介绍，奶茶吸收了药方和中医药诊断专业知识，按照方剂比例调制而成，尽可能达到口感和食物调理共存，得到了天津中医药大学、北京中医药大学等专家的认可。

中医融入生活

团队从最早的3个人发展到30名大学生。学生们在不影响上课的情况下，利用课余时间，锻炼自己。其中的一名大一学生王丹说："以前没课的时候，不知道做什么。现在挺开心，丰富大学生活的同时，也让自己重新认识到，古老中医可以和生活完美融合。"

"橘井泉香"一词与"杏林春暖""悬壶济世"一样,在中医药学界脍炙人口,这也是张林芳奶茶店名字的出处,她希望用"橘井奶茶"这个名字传递中医药学子情怀,同时,在品尝可口的奶茶时,达到食物调理的目的。

(案例来源:山西青年报)

第一节 创业基础与电子商务创业

技术革命、数字经济的发展,为青年创业带来更多的机会。从全球看,鼓励青年创新创业已经成为许多国家的重要政策。我国也出台了一系列的政策,引领大批青年投身创业浪潮,大学生创业孵化基地、大学生科技园等创业服务载体纷纷创立,推动了大学生创业活动的蓬勃发展。

大学生创业不仅有利于促进经济繁荣发展,支持结构调整和产业升级发展,提高增收和实现自我价值,还在拓展就业的新空间、创造更高质量的就业机会等方面发挥重要作用。

一、创业基础

(一)创业的含义

创业是创业者通过发现和识别商业机会、组织各种资源、提供产品和服务以创造价值的过程。在这一定义中,包含以下几个要素:创业者、商业机会、组织、资源。

(二)创业的内涵

1. 创业者

创业者是置身于创业过程核心的个人或者团体,是创业的主体。创业者通常独自创业,但是在许多情形下创业团队是十分重要的,不同的团队成员扮演着不同的角色,并承担相应的责任。创业者在创业过程中起着关键的推动和领导作用,包括商业机会的识别,企业组织的创立、融资、产品创新、资源获取和有效配置及运用,市场开拓等。

2. 创业精神

创业精神是指在创业者的主观世界中,那些具有开创性的思想、观念、个性、意志、作风和品质等。激情、积极性、适应性、领导力和雄心壮志是创业精神的五大要素。创业精神具有高度的综合性、三维整体性、超越历史的先进性、鲜明的时代特性等基本特征。

(三)创业的类型

1. 复制型创业

复制型创业是指复制原有公司的经营模式,创新的成分很低。例如,某人原本在餐厅里担任厨师,后来离职自行创立一家与原服务餐厅类似的新餐厅。新创公司中属于复制型创业的比率虽然很高,但由于这种类型创业的创新贡献太低,缺乏创业精神的内涵,不是创业管理的主要研究对象。这种类型的创业基本上只能称为"如何开办新公司",因此很少被列入创业管理课程中。

2. 模仿型创业

模仿型创业,对于市场虽然也无法带来新价值的创造,创新的成分也很低,但与复制型创业的不同之处在于,创业过程对于创业者而言还是具有很大的冒险成分。例如,某一纺织公司的经理辞掉工作,开设一家流行的网络咖啡店。这种形式的创业具有较高的不确定性,学习过程长,犯错机会多,代价也较高昂。这种创业者如果具有适合的创业人格特性,经过系统的创业管理培训,掌握正确的市场进入时机,是有很大机会获得成功的。

3. 安定型创业

安定型创业,虽然为市场创造了新的价值,但对创业者而言,本身并没有面临太大的改变,做的也是比较熟悉的工作。这种创业类型强调的是创业精神的实现,也就是创新的活动,而不是新组织的创造,企业内部创业就属于这一类型。例如,研发单位的某小组在开发完成一项新产品后,继续开发另一项新品。

4. 冒险型创业

冒险型创业,除了对创业者本身带来极大改变,个人前途的不确定性也很高;对新企业的产品创新活动而言,也将面临很高的失败风险。冒险型创业是一种难度很高的创业类型,有较高的失败率,但成功所得的报酬也很惊人。这种类型的创业如果想要获得成功,必须在创业者能力、创业时机、创业精神发挥、创业策略研究拟定、经营模式设计、创业过程管理等各方面,都要有很好的搭配。

(四)大学生创业的意义

1. 大学生创业能实现就业渠道多元化,减轻就业压力

面对我国劳动力总量供大于求和就业压力巨大的现实,要实现充分、合理就业,降低失业率,除了继续保持较快的经济发展速度,提供更多的职业岗位,并大力发展职业教育与培训,向已有的职业岗位输送具有职业资格的劳动者外,还应大力提倡自主创业,为社会创造更多的就业岗位。

2. 引导和鼓励大学生自主创业

大学生自主创业不仅可以解决自身就业问题,还能为社会创造新的就业岗位,给他人带来新的就业机会,缓解国家就业压力,可以说是"一举多得"。在西方发达国家,大学生创业的比例达20%~23%。而在我国,由于各方面原因,大学生创业的比例相对偏低。大学生自主创业比例越高,社会发展程度也就越高,所以大学生自主创业,不仅能优化社会就业结构,减轻社会就业压力,也是社会发展的内在需求。

3. 有利于大学生谋求生存与自我价值实现

大学毕业生通过自主创业,可以把自己的兴趣与职业紧密结合,做自己最感兴趣、最愿

意做和自己认为最值得做的事情。在五彩缤纷的社会舞台中大显身手，最大限度地发挥自己的才能。

4. 有利于大学生实现致富梦想

如果大学生要想实现财务自由，开创自己的事业是最有希望实现致富的途径。当前，大学生的就业观念正在悄悄地发生改变，一个鼓励创业、保护创业、崇拜创业的大环境正在逐步形成。产业结构调整带来了巨大的创业机会，促使大学生创业潜流涌动，大学生通过自主创业将实现致富梦想。

二、电子商务创业

电子商务创业与通过别的方式创业并没有本质上的区别，通俗地讲就是利用电子商务手段实现价值、开创事业。

（一）电子商务创业的经营形式

电子商务的经营形式不外乎虚拟柜台、虚拟柜台与实体店结合经营、无形商品三种类型。

1. 虚拟柜台

虚拟柜台是将网络作为一种新的交易平台，从而更加节约以往传统商务中柜台经营的成本。虚拟柜台形式是建立在无自主商品的前提下，仅像传统商务流程中提供柜台的环节一样，但其遵守的形式仍以传统经营为主。该形式是传统商务流程的一种延伸，主要是将传统的经营过程放在了互联网上来进行，从而简化了传统商务的过程。传统企业虚实结合的经营模式是建立在有自己的商品基础上的，并且主要的利润来源是经营产品的成本与收入的差价。

2. 虚拟柜台与实体店结合经营

当经营者拥有经营实体店的基础时，此时开设网店也具有一定的优势，该经营形式又称为O2O经营。

3. 无形商品

无形商品是指对一切有形资源通过物化和非物化转化后使其具有价值属性的非物质的劳动产品，包括软件、电影、音乐、电子读物、信息服务等可以数字化的商品。在电子商务交易中，无形商品无须借助物流而通过网络就可直接送达购买者手中，这类电子商务被称为完全电子商务。无形商品的电商创业具体包含网上订购、网上赠予、广告支持、付费浏览、专业服务五种形式。

电子商务创业主要经营内容就是在线销售，根据其交易对象的不同，电子商务创业又可分为B2B、B2C、C2C三种常用的经营模式。

（二）电子商务创业的形势

1. "大众创业、万众创新"的大好形势

2015年政府工作报告中提出"大众创业、万众创新"的口号，这是具有鲜明时代特征和强烈现实意义的提法,是推动我国经济行稳致远和提质增效的新引擎,是改革开放在新时期的新航标,也是全面建成小康社会和实现现代化的关键。

2018年9月,国务院印发《关于推动创新创业高质量发展打造"双创"升级版的意见》,指出要以习近平新时代中国特色社会主义思想为指导,全面贯彻党的十九大和十九届二中、三中全会精神,按照高质量发展要求,深入实施创新驱动发展战略,通过打造"双创"升级版,进一步优化创新、创业环境,大幅降低创新、创业成本,提升创业带动就业能力,增强科技创新引领作用,提升支撑平台服务能力,推动形成线上线下结合、产学研用协同、大中小企业融合的创新、创业格局,为加快培育发展新动能、实现更充分就业和经济高质量发展提供坚实保障。

2. "互联网+"带来的电子商务创业机会

当"大众创业、万众创新"遇到了"互联网",互联网就变成了"大众创业、万众创新"的工具。正是在这样的背景下,电子商务得到了快速的发展,实现了创新、创业带动就业的目标。

在"互联网+"创新领域新业态下,不断涌现出更多创业机会与便民服务。"互联网+交通",如滴滴打车、网上购票等便民出行服务改变了出行方式,实现了更多车辆资源的有效整合与利用,推进了互联网共享经济的快速发展。"互联网+旅游",如景点购票只需扫一扫或者在公众号上直接购票,再用二维码扫码过闸机即可,省去了排队购票与人工检票的麻烦。"互联网+教育",如求学者在网上学习,学校课程老师任选,不需要到教室,只需有教育网站和网络,就可以实现知识获取的目的。"互联网+医疗""互联网+农业/工业""互联网+商贸"等"互联网+分享经济"新业态已全面实现行业化。

(三)电子商务创业的 SWOT 分析

1. 优势分析(S)

(1)创业前期进入门槛与资金需求较低。电子商务创业前期不需要投入大量资金,没有传统行业的技术或非技术壁垒,只要有电脑能上网就可以实现创业意愿。同时,电子商务作为新的经济增长点,大量风险投资资金涌入电子商务领域,仅需有好的商业创意与运营规划书就可以吸引风险投资的注意,从而解决企业进一步发展的资金瓶颈,实现低成本融资与快速扩张。

(2)前期技术要求与投入风险较低。从事电子商务创业并不需要太高的信息技术与建网能力。一方面随着电子商务多年的发展,已有成熟的电子商务平台提供商为其提供完整的电子商务运营解决方案;另一方面还可以通过购买整套成熟电子商务网站,并租用网络服务商提供的服务器创办自己的电子商务平台,出现问题后由提供商负责软件与硬件维护,大大减少了创业者的精力与资金投入,最大限度减少因软件与硬件投入问题带来的商业损失,就算创业失败,其损失也较传统产业创业损失小很多,不会给创业者造成沉重的经济负担。

2. 劣势分析(W)

(1)同质化倾向严重,后续经营困难。由于电子商务准入标准低,大量创业者涌入其中，而且多选择门槛较低的 B2C 网站（如淘宝等），势必导致商业运营的同质化与竞争的激烈化。同时，由于这类电子商务项目都依托于实体经济，电子商务运营者只是作为实体经济在虚拟经济中的中间商，并不控制商品的生产与定价，而价格差是其在电子商务领域持续发展的根本，缺乏定价权与价格优势势必导致其在竞争中处于劣势。

（2）缺乏商业经验与商业信用。电子商务尽管是一种新型商业模式，但其运营仍需遵循原有商业规律。创业者尽管具有一定的理论知识与兼职经验，但对如何开拓市场、寻找潜在客户、签订合同等只能在做中学，不断积累经验。网络的虚拟性也对电子商务提出了较高的信用要求，信用的高低决定了消费者的选择，而创业者处在创业初期，电子商务企业信用积累不高，很难得到买家的青睐。创业者往往由于商业经验与信用缺乏而引发各种损失，导致创业中断甚至完全退出。

3. 机会分析（O）

（1）国家政策与社会扶持。网上创业成为解决劳动力就业新途径，各地政府给予电子商务创业者诸多优惠政策和措施，并建立专门的电子商务园区支持该产业发展，为创业者提供良好的服务与发展环境。一些电子商务企业也专门针对创业者推出电子商务创业平台，并提供相应指导与技术支持，提升了创业者电子商务创业的成功率。

（2）创业前景广阔。电子商务有着传统商业难以比拟的优势，随着中国经济发展与产业结构调整升级，其培育的新型消费市场正在逐渐成熟与扩大，新的消费理念正在形成，各种机遇也开始显现出来，创业者进入这一领域的先发优势十分明显。

4. 威胁分析（T）

电子商务利用网络和现代信息技术进行运营，交易信息、订货信息、付款信息、网上账户等都通过计算机与网络进行传输、存储，易受到计算机病毒、网络黑客、竞争者等的恶意攻击。网上资金交易的安全性只能通过第三方如支付宝、财付通等保证，并不能从根本上解决资金的安全性。

第二节 电子商务创业计划书

一、电子商务创业计划书的概念

创业计划是创业者叩响投资大门的"敲门砖"，是创业者计划创立业务的书面摘要，一份优秀的创业计划书往往会使创业者达到事半功倍的效果。

电子商务创业计划书是一份全方位的商业计划，其主要用途是递交给投资商，以便于他们能对企业或项目进行评判，从而使企业获得融资。它是用来描述与拟创办企业相关的内外部环境条件和要素特点，为业务的发展提供指示图。通常电子商务创业计划是市场营销、财务、生产、人力资源等职能计划的综合。

二、电子商务创业计划书的组成部分

(一) 事业描述

该部分必须描述所要进入的是什么行业,卖什么产品(或服务),哪些是主要客户,所属产业的生命周期是处于萌芽、成长、成熟还是衰退阶段,企业要用独资还是合伙或公司的形态,打算何时开业,营业时间有多长等。

(二) 产品/服务

该部分需要描述所经营的产品和服务到底是什么,有什么特色,所经营的产品跟竞争者有什么差异,如果并不特别,顾客为什么要买。

(三) 市场

首先需要界定目标市场在哪里,是既有市场的已有客户,还是在新市场开发的新客户。不同的市场、不同的客户有不同的营销方式。在确定目标之后,决定怎样上市、促销、定价等,并且做好预算。

(四) 地点

一般公司对地点的选择可能影响不是很大,但是如果要开店,店面的选择就很重要。

(五) 竞争

下列三种时候尤其要做竞争分析:①要创业或进入一个新市场时;②当一个新竞争者进入自己所经营的市场时;③随时随地做竞争分析,这样最省力。竞争分析可以从五个方向去做:①谁是最接近的五大竞争者;②他们的业务如何;③他们与本业务相似的程度;④从他们那里可以学到什么;⑤如何做得比他们好。

(六) 管理

中小企业98%的失败来自管理的缺失,其中45%是因为管理缺乏竞争力,还没有明确的解决之道。

(七) 人事

要考虑人事需求,并且具体考虑需要引进哪些专业技术人才、全职或兼职、薪水如何计算、所需人事成本等。

(八) 财务需求与运用

考虑融资款项的运用、营运资金周转等,并预测未来3年的资产负债表、损益表和现金流量表。

(九) 风险

不是说有人竞争就是风险,风险可能是进出口汇兑的风险、餐厅发生火灾的风险等,并注意当风险来临时如何应对。

（十）成长与发展

下一步要怎样做、3 年后如何，这也是创业计划书所要提及的。企业是要能持续经营的，所以在规划时要能够做到多元化和长远化。

三、电子商务创业计划书的内容

一般来说，在创业计划书中应该包括创业的种类、资金规划及基金来源、资金总额的分配比例、阶段目标、财务预估、行销策略、风险评估、创业的动机、股东名册、预定员工人数等，具体内容一般包括以下 11 个方面。

（一）封面介绍

封面的设计要有审美观和艺术性，一个好的封面会使阅读者产生最初的好感，形成良好的第一印象。

（二）计划摘要

计划摘要是浓缩了的创业计划书的精华。计划摘要涵盖了计划的要点，以便读者能在最短的时间内评审计划并做出判断，包含公司介绍、管理者及其组织、主要产品和业务范围、市场概貌、营销策略、销售计划、生产管理计划、财务计划、资金需求状况等，摘要尽量简明、生动，特别要说明企业自身的不同之处及企业获取成功的市场因素。

（三）企业介绍

这部分的目的不是描述整个计划，也不是提供另外一个概要，而是对公司做出介绍，因而重点是公司的理念和如何制订公司的战略目标。

（四）行业分析

在行业分析中，应该正确评价所选行业的基本特点、竞争状况及未来的发展趋势等内容。关于行业分析的典型问题包括：①该行业发展程度如何？发展动态如何？②创新和技术进步在该行业扮演着一个怎样的角色？③该行业的总销售额有多少？总收入为多少？发展趋势怎样？④价格趋向如何？⑤经济发展对该行业的影响程度如何？政府是如何影响该行业的？⑥是什么因素决定着它的发展？⑦竞争的本质是什么？可以采取什么样的战略？⑧进入该行业的障碍是什么？如何克服？该行业典型的回报率有多少？

（五）产品介绍

产品介绍应包括以下内容：①产品的概念、性能及特性；②主要产品介绍；③产品的市场竞争力；④产品的研究和开发过程；⑤发展新产品的计划和成本分析；⑥产品的市场前景预测；⑦产品的品牌和专利等。

在产品（服务）介绍部分，企业要对产品（服务）进行详细的说明，说明要准确、通俗易懂，使不是专业人员的投资者也能明白。一般地，产品介绍都要附上产品原型、照片或其他介绍。

（六）组织结构

在企业的生产活动中，存在着人力资源管理、技术管理、财务管理、作业管理、产品管理等，这里面每个环节都很重要。其中投资人非常看重创始人背景和产品的前景，如果创始团队背景非常亮眼或者创始人有异常魅力，都很容易取得投资人的信任和关注，相对而言也会比较容易拿到投资。如果产品前景广阔，那就要让投资人充分了解，这样投资人会因为产品方向好而投资。

（七）市场预测

市场预测应包括以下内容：①需求预测；②市场现状综述；③竞争厂商概况；④目标顾客和目标市场；⑤本企业产品的市场地位等。

（八）营销策略

对市场错误的认识是企业经营失败的最主要原因之一。在创业计划书中，营销策略应包括以下内容：①市场机构和营销渠道的选择；②营销队伍和管理；③促销计划和广告策略；④价格决策。

（九）制造计划

创业计划书中的生产制造计划应包括以下内容：①产品制造和技术设备现状；②新产品投产计划；③技术提升和设备更新的要求；④质量控制和质量改进计划。

（十）财务规划

财务规划的重点是现金流量表、资产负债表及损益表的制备。流动资金是企业的生命线，因此企业在初创或扩张时，对流动资金需要预先有周详的计划和进行过程中的严格控制；损益表反映的是企业的盈利状况，它是企业在一段时间运作后的经营结果；资产负债表则反映在某一时刻的企业状况，投资者可以用资产负债表中的数据得到的比率指标来衡量企业的经营状况及可能的投资回报率。

（十一）风险管理

电子商务创业过程中涉及的风险主要包括：①公司在市场、竞争和技术方面都有哪些基本的风险？②怎样应付这些风险？③公司还有一些什么样的附加机会？④在现有的资本基础上如何进行扩展？⑤公司的战略计划。

如果估计不那么准确，应该估计出误差范围到底有多大。如果可能的话，对关键性参数做最好和最坏的设定。

四、电子商务创业计划书的编写技巧

任何商业计划书都必须注意管理阶层的背景资料，详细说明他们的各种资料，这是商业计划的基本要求，而好的商业计划书还要有创业的可行性分析。

（一）产品和服务具有独特性

企业是否有体现在技术、品牌、成本等方面的优势。这些优势能保持多长时间也是投资方决定是否投资的重要因素之一。

(二) 商业模式和盈利模式可行性

商业模式是如何生产商品、如何提供服务和市场策划的？盈利模式是如何把产品和服务转化为利润的？商业模式和盈利模式的可行性，最终又体现在企业的执行力上。

(三) 高效的管理

大多数风险投资者认为，任何风险投资的成功都是管理，管理也是风险投资者第二关心的问题。风险投资领域的传统观点认为，如果点子好，但管理差，可能失去机遇；如果点子差，但管理好，则可能争取机遇，而其中"好"的含义也是多方面的。

(四) 风险投资都是"利"字当头

提供有说服力的公司财务增长预测是创业者义不容辞的责任，风险投资会选择有竞争力的企业、行业。要想吸引投资，商业计划书要写明自己企业的规模、计划、发展状况等。

(五) 退出机制

风险投资者如何摆脱某种状态是影响其投资决策的重要因素，也就是说，风险投资者在决定进入之前，一定要事先找好退路。他们不想长时期在该公司拥有股份，他们希望其投资与其他资本共同作用一段时间后而抽走，主要的退出机制有：①公司上市，这样，投资者可将自己拥有的该公司股权公开出售；②公司整体出售，即包括风险资本公司的权益同时出售给有关大公司；③公司、个人或第三团体把投资者拥有的本公司权益买下或买回，商业计划书对这些事项应详细说明。

> **拓展阅读**
>
> **计划书是创业者的"另一张脸"**
>
> 大多数创业者都希望自己成为被投资人选中的"幸运儿"，而一份"吸睛"的创业计划书必不可少。
>
> 创业计划书容易陷入哪些误区呢？在2019年"全国大学生创业实训营创业计划与商业评估培训"中，创业大咖为大学生创业者抽丝剥茧，帮助他们对项目计划加深理解和认识，选好创业行业和发展方向，教他们迈好创业的关键一步。
>
> "宁愿在纸上犯错误，也不要在实践中犯错误。"哈尔滨工程大学团委书记、创业教育学院常务副院长史波说，很多人看不起创业计划书，但实际上它可以帮助创业者厘清思路、查找错误，让整个团队步伐一致，也可以让投资人进一步了解理念，取得投资人的信任。
>
> 一份完整的创业计划书包括市场调研、数据证据、文档优化、换位思考、团队合作。在史波看来，创业计划书制作的核心是数据和证据，"怎么能让人相信你？一定要用数据和证据说话。"
>
> 数据的来源是什么？是否具有权威性？这些都需要外部的证明，也就是证据。史波举例，有些数据来自政府工作报告、行业分析报告或者年鉴等，而获得这些数据和证据的途径

就是进行翔实的市场调查。

在看过大量创业项目后,史波发现,大学生创业最缺乏的就是市场调研,"往往没有深入地去了解项目真正的目标客户是谁,需求量有多大,是否愿意为产品买单。"

"市场调研其实是分析的基础,在创业计划书中行业与市场分析越详细越好。"史波说,市场调查可以从直接和间接两种途径展开。直接调查需要亲赴一线,对目标客户群体进行问卷调查或深度访谈,以此了解他们的真正需求;间接调查就是把别人的数据为自己所用,既可以通过网站、报告等公开信息中获得数据,也可从他人创业项目的商业计划书中获得。

在澳盈资本创始合伙人肖毅看来,创业计划书就是创业者的"另一张脸",它是创业者与投资人接触的第一步。投资人见创始人第一面首先要经过初筛,如果创业计划书没能在短时间吸引到投资人,就不可能得到跟投资人面对面的机会,而打动他人的关键,就在于对于市场的洞察、了解。

肖毅从投资人的角度为大学生分析了创业计划书的重要性,对于融资,如果没有一个完美的创业计划书都无法与投资人沟通。创业计划书必须规划合理,拥有严谨的逻辑,如果创业计划书很简单或者应付,其实就是在拒绝你的潜在投资人。

从公司简介到发展方向、内容、团队,再到融资的规模、用在何处,这种创业计划书的顺序往往是投资人最喜欢的。

肖毅提到,创业者在设计商业逻辑和模式时,一定要考虑清楚项目的逻辑。怎么去探寻细分市场,调查清楚用户的核心诉求,怎么从表象一直驱动用户去追随核心,在创业计划书中都需要体现。

"创业梦想实现的前提要以商业计划为依托,创业的每一个细节都值得大家去思考,每一个细节和问题都要认真区别对待。"在史波看来,文档优化也是吸引眼球的关键,根据信息传递的角度,图片表达方式要优于表格,表格要优于文字,创业计划书要做到图文并茂。同时,还要特别注意细节,如果计划书里存在很多错别字、排版格式的问题,将失去投资人和评委的信任。"大学生不缺乏创意,缺乏的是怎么把创意转化成行动,这些细节都体现了团队的执行力。"

肖毅建议,大学生创业一定不能"干现在的事"。他解释,"现在哪个风口创业比较好,你发现了,别人也发现了,等你做好准备,这个风口也就过了。拿着创业计划书就可以融资的时代已经过去了,做平台已经没有太多机会了。现在资本、用户都更精明了,你要寻找无人区,去干别人没有干的事。"

创业总部合伙人陈荣根也认为,创业者需要弄清楚每个产业的体量,分析创业项目是不是发展的趋势、是不是产业的趋势、是不是社会体验上的趋势。他建议,大学生可以多关注航天航空、生物技术、光电芯片、信息技术、新材料、新能源、智能制造等硬科技领域,科技的创新将带来更多的创业机会。

根据多年带学生和当大赛评委的经验,史波特意为大学生创业者梳理了创业计划书的十大禁区:整体内容抄书模式,篇幅结构详略不一,产品性能阐述模糊,目标市场定位不清,竞争对手轻描淡写，人员组合不够均衡，知识产权归属不明，财务数据过于乐观，创业团队没有投资，细节疏忽随处可见。

"创业计划书虽然无法代替真正的创业实践，但对大学生创业具有指导性意义，可以不停地督促他们砥砺前行。"史波说。

（案例来源：中国青年报，2019年9月3日）

第三节　大学生电子商务创业的商务模式

大学生作为大众创业的中坚力量，如何在现有政策和局限的环境下，通过何种途径推进大学生的创新、创业发展备受关注。

一、大学生电子商务创业特点

（一）个体性

从现有的国内多项调查和研究结果可知，学生个体在电子商务创业主体中占据着相当大的份额。由于电子商务创业具有便于操作、成本相对较低、无须联合专业机构组织等诸多优点，大学生可充分利用自身优势和发挥聪明才智，借助电子商务创业的载体，将个体特征鲜明地在电子商务创业过程中进行显示。在具体的创业过程中，大学生一般会对自身的行为进行理性和客观的认识，这个认识的过程不仅能够体现大学生的独特个体性，还能体现其对电子商务的认知水平和初创能力等。现有大学的课程对大学生创业均有较大幅度的正向引导，在大学生利用电子商务进行初次创业的过程中，通常应保持较为清醒的头脑和高度的激情，并做好充足准备，这使现有的大学生创业具备了更多的创业者特征，其独特的个体性在大学生电子商务创业过程中体现得非常明显。

（二）自发性

随着国家和社会对创业的积极引导，大学生对创业的意向也逐渐由最初的旁观转为了现阶段的有意识性接触，加之高校日渐火热的各级、各类技能竞赛的覆盖，大学生的创业意愿和积极性都得到一定程度的提高，其创业思想和创业动机得到了有效的调动。电子商务行业的诞生和现有的大学生创业发展不谋而合，电子商务因其独特的特性使更多大学生参与到创业过程中成为一种新的可能，电脑、平板电脑、手机和各种穿戴设备的发展为电子商务创业的进一步发展奠定了更多的硬件基础。但无论外界环境如何变化，最终实施创业的大学生依然需要靠自己的强烈意愿和专业性知识，才能在电子商务创业激烈的竞争中脱颖而出。因此，在电子商务创业过程中，创业主体的自发性在一定程度上构成普适性，与上面论述的个体性成为鲜明的对比。

（三）脆弱性

电子商务的飞速发展给大学生创业造就了新的机遇，但在某种程度上也增加了大学生创业的不确定性。虽然大学生在校期间已经学习了"创业原理"和"大学生创业指导"等理论课程，但仍缺乏对未来创业的正确预判，通常在初创期对于创业项目的预期收益过于理想化，市场调研不够详尽，造成初始投入和技术研发的成本较高，对后期销售渠道考虑欠佳，特别是在接触到实质性电子商务创业操作过程中，对于货源、商品登录、价格设定、银行确定款项、资金流向、物流发货、催款、回款等考虑欠妥，则易造成短期的个人情绪和心理波动，有可能做出不理性的行为。

面对大学生电子商务创业过程出现的诸多问题，如何有效提高大学生的心理承受能力，进一步提升大学生统筹规划能力、财务管理能力、营销推介能力、综合管理能力成为大学生电子商务创业过程中须关注的范畴。从理性行为人的角度进行严谨性思考和更加准确地对未来进行预估，降低因自身原因导致大学生电子商务创业失败的概率，真正地运用先进的创业理念、完善的技术手段为大学生电子商务创业保驾护航。

二、社区型电子商务创业模式

（一）社区型电子商务的定义

社区型电子商务模式分为 B2C 居住社区型电子商务和 B2B 商务社区型电子商务，大学生创业主要针对的是居住社区型电子商务。社区型电子商务是指以成片的社区为服务单位，针对社区住户，依托数字化网络平台和社区电子商务网站，以集成消费为经营理念，满足社区居民消费需求的商业模式，从而满足社区业主更方便的购物、轻松愉快的休闲及家政服务等需求，同时提供房地产开发和物业管理更大的市场空间。

（二）社区型电子商务的优势分析

1. 可以有效整合资源

在社区型电子商务中，商家的电子商务平台搭建在社区信息化网络上，一方面可以有效发挥社区信息化网络的作用，减少资源浪费，丰富网络服务内容；另一方面商家不用构建企业的商务网络平台，从而减少企业在网络建设等方面的投资，而且社区网络平台更容易被居民广泛接受，省去居民信息搜索和记忆的麻烦。

2. 有助于建立商家与居民的互信机制

旧的电子商务平台多为一些大型网站，对于消费者来说看不见、摸不着，不易被消费者接受。同时，传统电子商务消费群体比较模糊，而社区电子商务有明确的消费群体——居民家庭，由于生活在同一社区，容易通过各种手段与消费者建立信任，并得到消费者的认同。

3. 实现手段多元化

多元化实现手段表现为两个方面：一是多元化的信息递交。随着家庭电脑、智能手机拥有量的增加，社区电脑网络系统的完善，居民消费习惯的改变，必将有越来越多的居民选择网络和商家进行联络，因此也会选择在线服务订购作为辅助手段；二是多元化的支付渠道，通过在线电话订购、在线支付，可以克服目前在金融服务领域的缺陷，有效解决网上支付的安全问题，而且符合目前大多数居民的消费心理。

4. 明确产品和市场定位

传统电子商务主要着眼于网上订书、购手机、购软件、网上拍卖等，而社区电子商务在兼具上述功能的条件下，主要为居民家庭提供与日常生活密切相关的消费品如桶装水、米、油、蔬菜等，提供紧急水电维修服务，提供钟点工、保姆、家教等服务。

5. 物流配送快捷

目前我国配送体系发达，更加促进了社区电子商务的发展。社区电子商务中消费者集中度高，地理位置近，通过科学合理地设置配送中心和配送便利店，完全可以达到建立经济、高效、快捷的配送目标，保证在最短时间内为用户提供在线网络订购的商品与服务。

三、网络直播平台创业模式

（一）直播概述

2016年被称为中国的直播社交元年，直播App层出不穷，主播网红被各方追捧，资本争先涌入。随着电商体系在中国已发展成熟，用户规模逐渐触达网民规模天花板，流量获取成本也越来越高，以"直播+电商"模式的兴起正成为电商行业的风口。当前，观看直播逐渐成为人们的上网习惯。艾媒咨询预计，2020年中国在线直播用户规模将达到5.24亿人，涵盖了游戏直播、秀场直播、生活类直播、电商直播等。

庞大的直播用户体量是直播电商行业进行商业变现的前提之一。艾媒咨询数据显示，2019年中国直播电商行业的总规模达到4 338亿元，预计到2020年规模将翻一番。

近两年来网络直播带货作为一种新兴的电子商务营销模式，正不断引发社会各界的广泛关注。艾媒商情舆情数据监测系统显示，系统监测期间，"直播+电商"的网络评价较好。

目前中国布局电商直播行业的平台主要分为两大类，一类是电商平台（如淘宝直播、蘑菇街直播等），通过开通直播间，引入内容创作者；另一类是内容平台（如抖音、快手等），通过接入第三方电商平台来布局。

淘宝直播凭借着完善的商业基础设施，丰富的内容展现形态，多元的粉丝运营方式，正打造出中国电商直播最为完备的产业链。

（二）网络直播的概念

网络直播分两类，一类是在网上提供电视信号的观看，如各类体育比赛和文艺活动的直播，这类直播原理是将电视（模拟）信号通过采集，转换为数字信号输入电脑，实时上传网站供用户观看，相当于网络电视；另一类是在现场架设独立的信号采集设备导入导播端（导播设备或平台），再通过网络上传至服务器，发布网址供人观看。

网络直播吸取和延续了互联网的优势，可以将产品展示、相关会议、背景介绍、方案测评、网上调查、对话访谈、在线培训等内容现场发布到互联网上，具有表现形式好、内容丰富、交互性强、地域不受限制、受众可划分等特点。现场直播完成后，还可以随时为读者继续提供重播、点播，有效延长了直播的时间和空间，发挥了直播内容的最大价值。

（三）网络直播的商业模式

1. "直播+虚拟礼物"的商业模式

"直播+虚拟礼物"的网络直播商业模式，主要是利用主播与粉丝互动中所产生的各种福利变现作为核心盈利点。具体来讲，就是主播通过幽默搞笑、才艺展示或靓丽外表等来吸引粉丝，然后通过粉丝的礼物打赏来实现盈利，如映客、斗鱼 TV 等直播平台主要采取的就是这种商业模式。

2. "直播+电商"的商业模式

用六度空间理论来解释，网络直播平台是一种具有较强社交性的捆绑式平台。在信息技术的支撑下，以虚拟场景为主的网络直播，在实现个体之间广泛联系的基础上，衍生出多元化的商业关系，属于强弱关系的存在，就是所谓的"结构洞"。某种意义上讲，这种捆绑式直播就是针对那些有着特定需求的受众，以网红主播为根本，促进集群效应形成的战略定位，较为典型的如淘宝网直播，借助网红主播，专门针对女性粉丝，集中推介服装、首饰、化妆品等。而在此过程中，网红直播可利用其他社交平台构建内部圈子，通过简单的信息发布达成低成本反馈，在充分满足粉丝情感诉求的基础上，实现精准化的产品营销，这就形成了"直播+电商"的商业模式。

目前，"直播+电商"的商业模式主要有两大实现方式，一种是电商平台创建自己的直播平台进行消费类直播，还有一种是电商卖家通过其他直播平台进行营销类直播。但无论哪种方式，其本质都是通过创设情境化消费场景，刺激受众消费欲望，属于离消费最近的一种直播模式。

在电商卖家的直播营销中，卖家会将自己打造成某一领域的专家，如化妆技巧、服装搭配、运动指导等，然后将产品相关信息和专业知识无形地传达给受众。可以说，只有在确定专家身份后，卖家才会进行隐性的营销植入，并将购物自主权完全交由受众，并不会像传统销售那样进行直接的诱导消费。这样一来，就强化了购物的趣味性、知识性和社交性，能够有效提高营销效果。

3. "直播+广告"的商业模式

2016 年，网红 papi 酱的一条贴片广告最终以 2 200 万元的拍卖价成交，至此，人们充分意识到网络直播已经成为全新的广告投放平台，"直播+广告"的商业模式也逐渐成熟，并发挥了越来越重要的作用。仔细观察可以发现，在当前网络直播中，许多主播会直播烹饪、直播化妆等，而其中的食物、化妆品等基本是由赞助商免费提供的，这其实就是一种变相的广告营销。

整体来讲，当前网络直播有两大核心盈利渠道，一是广告盈利，二是平台创收。其中广告盈利主要包括贴片广告和植入广告。据艾瑞咨询的调查数据显示，网络直播的受众普遍对直播过程中的广告行为持肯定态度，甚至有高达 64% 的受众是带着一定的消费目的选择观看直播的。作为全新的广告形态，"直播+广告"对于受众最大的价值就是通过双向互动的直播为受众提供更多优质的内容服务。明星主播、品牌优惠、知识干货等都是吸引受众参与直播营销的核心因素。

此外，"直播+广告"这一商业模式的成熟发展，进一步促进了产业链上下游企业合作的战略升级。一方面，就上游广告主来讲，为实现广告效果的最佳化，直播平台和广告主之间会形成更加稳固、持久的合作关系，届时将有更多的企业放弃单次打包销售的广告模式，进而选择签订长期战略合作协议；另一方面，就下游传播平台来讲，因各大平台内容生产的专业化、垂直化程度越来越高，更多的短视频、视频、资讯平台都纷纷进入产业链下游，形成了日益完善的直播内容二次传播体系，由此带来广告营销的二次曝光，为广告主和平台方创造了更多效益。

泛娱乐化时代，通过细分化、垂直化的内容，可以将不同的广告在直播过程中投放给具有不同需求的受众，最终实现受众、平台、广告主的"三赢"。

四、微商平台创业模式

（一）微商概述

据统计，2018 年中国微商行业从业人员突破 3 000 万人，迈向 5 000 万人。市场总体规模达到 6 835.8 亿元，与 2016 年相比，增长率为 89.5%，增长速度远远领先于传统电子商务等其他商业领域。

在"大众创业、万众创新"的时代背景下，为鼓励与支持大学生创业，各级政府出台了各项优惠政策，积极打击假冒伪劣产品和微商虚假行为，增强了微商平台的诚信度，社会也为大学生创业提供了各种便利。2016 年 12 月 24 日，国家发布了《电子商务"十三五"发展规划》（以下简称《规划》）。《规划》表明，我国积极鼓励社交网络电子商务模式，支持健康规范的微商发展模式，为消费者提供个性化电子商务服务，刺激网络消费持续增长。2017 年，在政策规范、外部监管的作用下，微商逐渐向正规化、品牌化发展，一些早期微商企业转型退出，传统电商企业和品牌入场，如阿里巴巴、网易考拉、小米等。2017 年央视《新闻直播间》栏目首次正面报道微商行业，特别提到微商在创业和移动社交领域的出色表现。这些积极的信号毫无疑问将带动整个微商行业的发展，为大学生微商创业提供了指南。

此外，由于微商模式及行业流通的产品越来越多元化，产品种类涉及各个方面。微商层及代理模式在国家法规的限制（限制三级的分销）下，微商的代理层级会逐渐扁平化。直营微商、以分享经济为主的消费商经济会崛起。伴随着互联网发展，微信购物会被更多人所接受，成为一种消费习惯。不需要太多资金就可以从事微信营销活动，所以未来会有越来越多的人可以从事微商行业。

（二）微商的概念

微商就是依托于移动互联网上的网络社交新媒体和网络平台开展商业运营的新兴营销模

式。微商既包括 C2C 微商（由个人运营），也包括 B2C 微商（由公司运营），这两种微商的运营模式都是通过社交关系和熟人经济实现进一步发展的。而大学生微商是指大学生这一网络社交新媒体和网络平台的使用群体，通过网络社交新媒体和网络平台等，利用朋友圈的社交关系发展商品服务和交易的过程。

（三）微商创业模式

1. 自产自销型

微商创业个体或团队，以自制商品（如土特产、DIY 作品）为卖点，这类的微商创业，需要一定的技术与时间为支持，对于在读大学生及大部分无技术实力的创业者来说，此类微商创业难度大、门槛高，并不能适应大部分人群。

2. 代理销售

代理销售模式，指微商创业者的商品由厂家提供。该类模式又分为两种：一种为从厂家那里取得商品，再卖给顾客，这种对于一般的个体户，需要足够的存货场地，可行度较低，这是一类消耗时间大、有存货成本的营业模式，不适合大学生创业者。而另一种则是中间宣传，找到顾客，由商家直接发货，然后卖出商品，中间拿提成，此类模式耗时少，可行度高，适应于各类微商创业人群，然而，此类模式亦是存在问题最多的一种。

3. 高端产品销售

这是一种高利润、高操作的微商营销，这类创业者把目标放在高端产品，需要一定的资金投入。同时，产品市场不局限于国内市场，会有专门的团队进行海外运货，这种模式只适合启动资金足、团队大的创业者。对大学生群体来说，想要进行此类运营，难度过大。

（四）新形势下微商创业的发展方向和发展策略

1. 注重诚信建设，加强自我监督、行业监督，提高售后服务水平

诚信是商品交易的基本行为规范和商业道德规范，随着时代的进步和科技的发展，微商也会持续发展，成为互联网经济的重要形式，由于微商入门门槛低，人人都可以成为微商，传统的商品销售方式将会被逐步打破，微商推动商品流动的效率大大提高，商品交易更加方便快捷。在这种背景下，微商的长效良性发展必然要求先做好诚信建设，加强国家、政府、法律对微商商业行为的监管。中国电子商会微商协会、中国公司法研究中心、中国政法大学传播法研究院等机构组织联合起草了《微商行业规范》（征求意见稿），对微商的类型、交易范围、交易范式、经营者规范等做了明文规定，未来还要在相关法律法规上进一步强化。

微商经营者也要对自身行为进行自我监管和自我改正，出于长期发展的目的，注重诚信建设，重视产品质量和售后服务，并积极推动微商品牌建设，打造微商良好形象。

2. 逐步朝向更加规范、健全的互联网商品营销方向发展

微商市场的进一步成熟是必然趋势，微商提供的产品也将更加多元化。为了在与传统商品交易、电子商务竞争中赢得一席之地，微商必须要加强管理和创新。首先，细分产品，依

托朋友圈交际这一优势，对传统商品交易、电子商务难以提供的产品和服务进行拓展。其次，卖方要建立专业的团队运营、公司运营，避免微商产品、服务的同质化竞争，扩大微商卖方规模、经营范围，以大量资金为基础形成的团体、公司竞争模式在推广、品牌建设上占据较大优势。

随着中国移动互联网经济的发展，将来更多的人会选择使用社交平台购物，同时网购意识深入人心，微商市场会逐步扩大。在此基础上，微商的推广要更加及时、准确，借助专业的社交平台，对社交数据进行整合、分析，有针对性地根据目标消费群体推广商品，同时也可以研究、分析消费者的消费心理、消费行为，对不同用户展开营销，由此推动微商更加智能化发展。越来越多的资本会进入微商领域，必然给微商带来技术上、理念上的变化，导致微商在营销、推广、运营上都会产生翻天覆地的变化，当然微商领域也要保持熟人社交这一传统优势。

3. 融合化、同城化发展成为主要方向

随着众多品牌加入微商领域，未来微商产品的同质化竞争是难以避免的，而消费水平的升级也会刺激和加速消费者的购物体验意识，微商可以将竞争点聚焦在增强买家的购物体验层面上，也可以融合电子商务的发展特点，建立微商品牌，开展线上、线下融合发展格局，线上进行微商平台，线下创建用户体验中心。

微商领域的发展特点在于熟人社交，未来微商领域的发展也要保留这一优势，因此同城化发展是未来微商市场的重要拓展方向之一。当前的微商市场可以将不同地区的人聚合在一个平台上，这在一定程度上会推动微商市场的规范化，但是随着微商市场的进一步发展，微商团队、企业数量会大量增加，竞争进入白热化阶段，微商市场可能朝向本地化方向发展。当前微商同城化已经初见雏形，主要体现在同城配送、同城培训等方面，将来微商市场无论是在销售还是招商方面，将更加注重同城化，以熟人社交为根基，积极挖掘朋友圈，逐步向外扩展，以服务好身边客户向外延伸，深入建立本地品牌，聚拢资金和人脉。

微商的发展不仅推动了经济进步，也为人们的日常生活带来很大便利，要想持续推动微商市场的进一步扩展，要建立相关的规章制度，加强微商产品质量监管、税务监管，健全买方维权机制，对微商的运营、推广和销售等一系列行为建立行业标准，推动微商未来朝向融合化、智能化和本地化方向升级转型。

复习思考题

1. 电子商务创业的含义是什么？
2. 电子商务创业计划书的组成部分有哪些？
3. 大学生电子商务创业商务模式有哪些？

案例分析题

京东"友拾惠"社交电子商务,创业新风口

友拾惠的初心,就是为大众提供零成本创收机会,帮助他们实现人生梦想,希望通过这个平台帮助更多的人赚钱,成为人人喜爱并获利的社交电子商务返利平台。

友拾惠作为京东合作伙伴,目前平台的所有商品均来自京东商城,享受京东的售后服务,其中100%的商品都有返利,90%的商品都有优惠券,并且下单均可返利。人人均可免费注册友拾惠社交电子商务小程序,无须下载App,无须囤货发货,真正零元开店,满足条件后成为店长,既可自购省钱,又能在社交中分享优惠,提高生活品质的同时,帮助店长轻松创收。

友拾惠致力于为店长提供一个零投资做老板的机会,以优质服务帮助更多的人实现创业梦想。通过强大的技术团队研发创新、专业的营销团队运营支持,友拾惠不断优化提升使用体验,只需在朋友圈和微信群等渠道分享优惠信息,即可实现自购省钱、分享赚钱的多赢格局。

友拾惠名字谐音"有实惠",同时意指:友——分享、拾——得到、惠——实惠,依托时下最火热的社交电子商务模式,通过大数据和算法推荐,创新网购消费新体验,为推手、导购、白领、宝妈、物流人员、理财保险师等群体,提供流程合规、收益稳定的社交电子商务赚钱机会,店长既可以自己购买到优惠好货,还可以分享商品给好友不断赚取返利,实现无风险、零投资、轻松创业做老板。

友拾惠社交电子商务有哪些优势呢?
①友拾惠专注电商平台,更加专业化。
②友拾惠可直接通过微信进入,腾讯为京东股东,微信是最大流量池。
③友拾惠锁粉方便,无须下载App注册。
④友拾惠无须投资,免费推广。
⑤友拾惠免费赠送推品助理。

(资料来源:贸易网)

思考:

大学生应该如何借助案例中的平台进行创业?

第十一章

电子商务法律基础

学习目标

1. 掌握电子商务法的概念和特征。
2. 了解电子商务法的立法进程。
3. 掌握电子商务法律关系的概念和特征。
4. 了解电子商务法律关系的主体和客体。
5. 了解电子合同、电子签名、电子认证及电子商务法的主要法规。

案例导入

《电子商务法》实施过百天，微商迎来亮"证"时代

近几年，微商行业就业人数上处于暴发式增长，在国民经济中的地位越来越重要。一方面，我国微商行业的发展提供了 2 000 万个就业岗位，快速发展的趋势继续为我国再就业、待业人员提供更多充足的岗位，同时有利于我国国民经济的持续增长及居民生活水平的提高。2014 年至 2019 年，我国微商从业人数从 752 万人增至 3 030 万人，微商行业的迅猛发展给大家带来便利，符合国家"大众创业，万众创新"的指导精神。2019 年《中华人民共和国电子商务法》（以下简称《电子商务法》）实施，电商平台更加重视经营合规制度的建设，不断加大消费者权益的保护力度，建立商户反作弊、反刷单系统，创新实践加大知识产权保护力度……种种迹象表明，企业合规、消费保护、行业发展正在齐头并进，行业规范化程度逐步增强。

然而，微商自身存在的问题也十分明显并依旧存在，如暴力刷屏、过度宣传产品、虚假自夸、晒反馈截图和转账截图等。这些造势原本是为了标榜自己的产品，无奈却在虚假宣传的路上越走越远。

对此，微商行业培训认证办公室负责人王善文研究员表示："微商已经成为我们生活的

一部分，除了依靠《电子商务法》的监管，微商行业也应该建立健全的"微商诚信体系"，从企业诚信、人员诚信认证到产品追溯，让诚信微商、规范微商贯穿到每一个环节，方便消费者查询和政府监管。"

为了更好地贯彻执行《电子商务法》，积极响应《电子商务"十三五"发展规划》，由中国商业经济学会与国家工商行政管理总局消费者权益保护局联合开展的《微商行业诚信经营与消费者合法权益保护》课题研究提出了微商规范经营的管理思路，其中提升微商行业从业人员的管理水平是重中之重。因此，商务部研究院自2016年已开展微商行业从业人员诚信经营系列培训，包括微商行业高管培训、微商从业人员诚信培训认证。同时，已全面实施动态管理的微商诚信身份证，证书包括微商人员诚信信息、品牌诚信信息、授权诚信信息和其他诚信信息四个模块，方便消费者即时扫描查询，加强微商行业人员的管理，展示企业的正面形象，打造企业的品牌影响力。

据了解，截至2018年年底，已经有美丽奇迹、愈道眼贴、承和堂、谷素全、王冠能量粥、袜元素、素胭坊等数百家品牌通过了商务部中国国际电子商务中心的微商企业诚信认证，五批三千多人取得了商务部研究院微商行业高级管理人员培训认证和网上诚信培训，五万多人申请了微商诚信身份证，并陆续在北京、上海、广州、新疆等地举办了第七届中国微商行业诚信建设研讨会，听众达到十几万人。

（案例来源：搜狐网）

第一节　电子商务法律概述

一、电子商务法的概念

一般认为，法律是调整特定社会关系或社会行为的规范，而电子商务的发展和自身的规范及要求促使了电子商务法的产生。电子商务法是随着现代信息化技术的发展和应用而形成的商事法中的一个重要领域。它不仅是对传统商事理念和交易规则的继承与发展，更是对传统法律无法应对新兴交易规则、交易模式等问题的突破。

电子商务法是指以电子商务活动中所产生的各种社会关系为调整对象的法律规范的总和。

广义的电子商务法与广义的电子商务相对应，包括所有调整以数据电文方式进行的商务活动的法律规范。其内容涉及广泛，是具有形式意义的电子商务法，包括调整以电子商务为交易形式和以电子信息为交易内容的法律规范，如联合国的《电子商务示范法》。

狭义的电子商务法与狭义的电子商务相对应，是调整以计算机及网络为交易工具、以数据电文为交易手段而形成的商事关系的法律规范，这是实质意义上的电子商务法。它不仅包括以电子商务命名的法律法规，还包括其他各种制定法中有关电子商务的法律规范，如

《中华人民共和国刑法》中关于计算机犯罪的规定等。

二、电子商务法的立法进程

2013年9月，中央批准十二届全国人大常委会立法规划，电子商务法列为立法项目，由全国人大财政经济委员会负责牵头起草；2013年12月，全国人大财政经济委员会牵头组织成立由国务院十二个部门参加的电子商务法起草组，经过近3年的调研、论证，形成电子商务法草案；2016年4月，电子商务法起草领导小组经会议讨论并原则同意草案，此后，将草案发到各省市人大财政经济委员会，广泛听取当地有关部门、企业、专家，特别是全国人大代表、地方人大代表的意见，根据各地意见对草案进行了修改完善；2016年7月，全国人大财政经济委员会召开第四十九次全体会议，审议并原则通过草案，之后又根据委员意见进行了修改。

2016年12月，《中华人民共和国电子商务法（草案）》提请十二届全国人大常委会第二十五次会议审议。草案分总则、电子商务经营主体、电子商务交易与服务、电子商务交易保障、跨境电子商务、监督管理、法律责任和附则，共八个章节九十四条。

2017年10月，十二届全国人大常委会第三十次会议对草案进行了第二次审议；2018年6月，十三届全国人大常委会第三次会议对草案进行了第三次审议；2018年8月31日，十三届全国人大常委会第五次会议审议通过了《中华人民共和国电子商务法》，并于2019年1月1日起正式实施。

电子商务法立法引起社会广泛关注，从起草组第一次会议到草案审议通过历时近5年，经全国人大常委会四次审议，三次向社会公开征求意见，各方积极参与、充分讨论，全国人大常委会在立法过程中坚持民主立法、科学立法、依法立法，认真回应社会关切，慎重决策，最终通过的法律凝聚了最广泛的社会共识，可谓来之不易。

三、电子商务法的特征

电子商务法本质上是网络时代的商法，同时也是传统商事法律的新兴领域，电子商务法是规范商事主体和商事行为的商事法律，属于商事行为法和商事组织法交叉的领域，因此是一个新兴的领域。因为既不是单纯的组织法又不是单纯的行为法，而是两者兼有，所以与其他传统商事法律规范不同，它存在着独有的特性，大致表现在以下几方面。

（一）国际性

互联网技术的广泛应用结果是使世界变成了地球村，促进了经济全球化。电子商务已发展成为世界性的经济活动，其法律规范不应只局限在一国范畴，应当得到国际社会的普遍认可。传统法律管辖范围的划分难以确定，因此需要制定通用的法律原则，来明确相应的法律问题，解决相应的法律问题。电子商务作为一个世界性的经济活动，应当有相应的全世界公认的国际性条约来规范其商务活动。

（二）技术性

传统民商法律所调整的社会关系不具有技术性的特点，因此对互联网环境下的商务活动,如数据传送、电子签名等技术问题束手无策。电子商务法将传统法律与现代高科技相结合,对电子商务的有关技术方面的问题和内容进行合理规定,是电子商务这个信息时代的新产物能在正规化和法制化的环境下健康成长的保证,因此技术性是电子商务法的特点之一。互联网技术是电子商务的基础,在电子商务中许多法律规范都是直接或间接地由技术规范演变而成的,如电子签名技术、数字签名技术等。相关法律规范的制定对当事人之间权利、义务的调整,都有极其重要的影响和作用。

(三) 开放性

电子商务法是以数据电文进行法律表示的法律制度,数据电文在形式上具有多样化的特点,网络与通信技术日新月异,因此在电子商务立法上必须以开放的态度对待各种技术手段和信息媒介,设立开放性的规范,包容不断发展变化的电子商务技术才能适应电子商务发展的需求。

(四) 安全性

计算机网络的技术性和开放性特点,是电子商务可以依赖的一大优点,也是其发展中的一大障碍。黑客和计算机病毒等不断地对电子商务交易活动的安全构成威胁,有效地预防和打击各种计算机犯罪活动,切实保证电子商务安全是电子商务法的又一特征。

(五) 复合性

电子商务交易关系的复合性来源于技术手段上的复杂性和依赖性,它通常表现在当事人需要在第三方的协助下完成交易活动。如合同订立中,需要有网络服务提供接入服务,需要有认证机构提供数字证书等。此外,在线合同的履行,需要第三方加入协助履行。

(六) 程序性

电子商务中有许多程序性的规范来调整解决交易的形式性问题,一般不直接涉及交易的内容。从联合国贸易发展委员会《电子商务示范法》和新加坡的《电子交易法》来看,也都是以规定电子商务条件下的交易形式为主的。在电子商务中以数据信息作为交易内容的法律问题复杂多样,需要不同的专门法律来规范和调整。电子商务所调整的是当事人之间因交易形式而引起的权利、义务关系,即有关数据电文是否有效、是否归属于某人,电子签名是否有效,认证机构的资格等都属于程序法的范畴。

四、电子商务法的基本原则

(一) 交易自治原则

允许当事人以协议方式订立其相互之间的交易规则是交易法的基本属性。电子商务主体对自己的交易行为拥有交易自治的权利,在电子商务交易过程中,当事人可以全面表达和实现自己的意愿,预留充分的空间,并提供确实的保障。

(二) 中立原则

电子商务法的基本目标是实现在电子商务活动中建立公平的交易规则,这是商法的交易安全原则在电子商务法上的必然表现。要实现交易活动公平合理的目标，需要做到以下几点。

1. 技术中立

电子商务法需要对迅速发展的网络通信技术、电子签名技术等各种未来技术的发展留有相应的拓展空间，所以电子商务法律在框架和技术上必须是中性的。对各种技术不可厚此薄彼，不可有任何歧视性要求。

2. 媒介中立

媒介中立与技术中立紧密联系，媒介中立是中立原则在各种通信传媒上的表现，而电子商务法必须以中立的原则对待这些媒介，允许各种媒介根据技术和市场的发展规律而相互融合，互相促进。只有这样，才能使各种资源的利用达到最充分的状态。

3. 实施中立

实施中立指在电子商务法与其他法律实施过程中不可偏废。在本国电子商务活动与国际性电子商务活动的法律待遇上标准一致，特别是不能将书面环境下的法律规范的效力置于电子商务法律之上，应当中立对待，根据具体环境的需求来决定法律的实施。电子商务法与其他法律规范一样，离不开当事人的遵守与司法机关的执行。

4. 同等保护原则

电子商务对商家和消费者、国内和国外当事人等，应尽量采用同等保护的原则。由于电子商务市场存在跨国界性质，因此在割裂的、封闭的环境下电子商务市场是无法生存的。电子商务法是建立在中立原则基础上的，它在运用过程中应当反映出商事交易活动的公平理念，其具体实施将全面展现出当事人交易活动中的开放性、兼容性、国际性的网络与协议的原则。

（三）证据平等原则

电子签名和相关文件应当与传统的书面签名和文件具有同等的法律效力。电子商务的电子内容十分广泛，如电子商务合同、电子商务流转的电子单据等。电子文件的形式与传统书面文件完全不同，传统书面文件包括书面合同和各种书面单据等，以有形的文字为其表现形式，具有有形物的特点，书面文件是世界公认的可被采纳的证据。电子文件的表现形式是一组电子数据信息，电子文件的存在介质是计算机硬盘和软盘，已经突破了传统法律对文件证据的界定范围。

在电子商务中，贸易合同、提单、保险单、发票等书面文件将被储存于计算机内的相应电子文件所代替，这些电子文件就应当是证据法中的电子证据。各国都开始承认有关电子证据在法律和技术上与传统书面证据具有同等的法律效力。

（四）安全原则

保障电子商务的安全运行是电子商务法的重要任务与基本原则。电子商务以其高效、快捷的特性，从各种商事交易形式中脱颖而出，安全性是其存在与发展的基础。在确立技术安全的过程中，必须将安全措施等放在法律上进行规范，明确电子商务活动参与各方的职责与法律责任，以此保证电子商务活动在安全的环境下顺利开展和进行。

五、电子商务法的作用

电子商务法的作用主要体现在以下三个方面。

（一）为电子商务的健康、快速发展创造一个良好的法律环境

随着信息高速公路和互联网技术的迅速普及，电子邮件和电子数据交换等现代化信息手段在商务交易中的使用正在急剧增多，并有望得到进一步的发展。然而，以非书面的电文形式来传递具有法律意义的信息，可能会因使用这种电文所遇到的法律障碍或电文法律有效性的不确定而受到影响。制定电子商务法的目的就是要向电子商务的各类参与者提供一套虚拟环境下进行交易的规则，说明怎样去消除此类法律障碍，为电子商务营造一种比较可靠的法律环境。

（二）法律是保证网络交易安全的重要手段

一谈到交易安全，人们首先想到的是技术保证措施，如防火墙技术。但是，单纯的技术仍难以完全保证电子商务的交易安全，更何况技术本身也需要法律规范。因此，电子商务安全仍然需要法律的保障。

电子商务安全问题涉及两个方面：一个是交易安全，另一个是信息和网络安全。这两个安全问题往往又交织在一起，没有信息网络安全就没有交易安全。我国目前还没有出台专门针对电子商务交易的法律法规，主要原因就是上述两个方面相关的法律制度尚不完善，因而一时难以出台完善的安全保障规范性条文。

（三）鼓励利用现代信息技术来促进交易活动

电子商务法的目标主要包括促进电子商务的普及，平等对待基于书面文件的用户和基于数据电文的用户，充分发挥高科技手段在商务活动中的作用等。这些目标都是促进经济增长和提高国内、国际贸易效率的关键。从这一点讲，电子商务立法的目的不是要从技术角度来处理电子商务关系，而是要创造尽可能安全的法律环境，以便电子商务参与各方能高效率地开展贸易和服务活动。

★课堂思考

为什么要制定电子商务相关的法律法规？

★课堂案例

杜绝电商"二选一"，法律还须更给力

近日，由最高人民法院司法案例研究院主办、上海市高级法院承办的第十八期"案例大讲坛"在国家法官学院上海分院举办。胡云腾大法官在会议总结中指出，某些电商主体利用自身优势地位，滥用市场优势力量，强迫商家进行"二选一"，此类行为有违公平竞争的市场经济理念，需要通过裁判予以规范，维护公平竞争的基本原则。

所谓电商"二选一",是指一些电商平台要求入驻商家只能在该平台提供商品或服务,不得同时在其他平台经营。或许有人要说,选择哪些商家入驻,这本是电商平台应有的自由选择权,电商平台要求商家"独家经营",这也是一种经营策略,何错之有?实则不然,这些电商平台往往凭借着自身技术、用户数量、行业控制力等优势因素,逼迫商家签订"城下之盟"。毕竟,若是这家电商没有这些优势,恐怕也没有哪个商家会甘愿"就范"。这就使电商"二选一"在天然上有着违法之嫌。

事实上,电商"二选一"已经涉及多重违法侵权。首先,这种经营模式直接侵犯了入驻商家在其他平台上自由发展的经营自主权。其次,消费者若是只能在一家电商平台上选择商品,就失去了在不同平台上对比选择的机会。可以说,电商"二选一"也间接性地侵犯了消费者的选择权和公平交易权。

市场经济最基本的原则就是竞争。"二选一"在本质上,是在关闭电商之间的竞争渠道,带来的社会后果将是电商市场运行秩序的混乱。《中华人民共和国反垄断法》(以下简称《反垄断法》)明确规定:具有市场支配地位的经营者,不得滥用市场支配地位,排除、限制竞争。《电子商务法》亦规定:电子商务经营者,不得滥用市场支配地位,排除、限制竞争。

遗憾的是,相关规定过于原则,相关排他性行为是否严重到违反《反垄断法》及《电子商务法》的程度,还取决于行为人是否具有市场支配地位。而市场支配地位的界定、市场范围的选取、市场份额的计算则尤为复杂且标准难以统一。

在此背景下,提出"二选一"有违公平竞争的市场经济理念,需要通过裁判予以规范,维护公平竞争的基本原则,对于当前司法实践显然有着指导意义。司法需要对于"二选一"的霸权行为更有作为。一方面,对于能够确认拥有市场主体地位的行为人,则通过《反垄断法》予以调整;另一方面,对于电商平台强迫商家签订的"二选一"合作合同,也有必要明确该合同无效,让商家不必为霸王条款承担不公平的违约责任。

当然,司法毕竟只是社会正义的最后一道防线,具有滞后性。要在根本上取缔"二选一"这种不正当竞争行为,还须由法律做出更为明确的强制性规定。值得欣慰的是,2018年6月初,国务院八部委联合制定的《2018网络市场监管专项行动(网剑行动)方案》提出"从严处罚限制、排斥平台内的网络集中促销经营者参与其他第三方交易平台组织的促销活动等行为",其中并未严格限定平台的优势地位前提。

只有让市场主体在市场中有序竞争,才能倒逼经营者争相向消费者提供更好的服务与商品。期待这种具有进步意义、切实维护市场秩序的法治精神能够早日写进法律,让执法与司法在打击"二选一"的不当行为中更加于法有据,更加能够有所作为。唯此,消费者的权益实现才能更加可期。

(案例来源:新浪财经,2019年5月29日)

思考题:

结合生活实例,分析当前国内电商发展中存在的问题。

第二节　电子商务参与各方间的法律关系

电子商务是由各方参与的经营活动，不是由单独一方来完成的。因此，各方在经营活动中的法律关系尤为重要，是电子商务法律法规的基础。

一、电子商务法律关系基本知识

（一）电子商务法律关系的概念

电子商务法律关系是指电子商务法律规范确认和调整的以电子商务活动参与人的权利与义务为内容的社会关系。在社会生活中，个人和组织为了满足自身的各种需要，必须从事社会活动，相互之间要发生各种社会关系，为了使社会关系的确立和发展符合国家与社会公共利益，国家运用不同的法律规范来调整社会关系。调整社会关系的法律规范不同，其所形成的法律关系也就不同，如由行政法调整的社会关系是行政法律关系，由诉讼法调整的社会关系是诉讼法律关系，由民法规范调整的社会关系就是民事法律关系，而由电子商务规范调整的社会关系就是电子商务法律关系。

电子商务法律关系是电子商务法调整社会关系的具体法律形式，由主体、内容和客体组成。

（二）电子商务法律关系的特征

1. 电子商务法律关系具有平等性

电子商务法律关系是平等主体之间的财产关系和人身关系在法律上的表现。因此，这种法律关系具有平等的特点，主要表现为以下两个方面。

（1）主体地位平等。电子商务法律关系的交易人双方各自有着独立的、平等的法律地位，不论以何形式参与电子商务法律关系，与对方的地位都是平等的，双方之间不存在不平等的命令与服从、管理与被管理的隶属关系。若不是建立在平等基础上的法律关系，也不属于电子商务法律关系范畴。

（2）权利义务一般对等。在大多数电子商务法律关系中，交易人双方往往都享有权利并且负有义务，且通常一方的权利就是对方的义务，反之亦然。但是，权利义务的对等却并非电子商务法律关系的根本特征。也就是说，只要当事人的法律地位是平等的或是在平等的基础上设立的，即使在某些情况下一方只享有权利，另一方只承担义务，也应属于电子商务法律关系的范畴。

2. 电子商务法律关系具有复合性

电子商务的交易和服务关系主要由《电子商务法》中的民商法部分来调整。因为《电子商务法》具有私法和公法交融的性质，国家为推进电子商务的发展实行宏观调控，行政部门对电子商务主体、市场秩序、电子认证、网络安全、网络税收等进行监管，违反电子商务法的法律责任不仅有民事责任，还有行政责任和刑事责任。

3. 电子商务法律关系是一种意志关系

电子商务法律关系不是一般的社会关系，是按照国家意志建立起来的社会关系，是依法律形式表现的社会关系。所以，电子商务法律关系体现着国家的意志，只有在交易者的行为符合电子商务法中体现的国家意志时，国家才能确认并保护交易者建立起来的电子商务法律关系，并用国家强制力来保证电子商务法律关系中的权利、义务内容的实现。然而，电子商务法律关系作为一种意志关系，不仅体现了国家的意志，而且体现了交易者的意志。在许多情况下，电子商务法律关系的产生、变更和消灭，电子商务法律关系的内容，都取决于交易者的意志。这也是电子商务法律关系不同于其他法律关系的显著特点。因此，电子商务法律关系不是物质关系，而是一种意志关系，属于上层建筑的范畴。

4. 电子商务法律关系是一种具体的电子商务权利义务关系

电子商务法律关系是电子商务法调整的结果。电子商务法调整社会关系，赋予当事人电子商务主体的权利和义务。但是法律规定的权利和义务是抽象的，它只是标志着国家保护什么、反对什么，而电子商务法律关系才是现实的、具体的。电子商务法律关系一经建立，当事人一方便享有某种权利，另一方即负有相应的义务；或者双方当事人均享有权利，又都负有相应的义务。因此，电子商务法律关系中的权利和义务是具体的权利和义务。通过这种权利与义务的约束，确认和保护当事人的合法权益，满足他们生产和生活上的需要，以此建立起社会的经济生活秩序。

5. 电子商务法律关系是一种人与人之间的社会关系

电子商务法律关系不是人与自然界或人与物的关系，更不是物与物的关系，而是人与人的关系。虽然民事法律关系多涉及物或信息，但所反映的是通过物或信息而引发的人与人的关系。例如，在买卖关系中，实际发生的并不是买方或卖方与所卖之物的关系，更不是出卖物与交付货币之间的关系，而是通过出卖物和货币交换而发生的买方与卖方的关系。因此，在电子商务活动中，物或信息尽管十分重要，但终究只能处于被人管理、被人支配的地位，它不会自动地参与电子商务活动，而只能是人参与的电子商务关系的附属。

二、电子商务法律关系主体

（一）电子商务法律关系主体的组成

电子商务主体就是通过电子方式进行商业交易的企业、个人和其他组织。事实上，互联网只是一种工具，是一种高级形态的信息储存、处理、传递的工具。只要有接入互联网的设备，企业、个人和其他组织就可以成为网络用户，就有可能发生商业交易。因此，在一定意义上，所有的网络用户都是电子商务的交易主体。

（二）电子商务法律关系主体的权利和义务

电子商务法律关系主体的权利和义务是电子商务法调整的社会关系受法律约束所表现出

来的权利和义务。任何个人和组织作为电子商务主体去参与电子商务法律关系，都必然体现为享有一定的电子商务权利和承担一定的电子商务义务。

1. 电子商务主体的权利

电子商务主体的权利是指电子商务主体为实现某种利益而依法为某种行为或不为某种行为，主要体现为主体的民事权利。电子商务主体的权利通常包含以下三种。

（1）权利人依照法律规定直接取得某种利益或者实施一定行为的权利。

（2）权利人依照法律规定可以请求义务人为或不为一定行为，以保证其享有或实现某种利益的权利。

（3）在权利受到侵犯时，权利人有请求有关国家机关予以保护的权利。

在电子商务主体的权利中，以第一种（实现法律赋予其的利益或行为）最常见。在通常情况下，电子商务主体的权利和义务均是由权利人、义务人本人完成的。但是在个别时候，法律并未禁止权利人通过代理人来行使自己的权利，如植物人、18岁以下的未成年人，可以由其监护人或法定代理人协助其行使权利。

然而权利人自身权利的实现往往都需要义务人义务的履行才能完成，也即上述第二种权利的内容。此处也反映出权利和义务的统一性与对应性特征。因此，电子商务主体在行使其权利时也应尊重他人的利益，不得滥用权力，否则仍将受到法律的制裁。

2. 电子商务主体的义务

电子商务主体的义务是指电子商务活动中的义务人为实现权利人的权利而必须为或不为一定的行为的必要性，包含以下几方面内容：义务人必须遵照法律规定或合同约定为或不为一定行为，以便满足权利人的利益；义务人只能在法定或约定范围内为或不为一定行为，以便满足权利人的利益；义务人必须为或不为一定行为，以便满足权利人的利益。需要说明的是，这种义务同样是一种受到国家强制力保障的约束，即如果义务人不履行其义务或违反规定、约定履行义务，须依法承担违法或违约的责任。

三、电子商务法律关系客体

电子商务法律关系的客体就是指电子商务法律关系的主体享有的权利和承担义务所指向的对象，具体包括有形商品、数字化商品或信息商品、知识产权和信息产权及在线服务四类。

（一）有形商品

在当今的网络时代，即使有形商品（如不动产）也可以通过网络进行交易，几乎不存在任何障碍。有形商品主要是针对服务类的无形商品而言的，顾名思义，它是指能够被感知具体形状、色彩、重量、体积等具有实在形体性状的商品。消费者通常购买的除服务类商品外，一般均属于有形商品，即民商事法律关系客体中的"物"，包括动产（如图书、食品、计算机、体育用品、数码产品等）和不动产（如房屋、土地等）。

（二）数字化商品或信息商品

数字化商品或信息商品是一种虚拟化的商品，属于无形商品的一种，它通常是以数字二进制形态存在于电子媒介中，由买卖双方通过订立电子合同的方式进行购买和使用。消费者可采用直接下载或复制的方式消费商品，商品种类主要有手机铃音、电子图书、网络游戏、数码影音等。

（三）知识产权和信息产权

知识产权和信息产权是指商标权、专利权、著作权等的专项许可使用权，即民商事法律关系客体中的"智慧财产"，它们与数字化商品同属于虚拟化的无形商品。消费者同样通过与服务提供方订立电子合同的方式，使用电子数据库、网络空间、网络虚拟财产、电子域名或 IP 地址及其他信息产权等。但需要指出的是，信息产权包括但不限于知识产权，其是信息所有者对本身所创造的具有独创性和实用性的智慧成果所独享的权利，可以是知识产权，也可以是其他非知识性的信息权利。

（四）在线服务

无形商品的代表就是在线服务，即服务提供商通过网络向消费者提供的特定服务或信息，如求职招聘、旅游门票、电子客票、网上保险、网上汇款、数字卡、网上教育等。对于在线服务，供需双方可以在网上直接实现交易。

第三节　电子商务中的权益保护

电子商务发展要求建立清晰的、有效的网上知识产权保护体系，解决网上著作权、专利权、商标权和域名的保护问题，制止盗版行为。同时，要给予消费者包括隐私权在内的充分保护。

一、知识产权保护

（一）版权领域

计算机技术、网络技术和电子商务的发展，对知识产权保护提出了新的要求，如计算机程序、数据库、多媒体作品等的保护，数字化产品的暂时复制、网络传输的应用，网上版权、复制权的管理等。

1. 计算机程序

计算机程序又称为软件。根据世界知识产权组织《软件保护示范条款》所提供的定义，"计算机程序是指一套指令。当输入机器可谈媒体后，它可使一台有信息处理功能的机器显示某种特定功能，执行某项特定任务或得到某一特定结果。"1972 年，菲律宾在版权法中，首先把"计算机程序"列为"文学艺术作品"中的一项，纳入版权管理范围。美国于 1980 年、匈牙利于 1983 年、澳大利亚和印度于 1984 年先后把计算机程序或软件列为版权法的保护客体。1985年之后，日本、法国、英国、德国、智利、多米尼加、新加坡等国以及我国台湾和香港地区，先后把计算机软件列入版权保护范围之内。1990年我国的《中华人民共和国著作权法》（以下简称《著作权法》）将计算机软件作为作品来加以保护，并制定了《计算机软件保护条例》和《计算机软件登记办法》。

2. 数据库

《世界知识产权组织版权条约》规定："数据或其他资料汇编，不论用任何形式，只要由于其内容的选择或编排构成智力创作，其本身即受保护。"也就是说凡受著作权法保护的数据库，只要在组成材料的选择或编排上具有独创性，就可受到著作权法的保护。

我国《著作权法》第十四条规定："汇编若干作品、作品的片段或者不构成作品的数据或者其他材料，对其内容的选择或者编排体现独创性的作品，为汇编作品，其著作权由汇编人享有，但行使著作权时，不得侵犯原作品的著作权。"由于数据库是按照特定的顺序或方法排列，并具有相互联系的数据信息的集合体，离开组成数据库的信息材料，就无法形成数据库。因此数据库的权利人制作数据库时要获得信息材料的著作权人的同意。

（1）数据库著作权保护不延及数据库的内容。著作权法对数据库保护的是对其内容的选择或者编排体现独创性的表达，而不是它所选择或编排的内容。因此，数据库著作权保护不延及数据库的内容。

（2）数据库著作权保护不延及操作数据库的计算机程序。数据库和操作数据库的计算机程序是两个独立的著作权保护对象。对数据库中信息的具体安排、检索都由数据库应用程序进行，提供创造性的安排、检索功能的程序本身具有独立的著作权。

（3）数据库的著作权保护范围已扩大到包括以非著作权材料为内容的所有的数据库。我国《著作权法》第十四条明确将数据库的著作权保护范围扩大到包括以"不构成作品的数据或者其他材料"为内容的所有的数据库。

3. 多媒体

多媒体是将原先单纯以文字方式表现的信息在程序的驱动下以文字、图形、声音、动画等多种方式展现的作品。多媒体作品可以归属为计算机程序、视听作品或汇编作品等不同类别。

多媒体的版权归属权使用：首先，多媒体制作者对自己所有的材料享有版权；其次，通过委托合同、转让合同和使用合同从他人那里获得的材料，享有合同所规定的版权权利（关于委托作品的最后权利归属，各国规定有所不同）；最后，对于公共领域的材料，人人可以自由利用，制作网页时可以对这类材料加以利用而不用征求任何人的同意。

复制权的规定：美国1995年9月制定的《知识产权和国家信息基础设施法》和欧盟的《1991年计算机程序指令》及《1996年数据库指令》，都将暂时复制权规定在权利人的专有权之中。世界知识产权组织1996年通过《世界知识产权组织版权条约》和《世界知识产权组织表演和唱片条约》时，暂时复制权是争论的焦点之一，最终认定发行权属于向公众提供复制件的专有权，发行就是经过权利人许可向公众提供复制件的行为。复制和传输权要保护作者的精神权利,如署名权利保护作品完整权,承认作者的智力劳动,防止轻易改变他人作品并广泛传播,从而保证社会公众从网络上获得真实可靠的信息材料。

(二) 专利领域

电子商务领域专利侵权主要表现为通过互联网销售侵犯他人专利权的商品。近年来,随着电子商务产业的发展,这一问题日益凸显。电子商务领域专利侵权的特殊性体现为:其一,专利权保护客体为技术方案或设计方案,专业性较强,侵权判定复杂;其二,我国的实用新型和外观设计只做初步审查,授权的专利权不稳定,在侵权判定前往往先要经过确权;其三,电子商务领域专利权侵权纠纷明显区别于传统侵权纠纷,主要体现为数量多、群体性侵权案件较多、权利滥用问题突出。

(三) 商标领域

各国商标法通常规定可受保护的商标标识为文字、图案或其组合,而网上企业的特殊标识往往是一个动态显示过程,这种动态过程可否以及如何作为商标有效保护需要研究解决。

(四) 域名

域名(Domain Name)又称网域,是由一串用点分隔的名字组成的互联网上某一台计算机或计算机组的名称,用于在数据传输时对计算机的定位标识(有时也指地理位置)。

域名的商业价值不断提升,它成为代表一个企业形象的标志,抢注域名事件频频发生,因而域名保护刻不容缓。为做到防患于未然,应该及时进行域名注册,从根本上防止他人侵权行为。域名保护遵循以下原则:①先申请原则,域名的取得基于域名申请登记,按照先申请先注册原则处理。②初步审查原则,域名的审查仅限于对与在先域名是否相同的审查,即要求域名的区别特征仅在于其是否与在册域名相同,而不在于相似性。③国际检索与国内检索原则,在国际上,建立各国商标数据库联网,域名注册时可进行国际检索;在国内,域名机构可以利用商标查询数据库进行初步检查,当然,这需要域名注册机构与商标注册机构之间进行必要的协调,初步检索能减少大量的域名争议。④允许转让原则,发生域名争议时,如果争议双方能在平等、自愿、公平的基础上,达到一致意见,应允许调解,一方将域名转让给有争议的另一方。

二、隐私权保护

(一) 网络隐私权的界定

隐私权是指自然人享有的私人生活安宁与私人信息秘密依法受到保护,不被他人非法侵扰、知悉、收集、利用和公开的一种人格权,而且权利主体对他人在何种程度上可以介入自己的私生活,对自己的隐私是否向他人公开以及公开的人群范围和程度等具有决定权。隐私权是一种基本人格权利。这一权利延伸到网络及网络环境中,便产生了网络隐私权。网络隐私权是隐私权在网络中的延伸,是指自然人在网上享有私人生活安宁、私人信息、私人空间和私人活动依法受到保护,不被他人非法侵犯、知悉、搜集、复制、利用和公开的一种人格权；也指禁止在网上泄露某些个人相关的敏感信息，包括事实、图像以及诽谤的意见等。具体而言，公民的网络隐私权应包括以下内容。

1. 知悉权

知悉权是网络隐私权的基本权利，是指用户不仅有权知道网站收集了哪些信息，以及这些信息的内容是什么，而且有权知道这些信息将用于什么目的。当网络服务提供者搜集的是用户的个人信息资料时，用户就有权知道上述事项，否则这种知悉权是不完整的，当然也就无法充分、正确地行使其他的隐私权利。

2. 选择权

用户的选择权主要体现在个人信息资料的收集和使用上。在目前情况下，绝大多数网站所提供的服务都与用户出示的信息资料直接有关。如果用户不提供个人信息，或者不完全提供网站所需的全部个人资料，就无法获得网站的绝大部分服务，甚至被拒绝访问，这样不利于用户选择权的充分实现。所以选择权的真正实现尚待时日，尚需各方的共同努力。

3. 控制权

控制权也称为支配权，是隐私权的核心。这一权利包括通过合理的途径访问个人资料，并针对错误的个人信息进行修改、补充、删除，以保证个人信息资料的准确、完整。网站对个人信息资料合法、合理地利用，有利于网络环境的安定、有序以及公共利益的维护。

4. 安全请求权

用户有权要求网站采取必要的、合理的措施，保护用户个人资料信息的安全；不论网站收集的是何种个人信息，只要涉及网络隐私权，就必然与信息资料的安全问题有密切关系。不论是人为的信息泄露或被窃取，还是技术上的缺陷、操作上的失误，致使信息资料或者数据丢失，都将严重地影响个人信息资料的正常使用和用户网络隐私权的保护，所以个人信息资料的安全是网络隐私权制度的基础。

（二）隐私权保护的立法原则

1. 收集限制原则

在网络服务提供商收集有关用户或消费者个人信息的时候，首先通报经营者的身份，收集信息的目的和用途，个人对是否提供信息、对提供的信息的使用目的和使用方式有决定权。收集个人资料应取得个人明示同意后才可进行。并且在收集有关信息的时候，要通报所收集内容，若收集内容与网络服务提供商所提供的内容不符，被收集人有权拒绝提供信息。

2. 严格保护人格尊严原则

将严格保护人格尊严作为网络隐私权保护的基本原则，更有利于我们实施网络隐私权的保护。但是我国并没有为隐私权提供独立的保护，而是纳入名誉权进行保护，可见名誉权与人的人格尊严息息相关。因此，严格保护人格尊严，实为在隐私权未被明确确立的法律条件下保护网络隐私权不可或缺的原则。

3. 限制使用原则

除非隐私所有权人同意，任何组织（包括国家机关等）不得以（除涉及社会公共利益需要和国家政治利益需要之外的）任何理由公开、使用、传播个人隐私等。目前限制使用原则在用户资料共享方面遇到很大的挑战，网络服务提供商所声明的条款主要指未经用户明确表示同意，网站不能向第三方提供用户的姓名和电子邮件地址，网站不应当以商业目的与其他组织共享用户的电子邮件与个人化信息。

4. 公开原则

涉及个人隐私的提取与利用，提取人和利用人一般应采取公开的政策。只有采取公开的原则，隐私所有权人的隐私才有可能处于一种可被监督的状态，而利用人也可以基于这种监督信赖行事，确保不侵犯隐私所有权人的隐私。

三、消费者权益保护

消费者权益是指消费者依法享有的权利及该权利受到保护时给消费者带来的应得利益。它包括两个方面，即消费者权利和消费者利益，其核心是消费者的权利。电子商务对消费者权利的威胁或者潜在威胁主要表现在以下几个方面。

（一）消费者的知情权

电子商务法首先要保护消费者在进行网上活动和购物过程中，有权了解真实的商品或者服务信息，即向消费者提供商品和服务的广告及其相关信息是客观的、真实的。在网上发布虚假的、不真实的广告不仅违反了商业道德和诚实信用原则，更重要的是侵犯了消费者的知情权。《中华人民共和国反不正当竞争法》第九条规定："经营者不得利用广告或者其他方法，对商品的质量、制作成分、性能、用途、生产者、有效期限、产地等做引人误解的虚假宣传。"网络广告纷繁多样，消费者很难就某种商品或服务及其真实的使用价值和价值做出较为准确的判断，处于非常不利的被动地位，加之在虚拟空间里，消费者不能直接接触到商品，也就更加依赖于广告的提示来判断此类商品是否就是自己所需要的。保证消费者在网上获得真实的商品或服务的信息，是电子商务法严格遵从的原则，也是电子商务得以健康发展的基础。

（二）消费者的公平交易权

公平交易，就一般意义而言，是指交易双方在交易过程中获得的利益相当；而在消费性的交易中，就是指消费者获得的商品和服务与其交付的货币价值相当。电子商务法赋予了消费者公平交易的权利，即消费者在网上进行交易时享有的获得公平交易条件的权利。这种公平的交易条件包括商品质量保障和合理价格。在传统的消费领域中，相同的商品在不同场所的消费价格就大不相同，如一件衣服在市场上销售时最低价格可能是100元，而最高价格则可能是500元。相同的消费品有如此大的价格差，是由不同的消费场合决定的。网络购物则是一种全新的购物空间，网络服务经营者不能因购物空间的改变和特殊，就故意抬高商品的价格。

所谓合理的价格，即商品或服务的价格应该符合国家物价规定，基本与其价值相符。价格是否合理直接关系到消费者的财产利益是否得到实现。传统消费者还有讨价还价的余地，而网络消费者所拥有的只有一个网络平台和一个鼠标，仅根据网上所提供的商品信息自己来判断商品和服务的价格与其本身的价值是否相当。这种自始至终的"自己搞定"购物方式很容易使消费者被网上的虚假信息所骗而进行不公平交易，也就更加强调网上商品价格的合理性。《中华人民共和国价格法》第十四条第四款规定："经营者不得利用虚假的或者使人误解的价格手段，诱骗消费者与其进行交易。在线商场提供的商品价格必须合理，要做到货有所值、质价相符。"

消费者对所购买的商品或者接受的服务有权获得质量保障。商品和服务质量的好坏是消费者公平交易权能否得到满足的关键，网络消费者有权要求从网上购买的商品符合国家规定的质量标准，尤其是可能危及人身及财产安全的商品，更应保证其质量。在网络商场这种新兴购物模式的发展过程中，应当反对以假充真、以次充好、以不合格产品充当合格产品的现象。

（三）消费者的自由选择权

我国《消费者权益保护法》第九条规定："消费者享有自主选择商品或者服务的权利。消费者有权自主选择提供商品或者服务的经营者，自主选择商品品种或者服务方式，自主决定购买或者不购买任何一种商品，接受或者不接受任何一项服务。"消费者的自由选择权利在网上购物活动中能够充分体现，网上购物的最大特征是消费者的主导性，购物意愿掌握在消费者手中，其可以根据自己不同的意愿加以选择，择优选取。

（四）消费者的安全权

对于网上购物的消费者来说，其安全权具体包括人身安全权、财产安全权和隐私安全权三个方面。

1. 人身安全权

消费者的人身安全权是指明消费者在网上所购买的物品不会对自己的生命和健康造成威胁。现在网络商店所提供的商品种类越来越多样化，消费者所选购的范围也越来越广，这就要求网络商品的提供者对商品的安全性有足够的质量及安全性保障。与传统的消费者一样，从网上购买商品的消费者也有获得质量合格的商品的权利。质量不合格的商品会给消费者的人身带来损害，如从网上购买的食品过期或变质，就很可能伤害消费者的健康；网上买来的家用电器缺乏安全保障，一旦出事也会给消费者带来人身伤害。给消费者的生命和健康带来损害就是侵犯了消费者的安全权，违反了我国《消费者权益保护法》和《民法通则》的相关规定，会令消费者对网上购物丧失信心。

2. 财产安全权

消费者的财产安全权是指消费者的财产不受侵害的权利。通过网络银行支付货款对消费者的财产安全权有一定的威胁。由于国际互联网本身是个开放系统，而网络银行的经营实际上是变资金流动为网上信息的传递，这些在开放系统上传递的信息很容易成为众多网络黑客的攻击目标。在传统支付法律体系下，电子支付的交易安全就无法保障。对以法律来保障消费者进行电子支付过程中的财产权我国目前尚有困难，只能从技术上来保证消费者信用卡的密码不会被泄露，如果网络银行达不到规定的要求，就要承担赔偿责任。

3. 隐私安全权

隐私安全权是指公民享有的私人生活安宁与私人信息依法受到保护不被他人非法侵扰、知悉、搜索、利用和公开的一种权利。随着现代信息技术和网络技术的广泛应用，隐私安全权受到很大威胁。特别是在网络环境下，人们可以通过交互的、可调的、宽频带通信网络，自己完成教育、娱乐、购物行为，甚至接受医疗保健、储蓄、参与政府事务，这些都在单一网络上进行，就有可能产生隐私安全的问题。例如，商务、娱乐、储蓄、教育、休闲，甚至医疗保健等涉及个人隐私的问题，都可能会被收集、窥视，从而构成对他人隐私权的侵犯。因此，我国应逐步建立隐私权保护问题的完整法规，从而完善我国在网络和电子商务领域中有关隐私权保护方面的法律、法规，以保护隐私安全权。

（五）消费者的损害赔偿权

消费者的损害赔偿权又称求偿权或索赔权。事实上，这种权利的前提是消费者在网上进行交易的过程中或使用商品和服务后，其人身或财产受到损害时所享有的一种经济权，可以通过这种权利的行使给消费者的损害带来适当的补偿。在传统的消费模式中，如果消费者的人身或财产受到损害，消费者可以直接找到提供商品和服务的一方请求赔偿。根据《民法通则》第一百一十九条有关侵权的法律规定，可以追究商家的侵权责任，要求损害赔偿。而在网络交易中，由于消费者和商家互不见面，因此首先要考虑在消费者利益受损时应该找谁请求赔偿。

▶ 拓展阅读

网购现"代秒杀"，用户隐私易泄露

近几年"双十一"，不少商家赶在这一天，以极低价格推出"秒杀"商品。与此同时，"剁手族"也设置好闹钟，希望在"双十一"当天，能够"秒下"购物车里的存货。

一边要抢货，一边要清货，一种新的职业悄然走热。新京报记者注意到，在电商网站、QQ群等平台，出现一种以助人拍下秒杀商品的"代秒"业务。买家提前将需要抢拍的商品及链接准备好，之后向卖家提供购物账号和密码即可，"代秒"价格通常在10~20元。

"秒杀"商品看得见抢不着

北京白领陈晨（化名）的购物车里，囤积了从衣、帽、鞋、包到小吃零食在内的十余种商品。陈晨告诉新京报记者，这些商品一些是平时在网络闲逛时发现，由于价格等原因没有当即买下，另一些则是在店家"双十一"猛烈的宣传攻势下，临时收藏的商品。

陈晨说，购物车里的不少商品，会在"双十一"的特定时间段参与店家的"秒杀"活

动,价格普遍在原价的一折左右甚至更低。不过,这些待秒杀的商品,活动时间大多集中在整点时段,且名额有限。

往年,陈晨会设置好闹钟,在秒杀活动开始前5分钟左右,电脑和手机端同时准备,不断地刷新网页,但往往收效甚微。陈晨说,一些秒杀的商品刚放出来,"眨个眼的功夫",就显示已经被抢完。"到底是什么人抢走了这些商品?"陈晨有些纳闷。

花十几元可买"代秒"业务

直到接触了"代秒族",陈晨才意识到,那些看得见却抢不着的秒杀商品,都是真实存在的。而像自己一样的普通用户,之所以年年落空,则是因为别人"开挂"。

新京报记者了解到,在一些网络电商平台,部分卖家针对"双十一"期间的秒杀商品,推出"代秒"业务。

在淘宝网上输入关键词"抢拍",页面随即出现数百家提供这一服务的卖家。这些注册地位于全国各地的卖家,大多打出"专业代拍""竞秒代拍"的宣传语。

体验:卖家称"不保证抢到",需提供账号密码

林林总总的"代秒"是怎样开展业务的呢?淘宝网上,一名提供这一服务的卖家告诉新京报记者,自己来自一个"专业帮买家抢拍商品"的团队。买家在购买服务后,需提前把想要抢拍的商品链接、颜色、尺码等具体信息进行告知,随后,买家还需提供用于抢拍的电商账号和密码。上述卖家表示,团队会"尽最大的努力帮助抢拍,但不能保证100%拍到"。

见到记者表现出犹豫,这名卖家随即表示,"每一个商家都是一样的,谁也没有办法保证100%抢到。"此外,如果最后确实没有抢拍成功,买家可以申请全额退款,但一定不要差评或投诉。

新京报记者注意到,上述卖家的商品评价栏中,几乎清一色为好评,一些此前购买过这一服务的买家,还晒出截图,证明其效果。

上述提供"代秒"服务的卖家称,买家所提供的用于抢拍的账号,必须是有购买记录和信誉的常用号码,新申请的、平时不常用的号码,由于信誉度低,卖家可能会关闭交易,导致无法成功抢拍。

抢拍商品,还需提供本人淘宝账号和密码,这让不少绑定了支付宝的买家感到担心。一名提供"代秒"服务的卖家让记者"放心",并称"不会动账号里的任何信息,一旦抢拍成功后,立即退出账号"。此外,为了打消记者的顾虑,其称,不少人的支付宝都安装了数字证书,"别人动不了你账户里面的钱"。

QQ群售卖抢拍软件,有用户账号被封

除了淘宝网等电商平台,在一些QQ群内,还有不少提供"代秒"和代抢购业务的卖家。

在QQ群"查找"中输入关键词"代秒杀抢购",出现众多以代抢拍为业务的QQ群。其操作步骤与在淘宝购买这一服务类似。除此之外,一些QQ群的群主,还直接售卖用于抢拍商品的"专业软件"。

一名群主提供的"专业软件"截图显示,这一名为"秒快软件"的抢拍工具,使用者需填写包括配送地址、配送方式、付款方式、下单模式和优先端口在内的参数信息,并提前设置好抢购次数、抢单时间和刷新间隔等。其中,单次秒杀之间的时间间隔,通常以毫秒计算。

新京报记者了解到,这样一款软件,售价在每个月40元,季度价100元,包年的使用费则是300元。

一名购买过上述抢拍软件的网友告诉新京报记者,"自己在网上搜索秒杀商品攻略时,看到这一软件的介绍,不过,虽然已经购买并使用两天,但是一件商品也没有拍到"。对于这样的结果,出售抢拍软件的群主称"这属于正常现象"。其解释道"现在用软件的人太多了,虽然软件会出现抢拍失败的情况,但人工秒杀成功的概率,比用软件绑定多个账号同时秒杀成功的概率更低。"此外,多位购买过软件的网友表示,因为频繁参与秒杀,其用于抢购的账号被平台"封杀"。

提示:"代秒"涉个人信息泄露,打击商家积极性

将个人账号和密码交给线上商家,这样的交易方式对于购买者是否暗藏风险?网络安全专家表示,目前网购账号都已实现实名制注册,而实名制账号本身是一种身份的代表,是个人身份的认证,将这一身份信息交由线上商家,包含较大风险。

网络安全专家李铁军告诉新京报记者,随着网络购物的普及,信息泄露和诈骗现象也大量出现。把个人账号和密码交给陌生商家是一种不可取的做法。其表示,即便如卖家所说,没有出现账号资金损失,但个人信息泄露的风险仍然值得重视。"现在有人专门收集个人信息,有目标地进行诈骗或发送诱导信息"。李铁军称,买家的购买记录、收货地址、电话等个人信息泄露后,诈骗者就有可能掌握买家的个人喜好、购物习惯、消费水平、工作单位、家庭住址、联系电话、亲朋好友联系方式等信息,这些信息一旦被利用,存在的安全风险就很大。

北京慕公律师事务所主任律师刘昌松曾经表示,对于这类提供"代秒"服务的商家,由于法律没有相关禁止性规定,因此商家暂时没有法律风险。不过,刘昌松同时表示,通过第三方"代秒"有违交易公平,也会扰乱市场秩序。他表示,国家层面可能会因此出台新的限制性规定,届时,这一行为或将涉嫌违法。

一名电商平台工作人员告诉新京报记者,商家推出秒杀活动,本身是为商品积攒人气,付出了一定成本,但是用户购买"代秒"服务,或者直接使用专业软件进行抢拍,使商家无法达到活动所期待的转化率,进而打击商家积极性,最终受损失的依然是广大买家。

(资料来源:新京报网)

第四节　中国主要电子商务法律制度

近年来，我国电子商务化进程不断加快，催生了新的消费方式和商业模式，也使电子商务行业实现了快速发展。但是我国在很长一段时期缺少专门对电商领域进行监管的法律，出现了"刷单""大数据杀熟"等行业乱象，使消费者在电子商务过程中处于相对弱势的地位，让电商行业的发展处于畸形状态。为了促进电子商务的发展，我国先后制定了一系列电子商务法律、法规、规章。

一、电子合同法规

（一）电子合同法的概念

电子合同是双方或多方当事人之间通过电子信息网络以电子的形式达成的设立、变更、终止财产性民事权利义务关系的协议。通过上述定义可以看出电子合同是以电子的方式订立的合同，其主要是指在网络条件下当事人为了实现一定的目的，通过数据电文、电子邮件等形式签订的明确双方权利义务关系的一种电子协议。

1999年10月1日起实施的《中华人民共和国合同法》第十一条规定："书面形式是指合同书、信件和数据电文（包括电报、电传、传真、电子数据和电子邮件）等可以有形地表现所载内容的形式。"这是我国法律首次规定了数据电文可以作为书面形式用与合同的签订。

（二）电子合同的特征

1. 电子合同主体的虚拟性和广泛性

在传统交易中，合同各方主体主要是自然人或法人，合同的签订多是面对面地进行。在电子商务交易中，主体的身份通过其在网络上数字化的信息来展示，交易各方互不见面，主要是以网络为平台，以数字化方式传播信息，在虚拟的平台上运作。电子合同的主体具有虚拟性，其在电子商务市场中受地域限制较小，供需双方的距离被大大缩短，给交易带来了极大的便捷。

2. 电子合同的无纸化和超文本性

区别于传统合同，电子合同是以数据电文的形式存在的，不存在原件与复印件，电子合同具有超文本的特性。

3. 电子合同的格式性

网络交易是一种对众交易，电子合同主要体现为格式合同。经营者拟定好条款，消费者往往只能拒绝或接受，其公平交易权极易受到影响。

4. 电子合同订立过程的自动性

电子合同的订立主要通过计算机网络进行，计算机预先设定好程序，由信息系统代替当事人做出要约和承诺，整个订立过程不需要人工干预，计算机自动完成整个交易的过程。

5. 电子合同成立和生效的特殊性

传统合同需要签字、盖章才能生效；电子合同则通过一定的技术标准，如电子签名、电子认证，通过"功能等同"原则来规定，当满足一定条件时就视为书面形式和可靠的电子签名。

(三)《电子合同法》的法律责任

对于从事电子认证的服务者，《电子合同法》除了规定其应当具备一定的技术能力和必备的要件外，专门强调了应当具备承担风险和责任的能力。这就要求认证机构应用的技术应当是最安全的，其中立的职业道德应当是高尚的；否则，不能逃避由此引起的法律责任。为此，《电子合同法》特别规定了认证机构对于电子签名证书的申请除了进行申请材料的书面审查外，还应当进行实质审查，以确定申请者身份的真实性。

如果出现不真实的电子签名者使用了电子签名，造成的损失，认证机构应当承担责任。因为保证电子签名者身份的真实性是认证机构的义务，也是从事电子商务的各方相互信赖的基础。

二、电子签名法

(一) 电子签名的概念

我国很早就有地区性的电子签名立法，如上海市、广东省和海南省等地曾先后进行了地区性的电子签名立法。但由于受到区域性的限制，缺乏高层次立法的指引，因此这些地方立法发挥的作用极为有限，而且立法之间存在相互冲突和需要协调的地方。

为了进一步规范电子商务行为，给电子商务发展提供必要的法律保障，并协调已有的地区性电子签名法之间的冲突，中华人民共和国第十届全国人民代表大会常务委员会第十一次会议于 2004 年 8 月 28 日通过《中华人民共和国电子签名法》（以下简称《电子签名法》），自 2005 年 4 月 1 日起施行，并于 2019 年 4 月 23 日第十三届全国人民代表大会常务委员会第十次会议进行了修正。

我国《电子签名法》第二条规定："本法所称电子签名，是指数据电文中以电子形式所含、所附用于识别签名人身份并表明签名人认可其中内容的数据。"与众多国际立法一样，我国使用"功能等同"和"技术中立"原则，从签名的形式和功能的角度规定，只是对安全电子签名所需要达到的条件做出规定，并不具体规定实现的特定技术，而且允许电子签名的使用者协商确定数据电文发送和接收的标准，从而为未来网络产业的发展提供了宽广的空间。

(二) 电子签名的意义

电子交易中的文件是通过数据电文的发送、交换、传输、存储而形成的，没有书面载体。从传统法律的角度来看，电子文件显然不能满足书面形式的要求，这无疑限制了电子商务对某些商务领域的进入，阻碍了电子商务的发展。

联合国《电子商务示范法》规定，如法律要求信息须采用书面形式，则假若一项数据电文所含信息可以调取以备日后查用，则满足了该项要求。不得仅仅以某项信息采用数据电文形式为理由而否定其法律效力、有效性或可执行性。

我国《电子签名法》借鉴了联合国《电子商务示范法》，根据该法规定，视为满足法律、法规要求的书面形式的数据电文应当具备两个条件。

（1）能够有效地表现所载内容并可供随时调取查用。数据电文所要表达的内容能够通过某种形式表现出来，令所有人都可以识读，即数据电文应当具有可读性。另外，数据电文的内容应当是固定的，能够在一定的时间内稳定存续，在需要的时候可以重复展示，供当事人随时查阅。

（2）能够可靠地保证自最终形成时起，内容保持完整、未被更改。

我国《电子签名法》还借鉴了联合国《电子商务示范法》和有关国家、地区的法律，规定符合下列条件的数据电文视为满足法律、法规规定的文件保持要求。

（1）能有效地表现所载内容并可供随时调取查用。

（2）数据电子的格式与其生成、发送或者接收时的格式相同，或者格式不相同但是能够准确表现原来生成、发送或者接收的内容。该项条件是要求数据电文按照其原始格式保存。

（3）能够识别数据电文的发件人、收件人以及发送、接收的时间，即原始的数据电文在形成时的一些重要信息，也应该保存。

（三）电子签名法的意义

《电子签名法》重点解决了五个方面的问题：一是确立了电子签名的法律效力；二是规范了电子签名的行为；三是明确了认证机构的法律地位及认证程序，并给认证机构设置了市场准入条件和行政许可的程序；四是规定了电子签名的安全保障措施；五是明确了认证机构行政许可的实施主体是国务院信息产业主管部门。

《电子签名法》的出台实现了我国电子签名的合法化、电子交易的规范化和电子商务的法制化，为我国电子商务立法的电子化和现代化，以及解决网络社会的法律问题奠定了坚实的基础，该法对于推广电子签名和发挥数据电文在现代社会中的作用具有极为重要的意义。

三、电子认证法规

（一）电子认证的概念

电子认证是以电子书（又称数字证书）为核心技术的加密技术，它以 PK（公钥基础设施）技术为基础，对网络上传输的信息进行加密、解密、数字签名和数字验证。电子认证是电子政务和电子商务中的核心环节，可以确保网上传递信息的保密性、完整性和不可否认性，确保网络应用的安全。《电子认证服务管理办法》自 2005 年 4 月 1 日起施行。

(二) 电子认证的特征

电子认证以其所具有的四大特征在信息化应用中发挥着基础性、关键性的作用。

(1) 真实性。要确保交易双方的真实身份，信息内容真实以及交易发生时间的真实性。

(2) 完整性。确保双方交易的信息是完整的，没有被篡改过和伪造过。

(3) 机密性。确保电子交易中数据电文、交换数据、信息的保密性，不被交易双方以外的无关个体获知。

(4) 不可否认性。不可否认性确保了交易双方不能对其参与过交易的事实进行抵赖，它为日后可能存在的交易纠纷提供了一个可信的证据。

(三) 电子认证的程序

发件人在做电子签名前，签署者必须将他的公共密钥送到一个经合法注册且具有从事电子认证服务许可证的第三方（CA 认证中心）进行登记，并由该认证中心签发电子印鉴证明。而后，发件人将电子签名文件同电子印鉴证明一并发送给对方，收件方经由电子印鉴佐证及电子签名的验证，即可确信电子签名文件的真实性和可信性。由此可见，在电子文件环境中，CA 认证中心扮演的角色与上述传统书面文件签字（盖章）环境中的第三者（户政事务所）的角色有相似之处。

(四) 认证法律关系各方当事人

在开放型的电子商务环境中，电子认证机构一般是中立的、可靠的第三方当事人，并为交易双方或多方提供服务。因而，在认证法律关系中至少有买卖双方以及认证机构参与，即认证法律关系一般涉及三方当事人：认证机构、认证持有人（或称证书用户）和证书信赖人（或称相对方）。在有些复杂的交易或服务关系中，交易当事人可能会更多些。如在以信用卡在线电子支付的交易中，即以安全电子交易协议进行的交易中，认证机构不仅要向买卖双方相互间提供身份认证，而且要对发卡银行、收付机构四方当事人提供认证服务。

四、电子商务法

(一) 电子商务法的定义

在我国电子商务产业蓬勃发展的新时代，《中华人民共和国电子商务法》（以下简称《电子商务法》）应运而生。2018 年 8 月 31 日，十三届全国人大常委会第五次会议表决通过《电子商务法》，自 2019 年 1 月 1 日起施行。

《电子商务法》是电子商务领域的基本法，相关行政法规、部门规章、地方性法规及其他规范性文件依其内容设立和调整；也是管理电子商务行业的综合法，有关部门、行业组织、经营者、消费者依法参与电子商务行业治理；同时还是规范电子商务市场秩序的创新法，突出了电子商务平台经营者应当履行的主体责任。

因此，电子商务法是指调整平等主体之间通过电子行为设立、变更和消灭财产关系和人身关系的法律规范的总称；是政府调整企业和个人以数据电文为交易手段，通过信息网络所产生的，因交易形式所引起的各种商事交易关系，以及与这种商事交易关系密切相关的社会关系、政府管理关系的法律规范的总称。

（二）电子商务法的适用

《电子商务法》关于适用范围的规定："中华人民共和国境内的电子商务活动，适用本法。本法所称电子商务，是指通过互联网等信息网络销售商品或者提供服务的经营活动。法律、行政法规对销售商品或者提供服务有规定的，适用其规定。金融类产品和服务，利用信息网络提供新闻信息、音视频节目、出版以及文化产品等内容方面的服务，不适用本法"。这主要包含了两个方面的内容：一是《电子商务法》适用的空间范围，采取"属地主义"原则，只要是发生在中国境内的电子商务活动，无论其主体是否属于中国国籍，无论在中国境内或境外注册登记，都应该适用并遵守电子商务法的规定。二是《电子商务法》的适用客体范围，包括了通过互联网络交易商品或者提供服务等经营活动。《电子商务法》确定了电子商务活动是指通过互联网等电子信息网络销售商品或者提供服务的经营活动，由此可知电子商务法调整的范围包括通过互联网等电子信息网络销售商品的行为和通过互联网等其他信息网络提供服务的行为。电子商务产业应当接受市场主管部门的监督管理和电子商务法的约束，在双重管制之下，我国电子商务产业将在正确的轨道上发展。

（三）《电子商务法》对电子商务产业的积极影响

1. 保障电商经营信息公开透明

我国《电子商务法》通过两项规定促使电子商务经营者的信息公开公示。一是《电子商务法》第十条、十二条规定，电子商务的经营者应当依法办理市场主体登记（法律、行政法规规定不需要进行登记的除外）和履行纳税义务，该规定可以使国家监管部门全面地了解和掌握电子商务经营者的信息，有利于国家掌握电子商务产业大的发展趋势，进而完善相关的法律法规进行宏观调控。二是《电子商务法》第十五条的相关准则，在电子商务经营平台首页，经营者应当将营业执照、经营业务的行政许可等信息在消费者能注意到的位置予以公开，并且经营者对变更的信息应当及时更新，这项规定使电子商务经营者的相关信息在交易过程中公开透明，消费者可以直接了解到电子商务经营者的最新经营信息，信息的公开透明保障了消费者的知情权。

2. 提高电子商务的诚信度

《电子商务法》通过两个方面的规定提高电子商务经营者诚信度。一是《电子商务法》第十七条相关准则，禁止电子商务经营者以虚构交易、杜撰虚假评价等方式进行不真实或者容易让人误解的商业宣传，恶意诱导甚至欺骗消费者，这项规定主要打击长期以来部分网店存在的恶意刷单、编造好评等不诚信经营行为，有利于促进电子商务经营行为的诚信，保障公平交易原则。二是《电子商务法》第三十九条相关准则，电子商务平台经营者应当保障消费者的评价权，为其提供对消费产品进行评价的位置，并且不得删除消费者对消费产品的有效评价，这项规定保护了消费者的评价权和评价的真实有效性，遏止部分电子商务经营者恶意删除消费者真实评价来诱骗消费者的行为，保障了消费者的评论权和知情权。《电子商务法》通过管控电子商务经营者和电子商务平台经营者对消费者评论的处理，提高了消费者商品评价的实际作用，积极促进电子商务的诚信经营。

3. 规范电子商务平台对信息数据的利用

《电子商务法》规范了电子商务经营者对于消费者个人信息的使用，具体有两项规定。一是《电子商务法》第十八条相关准则规定，电子商务经营者根据收集的消费者数据，分析其消费水平、消费习惯等特征后再向消费者提供符合其自身特点的搜索结果时，也要向该消费者提供正常、一般的选项。该条款规范了电商平台分析收集消费者的大数据而进行针对性投放商品链接或广告的销售模式，保障了消费者选购商品或服务时不受直接或间接的干涉。二是《电子商务法》第二十四条的相关准则规定，要求电子商务经营者应当保障用户对个人信息查询、修改、删除和注销的权利，不得设置障碍限制其行使权利。该条款主要针对电子商务平台对收集到的消费者个人信息，保障消费者对个人信息有最终的决定权。欧盟方面对电子商务个人信息的保护非常重视，这也是我国在电子商务领域和国际接轨的重要体现。

4. 逐步遏制电子商务领域恶性垄断竞争

《电子商务法》第二十二条相关准则规定，禁止那些因技术优势明显、客户基数大、对相关行业有一定控制能力以及其他经营者在经营中对其产生一定依赖性等原因而拥有一定市场支配地位的电商经营者滥用其市场支配地位，限制、排除正常的商业竞争。

5. 加强对消费者权益的法律保障

虽然我国电子商务交易额逐年增长，但由于没有专门法律的规定，长期以来电子商务交易中消费者一直存在维权无途径、维权难等问题，《电子商务法》的颁布实施为消费者维权提供了法律的保障。根据《电子商务法》第二十条的相关准则，电子商务经营者应当承担商品运输中的风险和责任，解决了电子商务交易中最常见的运输快递纠纷。根据《电子商务法》第二十一条相关准则，电子商务经营者向消费者收取押金的，应当明示押金退还方式和程序，不得对退还押金设置不合理的条件，在消费者申请并符合退还押金条件时，经营者应当及时退还。

（四）电子商务法的意义

对消费者来说，《电子商务法》是其维护自身权益的"利剑"。在日常的电子商务交易中，当自身合法权益受到侵害时，能够依法维权。通览整部《电子商务法》，从其条文体现的精神来看更加偏向于维护消费者的利益，这足以说明在市场经济大环境下，电子商务想要长足发展离不开消费者，维护好消费者的权益更是重中之重。

对经营者来说，《电子商务法》是其必须遵循的规则。《电子商务法》不仅划定了禁止刷单、禁止搭售、禁止杀熟等经营的红线，同时也明确了经营者的责任与义务，并鼓励平台经营者建立担保、促进争端解决等机制，将经营者朝着有责任、有担当的方向引导。

对于电子商务行业来说，《电子商务法》的出台标志着我国电子商务行业从原先的自由生长逐渐过渡转化为合法、合规治理，夯实了电子商务领域消费者权益保护的根基。有利于营造良好的电子商务业态，促进电子商务行业朝着健康的方向发展。

对国家来说，我国的《电子商务法》走在了世界前列，填补了我国电子商务领域法律法规的空白，也开创了我国电子商务立法的先河，对于世界范围内的电子商务立法也具有示范意义。

第五节　绿色电子商务

2016年《电子商务"十三五"发展规划》首次提出绿色电子商务的概念，强调要探索建立有利于环境保护和可持续发展的电子商务法规、标准、制度和模式，降低车辆排放与能源消耗，宣传倡导绿色包装、运输、仓储、快递理念；改善城市网购交付环境，鼓励发展绿色网购模式，化解网络消费新增的环保问题；依托电子商务促进再生资源的回收利用，发挥电子商务对"循环经济、低碳经济"的促进作用。

一、如何实施绿色电子商务

目前，各类组织和个人都在寻求电子商务和信息技术的改进，加强绿色网络文化建设，通过电子商务降低能源成本来增加企业的盈利能力，那么企业如何实现绿色电子商务？下面是一些实施绿色电子商务的建议。

（一）绿色企业

绿色企业要从企业经营的各个环节着手控制污染与节约资源，达到企业经济效益、社会效益、环境保护效益的有机统一。绿色企业的主要特征是把生态过程的特点引入到企业中来，从生态与经济综合的角度出发，考察工业产品从绿色设计、绿色制造到绿色消费的全过程，以协调企业生态与企业经济之间的关系，主要着眼点和目标不是消除污染造成的后果，而是运用绿色技术从根本上消除造成污染的根源，实现集约、高效、无废、无害、无污染的绿色工业生产。

（二）绿色数据中心

数据中心是一整套复杂的设施，它不仅仅包括计算机系统和其他与之配套的设备，还包含数据通信连接、环境控制设备、监控设备以及各种安全装置。云计算和虚拟化等新技术的出现，使数据中心演变成一个迥然不同的环境。随着更多系统迁移到数据中心基础设施的最佳化已直接影响到高等级服务的交付，那么数据中心优化又该如何进行？下面提供几个数据中心优化的方法。

1. 软件定义技术（SDX）及虚拟化

目前的管理程序已经有了很大的进展，机构通过整合关键API（应用程序接口）来减少资源管理的工作量，负载性能也得到了显著的提高，许多软件定义技术更是得到了高度的关注,甚至已发展到软件定义数据中心的层次,关键层的抽象等级更决定了数据中心的运行效率。新的网络虚拟化等级允许管理员建立更广的网络环境,实现跨区域的数据中心部署。机构也不再受限于硬件需求,他们通过软件定义技术交付多级别不同效率的数据中心。

2. 云计算的利用

混合云被关注的原因有很多,其中之一就是通过云模式增加数据中心效率。数据中心的云化更成为许多机构的角力点,激烈的竞争让数据中心可以交付更完美、更廉价及更丰富的可用资源,这一切都意味着建立公有云和私有云之间的桥梁已变得更加容易,横跨不同云环境的数据中心控制已成为可能,管理员也不必再去关心物理基础设施。其中,云模式的采用更取决于公司的业务,自托管和共有环境协作也成为可能。这个领域的亮点在于云自动化、软件定义技术以及分布式基础设施管理的完善——云已经成为数据中心优化利器。

3. 优化资源使用率

随着网络的升级,许多企业都转向偏远地区建立数据中心。为了优化能源使用率,必须考虑数据中心的电力分配系统,关注服务器空闲时的耗电情况,选用根据需求进行动态分配的电力管理系统,而选择合理的电力分配方法无疑可从整体上提高数据中心的能效。

4. 优化冷却及其他数据中心环境变量

数据中心环境控制一直是个艰巨的挑战,过冷和过热都会造成能源的加剧消耗及气流的循环不畅。在数据中心环境优化环节中,有多个关键点,其中包括机架的摆放、服务器的密度、地板、走道等。此外,还需要使用趋势分析系统计算当下和未来的需求。运营成本已成为数据中心优化的重点之一,环境运营上花的钱越少,基础设施上可投入的资金越多。

5. 建立管理透明性

随着数据中心分布更加广泛及云计算的深度运用,新时代的数据中心也迎来了新的挑战,而透明管理则成为克敌制胜的良策。当下,数据中心虚拟化,甚至是 DCOS(数据中心操作系统)已为用户广泛接受,这些管理平台让 DCIM(数据中心基础设施管理)、自动化、云控制及其他数据中心服务进入了新的篇章。从根本上说,这些新型管理系统将数据中心所有关键组件放到了一个共同的管理环境。现在,数据和数据中心的分布已更加广泛,那么优化数据中心的最佳途径无疑就是知晓物理基础设施上运行业务的一切信息,这样就可以主动地进行资源分配策略,以及清晰地知道什么地方需要完善。在未来,数据中心的任务只有一个——支撑更多的用户,而这个目标将促使数据中心管理平台的持续改善。

(三)绿色供应链

在经济全球化的 21 世纪,企业与企业之间的竞争毫无疑问将是供应链与供应链之间的竞争。电子商务与供应链管理的集成彻底地改变了供应链上原有的物流信息流、资金流的交互方式和实现手段,充分利用了资源、提高了效率、降低了成本、提高了服务质量。首次系统地提出绿色供应链概念的是密歇根州立大学的制造研究协会(MRC)。该协会进行了一项环境负责制造(ERM)的研究,于 1996 年提出了绿色供应链的概念,并将其定义为:"以绿色制造理论和供应链管理技术为基础,涉及供应商、生产商、销售商和消费者,其目的是使产品从物料获取、加工、包装、运输、使用到报废处理的整个过程中,对环境影响最小、资源利用效率最高。"

二、绿色电子商务发展中存在的问题

绿色电子商务需要交易双方以诚信为基础,提供优质的商品和服务,通过快捷的通道完成货款的交付和商品的送达。然而网上信息的安全问题、网络欺诈问题、诚信问题等给电子商务带来了许多消极的影响,阻碍了绿色电子商务的发展。

(一)信息安全问题

我国在网络安全方面与发达国家还有一定差距,这包括两方面的含义:一是技术上很难保证个人资料不外泄;二是人们的安全意识比较薄弱。信息泄露、信息窃取、数据篡改、计算机病毒和计算机犯罪,使网络使用者面临着很大的威胁,并成为严重的社会问题之一。

(二)网络诈骗问题

目前较为常见的三种网络欺诈类型:一是借助互联网在网站上发布虚假信息或者利用电子邮件向消费者发送虚假广告,虚构销售市场;二是在网上架设购物网站,制作假的网上银行登录页面,骗取受害者的银行账号和密码,再将受害者银行卡里的钱款盗取或消费;三是利用互联网络的聊天方式交友进行诈骗,金额一般不大,容易让人受骗。

(三)网络诚信问题

电子商务发展初期,出现了一些经营错位现象,假冒伪劣产品充斥着网络,由此产生的经济纠纷让人们心有余悸,网上交易的安全性也备受质疑。诚信危机也蔓延至网络文化领域:低俗、恶搞现象屡禁不绝,少数网站唯利是图、背信弃义的现象屡有发生,社会的公序良俗受到极大挑战。一旦诚信危机愈演愈烈,则整个互联网的形象及公信力将大打折扣。

三、绿色电子商务发展的对策

绿色电子商务发展存在的问题是显而易见的。因此,必须克服其所存在的问题,构建一个良好的电子商务网络环境,以下是几个对策。

(一)加强网络道德教育,树立知法守法的正确理念

网络社会是现实社会的延伸,网络道德实质上是社会道德的一个延伸。每个上网的人都是网络道德的形成者,也是网络道德的受影响者。快捷便利的网上生活、丰富多彩的文化信息是网络的魅力所在,也是网民急速增长的重要原因。但拥有私密性并不等于自身的放纵,每个网民需要以道德为准绳,自觉文明上网,培养良好的上网习惯,遵守绿色电子商务"守信为荣、失信为耻、无信为忧"的原则。

(二)加快政策的研究和制定,减少虚假信息

政府要充分重视绿色电子商务在我国经济运行中的地位和作用,协调各相关部门制定相应

政策，规范交易行为，完善电子商务的法律法规，使系统化、流程化的运作为整个网络交易提供严格的流程和标准，给客户提供更好的产品和服务，建立诚信制度，减少虚假信息的提供。

（三）加强行业自律，建立诚信体系

行业自律是加强社会信用体系建设的重要内容。建立以行业自律为核心，以信用为主导的全国电子商务信用信息网络机制，健全失信惩戒制度，对那些不遵守行业操守、自身不守信用的企业或个人，出现失信行为后要把肇事者驱逐出相关行业。利用信用信息，建立企业和个人信用数据库，通过网络运营，对电子商务活动的绿色信息采集、识别、监测、评价、公示，逐步实现绿色电子商务的社会化，构筑政府信用主管部门与网商沟通的平台。

（四）注意抵制各种陷阱，保护自身安全

在电子商务交易中，消费者要注意识别和抵制各种陷阱，如低价陷阱、形象陷阱、库存陷阱等。签约和结算支付所需的各种合同，要运用先进的网络技术，取得这些合同的法律效力。此外，还要加强对黑客的防范，不断更新防范标准，或者实时升级防火墙，采用数据加密技术等使自身免受各种意外损失。

复习思考题

1. 电子商务法的含义是什么？
2. 电子商务参与各方间的法律关系是什么？
3. 《电子商务法》对电子商务产业的积极影响有哪些？

案例分析题

直播带货：自律和监管不能缺位

连日来，电商平台直播带货异常火爆。那么消费者在直播间买到的商品，质量安全是否过硬，售后的权益又能否得到保障呢？直播带货红火的背后，平台和主播该如何自律以及如何有效监管等问题都成为消费者集中关注的焦点。

直播商品优劣存疑

"价格确实比折扣店还便宜，但是尺码规格和正品却不太一样。"消费者刘先生告诉记者，他在某电商平台的直播间准备下单购买一款知名品牌运动鞋的时候发现，自己常穿的42.5码商家没有，可选的尺码都是整数尺码，所有"半号"都没有。"专柜正品各种款式都是有'半号'的，所以感觉这个直播间卖的鞋还是让人有点不放心。"记者在采访中了解到，有不少消费者对直播带货渠道的商品心存疑虑。消费者王先生表示，他在电商平台直播时看到一种拼插玩具，从商标到包装盒，以及产品套装主题内容，都与某知名品牌极其相似，在直播界面上，甚至还有不太显眼的字幕显示与知名品牌积木颗粒兼容，"山寨"感特别明显。

"原生态"产品是否可靠

临近春节，电商年货大促活动中，农产品很受欢迎。记者在多家平台的直播间都看到

"农村自养土猪""土鸡蛋""农家腊肉""自制蜂蜜"等产品备受追捧,但这些直接来自田间地头的所谓"原生态"农产品质量是否真的可靠,食品安全有没有保障呢?记者与一家专营"农村自养土猪"的主播沟通时了解到,直播间里销售的猪肉、猪肝、猪肺等,竟然全都是未经检验检疫的。主播在直播过程中明确告诉记者说,如果想要经过检疫的猪肉,只能是去超市购买,他直播间销售的猪肉是"农家自养",现宰现卖,没有检疫。此外,记者还看到一些主播推介的腊肉、蜂蜜、米酒等,看上去色香味俱佳,但制作过程以及配料、添加剂使用是否规范却无从得知。

主播"自律"不能忽视

记者在采访中了解到,随着直播带货的愈发火爆,部分网红主播"价码"水涨船高,特别是在几大平台直播频道的"头部主播",直播间带货的价格及主播佣金相当可观,因此涉及主播佣金收入高低的直播流量、转化率等数据都显得愈发重要。而据业内人士透露,为提高带货价格和主播佣金,销售"刷单""刷流量"的情况时有发生。这对商家来说是数据不实,对消费者来说则在一定程度上构成了虚假宣传、误导消费,甚至是一种欺骗行为。这些都是摆在消费者以及厂家、商家、平台、主播面前的问题。而在直播带货相关法律法规尚不够完善的当下,平台和主播的"自律"就显得尤为重要。

(案例来源:今晚报,2020年1月16日)

思考:

《电子商务法》如何对这些行为进行监管与处罚?

参 考 文 献

[1] 白东蕊,岳云康. 电子商务概论 [M]. 4版. 北京:人民邮电出版社,2019.
[2] 宋文官. 电子商务概论 [M]. 4版. 北京:清华大学出版社,2017.
[3] 周曙东. 电子商务概论 [M]. 4版. 南京:东南大学出版社,2015.
[4] 邵兵家. 电子商务概论 [M]. 4版. 北京:高等教育出版社,2019.
[5] 陈德人. 电子商务概论与案例分析(微课版)[M]. 北京:人民邮电出版社,2017.
[6] 姜红波. 电子商务概论 [M]. 3版. 北京:清华大学出版社,2019.
[7] 郑丽. 电子商务概论 [M]. 2版. 北京:北京交通大学出版社,2019.
[8] 黄岚,王喆. 电子商务概论 [M]. 2版. 北京:机械工业出版社,2016.
[9] 覃征. 电子商务概论 [M]. 6版. 北京:高等教育出版社,2019.
[10] 张润彤,朱晓敏. 电子商务概论 [M]. 3版. 北京:中国人民大学出版社,2018.
[11] 李维宇,胡青华,王蔚. 电子商务概论 [M]. 2版. 北京:清华大学出版社,2019.
[12] 周志丹,徐方. 跨境电商概论 [M]. 北京:机械工业出版社,2020.
[13] 戴建中. 电子商务概论 [M]. 3版. 北京:清华大学出版社,2016.
[14] 商玮,邹玉金. 电子商务概论 [M]. 北京:电子工业出版社,2019.
[15] 王忠元. 电子商务概论与实训教程 [M]. 3版. 北京:机械工业出版社,2018.
[16] 鲜军. 电子商务概论 [M]. 北京:机械工业出版社,2019.